JN451663

eLECTRONIC BUSINESS

e-비즈니스 개론

한올출판사

서문

컴퓨터와 통신의 발달로 전자상거래 시장규모가 급속히 성장하면서 경영환경도 새롭게 변모하고 있다. 산업사회에서는 대량생산을 통해 규모의 경제를 실현함으로써 단위당 생산비를 최소화하거나 발생원가를 줄이는 방법으로 경쟁력을 확보하였다. 그러나 디지털 경영환경 하에서는 수확체증의 법칙이 나타나고, 고객 개개인의 욕구와 개성을 중요시하는 새로운 환경이 나타나고 있다.

최근에는 인터넷을 통해 이루어지는 전자상거래의 영역이 확대되는 추세에 있다. 기업의 경영활동 전반에 인터넷을 이용하여 기업 가치를 높이고, 효율성을 증대시키며, 고객과 기업 간의 관계를 향상시키는 활동이 활발히 전개되고 있다. 이러한 경영 환경에 부응하고 전자상거래 이론을 체계화하기 위하여 'e-business 개론'을 출간하게 되었다.

본서는 2002년에 초간되어 2008년에 개정된 '전자상거래 개론'을 수정하고 보완하였다. 특히 새로운 통계자료와 데이터들을 추가하여 전자상거래의 이론과 실무를 보다 논리적으로 설명하는데 중점을 두었다. 이를 위하여 그 체계를 총 4부 15장의 형태로 편성하였으며, 구성은 다음과 같다.

제1부는 '전자상거래의 기본 개념'으로서 전자상거래를 이해하는데 필요한 기본적 개념을 설명하였다. 제1장은 전자상거래의 개요로서 개념과 과정 및 특징 그리고 발전 과정 등으로 구성되어 있다. 제2장은 전자상거래와 컴퓨터시스템으로서 인터넷의 구성 요소를 비롯하여 특징과 인터넷을 이용한 서비스 등을 설명하였다. 제3장은 전자상거래 시장규모와 전망으로서 한국을 비롯하여 미국과 유럽연합 및 중국 등의 전자상거래 시장규모와 향후 전망 등을 살펴봄으로써 발전 가능성과 잠재 능력을 파악하는데 도움을 주고자 하였다.

제2부는 '전자상거래 기획 및 운영'으로서 성공적인 전자상거래를 실현하기 위해 필요한 경영전략에 대해 설명하였다. 제4장은 인터넷 비즈니스모델로서 개념과 유형 및 성공 사례를 제시하였다. 제5장은 웹 사이트 구축 및 관리로서 효율적인 웹 사이트 구축을 중점적으로 설명하였다. 제6장은 인터넷 광고로서 광고의 유형과 전략 그리고 광고 효과를 측정하는 방법을 설명하였다. 제7장은 인터넷마케팅 분야로서 등장 배경과 최근의 마케팅기법을 소개하였다. 제8장은 구매관리와 판매관리로서 구매관리에서는 구매프로세서를 바탕으로 소

비자행동과 고객관계관리 기법 및 재고관리 그리고 택배에 대해서 설명하였다. 제9장은 인터넷 쇼핑몰 창업실무로서 쇼핑몰을 창업하여 전자상거래 시장에 참여하고자 할 때 필요한 창업절차를 상세히 설명하였다.

제3부는 '전자상거래 기반 기술'로서 전자상거래를 구현하는데 필요한 기반 기술을 설명하였다. 제10장은 통신기술로서 통신의 기초 지식과 통신프로토콜 및 통신 회선을 체계적으로 설명하였다. 제11장은 정보처리기술로서 정보 처리에 필요한 시스템 구성과 멀티미디어 및 데이터베이스 관리시스템에 대해서도 설명하였다. 제12장은 보안기술로서 안전한 전자상거래가 이루어지기 위해서 갖추어야 할 보안과 암호기술에 대해 설명하였다. 제13장은 지원기술로서 전자결제시스템과 에이전트 기술을 설명하고 있다.

제4부는 '전자상거래 법규'로서 전자상거래와 관련된 법규를 설명하였다. 제14장은 기본법규로서 전자거래기본법과 전자서명법에 대해 살펴보았고, 제15장은 관련 법규로서 소비자보호법과 약관에 관한 법률 및 방문 판매에 대해 살펴보았다.

그리고 본서는 각 장마다 다양한 사례를 소개함으로써 이론과 실무를 균형 있게 학습하도록 구성하였다. 또한, 연구 과제는 현실 세계의 경영 감각을 갖출 수 있도록 실무 중심으로 제시하였고, 조사와 경험을 바탕으로 토론 수업이 진행될 수 있도록 배려하였다.

필자의 이러한 의욕과 노력에도 불구하고 부족한 점도 많이 있을 것이다. 본서를 통해 전자상거래가 경영학의 중요한 분야로 자리잡고, 본서를 읽은 독자들이 e-business를 이해하는데 조금이나마 도움이 된다면 필자로서 더 이상의 바램은 없다.

끝으로 본서가 탄생하는데 도움을 주신 모든 분들에게 감사를 드린다. 특히, 본서를 출판할 기회를 주신 한올출판사의 임순재 사장님과 편집을 맡아 주신 임직원들에게도 감사를 드린다. 항상 연구하고 노력하여 e-business의 훌륭한 바이블이 되도록 정진할 것을 독자들에게도 약속드린다.

저자 씀

차 례

제1부 전자상거래 기본 개념 / 1

CHAPTER 1 전자상거래 개요 ▸ 3

CHAPTER 2 전자상거래와 인터넷 ▸ 27

CHAPTER 3 세계 각국의 전자상거래 ▸ 55

제2부 전자상거래 기획 및 운영 / 75

CHAPTER 4 인터넷 비즈니스 모델 ▸ 77

CHAPTER 5 웹 사이트 구축 및 관리 ▸ 99

CHAPTER 6 인터넷 광고 ▸ 141

CHAPTER 7 인터넷 마케팅 ▸ 161

CHAPTER 8 구매관리와 물류관리 ▸ 185

CHAPTER 9 인터넷 쇼핑몰 창업 실무 ▸ 219

제3부 전자상거래 기반 기술 / 251

CHAPTER 10 통신기술 ‣ 253

CHAPTER 11 정보처리기술 ‣ 279

CHAPTER 12 보안기술 ‣ 315

제4부 전자상거래 법규 / 353

electronic commerce electronic commerce

제 I 부

전자상거래 기본 개념

제 I 부는 e-business 강좌를 수강하는데 필요한 기본적인 개념들에 대해 설명한다. 전자상거래란 무엇이며, 어떤 과정을 거쳐 거래가 이루어지는지 살펴보고, 발전 과정에 대해서도 설명한다. e-business의 기반이 되는 인터넷에 대해서도 구체적으로 살펴본다. 또한 전자상거래 시장의 규모와 전망을 국가별로 살펴봄으로써 그 중요성과 필요성을 강조하고자 한다.

제 1 장

전자상거래 개요

ELECTRONIC COMMERCE

학습 개요

전자상거래는 컴퓨터 · 통신기술 · 정보처리기술 등의 발전과 더불어 새롭게 나타난 거래 방식이다. 제1장에서는 전자상거래의 개념을 비롯하여 거래가 이루어지는 과정 및 유형 등에 대해 먼저 살펴본다. 그리고 전자상거래의 시초가 된 EDI에 대해서도 설명한다.
참고 자료를 통해서는 전자상거래의 성공 전략에 대해서 살펴본다.

1 전자상거래의 개념

오늘날 컴퓨터·통신기술·인터넷이 급속도로 성장·발전함에 따라 가상공간을 이용한 상거래 활동이 급격히 증가하고 있다. 가상공간(cyberspace)은 인터넷을 비롯한 통신망을 통해 대량의 정보가 교환되고 공유되는 공간을 의미한다. 이와 같은 가상공간에서 이루어지는 상거래를 일반적으로 전자상거래(electronic commerce)라고 한다.

전자상거래(EC)라는 용어는 1989년에 미국의 국립 로렌스 리버모어 연구소(Lawrence Livermore National Laboratory)에서 당시 미국 국방성의 프로젝트를 수행하면서 처음으로 사용하기 시작하였다.

초기의 전자상거래는 일종의 전용망인 부가가치통신망(VAN)을 이용해 기업간에 전자적 자료를 교환하는 전자자료교환(electronic data interchange)에 집중되어 있었다. 그 이후 인터넷이 상용화되면서 전자상거래는 급속히 확산되었다.

그림 1-1 전자상거래의 범위

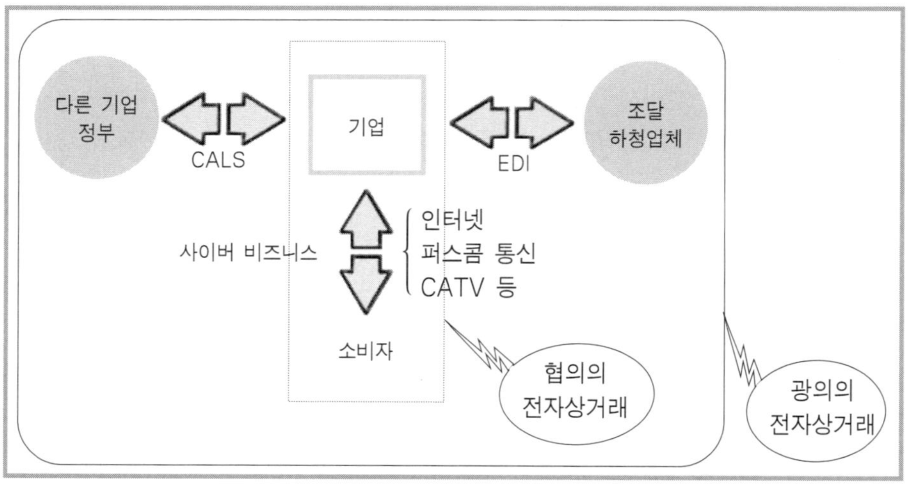

전자상거래 개념을 살펴보면 〈그림 1-1〉에서 보는바와 같이 넓은 의미로는 인터넷이 보급되기 전부터 추진되어 온 전자자료교환(EDI)[1]·칼스(CALS)[2] 및 인터넷 등을 매개로 한 사이

1) EDI(electronic data interchange)는 각종 거래 자료를 표준화하여 컴퓨터 통신을 통하여 송·수신하는 전자문서 교환으로서, 주로 기업의 본점과 지점 및 대리점 또는 거래업체 등과의 거래에 주로 이용된다.

2) CALS(commerce at light speed)는 제품의 설계·개발·생산에서부터 유통·폐기에 이르기까지 전체 수명주기(life cycle)에 관련된 데이터를 통합·공유 및 교환하는 활동으로서 광속상거래라고도 한다.

버 비즈니스(cyber business) 등을 포함한 모든 상행위를 말한다.

좁은 의미로는 소비자와 기업이 인터넷 등의 전자적(electronic) 방식을 이용하여 사이버 공간(cyberspace)에서 상품과 서비스를 사고 파는 행위를 말한다. 즉, 판매자는 소비자가 컴퓨터 화면을 통해 상품을 볼 수 있도록 진열해 놓고, 소비자들은 네트워크를 통하여 주문을 하고 대금을 지불하면 주문한 상품이 도착하는 형태이다. 일반적으로 전자상거래(EC)라고 하면, 이와 같은 좁은 의미의 전자상거래를 말한다.

전자상거래는 급속도로 발전하는 분야이기 때문에 개념이나 용어 자체에 대한 명확한 정의가 정립되어 있지는 않으나 주요 국가와 국제기구에서 전자상거래를 정의한 내용을 살펴보면 〈표 1-1〉과 같다.

표 1-1 전자상거래의 정의

정의 주체	정 의
OECD (1997)	개인이나 기업이 텍스트·음성·화상 등을 포함한 디지털화된 데이터의 처리와 전송에 바탕을 두고 있는 상업적 활동 및 그와 관련된 모든 종류의 거래 형태
WTO (1998)	전자적 수단에 의한 상품 및 서비스의 생산·유통·마케팅·판매 및 전달을 의미하는 것
유럽연합 (1997)	텍스트·음성·화상 등을 포함한 데이터의 전자적인 처리와 전송을 기반으로 기업의 업무를 전자적으로 수행하는 방식
미국 상무부 (1999)	인터넷 또는 웹(Web)을 기반으로 한 시스템에서 거래가 이루어지는 영업 방식
공정거래위원회 (2000)	재화나 용역의 거래에 있어서 그 전부 또는 일부가 컴퓨터 등 정보처리 능력을 가진 장치에 의하여 전자적 형태로 작성되어 송·수신 또는 저장되는 정보를 바탕으로 처리되는 거래
통계청 (2001)	컴퓨터와 네트워크라는 전자적인 매체를 통해 상품 및 서비스의 거래가 이루어지는 방식
전자거래기본법 (2005)	정보처리시스템에 의하여 전자적 형태로 작성되어 송신·수신 또는 저장된 정보

〈표 1-1〉에서 보는 바와 같이 전자상거래에 대한 정의를 여러 가지로 내리고 있으나 이들을 종합해 보면, "전자상거래는 개인이나 기업이 인터넷 등의 통신 네트워크를 이용하여 상품이나 서비스의 모든 거래 과정을 전자적(electronically)으로 처리하는 것"이라고 정의할 수 있다.

전자상거래는 인터넷을 이용한 상품이나 서비스의 구입과 판매에 한정되지 않고, 다양한 통신 매체를 이용하여 마케팅 활동·정보 제공·인력 채용·기업 홍보 등 모든 유형의 기업 활동을 포괄하는 개념으로 확대되고 있다.

특히, 최근에는 인터넷을 이용하여 재화나 용역을 거래하는 것을 전자상거래(electronic commerce)라고 하고, 기업의 경영활동 전반에 인터넷을 이용하여 기업의 가치를 창출하고, 효율성을 증대시키며, 고객과 기업간의 관계를 향상시키는 활동을 이비즈니스(e-business)라고 한다.

이비즈니스는 모든 기업 활동과 기업 상호간 관계에서도 급격한 변화를 초래할 것이며, 새로운 부가가치 창출과 원가 절감으로 산업 경쟁력을 강화시킬 것으로 기대하고 있다. 〈그림 1-2〉에서 보는바와 같이 산업사회의 전통 기업에서는 총가격 중 원가의 비중이 크고 부가가치의 비중이 적었으나, 이비즈니스에서는 정보기술(IT) 등의 도입으로 인해 원가의 비중이 줄어드는 대신에 부가가치의 비중이 늘어나고 있다.

그림 1-2 전자상거래의 효과

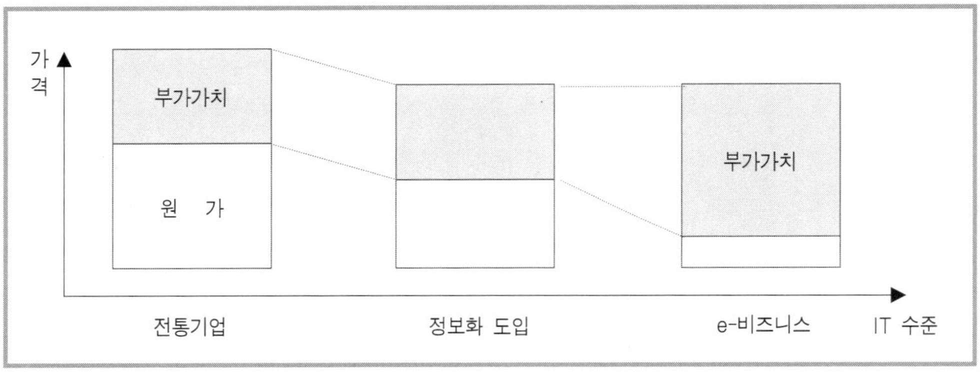

2 전자상거래의 과정

일반적으로 전자상거래라고 하면, 전자 지불 및 인증시스템을 갖추고 가상의 쇼핑몰과 통합한 인터넷 기반의 전자상거래 서비스를 말한다. 이 방법을 이용하면 판매자들이 가상공간인 사이버 쇼핑몰(cyber shopping mall)을 이용하여 상품이나 서비스를 전시하고, 소비자들은 인터넷을 이용하여 원하는 상품이나 서비스를 검색한 후 주문을 한다. 그 후 소비자가 대금을 지불하면 상품이 배달된다.

그림 1-3 전자상거래 과정

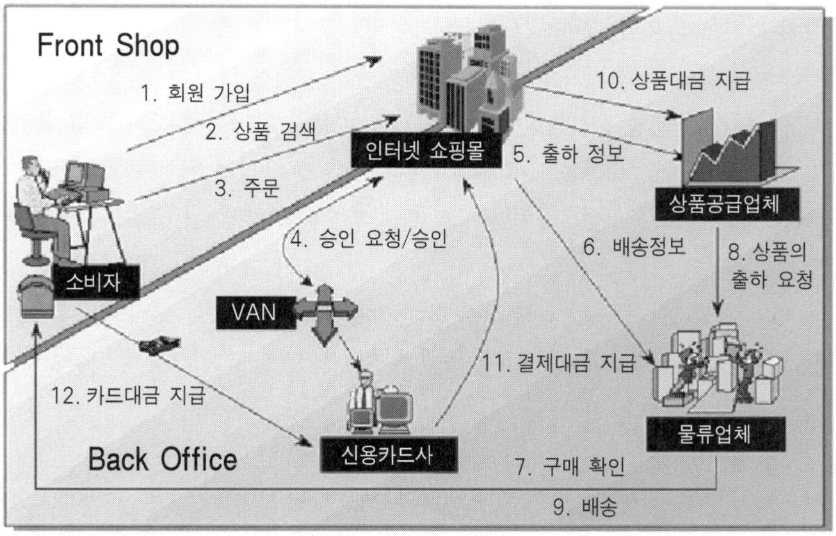

사이버 쇼핑몰을 이용하여 전자상거래가 이루어지는 구체적인 과정은 다음과 같다.

① 소비자는 컴퓨터를 이용하여 인터넷 쇼핑몰에 진열된 상품이나 서비스를 검색한다.

② 필요한 상품이나 서비스를 선택한 후 주문을 한다.

③ 쇼핑몰 운영자는 인증기관에 소비자의 신분 상태에 대하여 인증을 요청한다.

④ 인증기관은 소비자의 신용을 법적으로 확인하여 보증해 준다.

⑤ 인증기관의 승인 후 쇼핑몰 운영자는 소비자에게 대금 지불을 요청한다.

⑥ 소비자는 신용카드 · 계좌 이체 · 전자화폐 등을 이용하여 대금을 지불한다.

⑦ 쇼핑몰 운영자는 지불 게이트웨이(payment gateway)를 통하여 대금 결제에 필요한 고

객의 신용 정보를 확인한다.

⑧ 고객의 대금 지불에 하자가 없으면 상품이나 서비스를 배달한다.

⑨ 소비자는 주문한 상품이나 서비스를 전달 받는다.

전자상거래는 〈그림 1-3〉과 같은 과정을 통해 거래가 이루어지지만 기술적으로는 전자적 커뮤니케이션, 주문, 전자결제, 상품의 배달, 서비스 및 지원의 5단계가 갖추어져야 한다.

① 전자적 커뮤니케이션은 웹 사이트를 통해 정보를 교류하는 것으로서 기업은 상품과 서비스를 고객에게 알리거나 고객 정보를 수집하고 고객은 상품 정보를 수집하거나 제조회사에 문의하는 활동을 말한다.

② 주문은 전자적인 방법으로 상품을 주문하는 것을 말하며, 전자 주문을 위해 설계된 서버를 전자상거래 시스템 또는 솔루션(solution)이라고 한다.

③ 전자결제는 상품의 구입 대가를 전자적으로 지불하는 것을 말하며, 신용카드 · 전자화폐 · 전자수표 · 인터넷 뱅킹(internet banking)을 이용한 자금이체 등의 방법이 있다.

④ 상품의 배달은 실제로 상품을 구매자에게 전달하는 것을 말한다. 물리적 상품의 경우에는 주로 택배 업체를 이용하고, 디지털 상품인 경우에는 다운로드(download)를 통해 제공한다.

⑤ 서비스 및 지원은 데이터베이스에 의한 마케팅을 말한다. 고객의 구매 정보를 획득하여 데이터베이스를 구축한 후 개인별 맞춤 정보를 제공하거나 상품 탐색을 지원하고 가격비교 정보를 제공하는 활동을 말한다.

3 전자상거래의 분류

전자상거래는 거래 주체와 거래 방식에 따라 매우 다양하게 분류될 수 있다.

1. 거래 주체에 의한 분류

전자상거래를 거래 주체에 의해 분류하면 소비자와 기업간의 거래, 기업과 기업간의 거래, 정부와 기업간의 거래, 소비자와 정부간의 거래로 구분할 수 있다.

그림 1-4 거래 주체에 의한 전자상거래의 유형

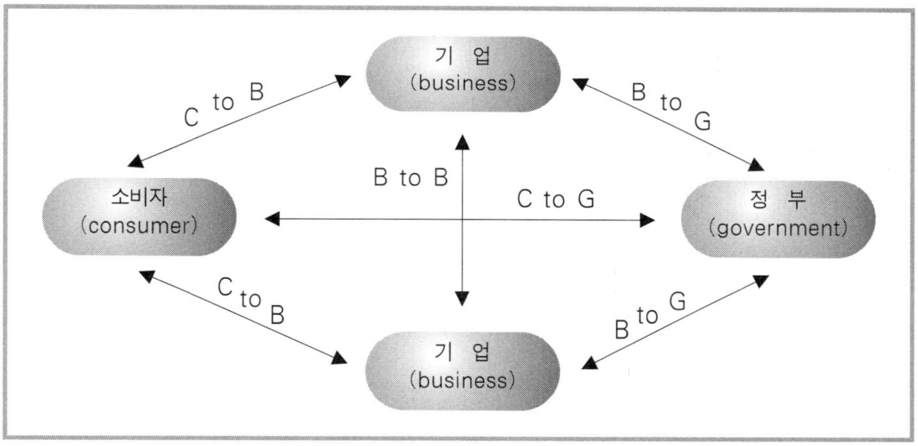

1) 소비자와 기업간의 거래

소비자와 기업간의 거래(consumer to business transaction, C2B 또는 B2C)는 소비자가 기업에게 또는 기업이 소비자에게 상품이나 서비스를 주문하거나 전달하는 것이며, 인터넷 쇼핑몰에서 이루어지는 소규모 구매를 말한다. 3)

이러한 거래는 상품이나 서비스를 제공하는 기업과 이를 이용하는 고객 사이에 초점이 맞추어진 것으로서 물리적 상품 뿐만 아니라 디지털 상품도 거래되며, 거래 유형은 다음과 같다.

---

3) 소비자와 기업간의 거래를 뜻하는 consumer to business는 C to B로 표기하기도 하고, 영어 단어 'to'와 발음이 같은 숫자 2를 사용하여 C2B 또는 B2C로 표기하기도 한다.

① 소규모의 물리적 상품
② 디지털 상품과 서비스
③ 금융(대금 결제 · 이체 · 계좌 관리 · 증권 거래 등)
④ 교육
⑤ 방송 · 오락
⑥ 티켓 및 여행 예약

2) 기업과 기업간의 거래

기업과 기업간의 거래(business to business transaction, B2B)는 기업 상호간의 거래에 인터넷을 비롯한 컴퓨터 네트워크를 이용하여 상품을 서로 구입하는 활동 뿐만 아니라 제품의 설계 · 광고 · 주문 · 납품 · 대금 회수 등이 이루어지는 거래 형태를 말한다. 이러한 거래는 상품을 비롯한 원재료 및 부품의 구매 활동이 중심을 이루는 형태의 거래이며, 전자자료교환(EDI)에서 출발하였다. 오늘날에는 인터넷 · 전자우편 · 공유 데이터베이스 · 대화형 소프트웨어 등을 사용하여 기업간 직접 거래가 확대되고 있다.

기업간 거래(B2B)는 웹 사이트를 통해 구매 또는 판매 활동이 이루어지기 때문에 중간상이나 비효율적인 절차를 제거하는데 매우 효과적이며, 주로 이루어지는 거래는 다음과 같다.

① 상품이나 원재료 및 부품 등의 구입과 판매
② 기업과 금융기관과의 전자자금 이체
③ 금융기관과 금융기관간의 자금 거래
④ 증권사간의 주식 거래
⑤ 기업과 기업간의 문서 발송

표 1-2 전자상거래의 유형

전자상거래 유형	사례
Business-to-Customer(기업과 소비자간 거래)	인터넷 쇼핑몰
Business-to-Business(기업과 기업간 거래)	기업간 구매·조달
Customer-to-Customer(소비자간 거래)	경매
Customer-to-Business(소비자와 기업간 거래)	역경매
Business-to-Government(기업과 정부간 거래)	정부물자 조달

3) 정부와 기업간의 거래

정부와 기업간의 거래(government to business transaction, G2B)는 정부 기관과 기업간에 거래가 이루어지는 형태를 말한다. 특히, 정부가 조달 물품을 구입할 때 그 내용을 인터넷을 이용하여 공시하면 기업들이 공급할 물품을 확인하고 거래가 이루어지는 경우를 말한다.

미국의 경우에는 대부분의 주정부가 전자상거래 활성화를 위해 인터넷을 기반으로 하는 트레이딩 네트워크(trading network)라는 전자자료교환 시스템을 운영함으로써 정부가 기업을 위한 전자상거래 중개자로서의 역할을 수행하고 있다.

4) 정부와 소비자간의 거래

정부와 소비자간의 거래(government to consumer transaction, G2C)는 정부기관과 소비자인 개별 국민 사이에 이루어지는 형태의 거래로서 세금을 비롯한 공과금의 부과 및 납부 그리고 주민등록등본과 같은 정부 문서의 발급 등에 활용되고 있다.[4)]

이 밖에도 최근에는 소비자와 소비자간에 거래가 이루어지는 P2P(peer to peer)라는 새로운 형태의 전자상거래 유형도 등장하고 있다. 개인간 거래(P2P)는 소비자 개인과 개인이 중간 유통 과정을 거치지 않고 직접 인터넷을 이용하여 이루어지는 형태의 거래를 말한다. 이러한 거래는 컨텐츠(contents)뿐만 아니라 개인이 소유한 지적 정보까지 공유할 수 있기 때문에 시장 규모가 커질 전망이다.

2. 거래 방식에 의한 분류

전자상거래는 전자적 매체를 이용하여 거래가 이루어지기 때문에 거래 과정에서 전자적 매체를 어느 정도 사용하는가에 따라 온라인(on-line)형 전자상거래와 오프라인(off-line)형 전자상거래로 구분할 수 있다. 이와 같은 분류는 세계무역기구(WTO)가 온라인형 전자상거래에 대해서는 잠정적으로 관세를 부과하지 않기로 합의되어 있다는 점에서 그 의의가 있다.

1) 온라인형 전자상거래

온라인형 전자상거래는 모든 거래가 온라인(on-line)상에서 이루어지는 거래를 말한다. 예를

---

4) 일부에서는 정부와 소비자간의 거래(G2C)는 정부가 소비자인 국민에 대하여 공공서비스를 제공하므로 진정한 의미의 상거래는 아니라고 보기도 한다.

들면, 디지털 컨텐츠(digital contents)의 경우에는 인터넷을 통해 계약의 체결, 대금의 결제, 상품의 배송 등 거래의 모든 과정이 전자적 방식으로 이루어질 수 있기 때문에 진정한 의미의 전자상거래라고 할 수 있다.

2) 오프라인형 전자상거래

오프라인형 전자상거래는 거래를 위한 준비 단계와 거래 성립은 온라인상에서 이루어지지만 거래의 이행은 물리적 방식으로 이루어지는 거래를 말한다. 예를 들면, 인터넷을 이용하여 도서를 구입할 경우 검색이나 주문은 온라인상에서 이루어지지만 도서의 배달은 오프라인을 통해 전통적 방법으로 이루어지는 경우를 말한다.

이 밖에도 전자상거래를 속성별로 다음과 같이 분류하기도 한다.

① 제품 형태에 따른 분류(유형 제품 · 무형 제품)
② 제품 속성에 따른 분류(물리적 · 디지털 · 서비스)
③ 시장 형태에 따른 분류(쇼핑몰 · 단일 매장)
④ 유통 방법에 따른 분류(물류 제품 · 접속 제품)
⑤ 제조 여부에 따른 분류(제품 · 상품)

4 전자상거래의 특징

1. 전통적 상거래와 전자상거래의 비교

전자상거래는 과거에는 존재하지 않았던 새로운 형태의 시장이기 때문에 전통적 상거래와는 많은 차이점이 있다. 유통 경로를 비롯하여 판매 방법과 거래 절차 등에서도 전통적 상거래와 명확히 구분되는 특성을 가지고 있다.

1) 유통 경로

전통적 상거래의 유통경로는 「생산자 → 도매상 → 소매상 → 소비자」로 연결되어 있다. 그러나 전자상거래는 생산 기업이 도매상이나 소매상을 거치지 않고 소비자와 직접 거래를 한다. 그 결과 중개 경로가 감소하고 비용을 절약하여 보다 싼 가격으로 상품이나 서비스를 제공할 수 있다.

2) 시장 범위

거래가 이루어지는 대상 지역을 보면, 전통적 상거래는 한정된 지역을 중심으로 제한된 거래 활동이 이루어지지만 전자상거래는 네트워크상에서 거래 활동이 이루어지기 때문에 시간과 공간을 초월하여 매우 포괄적인 지역을 대상으로 거래가 이루어진다. 거래가 이루어지는 시간도 전통적 상거래는 영업 시간이 제한적인 반면에 전자상거래는 온라인으로 연결되어 있기 때문에 365일 24시간에 걸쳐 언제든지 거래를 할 수 있다.

3) 마케팅 활동

마케팅활동 측면에서 보면, 전통적 상거래는 직접 방문이나 상담 등을 통한 일방적 마케팅활동이 이루어지지만 전자상거래는 인터넷 등을 이용한 일대일마케팅(one to one marketing)으로 거래가 이루어진다. 또한 전통적 상거래는 고객의 요구를 영업사원을 통해 획득하지만, 전자상거래는 온라인을 통해 수시로 획득하므로 시간과 오류를 줄일 수 있다.

4) 대금 결제

대금 결제 측면에서 보면, 전통적 상거래는 현금이나 수표·약속어음 및 신용카드 등이 사용되지만, 전자상거래에서는 신용카드를 비롯한 전자화폐·전자수표 및 전자자금 이체 등이 사용된다.

5) 소요 자금

현실 세계에서 상점을 갖추려면, 부동산 비용과 물품 비용 등 많은 비용이 소요되지만, 전자상거래는 컴퓨터 및 웹 사이트 구축 비용만으로도 쇼핑몰 운영이 가능하다. 따라서 저렴한 비용으로 전자상거래를 할 수 있다.

이 밖에도 전통적 상거래와 전자상거래의 차이점은 많이 있으며, 구체적인 차이점은 〈표 1-3〉과 같다.

표 1-3 전통적 상거래와 전자상거래의 비교

구 분	전통적 상거래	전자상거래
유통 경로	기업 → 도매상 → 소매상 → 소비자	기업 ↔ 소비자
영업 시간	정해진 업무시간 (Nine to Five)	제한 없음 (365일 24시간)
거래 장소	정해진 장소	가상공간(사이버 쇼핑몰)
판매 방법	직접 방문 또는 상담 등을 통한 일방적 마케팅	쌍방향 통신을 이용한 일대일 마케팅
상품 정보	광고 등에 의존	소비자가 직접 확인
고객 정보	시장 조사 및 영업 사원이 획득	온라인을 통한 수시 획득
가 격	유통 비용, 임대료 등이 포함	유통 비용과 임대료 등이 절감
광 고 비	많이 소요	절감
시장 개척	제한적	포괄적
결제 수단	현금·수표·약속어음·신용카드 등	신용카드·전자화폐·전자수표·전자자금 이체 등

2. 전자상거래의 장점

전자상거래가 보편화될 경우의 장점을 소비자와 판매기업의 측면으로 구분하여 살펴보면 다음과 같다.

1) 소비자 측면의 장점

전자상거래의 장점을 소비자의 측면에서 살펴보면 다음과 같다.

① 상품이나 서비스를 시간과 공간의 제약을 받지 않고 자유롭게 구입할 수 있다.
② 상품이나 서비스를 다양하게 비교하여 홈쇼핑으로 구입할 수 있다.
③ 상품이나 서비스의 주문과 대금 결제를 전자적 네트워크에서 처리할 수 있다.
④ 디지털 상품인 경우에는 다운로드(download)를 통해 구입할 수 있다.

2) 판매기업 측면의 장점

전자상거래의 장점을 판매기업의 측면에서 살펴보면 다음과 같다.

① 기업은 가상공간을 통해 소비자와 직접 거래하므로 유통 비용을 절감할 수 있다.
② 상점이나 판매원 없이도 사업이 가능하므로 관리 비용을 절감할 수 있다.
③ 영업 시간에 제약이 없으므로 365일 24시간 무인 영업이 가능하다.
④ 지역별 영업 거점이 필요 없으며, 전세계를 대상으로 판매 영역을 확대할 수 있다.
⑤ 상품 진열을 위한 판매장이나 점포 재고를 필요로 하지 않는다.
⑥ 입지 조건에 의한 우위성도 존재하지 않는다.
⑦ 소비자로부터의 주문에서 대금 회수까지 모든 과정이 네트워크상에서 처리되므로 관리가 일원화되고, 사무 비용을 비롯한 간접비를 절감할 수 있다.
⑧ 고객의 요구(needs)를 쉽게 파악할 수 있으며, 불만과 고충에도 신속하게 대응할 수 있다.
⑨ 축적된 데이터베이스를 활용하여 목표 고객에 대한 집중 광고와 양방향 광고 활동이 가능하다.
⑩ 소자본으로도 창업이 가능하므로 새로운 사업 기회를 얻을 수 있다.

3. 전자상거래의 단점

전자상거래는 기술적·사회적 문제들이 완전히 해결되지 않은 상태이기 때문에 다음과 같은 단점도 있다.

① 인터넷 자료의 방대성으로 인해 고객이 원하는 상품을 쉽게 찾을 수 없다.
② 일관된 서비스 체계가 없어 정보 검색이 어렵다.
③ 대금 지불시 대부분 신용카드 번호를 입력하는데, 이 때 신용카드 정보의 불법적 노출, 개인 정보의 노출, 금액의 변조 등이 발생할 수 있다.

④ 컴퓨터 시스템에 해커들이 침입하면 정보가 노출될 수 있다.
⑤ 효율적인 물류 체계를 갖추지 않으면 배달 비용이 증가하여 소비자들의 부담이 늘어날 수 있다.
⑥ 거래 부인(non-repudiation)과 같은 분쟁이 발생하는 경우 이를 중재하거나 해결할 수 있는 법과 제도가 미비하다.
⑦ 낮은 통신 속도와 높은 통신 비용으로 이용자가 편중되어 있다.
⑧ 국가간의 거래에 대하여 관세를 비롯한 법령 체계가 미비하다.

4. 전자상거래의 경제적 효과

전자상거래는 다음과 같은 경제적 효과를 기대할 수 있다.

1) 새로운 사업 기회의 제공

전자상거래는 컴퓨터의 보급과 통신 기술의 발전으로 인해 새롭게 출현한 영역이므로 새로운 사업 기회를 제공해 준다. 그 뿐만 아니라 기존의 사업 모델을 인터넷에 접목하여 새로운 형태의 영업 활동도 개척할 수 있다.

2) 유통 경로의 단축

소비자와 생산자가 직접 거래를 함으로써 유통 경로가 줄어든다. 전자상거래에서는 중간상(middlemen)이 필요 없기 때문에 유통 경로를 단축시킬 수 있다. 따라서 중간상에게 지불되는 비용을 절감할 수 있다.

3) 거래 비용의 절감

전자상거래는 전통적 상거래에 비해 다음과 같은 비용절감 효과가 있다. 첫째, 소비자의 측면에서는 상품에 대한 탐색 비용(search cost)을 크게 절감할 수 있다. 둘째, 생산자의 측면에서는 판매장 설치비용이 절감되고 상품정보 제공비용과 주문비용이 절감될 뿐만 아니라 고객서비스 비용 등이 절감된다. 또한 물류 시간이 단축되고 재고 수준이 감소하기 때문에 재고비용도 절감할 수 있다.

4) 기업 활동의 통합

전자상거래는 인터넷을 통해 상품의 주문과 배송 및 대금 결제가 이루어지기 때문에 기업의 업무 활동을 실질적으로 통합할 수 있다. 기업 활동에서 항상 발생하는 원재료 구입·생산관리·제품의 보관 및 관리·판매 활동 등을 웹(web) 기반의 개방형 네트워크로 통합할 수 있다. 나아가서는 기업 조직이 지리적으로 같은 지역에 모여 있지 않고, 여러 지역에 분산되어 있더라도 기업 활동을 기능적으로 통합할 수 있다.

5) 새로운 직업과 고용의 창출

전자상거래는 첨단 정보기술(information technology)을 바탕으로 하기 때문에 컴퓨터·정보 통신·컨텐츠·멀티미디어 분야에서 새로운 직업과 고용을 창출할 수 있다. 이와 같은 현상이 나타나는 이유는 노동 집약적인 분야의 직업과 고용이 감소하고, 기술 집약적인 분야의 직업과 고용이 증가하는 추세에 있기 때문이다.

6) 산업구조의 재편

새로운 기업이 획기적인 비즈니스 모델로 산업에 진입하면서 경쟁 구도를 바꾸고, 기존 기업의 고객을 흡수하여 지배적인 위치를 확보할 수 있다. 그리고 인터넷을 이용한 자동차 중개상과 같이 새로운 중간상(middleman)이 나타나 전통적 산업의 가치사슬을 바꾸어 놓을 수도 있다. 이와 같이 전자상거래는 인터넷을 기반으로 비즈니스 모델을 재구축하여 산업구조를 새롭게 변모시킨다.

5 전자상거래의 발전 단계

전자상거래의 발전 단계는 〈그림 1-5〉에서 보는바와 같이 도입기 · 성장기 · 성숙기 · 전환기로 구분할 수 있다.

그림 1-5 전자상거래의 발전 단계

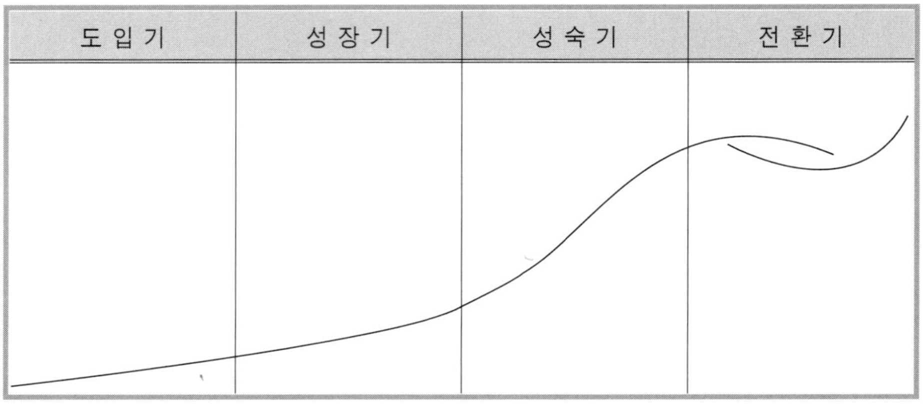

1) 도입기

도입기는 기업들이 전자상거래를 통해 서비스를 제공하려고 시도하는 단계로서 전자상거래에 대한 소비자들의 인지도나 신용도는 낮고 관련된 제도와 법규도 체계적으로 정비되지 않은 상태이다. 이 단계에서는 거래 당사자들이 많지 않기 때문에 매출액 대비 단위당 거래비용은 높을 수밖에 없다. 그러나 전자상거래에 참여하는 기업의 수가 적기 때문에 유망 분야를 선점할 수 있는 장점이 있다.

2) 성장기

성장기는 다수의 기업들이 전자상거래 시장에 진입하여 경쟁이 가열되며, 소비자들의 인지도나 신용도가 증가하여 전자상거래에 대한 위험이 완화되는 단계이다. 이 단계에서는 비용을 절감하고 편리성을 충분히 활용할 수 있어야 한다.

성장기에는 적극적인 판매 활동이 전개되고, 경쟁 기업과의 비교우위가 나타나기 때문에 매출액도 증가하고 단위당 거래비용은 점차 감소하므로 이익률은 증가한다. 전자상거래와 관련된 보안 · 인증 · 지불시스템을 비롯한 지원 제도와 법령이 체계화되고 표준화되어 확산 속도가 급속히 증가한다. 그러나 이 단계에서는 경쟁력이 없는 기업과 표준화되지 못한 기술들은 탈락하게 된다.

표 1-4 전자상거래의 발전 단계별 특징[5)]

분석 측면		전자상거래 발전 단계			
구분	분석 변수	태동기	성장기	성숙기	전환기
사회적	사회적 신용도	낮음	보통	높음	매우 높음
	인식도	낮음	중간	높음	매우 높음
	위험 정도	높음	보통	낮음	매우 낮음
경제적	제 품	전문품	종합 판매	무형 제품	-
	거래 비용	높음	보통	낮음	매우 낮음
	매출액 정도	낮음	보통	높음	매우 높음
정책적	제도 및 법규	준비	개별법 형태	국내 EC 법령 통합	국제 EC법령 통합
	정책 및 홍보	국가 주도	기업으로 확산	일반 소비자	보편화
기술적	기술 기반 구조	개발	표준화/확산	활용	새로운 기술 패러다임
	표준화 정도	낮음	보통	높음	매우 높음
	보안 수준	낮음	보통	높음	매우 높음

3) 성숙기

성숙기는 성장기를 지나 소비자들의 인지도나 신용도는 성숙되고, 시장에 대한 위험은 낮아져 시장점유율이 안정되는 단계이다. 그러나 이익율은 정점에서 서서히 하강곡선을 그리게 된다. 소비자들이 전자상거래의 특성을 완전히 이해하는 단계이므로 차별화에 의한 경쟁우위 전략이 요구된다.

그러나 시장이나 상품을 차별화할 수 있는 가능성이 줄어들고, 모방을 통한 경쟁자들이 나타나기 때문에 가격 경쟁력을 상실할 수도 있다. 반면 성숙기에는 관련 법률들이 통합되고, 전자상거래의 기반 기술들도 표준화되어 널리 확산된다.

4) 전환기

전환기는 전자상거래와 관련된 거래와 기술이 재검토되어 새로운 전략에 의해 재평가되는 단계이다. 기존의 전자상거래는 쇠퇴하고, 새로운 제품과 기술의 개발 및 정립이 요구되는 단계이다. 이 단계에서 변화를 모색하지 않는 기업은 경쟁에서 패배하여 도태하게 될 것이다.

5) 한국경제연구센터, "전자상거래", 대한상공회의소, pp. 43-50.

6 EDI

1. EDI의 개념

전자상거래가 급속도로 확산된 배경에는 통신기술의 발전 뿐만 아니라 거래 정보를 전자적 방법으로 처리하는데 있었다. 종이문서에 의한 거래를 전자적 방법으로 대체한 것이 전자자료교환이다. 여기에서는 전자상거래를 이해하기 위해 전자자료교환에 대한 기초 개념을 살펴보기로 한다.

전자자료교환(EDI : electronic data interchange)은 기업간 거래에 관한 데이터를 표준화하여 컴퓨터 통신망을 통해 거래 당사자의 컴퓨터끼리 직접 전송신호로 주고받는 것을 말한다. 즉, 주문서나 계산서 등을 정형화하여 기계가 직접 읽고 처리할 수 있도록 표준 양식에 맞춘 후 전자적인 통신매체를 통해 교환하는 정보전달 방식이다.

그림 1-6 EDI와 일반 서류시스템의 비교

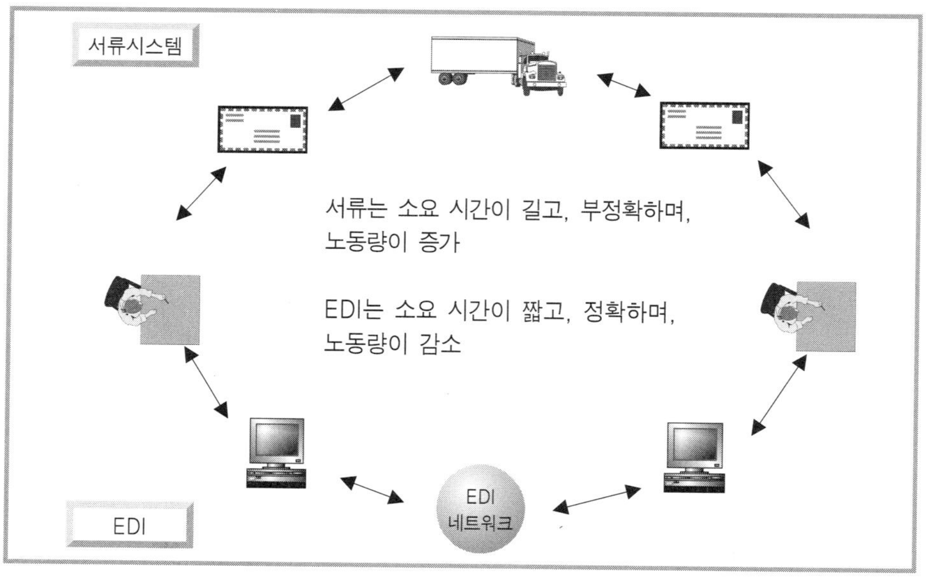

만일 10개 회사와 비표준 서식을 이용하여 거래를 하고 있다면, 각각 서로 다른 문서 양식을 사용해야 한다. 그러나 표준문서 양식을 도입하면, 수많은 거래처라도 별도의 문서를 작성할 필요 없이 변환 소프트웨어를 통해 쉽게 문서를 주고받을 수 있다. 전자자료교환을 활용하면, 문서

의존도를 낮추어 신속하게 거래 정보를 전달할 수 있고, 반복되는 자료입력 과정의 단축과 정보교환에 따른 실수를 줄일 수 있다.

이와 같은 전자자료교환은 상거래 방식에 큰 혁신을 일으키게 되었고, 효율적인 거래시스템을 구축하는 계기를 제공하였다. 따라서 종이 없는 거래(paperless trade)가 실현됨으로써 이에 따른 비용 절감과 정보 공유로 인한 파생 효과를 기대할 수 있다.

전자자료교환은 기존의 온라인(on-line)이나 전자우편(e-mail)과 유사한 개념으로 이해될 수 있으나, 몇 가지 점에서 구분이 된다.

전자자료교환과 온라인은 통신 회선을 사용하여 컴퓨터간에 자료를 교환한다는 점에서는 비슷하지만, 온라인이 동일 컴퓨터 내부의 자료 교환인데 비하여 전자자료교환은 서로 다른 컴퓨터간의 자료 교환이라는 점에서 다르다.

온라인은 중앙 컴퓨터에만 애플리케이션(application)과 데이터베이스를 보유하고, 단말기는 중앙 컴퓨터에 종속되는 것이다. 그러나 전자자료교환은 각각의 컴퓨터가 독립적인 애플리케이션과 데이터베이스를 보유하며, 자주성 · 독립성 · 확장성 등이 보장된다.

전자자료교환과 전자우편은 자료의 축적과 전송이라는 점에서는 비슷하다. 그러나 전자자료교환이 표준화된 형태의 응용시스템간 자료 교환인 반면에 전자우편은 비정형화된 형태의 개인간 자료교환이다. 그리고 전자자료교환은 자료의 재입력이 필요 없지만, 전자우편은 자료를 재입력해야 한다.

표 1-5 EDI와 E-mail의 비교

구 분	EDI	E-mail
데이터 전송	VAN 경유	당사자간 즉시 전송
데이터 형태	기계가 읽을 수 있는 형태	인간이 읽을 수 있는 형태
데이터 구조	정형화된 표준 양식	문자·그림·동화상 등 모든 형태의 데이터
데이터 입력	응용프로그램간 자동 입력	수신자의 데이터 추출 및 재입력

2. EDI 표준

전자자료교환을 구축하기 위해서는 기본적으로 갖추어야 할 구성 요소가 있다. 즉, 전자문서를 발송하거나 수신하는데 필요한 문서표준과 통신표준이 설정되어 있어야만 한다. 그 이유는 미리 약정한 표준에 따라 전자문서를 작성하여 교환함으로써 데이터 처리를 자동화할 수 있고, 수신자와 발신자간의 언어와 해석 문제를 통일할 수 있기 때문이다.

1) 문서표준

문서표준은 전자매체를 이용하여 상거래 문서를 교환하기 위한 표준 양식으로 문서의 형식과 데이터 내용을 규정하는 것이다. 문서표준에는 다음과 같은 내용이 포함되어 있다.

① 전자적으로 전송할 수 있는 문서의 종류
② 각 문서에 포함되어야 할 정보의 종류
③ 정보를 보내는 순서
④ 이용되는 정보의 형태
⑤ 각 정보의 의미

이와 같이 문서의 형식과 내용을 표준화하는 이유는 컴퓨터가 동일한 정보라도 양식이 다르면 올바르게 인식하고 공유할 수 없기 때문이다. 자료를 전자화 하는데 있어서 자료의 배열 순서와 표현 방식에 대한 규약으로는 1987년에 제정한 국제 표준인 UN/EDIFACT가 있고, 미국의 문자표준 코드로는 ASCII(american standard code for information interchange)가 있다. 우리 나라는 UN/EDIFACT를 준수하는 KEDIFACT를 전자자료교환의 표준으로 이용하고 있다.

전자자료교환 표준은 〈그림 1-7〉과 같이 국제표준을 비롯하여 국가표준・산업표준・기업표준이 있는데, 이들은 거래자들 사이에 교환되는 메시지의 내용과 구조에 관한 일련의 규칙이라고 할 수 있다. 그리고 개념적으로 보면 국제표준이 최상위의 개념이 되고, 기업표준이 하위 개념의 표준이다.

그림 1-7 EDI의 표준 체계

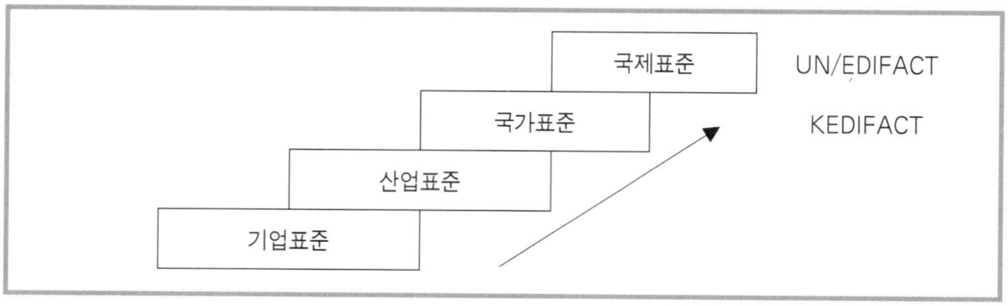

2) 통신표준

전자자료교환을 위한 통신 방식으로는 부가통신서비스 제공업체를 통해 문서를 전달하는 전자우편시스템(Message Handling Service)이 주로 이용되어 왔으나, 인터넷이 확산되면서 SMTP/MIME(Simple Mail Transfer Protocol / Multi-Purpose Internet Mail Extensions)과 같은 프로토콜을 이용하여 전자문서를 교환하거나 전자 양식을 이용한 웹(web) 형태의 전자자료교환으로 바뀌고 있다.[6]

3. EDI 도입 효과

전자자료교환을 도입하면 효율이 크게 개선되어 생산성 향상과 경쟁력을 강화하는데 큰 역할을 한다. 그 구체적인 도입 효과를 설명하면 다음과 같다.

① 종이문서를 사용하는 전통적인 교환 방식은 많은 노력이 필요하다. 그러나 전자자료교환 방식은 문서가 상대방의 컴퓨터 시스템에 전자적으로 직접 전송되기 때문에 적은 노력으로도 정보 전송이 가능하다.

② 전자자료교환을 통한 거래는 신속하게 이루어지기 때문에 시간과 투입 비용의 절감이 가능하다.

③ 전통적인 전달 방식은 분실·훼손·배달 오류 등이 발생할 수 있으나 전자자료교환은 컴퓨터 시스템에 직접 전송되므로 이와 같은 오류를 제거할 수 있을 뿐만 아니라 재입력으로 인한 오류도 줄일 수 있다.

④ 종이문서를 처리할 때 발생하는 자료 입력·복사·파일링·배달 등의 비용을 절감할 수 있다.

⑤ 신속한 정보 전달이 가능하기 때문에 고객서비스 향상과 적정 재고수준 유지에 따른 기업 경쟁력을 확보할 수 있다.

⑥ 다양한 외부 네트워크와의 연결을 통해 활동 영역을 확장시키고 새로운 거래 기회를 확보하는데 유리하다.

주요 용어

전자상거래	가상공간	인터넷	부가가치
EDI	e-비즈니스	소프트웨어	온라인
오프라인	사이버 쇼핑몰	B2C	B2B
G2B	G2C	P2P	애플리케이션
데이터베이스	전자우편	UN/EDIFACT	KEDIFACT

6) SMTP는 단순 우편전송 규약으로서 전자우편을 보내고 받는데 사용되는 TCP/IP 프로토콜이다.

참고자료 1.1 전자상거래의 성공 전략

IBM · GE · 델 컴퓨터 · 마이크로소프트 · 오라클 등은 미국을 대표하는 초우량 기업이자 전자상거래를 통한 사이버경영의 첨단을 걷는 기업들이다. 또한 산업경제에서 디지털경제로 넘어가는 흐름을 주도하는 대표 주자들이기도 하다. 기업의 성공 요인이 생산성 · 설비 · 노동력에서 지식과 정보의 효과적 활용으로 변모하는 시대임을 입증해 주고 있다.

앤더슨컨설팅은 '기업경영에 있어서 전자상거래의 기회와 도전'이란 보고서에서 사이버경영에 성공하려면, 적절한 전략과 원칙을 세우고 기업의 능력을 키워야 한다고 설명한다.

디지털 경제로의 전환

정보 · 통신기술의 발전은 전자상거래와 같이 정보통신 기술과 서비스 활용에 의한 경영환경의 광범위한 변화, 즉 디지털 경제를 출현시키고 있다. 지식과 정보가 기업 경쟁력의 원천이 되고, 가상공간이 활용되며, 통합과 네트워크가 확산되고, 산업간 통합화와 산업 수직계층의 단순화가 이루어지고 있는 것이다.

산업 경제에서는 가격과 품질 경쟁력이 우선이고, 고객에게 쉽게 접근하기 위한 시장을 확보하며, 원료와 우수한 노동력을 확보하는 것이 중요했다. 그러나 디지털경제에서는 지적 자산과 효과적 정보를 공유 또는 활용하고, 정보통신 기술의 활용으로 시장 접근을 하며, 기존 상품에 정보를 결합해 새로운 가치를 창출하는 것이 경쟁에서 이기는 법칙이 되었다.

산업 경제에서 GM · 포드 등이 선두 주자였다면, 이제는 컴퓨터와 인터넷을 제대로 활용한 기업들이 대표 주자로 떠오르고 있는 상황이다. 인간 사회의 활동 공간도 인터넷 쇼핑몰, 도서관 웹 사이트, 사이버 공동체, PC통신과 인터넷 대화방 등 사이버공간으로 확대되고 있다.

정보통신 기술의 강화로 물리적으로 떨어져 있는 기업간의 통합과 네트워크 확산도 큰 특징이다. 역량을 갖춘 기업간에 경쟁력 있는 기능의 상호 보완적 결합을 이룸으로써 '드림팀' 구성이 가능해진 것이다. 산업 경제에서는 수요와 공급에 의한 시장가격이 형성되었으나 이제는 고객과 생산자가 직접 연계됨으로써 개별 수요에 대응할 수 있는 공급 체계가 갖추어지기 시작한 사실도 주목되는 변화다. 무엇보다도 제공하는 정보와 지식에 따라 산업간 경계도 축소되고 있다.

사이버공간 활용에는 적절한 전략이 필요하다

전자상거래 진입에는 4단계의 접근 방식이 필요하다. 예컨대 ①전자상거래와 관련된 환경을 분석하고, ②새로운 사업 기회를 도출하며, ③일정과 실행 계획을 수립하고, ④사업 기회의 평가와 가장 쉽게 수행할 수 있는 사업의 선별이 이루어져야 한다는 것이다.

이와 관련해 6가지 시장진입 전략과 6가지 핵심역량 구축을 권고하고 있다. 6가지 시장진입 전략을 살펴보면 다음과 같다.

① 전자상거래를 기술적인 관점에서만 보는 것을 피한다.

② 불확실성이 높은 시장과 사업에 대규모 투자는 하지 말아야 한다.

③ 사업이 쉬운 분야나 기존 사업에서 쌓은 역량을 이용해 점진적이고 단계적으로 접근해야 한다.

④ 고객에게 제공하는 가치 개념을 명확히 정의해야 한다.

⑤ 전자상거래에 필요한 핵심역량을 구축한다.

⑥ 조직이 수용 가능한 범위에서 복수의 사업을 동시에 추진한다.

이와 함께 6가지 핵심역량으로는 뛰어난 마케팅 능력, 브랜드 개발과 홍보, 효과적인 구매능력의 구축, 높은 수준의 고객서비스, 효율적인 주문과 배송처리 절차 구축 등이 꼽힌다. 결국 사업의 핵심역량을 구축하고, 끊임없이 신사업을 개발해 나가는 모습이 사이버경영에도 절실히 필요하다. 사이버경영에 뛰어든다고 무조건 성공의 길이 보장되지는 않는다.

전자상거래(사이버 경영) 진입 전략

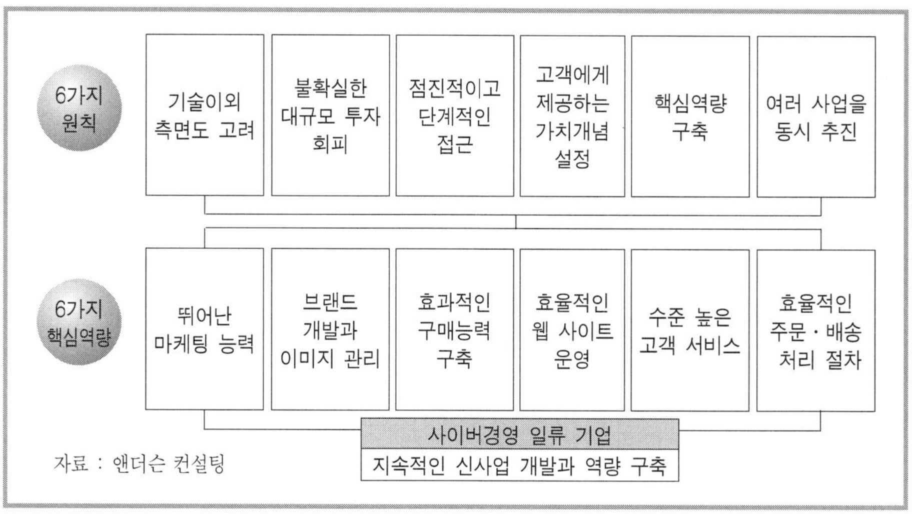

제1장 연구과제

① 전자상거래의 개념을 좁은 의미와 넓은 의미로 구분하여 정의하라.

② 상거래를 전자적(electronically)으로 처리한다는 것은 구체적으로 무엇을 의미하는가?

③ 전자상거래가 이루어지는 과정을 단계별로 설명하라.

④ 전자상거래의 유형을 분류하고, 각각을 설명하라.

⑤ 전자상거래의 특징을 전통적 상거래와 비교하여 설명하라.

⑥ 전자상거래를 도입할 경우 장점은 무엇인가?

⑦ 전자상거래의 단점은 무엇인가?

⑧ 전자상거래가 활성화됨으로써 얻는 이익을 소비자의 입장과 기업의 입장에서 각각 설명하라.

⑨ 전자상거래의 발전 단계를 구분하고, 각각의 단계별 특징을 설명하라.

⑩ 인터넷 쇼핑몰을 통해 상품을 구입한 후 모든 과정을 정리하여 보고서로 제출하라.

제 2 장

전자상거래와 인터넷

ELECTRONIC COMMERCE

학습 개요

전자상거래는 인터넷을 기반으로 한다. 따라서 제2장에서는 인터넷이란 무엇이고, 어떻게 발전해 왔으며, 어떤 특징과 장점이 있는지 살펴본다. 또한 인터넷에서 가능한 서비스와 어떤 비즈니스가 가능한지에 대해서도 살펴본다.
참고 자료를 통해서는 인터넷을 이용해 성공한 기업과 그 기업의 사례를 검토해 본다.

1 인터넷 역사

1. 인터넷의 개념

인터넷(internet)은 다양한 네트워크가 일정한 언어로의 약속하에 연결된 개방형 네트워크를 의미한다. 즉, 인터넷이란 전세계에 흩어져 있는 컴퓨터들의 정보를 공유하기 위하여 컴퓨터와 통신망을 연결해 놓은 최대의 컴퓨터 네트워크이다. 미국의 연방네트워크 위원회(Federal Networking Council)에서는 인터넷을 다음과 같이 정의하고 있다.

① 인터넷 프로토콜(internet protocol)에 기반을 둔 유일한 주소 체계이며, 전세계적으로 연결되어 있는 범세계적인 정보시스템(global information system)
② TCP/IP를 사용하여 상호간에 커뮤니케이션을 할 수 있도록 지원하는 통신시스템(telecommunication system)
③ 누구나 접근하여 사용할 수 있는 고차원의 서비스(high level service)

위의 정의에서 보듯이 인터넷은 이제 단순히 물리적 네트워크의 의미에서 벗어나 네트워크를 이용하는 사람들간의 유대 관계를 맺어주는 역할을 하며, 네트워크 속에 존재하는 수많은 정보들을 연결시켜 주는 포괄적인 개념으로 이해되고 있다. 이러한 경향은 인터넷이 정보처리 기술과 통신 기술을 통해 구축된 물리적인 네트워크이지만 실제로는 지금까지 경험하지 못한 새로운 가상공간(cyberspace)을 제공해 주기 때문이다.

그리고 인터넷은 기본적으로 정보를 주고받는 매체지만, 인터넷을 통해 창조되는 가상공간은 새로운 비즈니스 기회를 제공해 주기도 한다. 즉, 사람들간에 정보를 주고받는 과정에서 자연스럽게 관계가 형성되고, 이러한 관계가 형성되면 비즈니스를 설계할 수 있는 기회가 제공되는 것이다.

2. 인터넷의 발전 단계

오늘날의 인터넷은 1969년 미국 국방성의 고등연구계획국(Advanced Research Projects Agency)에서 군사 목적의 프로젝트를 수행하기 위해 만든 아르파넷(ARPANET)이 그 효시이다. 당시의 아르파넷은 군・방위산업체・대학들의 컴퓨터를 연결한 네트워크로서 프로젝트 참여자들간에 정보를 효율적으로 교환하고, 핵전쟁이 발생했을 경우에도 통신망을 유지하기 위한 방법을 연구하기 위해 개발되었다. 이후 아르파넷은 파일전송 능력과 전자우편 기능 등을 보완하여 정보 교환의 범위와 능력이 향상되었다.

표 2-1 인터넷 발전 단계

연 도	외 국	한 국
1946	최초의 컴퓨터 ENIAC 개발	
1969	미국 국방부 아르파넷 통신시스템 구축	
1973	아르파넷, 영국과 노르웨이에 접속	
1982	TCP/IP 프로토콜 완성 인터넷이라는 이름 등장	서울대학교와 구미 전자통신연구소간 SDN 구축
1984	NSF넷이 아르파넷 대체	
1987	NSF에 사업자망 연결	
1988		국내 첫 슈퍼컴퓨터 도입(SERI)
1991	미국정부, 인터넷 영리목적 사용을 허용 인터넷 서비스 상용화 월드와이드웹(WWW) 기술 개발	한국 PC통신 설립
1993	InterNIC 구성 모자 (Mosaic) 개발 인터넷 사용자 4,000만명	KRNIC 구성
1994	인터넷 쇼핑몰 등장(미국) 가상은행(Cyber Bank) 등장	데이콤, 천리안 이용 인터넷 서비스 정부 공공기관 인터넷 연계
1995	마이크로소프트 익스플로러 개발 야후・아마존 탄생 인터넷 비즈니스 본격화	인터넷접속 서비스업체 아이네트 탄생 현대・삼성 등 대기업 인터넷 상용서비스 제공
1996	인터넷 상에서 최초로 가상 세계박람회	
1997	넷스케이프 4.0, 익스플로러 4.0 발표	야후코리아 서비스
1998	세계 인터넷 이용자수 1억	
2000	세계 인터넷 이용자 3억	초고속 인터넷 가입자 400만
2005	세계 인터넷 이용자 9억6천만명	국내 인터넷 이용자 3천3백만명
2006년		세계 최초 와이브로 서비스 개시
2007년	전세계 인터넷 이용률 22.04% 전세계 인터넷 이용자수 14억 7천만명	전자상거래 총규모 500조원 돌파

아르파넷의 규모가 커지고 유사한 네트워크들도 출현하였기 때문에 네트워크들과 아르파넷간의 정보 교환을 위해서 표준화된 통신 방법이 필요하게 되었다. 이러한 필요성에 의해 1973년에는 첨단국방연구프로젝트관리단(DARPA)에서 여러 개의 네트워크들을 하나의 네

트워크로 연결하는 방법을 모색하였다. 그 당시에는 컴퓨터 네트워크마다 정보의 전달 방법이 서로 달랐기 때문에 정보의 이동과 공유가 불가능하였다. 따라서 서로 다른 컴퓨터들을 연결하기 위한 게이트웨이(gateway)를 개발하게 된 것이다.

1974년에는 TCP/IP(Transmission Control Protocol/Internet Protocol)라는 통신 규약(프로토콜)이 개발되었으며, 이 프로토콜의 개발이 오늘날의 인터넷으로 발전하는 계기가 되었다. TCP/IP의 개발로 아르파넷(ARPANET)의 이용이 활발해지자 이를 군사용의 밀넷(MILNET)과 연구 목적의 아르파넷으로 분리하였는데, 이 연구 목적의 아르파넷이 인터넷의 모태가 되었다.

1986년에는 미국과학재단(National Science Foundation)이 5개의 슈퍼컴퓨터 센터를 설치하고, 이들 슈퍼컴퓨터간에 정보를 공유할 수 있도록 연결한 미국 과학재단 네트워크(NSFnet)를 만들었다. 미국 과학재단 네트워크(NSFnet)가 아르파넷과 연결되면서 슈퍼컴퓨터를 자유롭게 이용할 수 있게 되자 인터넷 접속이 급속도로 증가하였다.

1990년대 이후 아르파넷은 전미국 과학재단 네트워크에 인터넷 기간망(backbone) 자리를 물려주고 해체되었다. 이후 전미국 과학재단 네트워크(NSFnet)는 미국 항공우주국(NASA)의 NSINET과 미국 에너지성의 ESNET과 함께 인터넷 기간망으로 중추적 역할을 하고 있다. 그 후 유럽과 아시아 등지의 기간 네트워크들과 연결되었으며, 이에 따라 인터넷이 전세계를 연결하는 하나의 거대한 네트워크가 되기에 이르렀다.

3. 인터넷 접속

인터넷은 유선망(fixed network)과 무선망(mobile network)을 통하여 모두 접속이 가능하다.

첫째, 유선망의 일반적인 접속 경로는 가입자가 시내전화 사업자(예 : 한국통신, 하나로통신)의 교환국을 거쳐 집중국까지 연결하는 공중전화통신망(PSTN)과 집중국에서 인터넷망/데이터망에 접속하는 중계 구간, 인터넷망 구간으로 구분된다. 인터넷 접속사업자(ISP)의 호스트와 정보제공사업자(IP)의 데이터베이스(DB)는 데이터망과 인터넷망에 연동되어 있다.

둘째, 무선망은 인터넷 백본(backbone)에 접속하기 위한 가입자망을 무선망으로 사용하는 것을 제외하고는 유선망과 유사한 네트워크를 지니고 있다.

무선인터넷(mobile Internet 또는 wireless Internet)은 무선 단말기와 무선데이터 통신망을 통해 인터넷에 접속하여 데이터 통신이나 인터넷 서비스를 이용하는 것을 말한다. 즉, 한 곳에 고정(fixed)되어 있지 않고 이동(mobile)하면서 언제 어디서든지 인터넷 서비스를 이용할 수 있는 특징이 있다.

그림 2-1 유선 인터넷 접속 경로

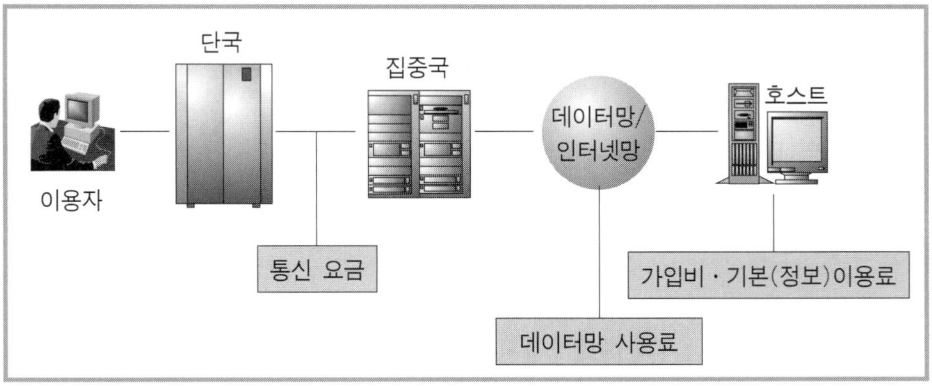

이러한 무선 인터넷은 기술 방식에 따라 무선 랜을 사용하는 고정무선 접속계열과 이동 통신망을 이용하는 이동전화 계열로 나눌 수 있다. 고정무선 계열은 한정된 거리에서만 접속이 가능하기 때문에 넓은 의미에서는 무선 인터넷에 포함되지만 좁은 의미로는 포함되지 않는다. 그러나 최근에는 보다 넓은 지역에서 사용할 수 있는 휴대 인터넷(Wibro) 등의 무선인터넷 접속 서비스가 개발되면서 이동성의 한계가 극복되고 있다.

와이브로(Wibro, Wireless Broadband Internet)는 시속 60km 이상으로 달리는 차 안에서도 노트북 PC나 휴대전화 등을 이용하여 고속으로 무선 인터넷에 접속할 수 있는 서비스를 말한다. 기존의 무선 랜은 도달 거리가 짧아서 이동 중이나 접근점(access point)에서 멀어지면 사용할 수 없다. 그러나 와이브로가 서비스되면 저렴한 가격으로 무선 인터넷을 이용할 수 있고, 이동 중에도 끊김 없이 인터넷을 할 수 있다.

표 2-2 유선 인터넷과 무선 인터넷의 비교

구분	유선 인터넷	무선 인터넷
인터페이스 (사용자환경)	키보드·마우스·모니터·프린터 등	액정 화면·소프트 버튼
통신에러율	낮음	높음
휴대성	불편함	편리함
접근형태	양방향	단방향
응용소프트웨어	다양함, 추가 또는 변경이 쉽다	한정됨, 추가 또는 변경이 불편
저장성	용이	제한

무선인터넷 서비스의 상용화는 여러 가지 측면에서 의미가 있다. 이동전화 가입자가 시간과 공간에 구애받지 않고 인터넷을 이용하여 각종 정보 검색 및 전자상거래를 할 수 있다. 또한 언제 어디서나 인터넷 접속이 가능하므로 생활 패러다임이 크게 바뀌게 될 것이다. 예를 들어 길거리에서도 이동전화를 꺼내들고 원하는 웹 사이트를 검색하고 전자우편을 주고받으며, 비행기표와 기차표·공연 티켓 등을 예매할 수 있다.

4. 인터넷 규모

인터넷 사용 규모는 산출하는 기관마다 많은 차이를 보이고 있는데, 이는 연령·접속 방법·기간 등을 어떻게 정의하느냐에 따라 실제 그 수가 달라지기 때문이다.

그림 2-2 전세계 인터넷 이용 현황

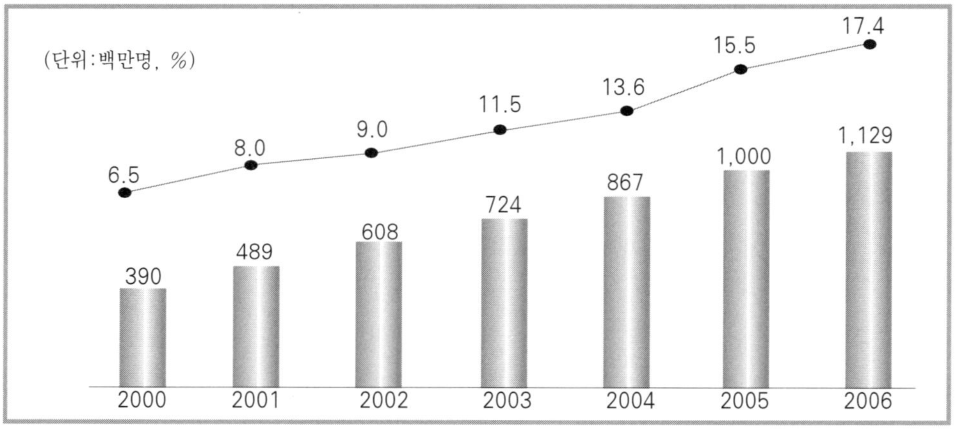

(자료 : ITU, 2008.2)

그림 2-3 국내 인터넷 이용자 수

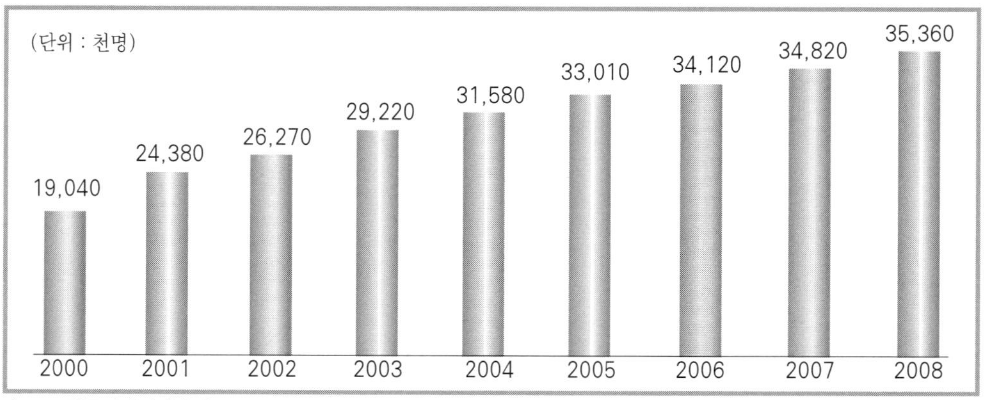

자료 : 한국인터넷진흥원

우리나라의 경우에는 한국인터넷진흥원(www.nida.or.kr)에서 년 4회 이상의 설문 조사를 통해 인터넷 이용자수를 산출하여 추정하고 있다. 우리나라의 인터넷 이용자수는 〈그림 2-3〉에서 보는 바와 같이 2000년 약 1900만 명에서 시작하여 2008년도에는 3,536만 명으로 증가하였다. 특히, 2001년 이후 비약적으로 증가하였으며, 전세계적으로도 상위권에 속해 있다.

또한, 우리나라의 도메인 숫자는 1993년 말에는 61개에 불과하였으나 〈그림 2-4〉에서 보는 바와 같이 2008년도에는 백만개를 넘어서는 것으로 나타났다.

그림 2-4 연도별 .KR 도메인 수

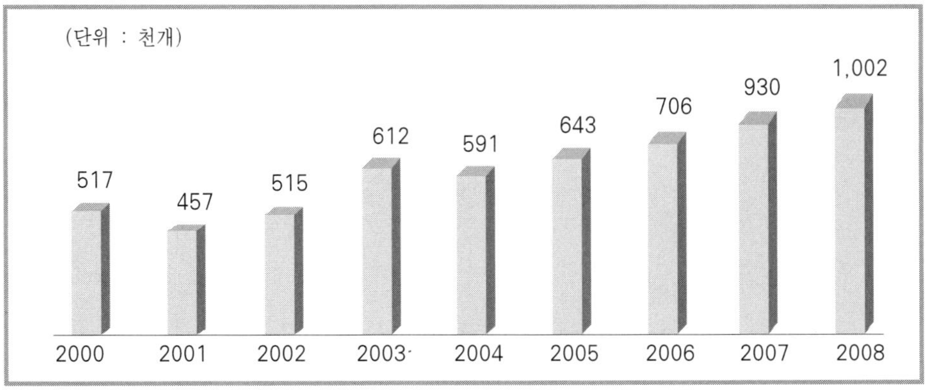

자료 : 한국인터넷진흥원

2 인터넷 도메인

1. 인터넷 주소

인터넷에 연결된 다른 컴퓨터와 통신을 하기 위해서는 컴퓨터가 인터넷에 연결되어 있어야 하고, 컴퓨터의 주소를 알고 있어야 한다. 이 고유한 컴퓨터 주소를 도메인(domain)이라고 한다. 〈그림 2-5〉와 같이 숫자로 표현된 주소는 기억하기 어렵고 이해하기도 어려운 단점이 있다. 따라서 숫자로 표현된 주소 대신에 이용자가 사용하기 쉽도록 영문자로 표현된 주소가 그림 〈2-6〉이다.

그림 2-5 숫자로 표현된 인터넷 주소

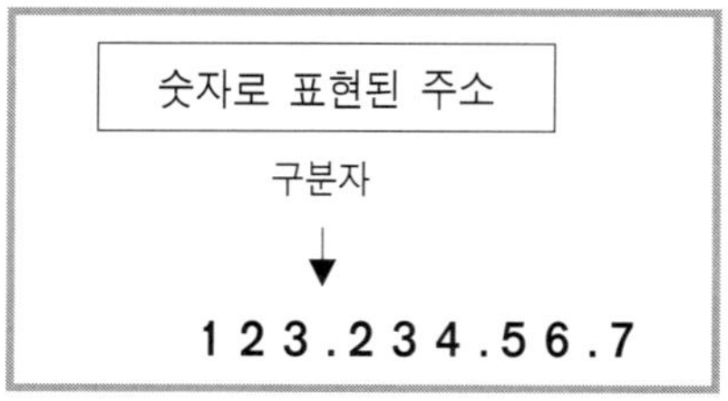

도트로 구분된 각 숫자는 0~255 까지 사용할 수 있으며, 숫자로 표현된 주소는 전세계적으로 중복되지 않아야 한다. 숫자로 표현된 이러한 주소를 인터넷 프로토콜(internet protocol) 주소라고 한다. 그러나 인터넷 사용자들이 다른 컴퓨터와의 통신을 위해서 이렇게 숫자로 표현된 주소를 사용하게 되면, 주소를 이해하기 힘들고 기억하기도 어렵다. 따라서 숫자로 표현된 주소 대신에 영문자로 표현된 주소를 사용하고 있다. 영문자로 표현된 주소는 〈그림 2-6〉과 같이 구성되어 있다.

그림 2-6 영문자로 표현된 인터넷 주소

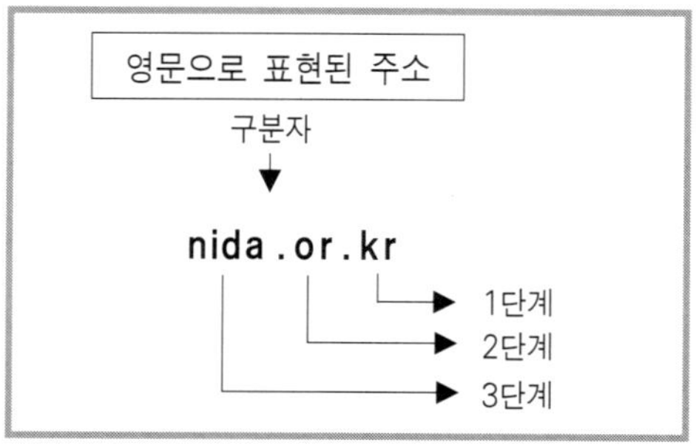

각 단계는 오른쪽 맨 마지막에서부터 1단계・2단계・3단계로 불리며, 전세계적으로 중복되지 않는 고유한(unique) 주소로 사용된다. 이를 인터넷 도메인(domain)이라고 하며, 도메인 이름은 인터넷에 연결된 전세계의 어떠한 컴퓨터와도 통신을 할 수 있게 해주는 역할을 한다.

인터넷 도메인 네임을 결정할 때 지켜야 하는 원칙은 다음과 같다.

① 도메인 네임은 영문자[A-Z][a-z], 숫자[0-9] 또는 하이픈[-]의 조합으로만 표현되며, 영문자의 대・소문자 구별이 없다.

② 도메인 네임은 영어나 숫자로 시작하여야 하며, 하이픈[-]으로 끝날 수는 없다.

③ 도메인 네임의 길이는 최소 2자에서 최대 63자까지 가능하다. 개인 도메인은 3자부터 가능하다.

④ 도메인 네임에 콤마(,)나 언더바(_) 등과 같은 기호는 사용할 수 없다.

2. 도메인 네임서비스

인터넷 도메인 이름은 인터넷에 연결된 전세계의 어떠한 컴퓨터와도 통신을 가능하게 해준다. 인터넷에 연결된 컴퓨터와 통신을 하기 위해서는 2가지의 주소를 사용한다. 하나는 숫자로 표현된 주소이며, 다른 하나는 사용하기 편리하고 기억하기 쉬운 영문으로 된 도메인 네임이다.

실제로 통신을 할 때에는 이 두 가지 종류의 주소 중에서 숫자로 표현된 주소를 사용하여 통신을 한다. 따라서 영문으로 표현된 도메인 네임을 숫자로 표현된 주소로 변환시켜 주어야 한다. 〈그림 2-7〉은 일반 사용자가 자신의 컴퓨터에서 www.nida.or.kr이라는 웹 페이지를 검색하는 경우, 그 연결 과정을 보여주는 것이다.

① 일반 사용자가 웹 브라우저에서 www.nida.or.kr 주소를 입력한다.

② 웹 브라우저는 제일 먼저 도메인네임 서버에게 www.nida.or.kr의 IP주소를 질문한다.

③ 도메인네임 서버는 질문한 www.nida.or.kr의 IP주소를 자신의 데이터에서 찾아 해당 웹 브라우저에게 응답을 해 준다.

④ 응답을 받은 웹 브라우저는 IP주소를 이용하여 해당 웹 사이트(www.nida.or.kr) 컴퓨터와 데이터를 주고받게 된다.

그림 2-7 인터넷 주소의 연결 과정

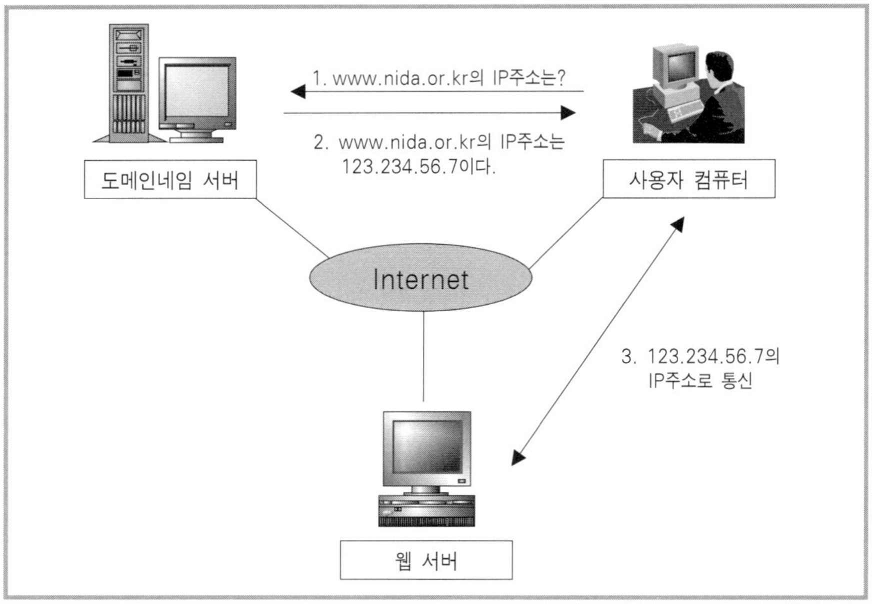

이와 같이 영문자로 표현된 주소(도메인)를 숫자로 표현된 주소(IP 주소)로 변환시켜 주는 것을 도메인 네임서비스라고 하며, 이러한 역할을 해주는 소프트웨어(프로그램)를 도메인 네임시스템(domain name system)이라고 한다.

인터넷상에서 자신의 도메인 이름을 다른 사람이 사용할 수 없도록 하기 위해서는 반드시 도메인 네임서버(시스템)에 도메인 이름을 등록해야만 한다. 도메인 네임서버에 등록되지 않은 도메인은 인터넷을 이용하는 다른 사람이 사용하려 해도 IP 주소로 변환할 수 없기 때문에 사용할 수 없다.

3. 인터넷 도메인 네임 체계

인터넷상에서 사용되는 도메인은 전세계적으로 고유하게 존재해야 하므로 공통적으로 정해진 체계가 있으며, 임의로 변경하거나 생성할 수 없다. 인터넷의 모든 도메인은 루트(root)라고 불리는 도메인 이하에 〈그림 2-8〉과 같이 계층적으로 구성되어 있다. 루트 도메인 아래의 단계를 1단계 도메인 또는 최상위 도메인(TLD : top-level domain)라고 하고, 그 다음의 각각 단계를 2단계 도메인(SLD : second-level domain), 3단계 도메인(TLD : third-level domain)이라 부른다.

최상위 도메인으로는 com · net · org · edu · gov · mil · int 등의 일반 도메인(generic top level domain)과 인터넷이 국제화되면서 ISO 3166에 의거하여 세계의 각 국가들을 두 자리 영문약자로 표현한 국가 도메인(national top level domain)이 있다.

최상위 도메인이 com인 경우, 〈그림 2-8〉에서와 같이 cnn · msn · yahoo 등 2단계에서 도메인 신청자가 원하는 이름을 사용할 수 있으며, 국가 도메인 중 kr은 한국을 대표하는 최상위 도메인이며, jp는 일본을 의미한다. 각 국가들은 서로 다른 최상위 도메인을 사용하며, 최상위 도메인별로 도메인 이름 체계 및 등록 원칙이 다를 수도 있다.

2단계 도메인은 기관을 분류(co · or · ac 등)하기 위해서 미리 정의된 이름을 사용하며, 3단계에서 samsung · kbs · naver 등 도메인 신청자가 원하는 이름을 사용할 수 있다.

그림 2-8 도메인 네임 체계

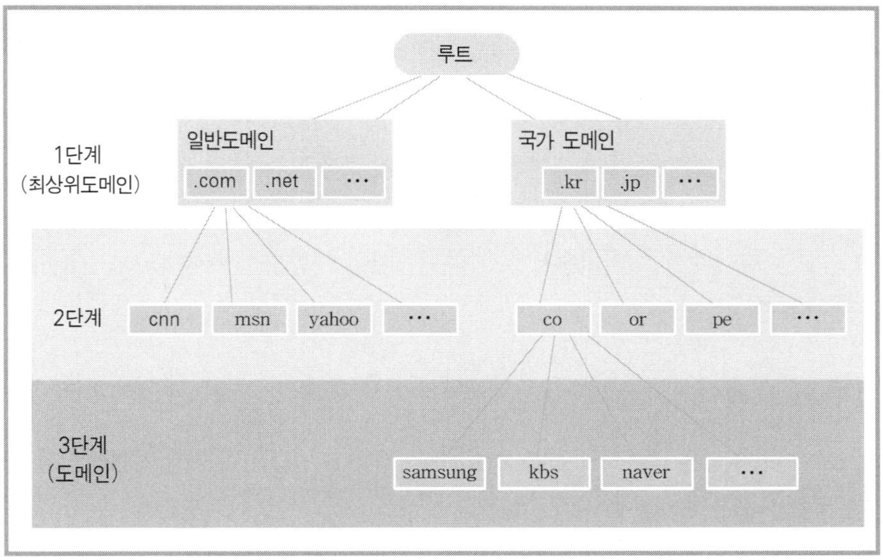

4. KR 도메인 네임 체계

KR 도메인은 3단계로 구성되어 있다. 〈그림 2-9〉에서 보는바와 같이 1단계 도메인인 KR 이하에 기관의 성격 또는 지역에 따른 2단계 도메인을 적용하며, 3단계에서 신청기관의 도메인 이름을 사용할 수 있다.

최근에는 한글 도메인도 사용되고 있다. 영문 도메인과 마찬가지로 「한글도메인.kr」의 형태로서 「서울유치원.kr」이나 「제일전자.kr」등과 같이 표기하는 도메인을 말한다.

그림 2-9 .kr 도메인 네임의 체계

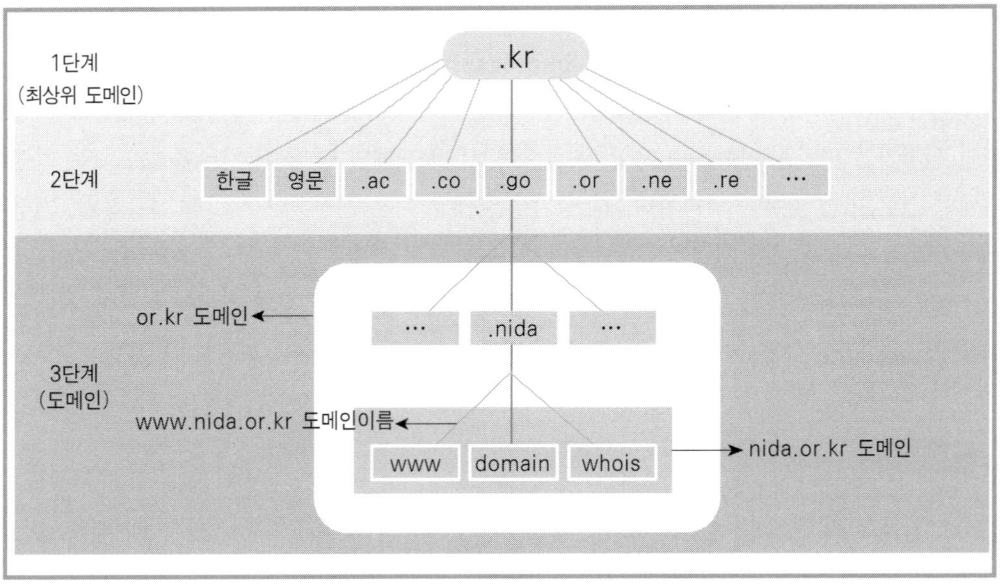

한국인터넷진흥원(NIDA)의 도메인은 nida.or.kr로서 National Internet Development Agency of Korea를 의미하는 nida, 비영리 기관/단체 성격의 or, 한국을 나타내는 kr로 구성되어 있다. 또한 웹서비스, 파일전송서비스, 후이스서비스 등을 위해서 www, whois라는 호스트 이름을 사용한다.

1) 1단계 도메인

1단계 도메인인 KR은 국가코드 ISO 3166에서 정의된 인터넷 도메인 체계에서의 한국을 대표하는 도메인 이름을 의미한다.

2) 2단계 도메인

2단계 도메인은 기관의 성격을 분류한 7개의 도메인과 지역명을 기초로 한 16개의 지역도메인이 있다. 도메인 신청자는 기관 분류에 의한 2단계 도메인 또는 지역명에 의한 2단계 도메인을 선택할 수 있다.

2단계 도메인 이름 중 ac와 go는 사용이 일부 제한되는 도메인으로서 ac는 2년제 이상의 대학 또는 대학원에 한하여 사용할 수 있으며, go는 정부 기구표에 명기된 정부기관에 한하여 사용할 수 있다.

3) 3단계 도메인

3단계 도메인은 상호명과 상표명을 근거로 하여 전체이름 또는 영문 약자 등으로 자유롭게 표현할 수 있다.

표 2-3 2단계 도메인 분류 체계

구분	2단계 도메인	해당 영역	구분	2단계 도메인	해당 영역
	co	영리	지역도메인	incheon	인천광역시
	ne	네트워크		gwangju	광주광역시
	or	비영리		daejeon	대전광역시
	re	연구		ulsan	울산광역시
	pe	개인		gyeonggi	경기도
	go	정부기관		gangwon	강원도
	mil	국방조직		chungbuk	충청북도
교육도메인	ac	대학/대학원		chungnam	충청남도
	hs	고등학교		jeonbuk	전라북도
	ms	중학교		jeonnam	전라남도
	es	초등학교		gyeongbuk	경상북도
	sc	기타학교		gyeongnam	경상남도
	kg	유치원		jeju	제주도
지역도메인	seoul	서울특별시	한글.kr	신청인이 정하는 도메인(한글)	
	busan	부산광역시	영문.kr	신청인이 정하는 도메인(영문)	
	daegu	대구광역시			

3 월드와이드웹(WWW)

인터넷의 급속한 확산에는 월드와이드웹(world wide web)이 결정적인 공헌을 하였다. 월드와이드웹(WWW)은 인터넷을 통해 하이퍼텍스트(hyper text)를 전송하기 위해 개발되었다. 인터넷 발전 초기의 TCP/IP를 기반으로 한 인터넷 서비스는 원격지간에 정보를 주고받는 도구로서는 매우 훌륭한 것이었지만 컴퓨터에 수록된 정보를 검색하고 조회하는 것은 결코 쉬운 일이 아니었다. 특히, 인터넷에 접속되는 컴퓨터의 수와 정보의 양이 급속히 증가하면서 이러한 어려움은 더욱 커졌다.

이러한 어려움을 해결하기 위하여 하이퍼링크 방식이라는 새로운 방법이 제시된 것이다. 하이퍼링크(hyper link) 방식은 1989년 스위스의 유럽입자연구센터(European Center for Practical Research)에서 시험적 형태로 처음 사용하였다.

현재의 인터넷은 하이퍼링크 방식이 일반화되었지만, 당시만 해도 하나의 정보를 검색한 후 다른 정보를 찾기 위해서는 상위 디렉토리로 이동한 후 다시 해당 디렉토리로 이동해야만 원하는 정보를 찾을 수 있었다. 그런데 한번의 클릭으로 현재 찾고 있는 정보와 관련이 있는 정보를 본다는 것은 거의 혁명적인 일이었다.

1990년 초에는 미국 일리노이대학의 국립 슈퍼컴퓨터 응용센터에서 이 프로토콜을 이용하여 모자이크(Mosaic)라는 그래픽을 이용한 포인트 앤드 클릭(point-and-click) 인터페이스를 개발하였다.[7] 최초의 웹 브라우저(web browser)인 모자이크 덕분에 비전문가들도 손쉽게 인터넷을 사용할 수 있게 되었으며, 그 결과 인터넷은 급속히 확산되었다.[8]

1. 웹의 개념

웹(Web)의 어원은 거미집 모양을 의미하는 것으로서, 하이퍼미디어 개념을 이용해 다양한 형식의 정보를 연결해 주는 시스템과 통신 프로토콜 등을 개발하는 프로젝트의 이름이었다. 이 프로젝트는 지역적으로 분산된 수많은 과학자들이 보다 쉬운 방법으로 서로의 연구 결과를 공유하고자 출발하였다. 그 결과, 하이퍼미디어 시스템을 이용하여 마우스로 간단히 클릭만 하면

---

7) 웹상에서 제공되는 각 문서의 강조된 글자 및 그림들은 서로 연결되어 있다. 바로 이 부분들을 마우스로 움직여 그 글자나 그림들 위에 화살표(포인터라고도 함)를 올려놓고 마우스의 왼쪽 버튼을 누르라는 의미이다.

8) 브라우저(browser)는 월드와이드웹(WWW)상의 자료들을 보고 찾아다닐 수 있도록 도와주는 소프트웨어 프로그램을 말한다. 세계적으로 가장 많이 쓰이는 브라우저는 마이크로소프트社의 익스플로러(explorer)와 넷스케이프社의 네비게이터(navigator)이다. 웹 브라우저(web browser)라고 부르기도 한다.

원하는 정보를 얻을 수 있게 되었다.

웹은 인터넷상에서 HTTP(hyper text transfer protocol)라는 통신 프로토콜을 기반으로 하여 각종 정보를 하이퍼미디어 방식으로 연결함으로써 전세계의 컴퓨터에 저장되어 있는 각종 정보들을 쉽게 찾아낼 수 있는 정보검색 시스템이라고 할 수 있다.

하이퍼미디어 시스템(hyper-media system)이란 문장만을 연결시킬 수 있는 하이퍼텍스트를 확장한 개념으로서 텍스트·이미지·음성 등의 정보들을 서로 연결시켜 관련된 정보를 쉽게 참조할 수 있도록 한 구조이다. 그러므로 웹은 그림·음성·동영상과 같은 여러 가지 미디어를 연결하는 단어를 포함한 하이퍼텍스트 문서와 실제 미디어 데이터가 같은 문서에 표현되는 형식으로 구성되어 있다.

2. 웹의 구조

웹은 전통적인 클라이언트/서버(client/server) 구조를 가지고 있다. 클라이언트(client)는 컴퓨터 네트워크에서 사용자가 정보를 검색하는 등 직접 조작하는 컴퓨터 또는 프로그램으로서, 인터넷에서는 접속되어 있는 PC 또는 전자메일 소프트웨어 등의 소프트웨어를 가리킨다. 서버(server)는 컴퓨터 네트워크 전체를 효과적으로 운용하기 위해 데이터의 축적·검색 등을 비롯하여 각종 서비스를 제공하는 컴퓨터 또는 프로그램이다.

그림 2-10 클라이언트/서버 구조

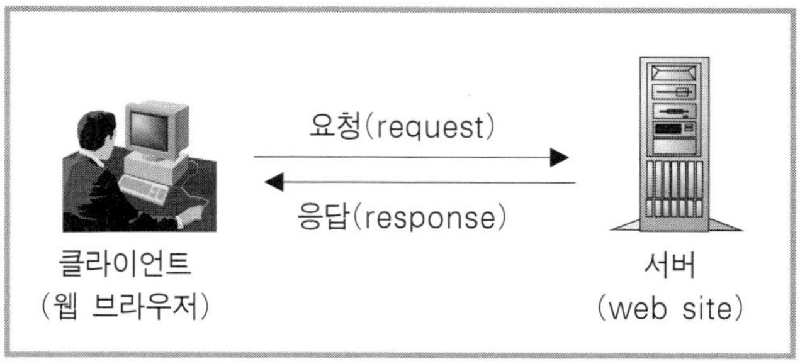

서버 소프트웨어는 단독 또는 여러 개의 서버용 컴퓨터에서 작동되는데, 고성능 PC나 워크스테이션(workstation) 또는 서버 전용컴퓨터를 사용한다. 이 때 서버를 주컴퓨터(host computer)라고 부르기도 하며, 인터넷에서는 보통 서버라고 한다.

클라이언트/서버 구조는 클라이언트가 미리 정해진 프로토콜(protocol)에 따라 서버에게 요청(request)을 보내면, 서버는 이 요청에 대한 응답(response)을 보내는 형태이다. 이러한 구조는 정보를 웹 클라이언트에서 특정 이름(name)을 지정하여 서버로 보내면, 서버에서는

CGI(common gateway interface)라는 공통의 게이트웨이를 통해 다른 서버 프로그램과의 인터페이스를 제공하는 것이다. 따라서 인터넷에 접속하여 정보를 얻는 것은 서버에 축적되어 있는 정보를 얻는 것이다.

3. 웹의 동작

〈그림 2-11〉에서 보는바와 같이 브라우저는 끊임없이 서버에게 어떤 정보를 요청하고, 서버는 요청된 정보를 브라우저에게 보내는 것으로 응답하게 된다. 사용자가 웹 브라우저에 하이퍼링크 되어 있는 단어나 그림을 선택하거나 주소란에 특정한 도메인네임(domain name)을 입력하면 웹에서는 다음과 같은 절차가 진행된다.

그림 2-11 웹의 동작

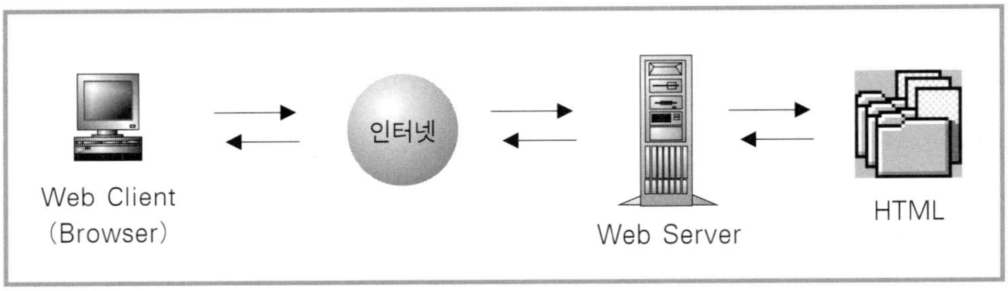

① 클라이언트(브라우저)는 특정 단어나 그림이 지정하고 있는 IP주소나 입력된 도메인 네임을 읽어 DNS(domain name system)를 통해 IP주소를 찾아내고, URL에서 지정되어 있는 접속 방법에 따라 지정된 서버와 연결된다. 해당 프로토콜로 웹 브라우저는 서버에게 URL에 지정되어 있는 장소의 문서를 요청한다.[9)]

② 서버는 클라이언트가 요청한 문서를 찾아 클라이언트에 해당 문서를 동일한 프로토콜로 전송하고, 클라이언트는 그 내용을 수신한다.

③ 클라이언트는 서버로부터 수신된 문서를 해당 클라이언트에 맞게 화면에서 보여준다.

다음은 웹의 동작과 관련하여 몇 가지 용어를 구체적으로 살펴보기로 한다. 웹 페이지(web

9) URL(uniform resource locator)은 인터넷상의 각종 정보에 접근하는 통신 프로토콜과 정보의 명칭을 어떻게 지정할 것인가를 정한 규격이다. 어떤 통신 프로토콜을 사용해서 서버 파일에 정보를 지정하더라도 '프로토콜://서버명/파일명'으로 한다.

page)는 인터넷상의 인터넷 문서들을 총칭하며, 이 문서 속에는 문자 · 그림 · 음성 · 동영상 파일 등을 저장할 수 있다. 이러한 웹 페이지들을 모아 놓은 것을 웹 사이트라고 한다.

웹 사이트(web site)는 웹서버를 사용해 웹서비스를 제공하기 위해 구축해 놓은 정보들의 집합을 말한다. 흔히, 웹 사이트를 홈페이지라는 용어와 동일한 것으로 사용하고 있으나 엄격한 의미에서 매우 다른 개념이다.

홈페이지(home page)는 익스플로러와 같은 웹 브라우저를 실행시켰을 때 처음 나타나는 페이지를 말한다. 홈페이지의 홈(home)은 정보 서비스의 시작을 의미하는 초기 화면을 의미하고, 페이지(page)는 초기 화면에 소개된 정보를 각각의 세부 화면에 상세하게 담아놓은 것을 의미한다.

4 인터넷의 특징과 장점

1. 인터넷의 특징

인터넷을 이용하여 비즈니스 활동을 전개하려면 먼저 인터넷의 특징을 파악하여야 한다. 인터넷이 가지고 있는 구체적인 특징은 다음과 같다.

1) 개방 구조

인터넷은 프로토콜이나 제도・규격 등이 완전히 개방된 통신망으로서 쉽게 접속할 수 있을 뿐만 아니라 새로운 표준안을 제안할 수도 있다. 그리고 지역과 컴퓨터 기종에 관계없이 데이터를 송신 또는 수신할 수 있으며, 다양한 정보에 접근이 가능하다.

2) 쌍방향성

TV를 비롯한 기존 매체는 정보를 일방적으로 주입시키지만, 인터넷은 정보 제공자와 수용자 간의 쌍방향 커뮤니케이션이 가능하다. 또한, 문자・음성・동영상에 이르기까지 모든 정보를 세계 어느 곳이든 보내고 받을 수 있다.

3) 정보 제공의 무제한성

정보 제공에 대하여 시간적・공간적・양적・내용적 제약을 두지 않고, 무제한으로 정보를 제공할 수 있다. 또한 인터넷과 연결된 모든 컴퓨터는 독자적인 주소를 할당받기 때문에 컴퓨터의 주소만 알고 있으면 원하는 정보를 언제든지 찾을 수 있다.

4) 개별성

TV와 같은 채널은 제한되어 있으므로 선택에 제약이 있다. 그러나 인터넷은 무수히 많은 웹 사이트에 다양한 정보가 있을 뿐만 아니라 원하는 이용자에게만 선택적으로 정보 전달이 가능하다.

5) 새로운 영역

인터넷은 기존의 오프라인(off-line)에서 벗어난 온라인(on-line)이라는 새로운 영역을 창조하였다. 수많은 컴퓨터 단말기를 유선 또는 무선통신으로 연결할 수 있기 때문에 시간적 · 공간적 제약에서 벗어난 새로운 시장(market)이 형성되고 있다.

2. 인터넷의 장점

이와 같은 인터넷의 장점을 활용하여 비즈니스 활동에 활용하면 다음과 같은 장점이 있다.

1) 정보전달 비용의 절감

인터넷이 등장하기 전에는 정보를 전달하기 위해서 자체적으로 광역통신망(WAN)을 구축하거나 일정한 요금을 지불하고 부가가치통신망(VAN) 서비스를 이용하였다. 그러나 인터넷을 활용하면, 네트워크 설치 비용과 관리 비용을 절감할 수 있다.

인터넷의 소유자는 없으며, 단지 미국의 국립과학재단 등과 같이 표준을 제시하고 정기적으로 점검을 하는 일부 기관만이 존재할 뿐이다.

2) 정보전달 능력의 향상

조직 규모가 커지고 확장됨에 따라 각 부문별 또는 지역별로 정보를 전달하고 공유하는데 인터넷을 이용한다. 전자우편을 이용하거나 웹 사이트를 개설해 관련 정보들을 게시하고 이를 적극적으로 활용한다. 이처럼 인터넷으로 정보를 전달하고 관리할 수 있기 때문에 신속한 정보 전달이 가능하다.

3) 신속한 정보 배분

오늘날과 같은 정보경제 사회에서는 새로운 정보에 대한 신속한 접근과 배분이 매우 중요한 요소이다. 인터넷 · 전자우편 · 데이터베이스 등을 통해 최신의 연구자료나 통계자료 등 핵심 분야의 정보에 쉽게 접근하고 공유할 수 있다.

4) 고객 서비스의 향상

인터넷은 고객 서비스 및 고객 만족을 향상시킬 수 있다. 예를 들면, 웹 사이트를 이용한 예약 시스템이나 고객선호도 조사를 비롯하여 고객의 불만이나 의문 사항을 접수하고 신속히 해결해 줌으로써 서비스의 품질을 향상시킬 수 있다. 앞으로 인공 지능이 추가되면, 서비스 품질은 더욱더 향상될 것이다.

5 인터넷에서 가능한 서비스

인터넷에서는 정보 교환을 위해 다음과 같은 서비스들이 제공된다.

1) 월드와이드웹

월드와이드웹(WWW)은 인터넷상의 각종 정보들을 하이퍼미디어 방식으로 연결하여 쉽게 찾을 수 있는 정보검색 시스템이기 때문에 인터넷의 모든 서비스를 통합하여 제공할 수 있다. 서로 다른 종류의 서비스와 프로토콜에 따라 동작하더라도 브라우저를 이용하여 이들을 서로 통합할 수 있다. 브라우저(browser)는 HTML 형식의 문서를 보여주는 프로그램으로서 넷스케이프사의 넷스케이프 네비게이터(netscape navigator)와 마이크로소프트사의 인터넷 익스플로러(internet explorer)가 있다.

2) 전자우편

전자우편(e-mail)은 컴퓨터 네트워크에 연결된 사용자들간에 메시지를 주고받을 수 있는 서비스이다. 이것은 컴퓨터 통신에서 사용하는 편지 보내기와 편지 받기 서비스를 확대한 것이다. 전자우편 서비스를 이용하려면 사용자 주소(User ID)가 있어야 하는데, 주소의 형태는 다음과 같다.

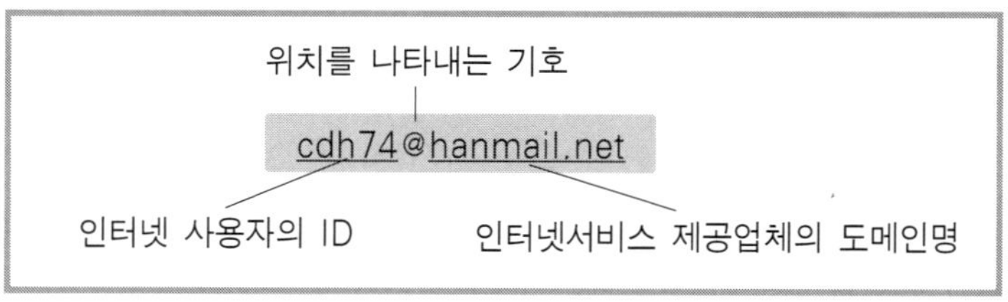

전자우편은 상대방에게 전달되는 시간이 빠르고, 동시에 여러 명에게 전달이 가능하며, 언제든지 재사용이 가능하다는 장점이 있다. 특히, 인터넷 비즈니스에 전자우편을 이용하면 저렴한 비용으로도 고객 개개인에게 차별화된 마케팅 활동을 펼칠 수 있고, 고객들의 전자우편 내용을 데이터베이스화 하면 인력과 시간을 절감하면서 고객과의 관계를 강화할 수 있다.

3) 파일 전송

파일 전송(file transfer protocol)은 인터넷에 연결되어 있는 컴퓨터간에 파일을 전송하기 위한 통신규약인 동시에 프로그램이다. 파일 전송을 이용하면 원격지에 있는 컴퓨터에 접속하여 그 컴퓨터의 디렉토리나 파일을 검색한 후 필요한 파일을 다운로드 받을 수 있고, 자신의 파일을 보낼 수도 있다.

파일 전송(FTP)은 시스템 사용권한을 검사하는 기능도 가지고 있으며, 계정만 있다면 전세계에 있는 어느 컴퓨터라도 자신이 필요로 하는 파일을 전송받거나 전송하는데 유용하다.

4) 텔넷

텔넷(TELecommunication NETwork)은 원격지의 컴퓨터에 접속하기 위해서 지원되는 인터넷 서비스이다. 세계 어느 지역의 컴퓨터이든지 만약 그 컴퓨터가 인터넷에 연결되어 있고 계정을 가지고 있다면, 텔넷을 이용해서 거리상의 제약을 받지 않고 실시간 접속을 할 수 있다. 이 서비스는 자신의 컴퓨터에서 지원하지 않는 다른 운영체제(operating system)를 이용하고자 할 때나 메모리가 충분치 못할 때 또는 다른 곳에 있는 소프트웨어를 동작시키고자하는 경우에도 이용이 가능하다.

텔넷기능을 사용하기 위해서는 먼저 자신의 컴퓨터에 텔넷 클라이언트를 설치해야 한다. 그리고 사용하고자 하는 원격지 컴퓨터의 도메인네임(domain name)을 알고 있어야 하고, 그 컴퓨터에 접속할 수 있는 ID와 패스워드(password)를 가지고 있어야 한다. 인터넷 사용자는 텔넷을 이용하여 도서관의 데이터베이스와 여러 대학의 정보 시스템, 데이터 파일 및 기타 다양한 온라인 서비스를 제공받을 수 있다.

텔넷은 기본적으로 원격지에 있는 정보들을 활용하기 위한 목적으로 만들어졌기 때문에 일반적인 인터넷 이용자들이 활용하는 데 어려움이 많다. 따라서 텔넷으로 제공되던 많은 서비스들이 웹으로 전환되는 추세이며, 주로 원격지 컴퓨터를 이용하여 프로그래밍을 하거나 원격서비스를 제공하는데 이용되고 있다.

5) 검색 엔진

인터넷에는 방대한 정보가 분산되어 있기 때문에 그 가운데서 특정 정보를 효율적으로 찾아내는 수단이 필요하다. 검색 엔진(search engine)은 키워드(key word)를 입력하거나 카테고리로 분류된 데이터베이스를 찾아서 필요한 정보를 찾아내는 기능을 한다. 대표적인 검색 사이트로는 구글・네이버・야후 등이 있다. 또한 멀티미디어 데이터가 아닌 텍스트 문자를 검색하는데는 고퍼(Gopher)라는 검색시스템이 있다.

6) 유스넷

유스넷(Usenet)은 인터넷 사용자들이 흥미 있는 테마에 관한 정보 교환 · 질의 응답 · 토론 · 회의 등을 할 수 있는 서비스이다. 전세계의 네티즌들이 아무런 제약 없이 자신의 의사를 표현하고 비평하는 토론 마당의 역할을 한다. 유스넷은 신속성과 광범위성으로 인해 정치 · 경제 · 사회 · 문화 등 거의 모든 분야에 대한 정보를 제공할 수 있다.

7) 대화방

대화방(internet relay chat) 서비스는 컴퓨터 통신의 이야기방과 같이 인터넷에 연결된 네티즌들과 문자로 실시간 대화를 나눌 수 있는 서비스이다. 최근에는 인터넷 비디오폰이 개발되어 음성 뿐만 아니라 영상까지 제공되어 영상회의 등 여러 분야에 활용되고 있다.

8) 핑거

핑거(Finger) 서비스는 인터넷을 사용하고 있는 특정인에 대한 몇 가지 정보를 볼 수 있는 프로그램으로서, 특정인의 전자우편 수신 여부와 현재 인터넷에 접속하고 있는지의 여부 그리고 상대방이 공개해 놓은 개인 정보 등을 살펴볼 수 있다. 이 서비스는 계정이 같은 서버에 등록된 사람에 대한 정보만 볼 수 있는 특징이 있다.

9) 후이스

후이스(Whois) 서비스는 인터넷상에서 이름이나 전자우편 주소로 사람을 찾도록 해주는 화이트페이지 서비스이다. 화이트페이지 서비스(white page service)는 인터넷에서 전자우편을 보낼 때 상대방의 주소를 가르쳐 주는 인터넷 서비스를 말한다. 후이스 서비스를 이용하면, 인터넷 사용자의 성과 이름 · 전자우편 주소 · 우편주소와 전화번호 등의 정보를 제공해 준다.

10) 고퍼

고퍼(Gopher)는 1991년 미국의 미네소타 대학에서 문헌을 보다 효과적으로 정리하기 위하여 개발된 소프트웨어였다. 그러나 보다 효율적인 사용을 위하여 고퍼의 유용함을 인식한 사람들이 인터넷의 정보를 분류하고 체계화하는데 이 소프트웨어를 이용하였다. 고퍼는 텍스트 정보뿐만 아니라 화상이나 음성 정보도 취급하므로 인터넷 이용자들에게 서비스의 폭을 넓혀주었다. 웹의 출현에 따라 정보 검색이 보다 쉬워지고, 정보를 보다 쉽게 이용할 수 있게 됨으로써 지금은 고퍼가 거의 사용되지 않고 있다.

6 인터넷 비즈니스의 유형

인터넷을 이용한 비즈니스는 다음과 같이 구분할 수 있다.

1) 온라인 쇼핑

인터넷 통신망을 통해 온라인으로 상품을 구매하는 것을 말한다. 인터넷 화면에 제시되는 상품의 사진이나 내용을 보고 주문을 하고, 대금 결제는 신용카드 번호를 전송하면 된다. 이러한 쇼핑은 신용카드를 결제 수단으로 하기 때문에 만일 신용카드가 없는 경우 사용할 수 없으며, 신용카드에 대한 기록이 물건을 구입하는 곳으로 전송되는 동안 해커들에 의해 해킹이 될 수도 있다는 단점이 있다.

2) 검색 엔진

특정 주제에 관한 정보 검색을 미리 실시하여 적절한 데이터베이스를 만든 후 사용자들의 질의 요구에 신속히 그 결과를 알려주는 서버를 말한다. 서버의 종류에 따라서 제목 또는 본문 내용을 키워드로 검색한다. 대표적인 검색 엔진으로는 구글(Google), 야후(Yahoo), 네이버(Naver) 등이 있다.

3) 전문 정보 제공

인터넷 통신망을 통해 사용자들이 요구하는 정보를 유료로 제공하는 서비스를 말한다. 일반적으로 정보 제공자(information provider)는 대규모의 정보베이스나 데이터베이스를 직접 운영・관리하면서 사용자들이 요구하는 정보를 제공하지만 검색대행 서비스만을 제공하는 경우도 있다.

4) 웹진

웹진(webzine)은 인터넷상의 홈페이지에 잡지 같은 내용의 정보를 제공하는 것을 말한다. 일반적인 웹 사이트와는 달리 잡지와 같이 정기적으로 내용을 새롭게 하고, 멀티미디어가 삽입되는 특징이 있다.

5) 무료 서비스

인터넷 이용자들이 필요로 하는 정보를 가공하여 제공하는 서비스를 말한다. 웹 사이트를 운영하는데 필요한 비용은 광고를 유치하여 충당한다.

6) 홍보 사이트

특정 기업이나 제품을 홍보하기 위해 구축한 웹 사이트를 말한다. 최근에는 특정한 사업아이템이나 기업의 제품을 한 곳에 모은 사이트를 개설하여 서로 비교하기도 한다.

7) 인터넷 신문 · 방송

인터넷을 이용하여 신문과 방송의 내용을 전달하는 서비스를 말한다. 인터넷을 이용하면 시간적 · 공간적 제한이 없기 때문에 실시간(real time)으로 정보를 전달할 수 있을 뿐만 아니라 저장된 정보를 언제든지 활용할 수 있는 장점이 있다.

8) 사이버 엔터테인먼트

인터넷을 이용한 가상공간에서 연예 · 오락 프로그램을 진행하는 서비스를 말한다.

9) 온라인 교육 · 의료

인터넷을 이용하여 원격지간의 공간적 제약을 벗어난 사이버 대학이나 진료 서비스 등을 말한다.

10) 이벤트 서비스

인터넷을 이용하여 특별한 행사를 대행해 주는 서비스를 말한다. 예를 들어 생일, 개업식, 오프닝 등에서 꽃 배달과 함께 리크레이션 행사를 주관해 주기도 한다.

주요 용어

네트워크	TCP/IP	정보제공사업자(IP)
ARPANET	DARPA	NSFNET
MILET	인터넷	유선망(fixed network)
무선망(mobile network)	무선인터넷	월드와이드웹
모자이크(Mosaic)	HTTP	DNS
point-and-click	하이퍼미디어시스템	URL
클라이언트(Client)	서버(Server)	CGI
HTML	WAN	VAN
파일전송	텔넷	서치엔진
유스넷	대화방	핑거(Finger)
후이스(Whois)	고퍼(Gopher)	웹진(webzine)

참고자료

2.1 인터넷을 성공적으로 이용하는 기업

전자상거래가 처음 등장했을 당시만 해도 굴뚝기업이 인터넷을 이용하는 수준은 웹 사이트를 만들어 회사를 홍보하거나 물건을 판매하는 정도였다. 하지만 이제 기업들은 제품 개발과 구상부터 생산 · 판매 · 마케팅 · 배송 · 사후 고객서비스에 이르기까지 인터넷을 활용한 전략을 구사한다.

① 월풀

인터넷을 장착한 혁신적 제품 개발로 주목을 받았던 기업이다. 식품이 떨어지면 자동적으로 인터넷에 연계된 상점에 주문을 넣는 냉장고와 특정한 얼룩이나 더러움에 맞춰 수온 · 세제 종류 등이 결정되는 세탁기 등을 비롯하여 네트워크와 연계된 가전 제품을 시판해 20%가 넘는 성장률을 기록했다.

② 스테이트 스트리트

고객 정보와 각종 통계 등 다양한 종류의 방대한 자료를 막강한 데이터베이스로 구축했다. 이를 인터넷을 통해 공유하고 고객서비스에 활용하는 방법으로 전체 은행업계 평균을 월등히 앞선 17%의 수익 증가율을 기록했다.

③ 메리어트 호텔

전세계 58개국에서 2200개가 넘는 호텔과 리조트(resort)를 운영하고 있는 세계 최대의 호텔 체인이다. 메리어트사의 호텔 예약시스템은 전세계 호텔 체인을 연결해 고객이 원하는 가격과 가장 근접한 수준의 객실을 찾아주는 인터넷망이다. 예를 들어 고객이 시카고로 여행할 것을 알리면 시카고지사에서 골프 · 스키 · 음식점 · 관광 명소 등 여러 가지 정보를 종합적으로 알려준다.

④ 골드코퍼레이션

전세계에서 금을 채굴할 가능성이 가장 높은 지역은 어디인가에 대한 연구가 필요한 시점에서 이를 '50만달러 현상금 공모 국제콘테스트'로 웹에 올렸다. 성과는 기대 이상이었다. 지질학자와 관련 분야의 전문가 및 광업 종사자 등 무려 51개의 구체적인 계획안이 나왔다. 만일, 이 정도의 다양한 정보를 얻기 위해 전문가를 고용했다면 더욱 막대한 비용이 들었을 것이다.

⑤ UPS

이미 부동의 운송업계 1위인 UPS는 여기에서 만족하지 않았다. 단순히 배달만 하지 않고 고객 기업의 재고를 관리하고 운송 상태를 점검하는 등의 추가적인 패키지 서비스(package service)를 개발했다. 이미 전세계에서 5만개 회사가 온라인 로지스틱스 서비스(online logistics service)를 이용하고 있고, 14억 달러의 수익을 창출했다.

⑥ 찰스 슈왑

온라인 주식거래 중개업체 1위인 찰스 슈왑은 사이버 거래를 대중화하는 데 크게 기여했다는 평가를 받고 있다. 전체 거래의 36%에 불과했던 이 회사의 사이버 거래 비중이 81%수준으로 급증했다. 사실 사이버 거래는 편리하지만 자신이 원하는 정보를 한눈에 종합적으로 파악하기는 힘든 단점이 있다. 따라서 '포트폴리오 상담'이라는 서비스를 도입해 오프라인에서도 직접 조언을 들을 수 있고, 종합적인 정보를 접할 수 있는 전략을 구사했다.

⑦ 사우스웨스트 항공

단순한 것이 최고이다(Simple is the best). 이것이 사우스웨스트항공의 웹 전략이다. 사이트에서 항공권을 예약하고 구매하는 것을 최대한 간소화해 여행중개업자 등에게 돌아가는 수수료 등 제반 비용을 8000만 달러를 절약했다. 현재 전체 티켓 판매의 30%가 인터넷으로 이루어지고 있다.

⑧ 월드뱅크

전세계적으로 지점이 분포된 자사의 장점을 최대한 이용하기 위해 '웹을 통한 정보공유 시스템'을 구축했다. 최근에는 파키스탄의 도로건설 재정충당 프로젝트에 대한 자문을 인터넷에 올리자 아르헨티나의 한 직원이 유사한 보고서를 보내주어 간단하게 문제를 해결하는 등 실질적인 효과를 보고 있다. 이는 2년 전 전문가들이 모여서 연구하는데 9개월이 걸렸던 프로젝트였다.

제2장 연구과제

① 인터넷이 어떻게 발전해 왔는지 연도별로 요약 구분하여 설명하라.

② 인터넷과 관련된 통신 서비스의 요금 구조를 조사하라.

③ 무선 인터넷이란 무엇이며, 어떠한 서비스가 제공되고 있는지 조사하라.

④ 유선 인터넷과 무선 인터넷을 비교하여 설명하라.

⑤ 최근의 우리나라 인터넷 이용자수를 조사하라.

⑥ 최근 세계 인터넷 이용자수를 국가별로 조사하라.

⑦ 월드와이드웹(WWW)이란 무엇이며, 어떤 특징이 있는가?

⑧ 클라이언트/서버 구조에 대하여 설명하라.

⑩ 인터넷이 가진 특징을 설명하라.

⑪ 자신의 전자우편 주소를 단위별로 구분하여 무엇을 의미하는지 설명하라.

⑫ 인터넷을 기업 경영에 활용하면 어떤 장점이 있는가?

⑬ 인터넷에서 가능한 서비스들을 설명하라.

⑭ 인터넷을 이용한 비즈니스의 유형을 열거하고, 각각을 설명하라.

⑮ 인터넷을 기업 경영에 효과적으로 활용하고 있는 사례들을 조사하라.

제 3 장

세계 각국의 전자상거래[1)]

ELECTRONIC COMMERCE

학습 개요

제3장에서는 전자상거래 시장에 대한 폭 넓은 시야를 갖추기 위해 우리나라를 비롯한 미국·유럽연합·중국·인도의 정보화 수준 및 인터넷 인프라 등을 살펴보고, 전자상거래 시장과 IT 산업에 대해서도 살펴본다. 특히 우리나라 경우에는 인터넷 이용 현황 및 구매 동향 그리고 거래 형태별 전자상거래 시장 규모에 대해서 구체적으로 살펴본다.

1) 한국정보사회진흥원(www.nia.or.kr)에서 발표한 자료를 정리한 것임.

1 한국의 전자상거래 시장

1. 인터넷 쇼핑몰 현황

인터넷 이용자가 급증하면서 온라인에서 물건을 구입하는 소비자들이 점차 늘고 있으며, 이에 따라 소비자들을 대상으로 인터넷에서 물건을 판매하는 온라인 쇼핑몰의 수도 계속 증가하고 있다. 통계청의 발표에 따르면 2007년 12월 현재 사이버 쇼핑몰 사업체는 4,508개이며, 2006년도 말의 4,531개 보다 약 0.5% 정도 감소하였다.

〈표 3-1〉에서 보는바와 같이 인터넷 쇼핑몰은 매년 꾸준한 성장세를 나타내고 있다. 특히 특정 분야의 전문 상품만을 취급하는 전문몰과 인터넷 쇼핑몰에서만 상품을 판매하는 온라인 형태 및 개인 사업자 등이 증가하는 추세에 있다.

표 3-1 국내 인터넷 쇼핑몰 현황

구 분	사업체수	취급 상품별		운영 형태별		조직 형태별		
		종합몰	전문몰	online	on/offline 병행	개인 사업체	회사법인	회사이외 법인
2001년	2,009	304	1,705	602	1,407	867	1,113	29
2002년	2,521	362	2,159	892	1,629	1,142	1,342	37
2003년	3,268	394	2,874	1,331	1,937	1,737	1,478	53
2004년	3,444	322	3,122	1,487	1,957	1,871	1,495	78
2005년	3,915	317	3,598	1,913	2,002	2,260	1,547	108
2006년	4,531	242	4,289	2,208	2,323	2,753	1,632	146
2007년	4,508	206	4,302	2,219	2,289	2,762	1,590	156

자료 : 통계청(www.nso.go.kr)

인터넷 쇼핑몰의 거래 금액을 보면, 2007년도에는 15조 7,656억원으로 전년도에 비해 17.1%가 증가 하였다. 성장률 측면에서 보면 2002년에는 80%, 2003년에는 17%, 2004년에는 10%, 2006년에는 26.1% 정도였다. 거래금액 측면에서도 2001년에는 3조 347억원이었으나 5년 후인 2005년도에는 약 3.2배가 늘어 비약적인 발전을 거듭하고 있다.

2007년을 기준으로 볼 때 대금 결제 수단은 신용카드 66.6%, 온라인 입금 30.3%, 전자화폐 0.7%, 기타 2.9%로 나타났다. 배송 수단은 택배가 88.0%로 대부분을 차지하였으며, 오프라인 제휴가 6.4%, 자체 배송 2.4%, 우편 1.4%, 기타 2.0%였다. 여기서 오프라인 제휴란 쇼핑몰 업체에서 제휴한 편의점・PC방・주유소・지하철까지만 배송하여 소비자가 직접 찾아가도록 하는 형태를 말한다.

그림 3-1 인터넷 쇼핑몰 거래 금액

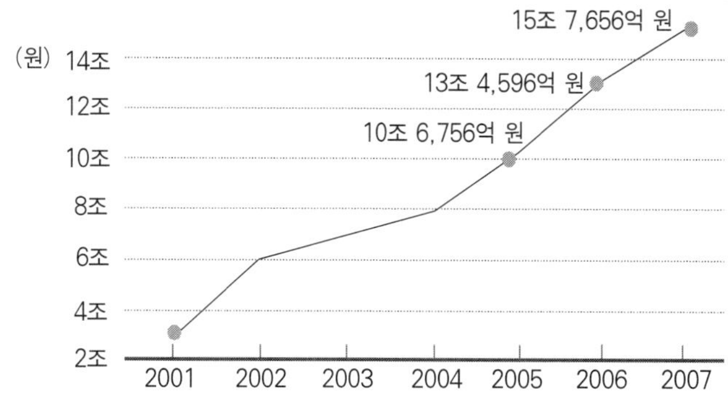

자료 : 통계청

주요 품목별 구입 현황을 보면, 〈그림 3-2〉에서 보는바와 같이 매우 다양한 품목에서 거래가 이루어지고 있음을 알 수 있다. 2008년 8월의 품목별 거래 구성 비율을 보면, 여행 및 예약서비스가 17.8%, 의류 및 패션관련 상품이 14.3%, 가전・전자・통신기기 등이 13.8%로 나타났다.

그림 3-2 인터넷 쇼핑몰에서 구입하는 상품(2008년)

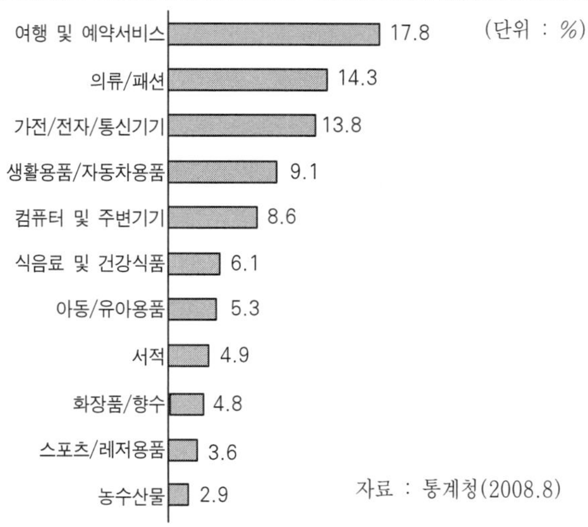

자료 : 통계청(2008.8)

〈그림 3-3〉은 2001년도에 인터넷 쇼핑몰을 통해 구입한 상품별 매출 비율을 나타낸 것이다. 〈그림 3-2〉와 〈그림 3-3〉을 서로 비교해 보면, 그 동안 인터넷 쇼핑몰을 통한 소비자들의 구매 품목이 어떻게 변화하였는지를 잘 알 수 있다.

그림 3-3 인터넷 쇼핑몰에서 구입한 상품(2001년)

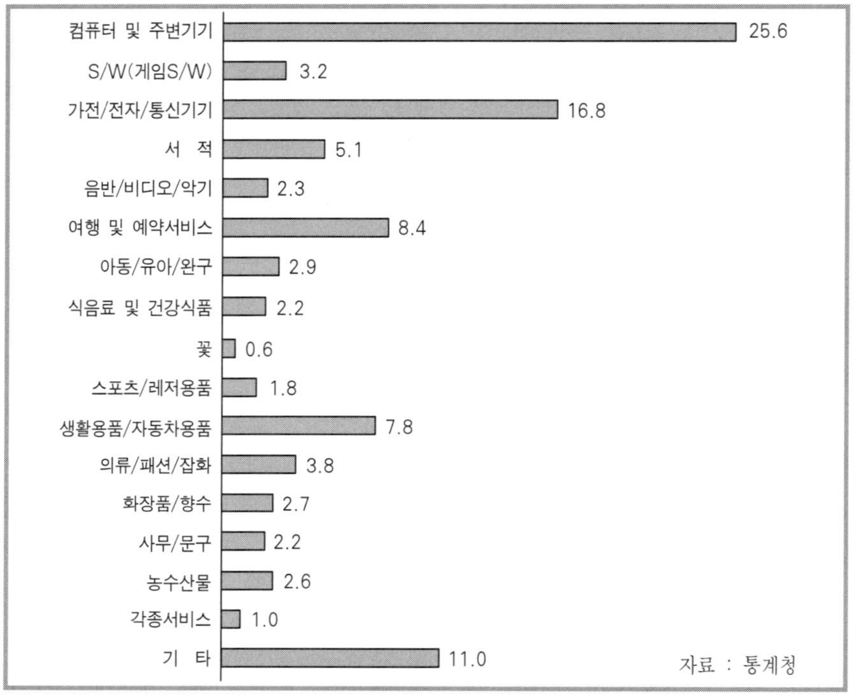

2. 전자상거래

통계청 발표에 의하면, 2007년도 국내 전자상거래 총규모는 516조 5,140억 원으로 집계되었다. 2006년도의 413조 5,840억 원에 비해 약 25% 증가하여 높은 성장을 유지하고 있다. 성장률 측면에서 보면, 2005년 14.1%, 2006년도 15.4%에 비해 크게 증가하였다.

1) B2B

2007년 B2B 거래는 전자상거래 총규모의 약 90%를 차지하였다. 구매자중심형 거래가 321조 580억 원으로 B2B의 69.1%를 차지하고 있어서 판매보다는 구매를 할 때 더 큰 편리함과 혜택이 부여되는 것으로 나타났다. 이 중 개방형 거래가 27.6%, 협력형 거래가 72.4%를 차지하고 있으며, 이것은 기존의 오프라인 거래 관행이 온라인 거래에서도 상당부분 작용하고 있음을 의미한다. 판매자중심형 거래액은 119조 2,460억 원으로 25.7% 차지하였다.

그림 3-4 한국의 연도별 전자상거래 규모

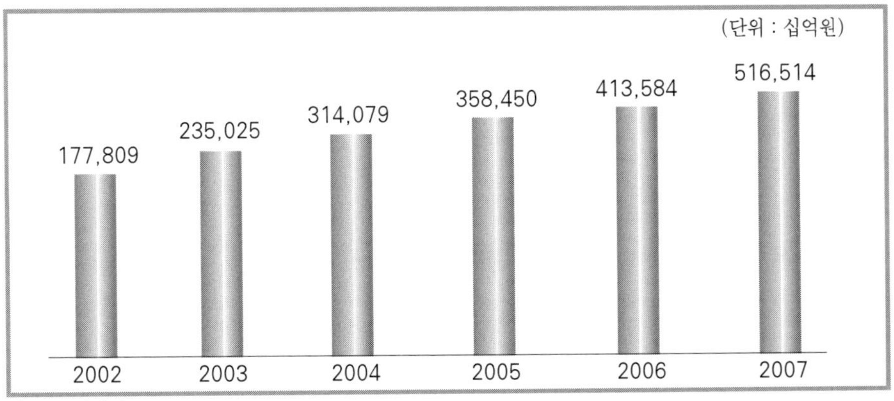

자료 : 통계청

표 3-2 거래 주체별 전자상거래 규모

(단위 : 십억원)

구 분	전자상거래 총규모	B2B	B2G	B2C	기타
2001	118,976	108,941	7,037	2,580	418
2002	177,810	155,707	16,632	5,043	427
2003	235,025	206,854	21,634	6,095	442
2004	314,079	279,399	27,349	6,443	888
2005	358,450	319,202	29,036	7,921	2,292
2006	413,584	366,191	34,435	9,132	3,826
2007	516,514	464,456	36,801	10,226	5,032

자료 : 통계청(www.nso.go.kr)

다자간 온라인 거래가 가능한 e-마켓플레이스에서의 중개자중심형 거래액은 24조 1,520억 원으로 B2B 거래의 5.2%를 점유하고 있어 규모면에서 큰 비중을 차지하고 있지는 않으나 구매대행과 MRO(Maintenance Repair and Operating)[2]업종을 중심으로 거래 규모가 크게 증

2) MRO(Maintenance Repair and Operating)란 기업의 경영 활동에 필요한 각종 소모성 물품, 사무용품과 같은 자재의 구매 및 관리를 말한다. 여기서 생산 활동과 관련된 원재료 구입과 관리는 제외된다. 가장 일반적인 MRO는 기업의 사무에 필요한 다양한 소모성 사무용품이 대표적이며, 각종 설비와 장비의 정비를 위한 공구 및 부품까지 다양하다.

가하고 있다. e-마켓플레이스 거래액을 사업부문별로 보면 MRO는 3조 6,440억원(26.8%), 화학 2조 3,030억 원(16.9%), 건설 및 건자재 1조 8,890억 원(13.9%), 농축수산물 및 식음료 1조 8,480억 원(13.6%), 철강 1조 5,040억 원(11.1%) 등의 순으로 크게 나타났다.

거래 기업의 소재지별 B2B 현황을 살펴보면, 국내기업간 거래액이 367조 1,820억 원으로 기업간 전자상거래의 79.1%를 차지했다. 국내 기업과 해외 기업 간의 거래액은 20.9%를 차지한 것으로 나타났다. 국제 경제체제에서 국내기업과 해외기업 간 전자상거래 실시는 시사하는 바가 크며, 국내외 전자무역을 활성화하기 위한 노력이 필요하다.

산업별로는 전체 B2B 중에서 제조업 64.3%, 도소매업 17.8%, 건설업 9.9% 순으로 비중이 크게 나타났다.

표 3-3 거래주도 형태별 기업간 전자상거래(B2B)

연도	기업간 전자상거래(B2B) (단위 : 십억원)							
	합계	구매자 중심형			판매자 중심형			중개자 중심형
		소계	개방형	협력형	소계	개방형	협력형	
2001	108,941	83,167	-	-	21,992	-	-	3,782
2002	155,707	113,254	23,281	89,973	36,509	4,430	32,078	5,944
2003	206,854	150,688	34,270	116,418	48,766	6,279	42,487	7,400
2004	279,399	197,212	43,767	153,445	71,619	8,483	63,135	10,568
2005	319,202	228,167	54,538	173,629	77,443	9,379	68,064	13,591
2006	366,191	263,318	64,845	198,473	86,238	8,666	77,571	16,635
2007	464,456	321,058	93,607	227,450	119,246	10,395	108,851	24,152

자료 : 통계청

2) B2G

중앙행정기관 및 지방자치단체, 교육청 등 정부기관의 2007년 기업과 정부간 전자상거래 규모는 36조 8,010억원으로 나타났다. 이 중 건설공사 계약은 46.8%, 재화 및 서비스 구매가 53.2%를 차지했으며, 2006년에 비해 계약액은 14.4% 증가했으나 재화 및 서비스 구매는 약 1% 증가하여 전체적으로 6.9%(2조 3,660억 원) 증가했다.

3) B2C

2007년말 사이버쇼핑몰 사업체 수는 4,508개이며, 이를 취급상품 범위별로 보면 전문몰이 4,302개(95.4%), 종합몰이 206개(4.6%)로 2006년 대비 전문몰이 약 0.3% 증가했고, 종합몰은 17.5% 감소했다. 또한 운영 형태별 사업체 수는 온라인몰이 2,219개(49.2%), 온·오프라인병행몰이 2,289개(50.8%)로 집계되었다.

상품군별 거래 금액과 구성 비율은 〈표 3-4〉와 같다.

표 3-4 상품군별 사이버쇼핑몰 거래 금액

(단위 : 십억원, %)

구 분	2006년		2007년		전 년 대 비	
	금액	%	금액	%	증감액	증감률(%)
계	13,459.6	100.0	15,765.6	100.0	2,306.0	17.1
① 컴퓨터 및 주변기기	1,260.6	9.4	1,542.0	9.8	281.4	22.3
② S/W(게임S/W 등)	85.9	0.6	109.9	0.7	24.0	27.9
③ 가전/전자/통신기기	2,010.9	14.9	2,325.7	14.8	314.8	15.7
④ 서 적	627.7	4.7	744.2	4.7	116.5	18.6
⑤ 음반/비디오/악기	80.7	0.6	93.2	0.6	12.5	15.5
⑥ 여행 및 예약서비스	2,018.5	15.0	2,416.3	15.3	397.8	19.7
⑦ 아동/유아용품	652.3	4.8	868.3	5.5	216.0	33.1
⑧ 식음료 및 건강식품	625.2	4.6	730.6	4.6	105.4	16.9
⑨ 꽃	42.4	0.3	51.5	0.3	9.0	21.3
⑩ 스포츠/레저용품	501.8	3.7	535.9	3.4	34.1	6.8
⑪ 생활용품/자동차용품	1,300.4	9.7	1,485.5	9.4	185.1	14.2
⑫ 의류/패션및관련상품	2,371.7	17.6	2,714.0	17.2	342.3	14.4
⑬ 화장품/향수	699.1	5.2	792.8	5.0	93.7	13.4
⑭ 사무/문구	130.8	1.0	181.0	1.1	50.2	38.4
⑮ 농수산물	312.4	2.3	393.1	2.5	80.6	25.8
⑯ 각종서비스	74.7	0.6	70.0	0.4	-4.8	-6.4
⑰ 기 타	664.5	4.9	711.7	4.5	47.2	7.1

자료 : 통계청

2 미국의 전자상거래 시장

1. 인터넷 이용 현황

최근 미국은 세계 최고의 인터넷 이용 국가에서 그 위치가 서유럽과 아시아 지역에 의해 잠식당하고 있지만, 미국은 단일 국가 규모로 세계 인터넷 이용 증대에 가장 크게 기여한 국가로 2000년 이후 인터넷 이용 인구와 PC보유 가구 수의 증대가 지속적으로 이루어져 왔다. 또한 2004년에서 2008년 사이 미국의 인터넷 이용 인구는 연 2.6% 정도 꾸준히 증가하여 2006년 이후에는 이용자가 2억 명을 넘어설 것으로 추정된다.

그림 3-5 미국의 인터넷 이용자 전망

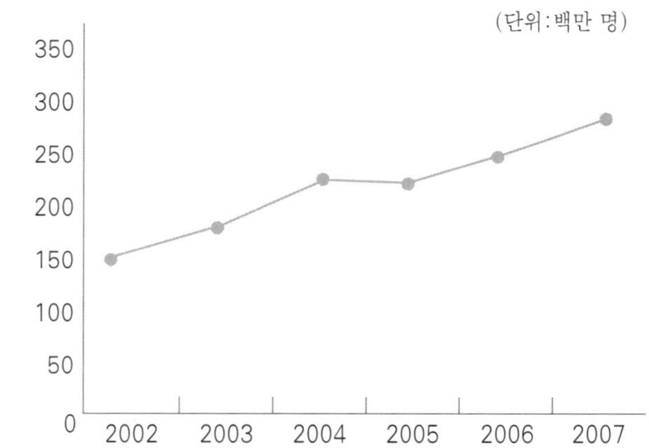

자료 : IDC

초고속인터넷 이용률 역시 꾸준한 증가세를 보이고 있어 2010년에는 미국 내 인터넷 이용 가구의 78%가 광대역통신망을 사용할 것으로 전망된다. 실제로 IDC의 2006년 조사 결과에 의하면, 전체 미국 가구의 약 70%가 PC를 보유하고 무선인터넷을 사용하고 있는 것으로 나타났으며, 초고속인터넷 이용 가구도 약 40%에 이른다. 미국의 인터넷 보급률은 2002년 57%, 2003년 64%, 2007년 79%에 이를 것으로 예측된다.

미국의 정보인프라 구축 및 이를 이용한 각종 활동은 시민들의 삶의 모습을 변화시키고 있다. 2004년 USC가 실시한 미국 인터넷 이용 보고서에 의하면 시민들의 인터넷 이용 시간은 평균

12.5시간으로 2002년 11.0시간보다 주당 약 1시간 정도 늘어났으며, 18세 이하 청소년들의 97%가 인터넷을 이용하는 한편, 56세 이상 고령자들의 인터넷 이용률이 꾸준히 증가하고 있어 세대별 인터넷 이용 격차가 줄어들고 있다.

인터넷 이용자의 주요 활동은 전자우편이나 SMS같은 커뮤니케이션 수단이 90.4%로 가장 높았으며, 정보 검색(77.2%), 뉴스 정보(52.0%), 엔터테인먼트(45.6%), 인터넷 쇼핑(44.2%) 순으로 나타나, 점차 인터넷이 정보획득 수단으로 정착되어 가고 있었다. 2005년 인터넷을 주된 뉴스 제공원으로 이용하는 미국인이 하루 평균 5천 만 명 이상으로, 미국인 5명 중 1명이 주로 인터넷을 통해 뉴스를 보는 것으로 나타났다.

2. 전자상거래

미국의 전자상거래 규모 및 수준은 세계 시장에서 영향력을 행사할 만큼 증대되고 있으며, 아래 그림과 같이 이익과 규모가 2005년 이후 크게 상승할 것으로 전망된다(eMarketer, 2005).

에쎈의 경제연구소(RWI)는 세계 전자상거래 시장 점유율을 전망하면서 유럽과 아시아 전자상거래 시장의 발달로 인해 미국의 전자상거래 점유율이 2001년에는 70%, 2005년에는 60%, 2010년에는 50%로 점차 감소할 것으로 예상했으나, 생산 가치에 대한 전자상거래 매출액 비중은 세계 평균의 약 2배 수준에 이를 것으로 전망했다. 또한 eMarketer는 미국의 전자상거래 매출에 따른 이익은 매년 25% 이상씩 증가하고 있으며 2008년까지 두 자리 수 이상의 성장을 지속할 것으로 예측했다.

2005년 2/4분기 미국 전자상거래 소매 시장은 최근 3년 내 최고 수준인 7.2%의 성장을 기록하였으며, 거래 규모는 211억 5천만 달러로 전체 상거래 시장의 2.2%를 차지하였다(미국 상무부).

표 3-5 미국의 인터넷 산업 현황 및 전망

(단위 : 백만 대, 백만 명, 천만 달러, %)

구분	2002	2003	2004	2005	2006	2007
인터넷 접속장치	198.4	227.0	274.7	334.1	399.1	462.9
인터넷 이용자	163.4	185.1	188.7	190.6	216.4	237.8
인터넷 시장규모	382.9	671.5	990.7	1,463.4	1,929.3	2,485.0

3. IT 산업 및 시장 전망

미국은 여전히 세계 최고 수준의 IT 산업 투자 규모를 보인다. 전체 GDP 중 약 3.5%를 IT 분야에 투자하고 있으며, 인구 1인당 IT 소비액은 약 1,500달러로 이는 세계 최고 수준이다. 특히 G2B 및 B2C 등 전반적인 전자상거래 규모가 증가되어 세계적인 주목을 받기 시작한 2003년 이후 미국의 IT 시장 규모는 평균적으로 북미의 94%를 차지하고 있으며, 세계 전자상거래 규모의 40% 이상을 점유하고 있다.

표 3-6 미국의 IT 시장부문별 규모 및 비중

(단위 : 백만 달러)

구분	2003	2004	2005	2006	2007
합계	376,374.4	393.722.8	416,534.9	444,579.0	472,557.0
하드웨어	119,815.6	124,431.9	132,072.8	141,974.0	150,695.4
소프트웨어	92,065.4	97,687.2	10,168.6	111,777.3	119,746.6
IT서비스	164,493.4	171,603.7	180,293.5	190,827.7	202,115.0
성장률(%)	0.0	4.6	5.8	6.7	6.3
북미에서의 비중(%)	93.8	94.0	94.1	94.3	94.4
세계에서의 비중(%)	41.0	40.8	40.7	40.8	40.7

자료 : IDC

미국 정부는 IT 산업의 육성과 관련하여 민간부문의 주도 및 정부 개입 최소화라는 시장원리를 적용하고 있으며, 자율적인 성장을 장려하는 동시에 법제도의 정비 및 마련, 시민 편의의 최대화를 추구하고 있다. 최근 미국은 광대역망과 무선인터넷 사업의 확산으로 관련 산업과 콘텐츠 시장 등도 함께 성장하고 있다.

미국의 무선통신 관련 시장은 2005년도에는 9.3% 증가하여 1,586억 달러를 기록하였고 연평균 성장률 10%로 성장하여 2008년도에는 2,125억 달러에 이를 것으로 전망된다. 2004년 이후 미국의 인터넷 산업에서는 블로그와 이를 이용하는 블로거가 새로운 트렌드로 자리잡고 있다. 미국은 2005년 현재 3,200만 명의 블로그 이용자를 확보해 2004년 초 대비 58%의 증가를 보였으며, 2005년초 800만 명 이상이 웹 기반의 블로그를 개설하고 있다.

2002년에 서비스가 시작된 이후, 블로그 이용자는 2003년부터 꾸준히 성장하여 2004년에는 미국 전체 인터넷 이용자의 27%를 차지하였다. 이와 같은 폭발적인 블로그의 성장이 미국 인터넷 산업에 어떤 영향을 미칠지 관심이 모아지고 있다.

인터넷 이용자와 전자상거래 규모가 증가하면서 나타난 새로운 트렌드 중 하나는 대기업들이 온라인을 이용한 브랜드 이미지 구축과 상품 거래를 주요 방안으로 발전시키고 있다는 사실이다.

온라인광고 수익이 2004년 9,626백만 달러에서 2005년 1만 2,542백만 달러로 증가하면서 검색광고 매출 증가에 힘입은 미국의 온라인광고 시장이 189억 달러 규모로 성장하여 2004년도의 매출 93억 달러를 한 배가량 웃돌 것으로 관측되었다. 또한 미국은 모바일 수단을 이용한 시장에서 OECD 국가 중 2위를 차지하였고 2004년 전체 사용자가 약 181.2백만 명에 달하여, 미국 인구 100명을 기준으로 60%가 넘는 수치를 보였다.

3 유럽연합의 전자상거래 시장

1. 인터넷 인프라

유럽연합(EU)는 2005년에 유럽통계청(Eurostat)과 EU 각국의 통계청의 자료를 기반으로 정보화 수준을 진단한 보고서를 작성하였다. 이 보고서에 따르면, 모든 회원국에 초고속인터넷 인프라가 구축되었으며 이용자 수 역시 급격하게 증가하고 있는 것으로 나타났다.

2005년 7월 기준으로 EU내의 인터넷 가입자 수는 4,837만 명으로 전년도보다 60% 상승하였다. 이러한 증가율은 상당히 높은 수준이지만 초고속인터넷 보급률이 10.6%로 미국・캐나다 등 기타 선진국과 비교해 보면 최하위 수준으로 나타났다.

표 3-7 초고속 인터넷 가입자 수 및 보급률

구분	가입자 수(백만 명)		성장률(%)	보급률(%)
	2005년 7월	2004년 7월		
EU 25	48.4	30.2	60.2	10.6
미국	37.8	28.6	32.2	12.8
캐나다	6.3	5.2	19.5	19.5
일본	20.6	16.6	21.1	16.1
한국	14.7	13.7	7.2	30.1
싱가포르	0.55	0.45	22.5	13.1
중국	31.5	17.7	78.1	2.4

자료 : EU, 'Information Society Benchmarking Report', 2005.12.

2005년 7월 기준으로 초고속인터넷 가입자 수가 4,800만 명에 이르고, 100명당 10.6명의 가입률을 보이고 있으나, 회원국마다 그 격차가 심하다. 초고속인터넷망 구축에 있어 가장 선두를 달리고 있는 국가는 네덜란드・덴마크・벨기에・핀란드・스웨덴이며, 이들 국가의 초고속인터넷 가입 비율은 100명당 15명 이상이다.

EU의 목표는 국가 전역에 널리 보급된 초고속인터넷 인프라에 기반하여 안전한 서비스와 애플리케이션 및 콘텐츠의 개발을 촉진하는 것이다. 위에 제시된 조사 결과에 의하면, 적어도 기존 EU 회원국 15개국에서는 이러한 인프라가 널리 이용될 것으로 보인다. 그러나 EU 내 초고속인터넷 보급 현황은 여전히 국가마다 편차가 심하며, 일부 국가에서는 초고속인터넷 보급률이 현저히 낮게 나타났다.

2. 전자상거래

EU의 정책 목표는 e-비즈니스와 온라인 공공 서비스를 위한 역동적인 환경을 조성함으로써 성장 전략에 기여하는 것이다. 특히 전자상거래 활성화를 위해 e-비즈니스에 대한 연구를 확대하고, 중소기업의 전자상거래를 지원하고, 산업 전반의 디지털화를 촉진하고 있다.

EU의 전자상거래 현황을 지역 사회의 기업 조사와 유럽위원회의 결과를 분석하여 살펴보면 다음과 같다.

그림 3-6 EU 25개국 기업의 IT 기술 이용 비율

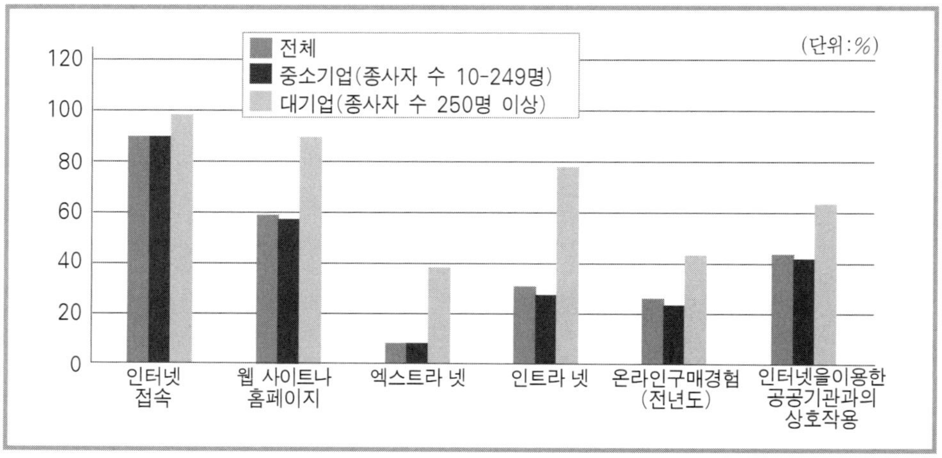

자료 : Eurostat. 'Community survey on ICT usage in enterprises'

첫째, 신규 EU 회원국 10개국은 가정의 인터넷 연결 부문이 아닌 기업의 인터넷 연결 부문에서 기존 EU 15개국의 수준에 더욱 근접해 있다. 이들 10개국에서 인터넷을 사용하는 기업의 평균 비율은 기존 EU 15개국의 92%이며, 인터넷을 이용하는 가정의 평균 비율은 기존 15개국의 65%이다.

둘째, 중소기업의 급속한 성장세와 더불어 지난 3년간 연결성이 크게 증가하였다.

셋째, 정보통신기술의 사용의 증가 추이가 보이지 않고 있다. 〈그림 3-6〉을 보면 EU 25개국의 대부분 기업(89%)은 인터넷을 이용하고 있으나, 자체 웹 사이트·홈페이지를 이용하거나(58%), 인트라넷(33%) 또는 엑스트라넷(12%)을 이용하거나 온라인 구매(27%)를 하거나 공공 당국과 연계하여 인터넷을 이용하는(45%) 기업은 소수에 불과하다는 사실을 알 수 있다. 이는 기업부문 전반의 정보통신기술 활용이 아직 초기 단계에 머물러 있음을 보여주는 것이다.

넷째, 정보통신기술의 활용은 대기업이 중소기업을 앞서고 있다. 2004년 EU 25개국에서는

대기업의 89%가 자체 웹 사이트를 보유하고 있었다. 하지만 중소기업의 경우는 57%에 머무르고 있었다. 인트라넷과 엑스트라넷 사용의 경우 기업 규모에 따른 격차는 더욱 크게 나타났다.

다섯째, 2004년 기준 EU 15개국의 전자상거래 총수입은 대기업의 경우 특히 증가했다. 2003년에서 2004년 사이 EU 15개국의 전자상거래 총 수입은 5.9%에서 9.2%로 증가했으며, 대기업의 총 수입 증가율(8.6%에서 12.1%로)이 중소기업(3.3%에서 5.9%)보다 높았다. 또한 온라인 판매를 하는 기업의 비율 역시 전반적으로 높아졌다. 2004년 대기업의 32%(전년 대비 6%p 증가)가 온라인 판매를 실시했고, 반면 중소기업은 14%(전년 대비 5%p 증가)만이 온라인 판매를 실시했다.

마지막으로 회원국 간의 전자상거래 총 수입은 다양한 격차를 보였다. 북유럽 국가와 영국, 독일은 전자상거래로 인한 총 수입 수준이 EU 평균보다 현저히 높게 나타났다.

유럽의 정보통신 기술 분야의 투자 규모는 미국보다 작으며, 기업 내 생산성 역시 유럽 내에서는 큰 관심의 대상이 되지 못하고 있다. e-비즈니스는 기업 내 효율성을 증가시키지만, 정보통신 분야의 투자는 조직상의 변화와 기술 향상을 위한 적절한 투자와 조화를 이루어야 그 효과가 완전하게 나타나게 된다.

경쟁력 강화를 위한 리스본 전략의 목표를 실현하기 위해서는 유럽 기업의 비즈니스 프로세스가 더욱 개선되어야 한다. 국제적인 기업과의 경쟁에 직면해 있는 유럽 기업은 내부적으로 또는 거래업체와의 협력을 통해 비용 절감과 실적 향상을 이루기 위한 새로운 기회를 모색해야 한다. 정보통신 기술은 기업의 경쟁력 강화를 위한 중요한 수단이 되지만, 아직까지 기업의 기술도입 수준은 미흡하다. 정보통신 기술은 비즈니스 프로세스에 완전히 통합되어야 한다.

4 중국의 전자상거래 시장

1. 정보화 수준

중국은 정보화관련 각종 통계조사에서 전반적으로 정보화 수준이 낮은 것으로 나타났다. UN에서 발표한 전자정부 준비지수에서 2005년에 57위를 기록하여 2004년의 67위에 비해 다소 상승하였으나, 여전히 그 수준이 낮게 평가받고 있다.

또한 중국은 e-비즈니스 준비도(EIU), 정보사회지수(IDC), 디지털기회지수(ITU), 국가정보화지수(NCA)에서 하위권에 머물렀다. 이러한 중국의 정보화 수준을 요약하면 〈표 3-8〉과 같다.

표 3-8 중국의 정보화 수준

구분	조사기관	순위	대상국가 수	최근발표일
전자정부 준비지수	UN	57위	191	2005.12.
e-비즈니스 준비도	EIU	57위	68	2006. 4.
정보사회지수	IDC	43위	53	2005.11.
네트워크준비지수	WEF	50위	115	2006. 3.
디지털기회지수	ITU	32위	40	2005.11.
국가정보화지수	NCA	40위	50	2005. 8.

2. 인터넷 이용 현황

CINIC(China Internet Network Information Center)에 의하면 2005년 12월 31일까지 중국의 총 인터넷 이용자 수는 1억 1,100만 명으로, 2004년보다 18.1% 증가한 것으로 나타났다.

중국의 초고속인터넷 이용자는 2002년 말 이래로 꾸준히 증가하여 2005년 말 6,430만 명으로 전년도보다 50.2% 증가한 반면, 전용회선 이용자는 2005년 말 2,910만 명으로 전년도보다 4.6% 감소하였다.

표 3-9 중국의 인터넷 보급 현황

(단위 : 만 명)

구분	2000	2001	2002	2003	2004	2005
이용자	2,250	3,370	5,910	7,950	9,400	11,100
보급률	1.74	2.57	4.60	6.15	7.23	-
전용선	707	1,237	2,023	2,660	3,050	2,910
다이얼업	1,886	2,698	4,512	5,468	5,880	5,100
초고속인터넷	-	-	660	1,740	4,280	6,430

3. 전자상거래

중국의 전자상거래는 B2B 중심으로 급격히 성장하고 있다. 1993년 전자상거래 개념이 처음 도입된 이후 지속적으로 성장하였으며, 2005년에는 「전자서명법」과 「전자지불 가이드」 등 관련 법령의 제정으로 전자상거래 환경 개선의 기초와 정책적 근거를 마련하였다.

2005년 전자상거래액은 6,800억 위안으로 전년도보다 41.7%가 증가하였는데, 특히 2004년에는 총 거래액이 4,800억 위안(세계 전자상거래 거래액의 2%)에 이르면서 73.7%의 급속한 성장을 이루었다. 특히 2005년 B2B 거래액은 6,446억 위안으로 전체 거래액의 약 95%를 차지하였다.

그림 3-7 중국의 전자상거래 시장 규모

(단위 : 억 위안)

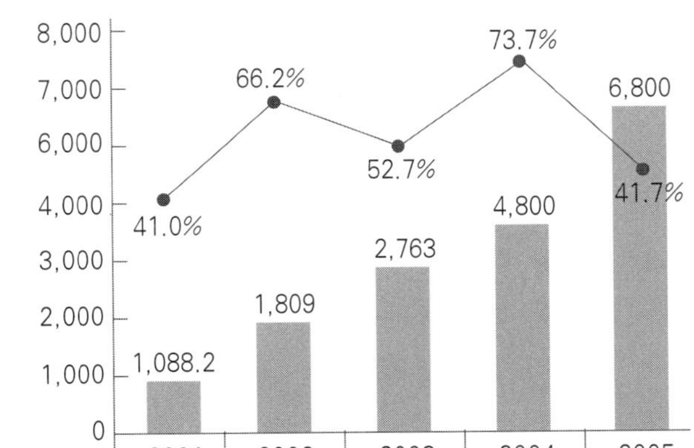

	2001	2002	2003	2004	2005
교역액	1,088.2	1,809	2,763	4,800	6,800
성장률	41.0%	66.2%	52.7%	73.7%	41.7%

중국의 대표적인 B2B 사이트로는 야후 차이나와 제휴를 맺은 '알리바바'와 독자적인 운영 모델

을 보유한 '후이충넷(HC360)' 등이 있다. C2C의 경우, 2005년 3분기까지 거래액은 약 88억 위안에 달해 2004년 1년 간 거래액의 2배를 넘는 수치를 기록하며 시장이 지속적으로 확대되고 있다.

4. IT 산업

2004년 중국의 IT 산업 시장규모는 약 280억 달러에 이르고, 2008년까지 연평균 14.4% 성장하여 약 479억 달러에 달할 것으로 전망되고 있다. 2004년 중국의 하드웨어 시장은 약 206억 달러로 전체의 약 73%의 높은 비중을 차지하며, 2008년까지 연평균 10.2% 성장하여 약 303억 달러의 규모가 될 전망이다.

2004년 소프트웨어 시장은 약 28억 달러로 전체의 약 10%를 차지하여, 2008년까지 연평균 21.3% 성장하여 약 60억 달러에 이를 전망이다. 2004년 IT 서비스 시장은 47억 달러로 전체의 약 17%를 차지하여, 2008년까지 연평균 25.6% 성장하여 약 116억 달러가 될 전망이다.

표 3-10 중국의 IT산업 시장 규모

(단위:백만 달러)

구분	2003	2004	2005	2006	2007	2008
종합	24,137.1	28,003.6	32,161.0	37,076.9	42,114.4	47,921.7
HW	18,188.8	20,566.6	22,798.9	25,399.4	27,702.1	30,303.7
SW	2,220.0	2,767.5	3,400.3	4,138.1	5,016.6	5,984.1
IT서비스	3,728.3	4,669.5	5,961.8	7,539.5	9,395.7	11,633.9

자료 : IDC

5 인도의 전자상거래 시장

1. 정보화 수준

인도는 정보화 관련 주요 지수에서 전반적으로 정보화 수준이 낮은 것으로 나타나고 있다. 2005년 유엔(UN)에서 발표한 전자정부 준비지수에서 인도는 87위를 기록하였는데, 이는 전년도의 86위에 비해 오히려 순위가 낮아진 것이다. 또한 e-비즈니스준비도(EIU), 정보사회지수(IDC), 디지털기회지수(ITU), 국가정보화지수(NCA)에서 인도는 모두 하위권을 기록하는 등 전반적으로 정보화 수준이 낮은 것으로 평가되었다.

WEF에서 최근 발표한 네트워크준비지수에서 전체 115개 국 중 40위에 랭크되어 중위권을 기록하였으나, 이는 인도 IT 산업의 발전 정도에 비해 낮은 수준이라 할 수 있다.

표 3-11 인도의 정보화 수준

구분	조사기관	순위	대상국가수	최근발표일
전자정부준비지수	UN	87	191	2005.12.
e-비즈니스준비도	EIU	53	68	2006. 4.
정보사회지수	IDC	51	53	2005.11.
네트워크준비지수	WEF	40	115	2006. 3.
디지털기회지수	ITU	40	40	2005.11.
국가정보화지수	NCA	50	50	2005. 8.

인도의 인터넷 보급률은 지속적으로 증가하고 있으나, 대부분 전화선이나 ISDN과 같은 저속망을 이용하고 있다. ITU에 의하면 2004년 인터넷 이용자 수는 3,500만 명이며 인구 100명당 인터넷 보급률은 3.23명인 것으로 나타났다.

인도의 이동전화 가입자는 2004년 4,730만 명으로 전년 대비 약 80.9%가 증가하는 등 급격히 성장하고 있다.

2. 전자상거래

인도의 전자상거래는 B2C를 중심으로 성장하고 있다. 인도의 인터넷온라인협회(IOAI)에 의하면, 2005~2006년 B2C 거래액은 전년대비 107% 증가한 118억 루피(약 2,714억 원, 1루피=23원)로 추정되며, 2006~2007년에도 95%정도 성장할 것으로 전망된다.

한편, 전자상거래를 통해 이용자들이 주로 구매하고 있는 품목은 서적, 휴대용 전자기기, 철도 승차권 등의 순으로 나타났다(IOAI 설문조사).

표 3-12 인도의 전자상거래 현황 및 전망

구분	2002~2003	2003~2004	2004~2005	2005~2006	2006~2007
B2C거래액수(억 루피)	13	25.5	57	118	230
거래액 성장률(%)	-	96	124	107	95
1달 평균 거래건수(건)	-	207,000	440,000	795,000	-
평균 거래액(루피)	-	-	1,080	1,100	-

제3장 연구과제

① 최근에 발표된 우리나라의 전자상거래 시장 규모를 거래 형태별로 조사하여 발표하라.

② 주위 사람들을 대상으로 인터넷 쇼핑몰을 통해 가장 많이 구입하는 물품이 무엇인지 조사하라.

③ 주위 사람들을 대상으로 인터넷 쇼핑몰을 이용해 상품을 구입하는 이유를 조사해 보라

④ 우리나라에는 인터넷 쇼핑몰이 몇 개나 개설되어 있는지 조사 결과를 찾아보라.

⑤ 소비자들이 인터넷 쇼핑몰을 이용하여 물품을 구입하는 이유는 무엇이라고 생각하는가?

⑥ 최근에 발표된 우리나라의 B2B 전자상거래 시장 규모를 조사하라.

⑦ 기업과 기업이 인터넷을 통해 거래를 하면 어떤 장점이 있는가?

⑧ 유럽지역은 지역과 인구 규모가 크지만 미국보다 전자상거래를 이용하는 규모는 적다고 한다. 그 이유는 무엇인지 설명해 보라.

⑨ 최근에 발표된 미국의 전자상거래 시장 규모를 조사하라.

⑩ 최근에 발표된 유럽연합의 전자상거래 시장 규모를 조사하라.

⑪ 최근에 발표된 중국의 전자상거래 시장 규모를 조사하라.

⑫ 최근에 발표된 인도의 전자상거래 시장 규모를 조사하라.

제 2 부

전자상거래 기획 및 운영

수많은 인터넷 쇼핑몰이 탄생하지만 대부분은 소비자들의 관심을 끌지 못하고 소멸한다. 하나의 인터넷 쇼핑몰이 성공하기 위해서는 비즈니스 모델의 선택에서부터 웹 사이트 구축과 다양한 마케팅 활동·광고 그리고 상품의 구입과 재고관리에 이르기까지 경영활동이 체계적으로 이루어져야 한다.
제2부에서는 전자상거래 기업이 수행해야 할 전자상거래 기획 및 운영 전략을 참고 자료와 함께 살펴본다.

제 4 장
인터넷 비즈니스 모델

ELECTRONIC COMMERCE

학습 개요

전자상거래는 독특한 비즈니스 모델을 창안하여 시장을 선점하는 기업만이 성공할 수 있다. 다른 기업과 차별화되는 비즈니스 모델을 찾아내 실질적인 수익원으로 연결시켜야 한다.
따라서 제4장에서는 비즈니스 모델의 개념과 유형 그리고 특허등록 요건에 대해서 살펴본다. 또한 참고 자료를 통해서는 비즈니스 모델이 갖추어야 할 요건에 대해서도 알아본다.

1 비즈니스 모델의 개념

1. 비즈니스 모델의 개념

비즈니스 모델(business model)은 기업이 사업을 영위하고 이익을 창출하는 방식을 말한다. 재화나 용역의 거래에 있어서 거래를 어떻게 할 것인가를 나타내는 사업 아이디어의 유형이라고 할 수 있으며, 거래 방법이나 이를 응용한 상거래 방법 등을 의미한다.

일반적으로 비즈니스 모델은 다음과 같은 조건을 갖추고 있어야 한다.

① 거래가 이루어지는 상품과 서비스의 흐름 및 거래에 참여하는 당사자들의 역할 구조가 있어야 한다.
② 거래에 참여하는 당사자들에게 효익(benefit)이 있어야 한다.
③ 수입원(source of revenue)이 존재해야 한다.

인터넷 기업을 비롯한 모든 기업들은 독특한 비즈니스 모델을 창안하여 기회를 선점하기 위한 노력을 기울이고 있다. 예를 들면, 아마존은 인터넷상에서 책을 주문 받아 정가보다 30~40% 싼 가격에 원하는 곳까지 배달해 주는 사업을 처음 시작하여 오늘날에는 대표적인 인터넷기업으로 성장하였다.

한국의 경우, NHN은 1999년에 뒤늦게 시장에 진입하였으나 게임과 광고 및 검색 등으로 수익원을 다변화하여 동종 업계에서 선두로 나섰다. 싸이월드는 도토리 등의 유료 아이템 시장을 개척하며 대표적인 인터넷 기업으로 성장하였다. 이와 같이 차별화된 방식을 경쟁자보다 앞서 고안해 내는 것이 인터넷 분야에서 성공하는 제일의 조건이 되었다.

인터넷 사업의 초기 단계에서는 회원 수와 광고 수입이 인터넷 사이트의 가치를 판단하는 기준이었으나, 이제는 거래 수수료와 같은 실질적인 수익원과 특허등록 여부에 초점을 맞추고 있다.

선진국에서는 비즈니스 모델을 특허로 보호하는 추세이다. 미국은 1997년 개정된 특허법의 705조항을 적용해 비즈니스 모델에 대한 특허를 인정하고 있으며, 일본에서도 1999년 말 스미토모은행이 제시한 거래 고객의 입금을 자동으로 조회하는 결제시스템이 특허로 인정된 후, 비즈니스 모델 특허에 대한 관심이 고조되고 있다.

우리나라에서도 비즈니스 모델에 대한 특허 출원이 증가하는 추세에 있다. 〈그림 4-1〉을 보면, 2000년에는 비즈니스 모델에 대한 특허 등록이 174건에 지나지 않았으나 2005년에는

1,435건으로 크게 증가하였다. 특히 2007년에는 2,861건으로 매년 증가하고 있는 추세이다.

표 4-1 인터넷 비즈니스 모델의 유형

주요 수익의 원천	대표 업종	사례
인터넷 광고 수입	포털	네이버, 다음
제품(서비스)의 판매/이용 수익	대부분의 온라인 판매	Amazon
중개 수익(수수료)	경매 사이트	eBay, priceline
고정 회비	고급 컨텐츠 제공자	월스트리트저널(Online)

자료 : 삼성경제연구소

오늘날 인터넷 기업의 가치는 비즈니스 모델의 수익 창출력, 모방의 어려움, 기회 선점 등에 의해서 평가를 받고 있다.

그림 4-1 비즈니스 모델의 특허 등록

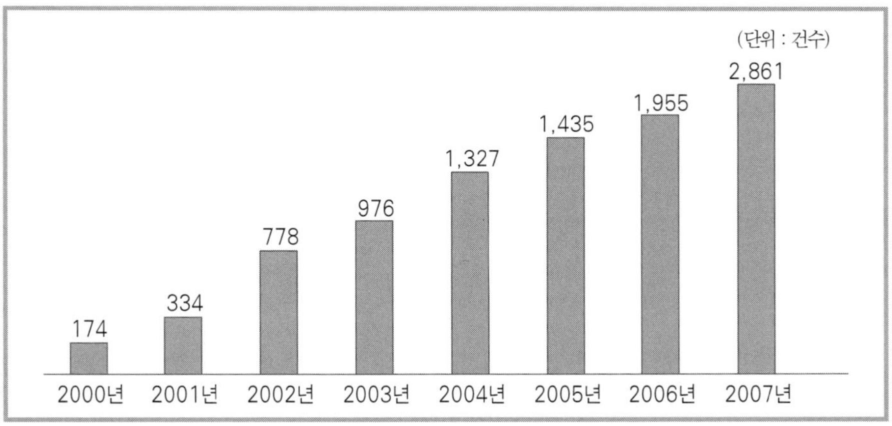

자료 : 특허청

2 비즈니스 모델의 분류

인터넷 비즈니스 모델을 구분하는 기준은 다양할 수 있으나, 크게 두 가지로 구분할 수 있다. 첫째는 인터넷 비즈니스를 통해 직접 수익을 창출하는 수익모델이고, 둘째는 기존의 오프라인(off-line) 사업을 강화하기 위한 정보 제공이나 고객 로열티 확보 및 브랜드 이미지를 제고하기 위한 지원모델이 있다.

수익모델(revenue model)은 인터넷 사업을 통해서 직접적으로 수익을 얻는 것을 목적으로 하며, 대부분의 인터넷 기업들이 여기에 해당된다. 인터넷 서점인 아마존과 중개사이트인 이베이 등은 모두 수익 모델에 해당한다.

지원모델(support model)은 기존의 오프라인(off-line) 사업을 지원하기 위해 고객과 효과적으로 접촉할 수 있는 수단으로 활용하는 경우이다. 자기회사의 상품을 소개하는 소니(Sony)의 사이트, 제너럴일렉트릭(GE)의 사이트 등이 지원모델에 속한다. 지원모델은 다시 상품이나 서비스를 소개하기 위한 홍보모델, 자사의 소프트웨어 등을 다운(down) 받거나 사용법 등을 읽을 수 있도록 하는 정보지원모델, 고객 불만 등을 접수하는 서비스모델 등으로 나눌 수 있다. 또한 최근에는 자사의 고객들을 조직화하여 로열티(loyalty)를 확보하기 위한 커뮤니티모델도 등장하고 있다.

표 4-2 인터넷 비즈니스 모델별 수익 결정 요소

비즈니스 모델	수익 결정 요소
상거래 모델	- 매출액·마진율·수수료율
광고 모델	- 방문자의 특정 성향별 세분 정도 - 특정 세분 시장에 대한 수요 - 컨텐츠 확보 비용 대비 광고 수수료
회비 모델	- 회원 모집 비용 - 컨텐츠 갱신 주기 - 컨텐츠 확보 비용 - 컨텐츠의 독창성

그러나 지원모델은 대부분 보조 역할을 하기 때문에 직접 수익을 창출하는 것은 아니므로 좁은 의미의 인터넷 비즈니스에서는 제외될 수도 있다. 여기에서는 인터넷 비즈니스 모델의 핵심이라고

할 수 있는 수익모델을 수익 원천과 차별적 가치에 따라 분류하여 설명하기로 한다.

1. 수익 원천에 따른 분류

1) 상거래모델

상거래모델(commerce model)은 인터넷을 이용해서 상품 또는 서비스를 유통시키고 이를 바탕으로 수익을 얻는 모델이다. 상거래모델에는 인터넷 기업이 판매 또는 구매라는 상행위를 직접하는 경우와 단순히 중개(brokerage)하는 경우로 구분할 수 있다.

〈그림 4-2〉에서 보는바와 같이 구매형 모델과 판매형 모델은 직접 상거래를 하는 경우이고, 구매중개 모델과 판매중개 모델은 단순한 중개를 하는 경우이다.

그림 4-2 직접 상거래모델과 중개모델

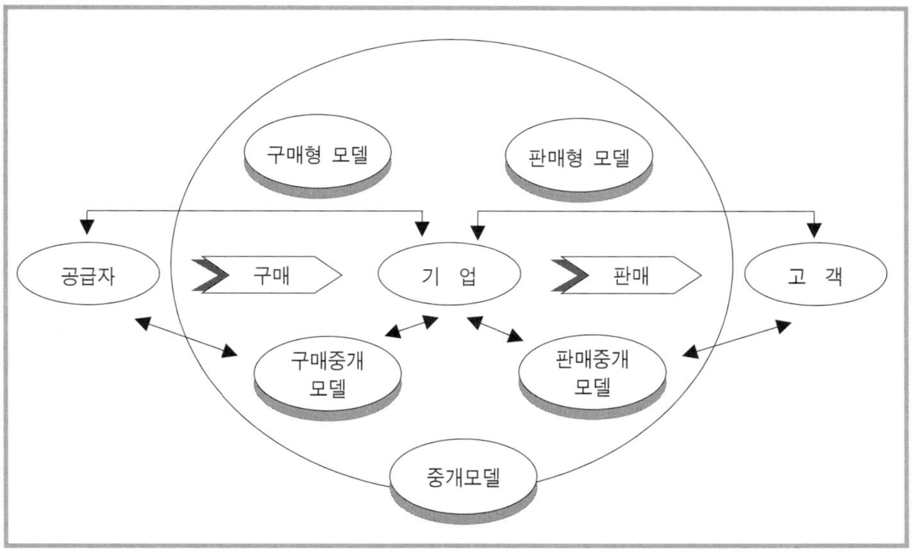

(1) 상행위를 직접 하는 경우

상거래 모델에 적합한 업종은 상품 자체의 구매 경험이 중요하지 않은 분야를 들 수 있다. 상품을 구매하는 장소나 그곳에서의 경험이 고객에게 즐거움을 주지 않는 경우가 있다. 이런 특성을 지닌 대표적인 산업은 금융업이다. 은행에 가는 것을 즐기는 사람은 거의 없다. 번호표를 뽑아서 기다리는 시간도 즐겁지 않다. 따라서 같은 조건이라면 은행 창구를 이용하는 것보다 인터넷을 이용하는 것을 더 선호할 가능성이 높다. 그리고 인터넷을 이용할 경우 수수료가 저렴하기 때문에 선호도는 더욱 높아질 것이다.

보험업의 경우에도 마찬가지이다. 보험회사가 전통적인 인적 판매를 통해서 고객에게 주는 추가적 가치는 거의 없다. 오히려 영업사원이 자주 찾아와서 다른 종류의 보험 상품을 추가 가입할 것을 권할 경우 고객은 귀찮아 할 수도 있다. 그리고 인터넷 보험상품에 비해 보험료도 비싸다. 그렇다면 많은 사람들은 인터넷을 선호할 수밖에 없다.

반면에 전통적인 구매 행위를 통해서 무엇인가 즐거움을 얻을 수 있는 경우에는 달라질 수 있다. 예를 들어 많은 사람들이 휴일이면 백화점에 가는 이유는 무엇인가? 물건을 사러 가는 경우도 있지만, 가족들과 함께 외식을 겸해서 시간을 보내러 가는 경우도 많다. 백화점에 가는 것에는 물건을 사려는 의도와 쇼핑이라는 유사한 레저 활동을 하려는 의도가 포함되어 있는 것이다.

(2) 중개 역할을 하는 경우

인터넷 경매와 같은 상거래 모델은 전통적인 방법으로는 사실상 불가능하던 형태의 거래를 성사시키는 것으로서 인터넷 비즈니스가 절대적으로 유리하다. 이베이(eBay)와 같은 경매 기업은 6% 가량의 수수료를 받지만, 사람들은 좋은 물건을 거래할 수 있는 새로운 기회에 대해 기꺼이 수수료를 지불한다.

이상에서 설명한 상거래 모델은 수익 원천이 가장 단순하고 명확하지만, 마케팅 비용이 많이 발생되기 때문에 이익을 내고 있는 기업은 별로 없는 상황이다. 따라서 인터넷 상거래에서는 인터넷이라는 매체의 특성에 적합한 상품과 거래 방식을 채택하는 것이 무엇보다 중요함을 알 수 있다.

2) 광고모델

광고모델(advertisement model)은 이용료 모델과 마찬가지로 유용한 정보를 제공하되, 그 비용과 이익을 광고료에서 충당하는 모델이다. 현재 수익성을 놓고 가장 논란이 많은 인터넷 비즈니스 모델이다. 인터넷 광고는 TV·라디오·신문 등 기존 매체의 광고와 비교해 볼 때 광고 효과 측면에서 긍정적인 측면과 부정적인 측면을 동시에 가지고 있다.

인터넷 광고의 긍정적인 측면은 즉시성과 양방향으로 커뮤니케이션이 가능하다는 점이다. 인터넷 광고를 본 잠재 고객이 관심이 있으면, 클릭해서 보다 더 상세한 정보를 얻을 수 있고, 구매 행위로 직접 연결되어질 수도 있다. 기존 광고가 고객의 마음속에 호의적인 감정이나 욕망을 일으키는 정도에서 그치는 것에 비하면 인터넷 광고의 효과는 매우 크다고 볼 수 있다.

그러나 인터넷 광고는 고객에게 즉시 지각되지는 않는다. 왜냐하면, 인터넷의 경우는 하나의 화면에 다수의 광고가 동시에 나타나기 때문이다. 인터넷 이용자는 자신이 보고 싶은 실질적 정보에만 관심을 가진다. 하나의 페이지에 다수의 광고가 있거나, 하나의 위치에 다수의 배너 광고가 회전하는 경우에는 광고의 노출도는 더욱 낮아진다.

노출도를 높이기 위해 마우스를 따라 다니는 광고나 화면 전환시 별도의 광고 창을 띄우는 방법 등을 구사하지만, 이런 것들은 이용자의 불편함을 야기시킬 수도 있다. 인터넷 광고에 이용자들이 적극적으로 반응하도록 게임과 같은 형태를 보여주고 경품을 주기도 한다.

3) 이용료모델

이용료모델(usage fee model)은 대부분 유료 정보를 제공하는 웹 사이트를 운영하면서 사용자들의 이용료로 비용을 충당하고 이익을 내는 모델이다. 이용료는 회비와 순수 정보이용료로 나누어진다. 인터넷 붐이 확산되기 이전의 초기 정보제공 사업은 대부분 이용료모델이었다.

부동산 정보를 제공하는 N사의 경우, 오래 전부터 PC통신을 통해서 1분당 200원의 사용료를 받았다. 그러나 인터넷에서는 동일한 정보가 무료로 제공된다. 대부분의 신문사들은 PC통신에서 인물 정보를 1분당 500원씩에 제공해 왔다. 그러나 인터넷 사이트를 통해서는 무료로 제공한다. 인터넷에서 무료로 정보를 제공하는 이유는 경쟁 때문이다.

인터넷 시장을 선점하고 모든 경쟁자를 물리치면, 그때부터는 제공하는 정보가 유료화되어도 고객들이 유료 컨텐츠를 이용할 수밖에 없다는 것이다. 그러나 수많은 새로운 정보가 계속해서 생산되는 시대에는 하나의 기업이 정보제공 시장을 독점해서 새로운 정보 제공자들이 등장하지 못하도록 하는 것은 사실상 불가능하다. 계속해서 새로운 정보 제공자들이 등장할 것이고, 이런 신규 사업자는 무료 정보제공과 같은 고객 유인책을 사용할 수밖에 없을 것이다.

전문 인터넷 정보제공 사업자도 수익성을 확보하기 위해서는 범용성 정보보다는 맞춤형 정보나 특수 계층을 위한 정보 등으로 차별화할 수밖에 없을 것으로 보인다.

4) 제휴수수료모델

제휴수수료모델(affiliation fee model)은 인터넷 이용자의 방문을 유도한 후, 이들을 제3의 인터넷 상거래 업체로 연결시켜 주고, 그 수수료를 얻는 모델이다. 많은 수의 포털사이트 업체들이 자기 회사의 회원들을 상거래 업체에 고객으로 연결시켜주는 중개자로서의 역할을 수행하고, 그 대가로 제휴 수수료를 받고 있다.

예를 들어 야후는 자사 사이트를 통해 검색하는 이용자들을 아마존으로 연결시켜 주고 제휴

수수료를 받는다. 그러나 이러한 제휴 수수료의 효율성은 아직까지 검증되지 않았다. 특히, 사업 초기의 상거래 사이트는 인지도가 높은 포탈 사이트 등과의 제휴를 통해 자사 사이트로의 고객 방문을 유도하지만, 사실상 별 효과가 없는 것으로 나타났다. 또한 매출액의 10% 정도인 제휴 수수료도 상당히 부담스러운 경우가 많다.

2. 차별적 가치에 따른 분류

앞에서 설명한 인터넷 비즈니스 모델들은 상거래 모델을 제외하면 대부분 수익창출 메커니즘이 불확실하다. 상대적으로 수익창출 메커니즘이 명료한 상거래 모델을 고객에게 제공하는 차별적 가치를 기준으로 분류하면 다음과 같다.

1) 가격지향형 모델

다른 종류의 사업에서와 마찬가지로 인터넷 상거래에서도 가장 중요한 요소는 가격이다. 미국의 아마존이나 시디나우(CDNow) 등의 매출이 급격히 증가하는 가장 큰 이유는 가격 할인이다. 그러나 인터넷 비즈니스라고 해서 전통적인 오프라인 사업에 비해서 원가가 낮은 것도 아니다. 특히, 구매 단가가 낮고 구매 빈도가 잦은 편의품의 경우에 운송비는 인터넷 상거래의 성공을 좌우하는 변수 중의 하나이다.

자동차와 같이 구매 단가가 높고, 배송비 부담이 적으면서 마진이 큰 상품의 경우에는 인터넷 거래에 따른 추가적 비용이 낮기 때문에 인터넷 사업에 유리한 아이템으로 볼 수 있다. 또한 인터넷 상거래 업체의 규모도 성패를 결정할 수 있는 매우 중요한 요인이다. 대량 거래를 통한 원가 절감은 오프라인(off-line) 기업에서와 마찬가지로 온라인(on-line) 기업에게도 중요한 요소이다.

2) 편의 · 신속성 지향형 모델

인터넷 상거래에서 중요한 요소 가운데 하나는 편의성과 신속성이다. 쉽게 구입할 수 없는 상품이나 비교가 어려운 상품의 경우에는 인터넷을 이용하면 매우 편리하다. 대형 서점이 없는 시골에서는 아마존서점을 이용하는 것이 가격 할인 뿐만 아니라 편의성도 클 것이다.

미국의 홈포트폴리오(HomePortfolio)는 저렴한 가격에 인테리어 공사를 할 수 있는 업자를 소개시켜 주는 사업을 하고 있다. 고객의 입장에서 수많은 인테리어 업체들을 찾아다닐 수 없기 때문에 홈포트폴리오(HomePortfolio)가 인테리어 업자와는 전통적인 방법으로 접촉하고, 고객과는 인터넷으로 접촉하는 방법으로 고객의 편의성을 제고하고 있다.

3) 맞춤 지향형 모델

많은 수의 인터넷 기업들은 고객 개개인의 욕구를 충족시키기 위해 일대일 마케팅 전략을 펼치고 있다. 온라인 거래에서는 오프라인 거래와는 달리 거래를 할 때마다 고객의 신분이 확인되기 때문에 일대일(one to one) 마케팅을 전개하는데 유리하다. 따라서 맞춤형 상품과 서비스를 제공할 수 있다면, 안정된 수익을 창출할 수 있을 것이다. 맞춤 지향형 모델이 보다 많은 수익을 창출하기 위해서는 단순한 상품 취급에서 벗어나 고객의 요구(needs)에 초점을 맞추어야 한다.

3 비즈니스 모델의 성공 요인

1. 비즈니스 모델과 3C

인터넷 비즈니스 모델의 핵심은 3C(contents, community, commerce)라고 규정할 수 있다.

1) 컨텐츠

컨텐츠(contents)는 소비자가 원하는 참신한 정보를 생성하는 것을 말하며, 상품 정보·가격 비교·뉴스·음악·동영상 등이 해당된다.

2) 커뮤니티

커뮤니티(community)는 원하는 사람들과 교류할 수 있는 가상의 공간을 만들어 주는 것으로서, 동호회·채팅 공간·게시판 운영 등의 공동체 형성을 의미한다.

3) 커머스

커머스(commerce)는 실제로 웹 사이트를 통해 재화나 서비스가 거래되는 것을 말하며, 기업과 소비자간(B2C)의 거래 또는 기업과 기업간(B2B)에 이루어지는 전자상거래를 의미한다.

그림 4-3 컨텐츠·커뮤니티·커머스의 상호 관계

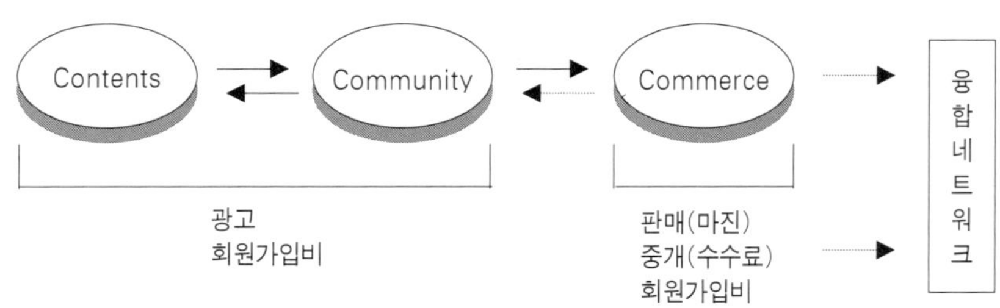

자료 : 삼성경제연구소

인터넷 비즈니스 모델의 핵심인 3C의 상호 관계를 살펴보면, 〈그림 4-3〉에서 보는바와 같이 컨텐츠(contents)를 바탕으로 공동체(community)를 형성하며, 이를 기반으로 하여 상거래(commerce)가 이루어지는 것이 전형적인 발전 과정이다.

컨텐츠(contents)와 공동체(community) 형성 단계까지의 주된 수입원은 광고 및 회원 가입비에 의존한다. 야후(Yahoo)와 같은 포털사이트는 현재도 광고에 수입의 대부분을 의존하고 있다. 온라인 월스트리트 저널(Online Wall Street Journal)과 같은 양질의 컨텐츠 제공자는 가입비를 징수함으로써 수익을 확보하고 있다.

2. 수익원 확보 방법

회원수가 임계치(critical mass)에 도달한 후 더 이상 증가하지 않으면, 이를 기반으로 판매와 중개 및 수익 창출이 가능한 전자상거래를 실시한다. 이 단계에서는 임계치에 도달한 고정 고객을 대상으로 어떤 방식으로 수익을 올릴 것인가 하는 것이 비즈니스 모델의 핵심 과제가 된다.

1) 컨텐츠의 차별화

컨텐츠의 차별화는 기존의 전통기업들이 중요시하던 제품 차별화와 같은 의미를 가지고 있다. 제품 차별화(product differentiation)는 기업간 또는 제품간의 경쟁이 심화되어 가격 경쟁보다는 비가격 경쟁에 의존하게 된 경우에 소비자의 욕구를 유발하기 위하여 자사의 제품에 경쟁기업의 제품과 다른 상표를 붙이거나, 특정 판매자의 상품을 광고하거나, 제품 판매와 관계 있는 부가적 서비스를 제공하는 형태의 마케팅 활동을 말한다.

인터넷 비즈니스에서는 개별 기업의 창의적 아이디어만이 새로운 컨텐츠를 제공할 수 있다. 기업이 독자적으로 컨텐츠를 차별화하기가 어려울 경우에는 외부와의 제휴나 인수합병으로 보완할 필요가 있다.

2) 지속적인 수익 창출력

참신한 컨텐츠로 고정 방문객을 모으는 것은 인터넷 사업의 성공에 필요조건이지 충분조건은 아니라고 할 수 있다. 많은 고정 방문객을 모으더라도 다음 대안이 없으면 좋은 비즈니스 모델이 아니기 때문이다. 따라서 네티즌들의 일시적 관심이 기업에 지속적인 수익을 가져다주지 않는다는 점을 인식할 필요가 있다.

표 4-3 디지털 컨텐츠의 분류

구분	종류
오락 · 취미	•유료 화상 게임 •스포츠 중계와 정보 제공 •성인용 정보
뉴스매체	•유료 온라인 뉴스 •여론 조사 및 분석 •온라인 잡지
도서 · 출판	•전자도서(e-book)의 출판 •도서관 자료 제공 •문서 번역
영화 · 방송	•영화 및 비디오 •음악 •인터넷 방송 •인터넷 전화서비스 •전자우편 및 음성우편
정보기술	•자료 처리 및 자료의 저장과 검색 •소프트웨어 개발 •CD-ROM 제작
전문서비스	•법률 자문 및 문헌 제공 •건축 설계와 디자인 •회계 및 세무 상담 •기술 자문 •원격지간 의료 상담 및 진료
컴퓨터기술	•하드웨어 및 소프트웨어 설치 및 유지 보수 •원격지간 데이터 처리 •웹 사이트 구축과 유지 보수
교육	•원격지 학습 •고용 및 전문 직업교육 및 개발 •사이버 대학

단기적으로 인기를 끌다가 금방 사라지는 모델이 되지 않기 위해서는 상거래 방식과 품목을 다양화하는 등 끊임없는 변신을 시도해야 한다. 왜냐하면, 어떤 비즈니스 모델을 채택하는가 보다는 어떻게 운영하는가가 더 중요하기 때문이다. 예를 들어 물류 지원이 가능한 범위내에서 상

거래 품목을 다양화하거나, 브랜드 인지도가 높은 사이트일수록 많은 품목을 취급하는 것이 유리한 전략이 될 수 있다.

3) 고객 지향적 사고

전통적 기업에서 비즈니스 모델은 제품 중심의 사고에서 출발하였다. 즉, 매출액을 늘리거나 생산 원가를 절감함으로써 더 큰 이윤을 창출할 수 있기 때문에 높은 가격을 유지하거나 생산원가를 절감하기 위한 각종 경영혁신 운동을 전개하였다.

그러나 인터넷 기업은 고객이 많이 찾아오는 웹 사이트를 만드는 것이 성공의 첫걸음이며, 고객요구의 만족이 가장 중요한 요소이다. 전통적 기업이 서로 비슷한 제품간의 경쟁이라면, 인터넷 기업의 경쟁은 서로 비슷한 고객간의 경쟁이라고 할 수 있다. 예를 들면, 서점과 음반가게는 전통 기업에서는 경쟁대상이 아니지만 인터넷 기업에서는 경쟁이 치열한 경우를 볼 수 있다.

4) 기회의 선점

완벽한 비즈니스 모델을 추구하기보다는 기회를 선점하는 모델이 성공할 확률이 더 높다. 비즈니스 모델은 실제 사업을 해 나가는 과정에서 수정될 수도 있기 때문에 고객 차별화와 기회 선점이 중요하다.

시장을 선점한 후에는 고착화시킨 뒤 확장 단계로 신속히 이동할 수 있어야 한다. 인터넷 비즈니스는 「가상공간 진입 → 생존 → 성장」이라는 새로운 수익 창출의 원리가 작동하기 때문에 빠른 진입에 못지 않게 성장 단계로 진입하는 것도 중요하다. 빠른 움직임을 위해 기업의 규모를 적정하게 유지하고, 핵심 인력만으로 조직을 운영하고, 나머지는 아웃소싱(outsourcing)하는 것이 바람직하다.

5) 특허권 등록

특허 등으로 지식과 정보를 독점한 소수 기업이 대규모의 이익을 실현하고 있기 때문에 특허권이나 저작권 등을 비롯한 지적재산권 분야는 인터넷 기업에게 미치는 영향력이 막대하다. 그러므로 확장 가능성이 높은 기술분야의 특허를 취득하여 이를 특허 교환(cross licensing) 등을 위한 교두보로 활용하며, 기존의 특허를 라이센싱(licensing)하거나 특허를 우회하는 방식을 개발해야 한다.

4 비즈니스 모델의 성공 사례

인터넷 공간에서 이루어지는 비즈니스를 성공시키기란 매우 어렵다. 인터넷 쇼핑몰을 운영하는 기업이나 사업자들이 많이 생겨나기도 하지만 대부분은 실패하고 소멸된다. 성공하는 기업이나 사업자들은 극소수일 뿐이다. 여기에서는 인터넷 비즈니스를 성공적으로 수행한 기업의 사례를 살펴보기로 한다.

인터넷 쇼핑몰의 수명 주기(life cycle)가 짧은 점을 고려하여 성공하였을 당시의 비즈니스 모델을 살펴보는데 그 의의를 두기로 한다.

1. 싸이월드

1999년데 설립된 싸이월드는 2002년부터 "미니홈피"라는 서비스를 시작하면서 커뮤니티 서비스회사로 급성장하기 시작하였다. 세상의 모든 사람을 하나의 인적 네트워크(human network)로 연결한다는 목표를 세우고 미니홈피와 미니룸 및 일촌 맺기와 같은 서비스를 통해 친밀감이라는 가치를 찾아내어 충성도 높은 고객을 확보하게 되었다.

싸이월드는 커뮤니티를 구축할 필요성은 느끼고 있지만 여건이 되지 않은 단체에는 커뮤니티 솔루션을 제공하고, 개인에게는 미니홈피 · 미니룸 · 디지털 아이템 등을 제공하면서 이용 고객들에게 현실 세계에서 느낄 수 있는 것과 같은 욕구를 충족시켜 준다.

커뮤니티 솔루션 제공은 컴퓨터에 대한 전문 지식이 부족한 사람들에게도 홈페이지를 구축할 수 있는 공간을 마련해 주었고, 다양한 컨텐츠를 확보해 개인의 미니룸을 꾸미거나 일촌간의 선물 보내기 서비스 등을 개발하여 유료 수익모델을 정착시킨 것이다.

그림 4-4 싸이월드의 비즈니스 모델

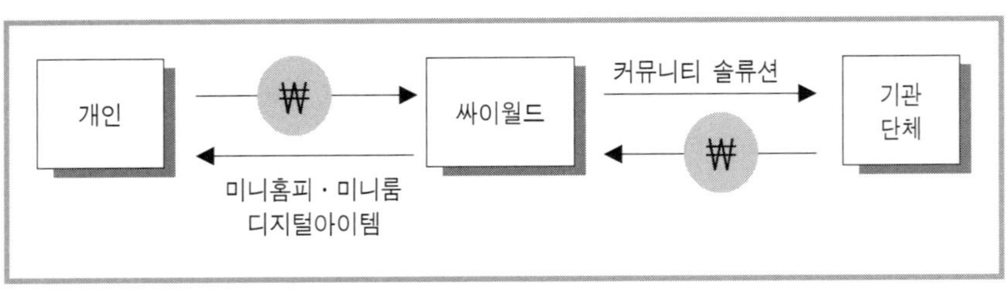

싸이월드는 관계를 중요시하는 한국인의 정서를 정확하게 찾아냈을 뿐만 아니라 자아를 표현하고

자 하는 심리적 욕구가 적절히 결합된 성공적인 비즈니스 모델이라고 할 수 있다. 또한 다양한 방법으로 서비스를 제공하면서 새로운 컨텐츠를 유료화시키는 점이 싸이월드를 높이 평가하는 근거이다.

2. 야후

야후는 무료 웹검색 및 포털 사업을 선점하여 세계 최고의 인터넷 포털사이트로 자리잡았다. 하루에 약 150만의 네티즌이 방문하고 있고, 후발업체인 라이코스(Lycos)나 인포시크(Infoseek)에 비해 강한 브랜드 파워를 구축하였다.

야후는 무료 전자우편, 채팅공간 확보 등으로 커뮤니티(community) 활성화에 성공하였으며, 매출의 60~80%를 차지하는 광고 수입에 힘입어 흑자를 실현하였다. 그 이후에는 야후샵(Yahoo Shop)이라는 쇼핑몰을 개설하고 경매를 시작했으며, 앞으로 매출 중 상거래의 비중을 50~70%로 높일 계획이라고 한다.

1999년에는 미국 최대의 홈페이지 제작회사이면서 많은 인터넷 커뮤니티를 확보하고 있는 지오시티스(geocities.com)를 인수하여 커뮤니티(community)를 보강하였으며, 인터넷 방송사인 브로드 캐스트닷컴(broadcast.com)을 인수하여 컨텐츠(contents)를 보강하는 전략을 구사하였다.

그림 4-5 야후의 비즈니스 모델

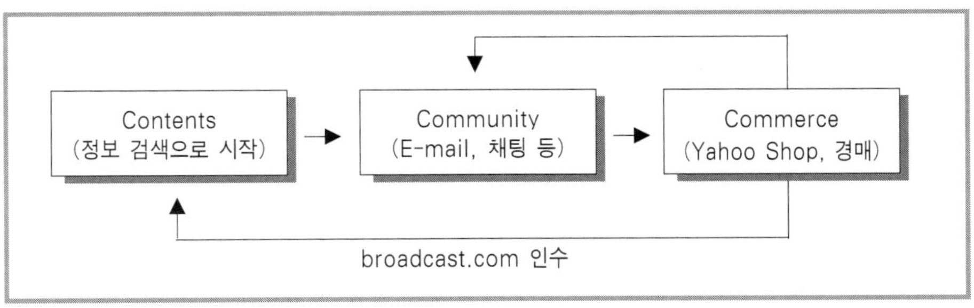

3. 아마존

아마존은 1995년 인터넷 서점을 개설한 이후 전자상거래의 선구자로서 막강한 브랜드 인지도를 보유하고 있다. 책과 비디오 등의 상품을 판매할 뿐만 아니라 상품에 대한 정보 검색과 이용자간 토론이 가능한 장점이 있으며, 책이나 비디오를 사기 전에 전문가나 독자들이 쓴 평론을 읽을 수 있는 서비스를 제공한다. 그리고 관심 있는 분야의 책에 관해 토론하고 추천 받는 것이 가능하므로 커뮤니티(community) 형성이 가능하다.

아마존은 서적전문 판매에서 CD・비디오・보석・의약품・식료품・경매 등으로 다각화해 왔으며, 다른 온라인 판매자들에게 사이트 일부를 임대해 주고 6억달러 이상의 수익을 올리는 비즈니스 모델을 개발하여 새로운 비즈니스 모델 창출에 주력하고 있다.

그림 4-6 아마존의 비즈니스 모델

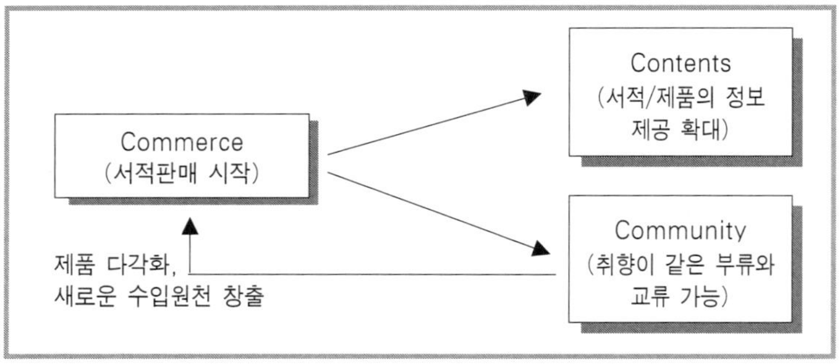

4. 온라인 월스트리트 저널

온라인 월스트리트 저널은 1996년 4월 오프라인(off-line)에서의 브랜드 이미지와 고객 충성도를 바탕으로 유료 회원제 전략을 채택함으로써 오프라인에서의 수준 높은 컨텐츠와 확고한 독자층을 기반으로 온라인 사업에 진출한 대표적 사례가 되었다.

미국에서 유일하게 유료로 신문을 온라인으로 서비스를 하고 있다. 회원수는 33만명 정도이며, 수익은 회비와 광고 수입으로 구성되어 있다. 1999년 9월 흑자로 전환되어 성공적인 온라인 비즈니스 모델로 자리잡고 있다.

비슷한 서비스를 제공하는 온라인 신문사인 더스트리티 닷컴(TheStreet.com)은 무료임에도 불구하고 컨텐츠가 취약하여 1999년 1,600만 달러 적자를 본 것과 비교해 보면, 온라인 월스트리트 저널의 비즈니스 모델은 성공적이라고 평가할 수 있다.

그림 4-7 온라인 월스트리트 저널의 비즈니스 모델

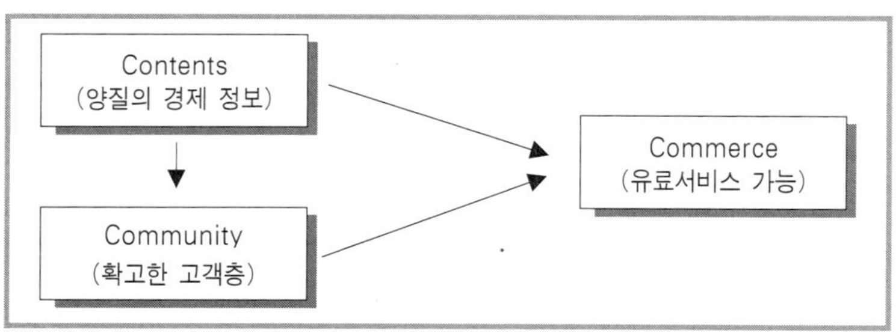

5. 프라이스 라인

프라이스 라인(priceline.com)은 역경매를 최초로 도입해 특허를 획득한 기업이다. 매일 비행기 자리가 50만석 이상 비어 있다는 사실에서 착안하여 할인된 가격으로 수요자에게 연결해 주겠다는 것이 창업의 계기가 되었으며, 비행기 예약에서 시작하여 호텔 예약·자동차 구매·가계 금융상품까지 사업 영역을 확대하였다.

1997년에는 "당신이 생각하는 가격을 제시하십시오(Name your price)"라는 역경매 시스템을 개발하여 비즈니스 모델의 특허를 취득하였다. 항공권과 호텔 예약은 매매시 중개료를 받고, 자동차와 가계 금융상품은 정액제로 운영하고 있다.

그림 4-8 프라이스 라인의 비즈니스 모델

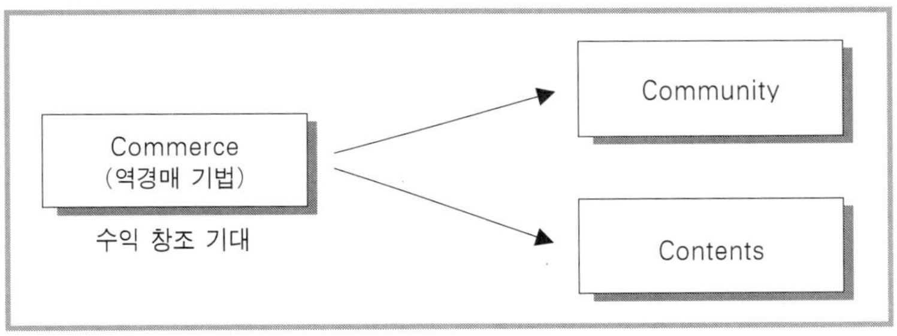

5 비즈니스 모델의 특허

가상공간에서 벌어지고 있는 무한경쟁에서 시장을 선점하기 위해 특허 문제가 새롭게 떠오르고 있다. 과거에는 기술적 요건을 중요시했지만, 독창적인 사업 아이디어에는 기술적 요소가 없더라도 그 권리를 인정하는 추세이다.

표 4-4 시대별 정보기술 관련 특허의 변천 과정

구 분	90년대 전반	90년대 후반	2000년 이후
형 태	설비·기계 특허	소프트웨어 매체 특허	비즈니스 모델 특허
허용 범위	하드웨어와 관련된 형태의 정보시스템은 특허를 인정	기억 매체에 한정된 소프트웨어 분야의 특허 인정	정보시스템을 활용한 비즈니스 형태와 비즈니스 시스템 체계 인정
사 례	POS 레지스터를 사용한 판매관리 시스템	디스크 입출력 처리 고속화 기법	데이터베이스를 이용한 효율적 마케팅 기법

비즈니스 모델은 사업성 모델과 영업발명 모델로 구분할 수 있다. 사업성 모델은 새로운 사업 아이디어로 구체적인 수익 기반을 제시하는 형태의 모델을 말하고, 영업발명 모델은 사업성 모델에 데이터를 처리하는 기술과 데이터 속성 정보가 가미된 것으로 특허 취득이 가능한 형태의 모델을 말한다.

영업발명 모델 = 사업성 모델 + 프로세스 모델 + 데이터 모델

여기서 프로세스(process)란 시계열적인 데이터 처리 과정을 말하며, 작업 공정이나 데이터 플로우(data flow) 등을 포함한 의미이다. 업무를 다양한 프로세스(작업 공정)의 집합으로 나타낸 모델이며, 프로세스는 복잡한 프로세스로부터 간단한 프로세스로 상세화 시킨다.

데이터 모델(data model)은 업무를 다루는 데이터 집합 및 속성 정보 등을 말하며, 전자상거래를 하고자 하는 사업 아이디어에 따라 다양한 데이터가 있을 수 있다. 상품판매 관련 아이디어라면 상품 가격·생산자·규격·상품의 크기 등을 데이터 모델이라고 한다.

영업방법 관련 발명은 다음과 같은 요건을 갖추어야만 특허권으로 인정받을 수 있다.

① 신규성이 있을 것

② 진보성이 있을 것
③ 먼저 출원한 발명일 것
④ 상업적 유용성이 있을 것

우리 나라의 경우에는 비즈니스 모델로 특허를 취득하려면 사업성 모델 외에 추가적으로 프로세스 모델(데이터 처리 과정)과 데이터 모델(영업 업무를 다루는 데이터의 집합 및 속성 정보)이 결합되어야 한다. 기술적인 데이터 처리의 노하우가 뒷받침되지 않는 사업 아이디어만으로는 특허를 얻는 것이 불가능하다.

그림 4-9 특허청의 전자상거래 관련 특허 심사 지침

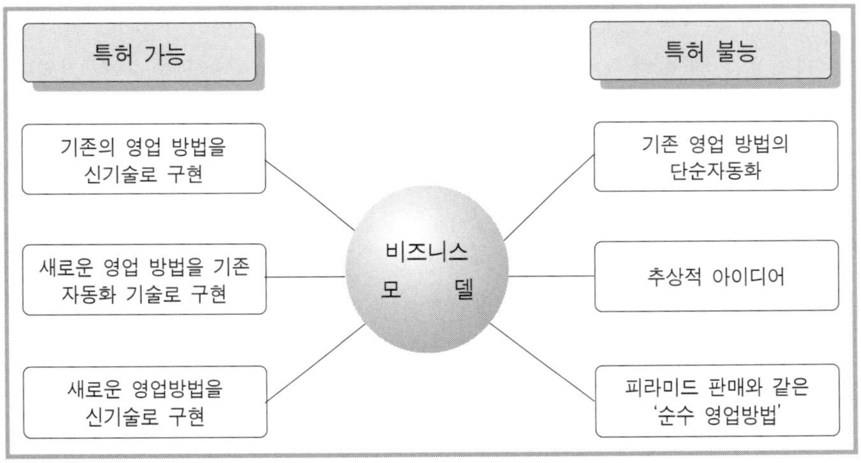

주요 용어

비즈니스 모델	컨텐츠	커뮤니티	커머스
경매	역경매	고객차별화	특허교환
디지털 컨텐츠	상거래 모델	광고모델	중개모델
회비모델	지원모델	수익모델	홍보모델
제휴 수수료 모델	포털서비스	사업성 모델	프로세서 모델
데이터 모델	Click & Mortar	온라인 신문	지주회사

참고자료 4.1 최초의 인터넷 서점 아마존

아마존은 인터넷에 등장한 최초의 온라인 서점이다. 야후의 경우와 마찬가지로 선점의 효과를 극대화하여 초기부터 지금에 이르기까지 지속적이고 일관된 홍보 전략과 광고 전략을 통해 아마존이라는 강력한 인터넷 브랜드를 구축하는 데 성공했다.

온라인 서점으로 출발한 이래 아마존은 인터넷 비즈니스의 핵심이 '고객과의 1:1 관계'에 있음을 보여주고, 고객과의 관계를 고객의 입장에서 혁신해 온 가장 모범적인 사례이다. 거의 모든 온라인 소매점의 전형적인 모델이 된 아마존은 우선 고객의 입장에서 쇼핑의 전과정에 걸친 고객 경험을 철저히 분석하는 것으로부터 시작했다.

이러한 과정을 통해 아마존은 고객들이 실제 서점에서 책을 구매하는 것과 거의 유사하거나 더 나은 경험을 할 수 있도록 사이트를 설계하였다. 신간·추천도서·베스트셀러 등의 코너에서 책을 둘러볼 수도 있고, 책 찾기 기능을 통해 단편적인 정보로만 알고 있는 책을 찾아 구매할 수 있는 것은 실제 서점에서 일어나고 있는 고객 행위들을 인터넷상으로 완전히 옮겨 놓았다.

책을 구매하기 전에 책의 한 두장을 읽거나 서평·독후감 등의 다양한 정보를 만날 수 있는 것은 인터넷이라는 매체의 장점을 충분히 살린 것이다. 신용카드나 배송 주소 등을 등록해 두고 원클릭(one click)으로 쉽게 주문할 수 있는 원클릭 옵션 역시 구매의 편리성을 염두에 두고 기획된 과정이다.

또한 아마존은 주문 이후의 단계마다 전자우편(e-mail)을 발송해 고객들의 궁금증을 풀어 주었으며, 회사가 약속한 배송시간보다 항상 먼저 도착하도록 신속성을 보여주었다. 한번 고객으로 등록된 이들에게는 원하는 서적 정보를 전자우편으로 정기적으로 보내주고 있으며, 누적된 고객의 프로필(profile)을 분석해 도서를 추천해 주거나 지인(知人) 등의 생일이나 기념일을 기억시키면 도서를 추천하는 등의 고객 맞춤형·관리형 서비스를 선보이고 있기도 하다. 이중 많은 서비스들은 경쟁자들에게 채용되어 많은 인터넷 소매점에서 볼 수 있게 되었지만 아마존은 고객 중심의 혁신을 경쟁자들보다 먼저 발 빠르게 시도해 왔고, 바람직한 사례로 기록되어 왔다.

이러한 혁신을 기반으로 아마존은 음반·장난감·컴퓨터·소프트웨어·전자제품에 이르기까지 다양한 제품들을 판매하는 것으로 확장을 거듭해가고 있다. 많은 이들이 아마존의 확장과 누적된 적자로 재무 구조에 대해 회의적인 시선을 보내고 있지만, 아마존이라는 인터넷 소매브랜드가 고객들에게 보다 혁신적이고, 새로운 쇼핑 경험을 제공했다는 것은 이론의 여지가 없다.

고객 경험의 반영과 함께 아마존의 성공 비결에는 한발 앞선 소비자 요구의 반영이라는 또 다른 교훈이 있다. 다른 사이트들이 아마존의 웹 사이트를 모방할 때마다 아마존은 곧바로 다음 단계로 옮겨갔다. 아마존은 최초로 신용카드 거래를 도입한 사이트였으며, 고객이 안심할 수 있도록 구매 과정을 세분화하고, 고객이 한 단계 한 단계씩 밟아 나가면서 거래할 수 있도록 하였다.

추천도서 목록이나 고객들의 서평, 구입 도서를 주문한 지 채 몇 분도 지나지 않아 날라 오는 접수확인 이메일이나 상품 발송 이메일도 지속적인 고객 요구를 최초로 반영한 아마존의 작품이었다. 1998년 아마존은 고객들의 유사 상품에 대한 원스톱 쇼핑을 실현하기 위해 음반시장으로 사업을 확장했다. 지금의 아마존은 서적 · 음반 · 장난감 · 전자 제품 등 거의 모든 카테고리의 상품들을 판매하는 온라인 월마트와 같은 온라인 소매점 모델을 실험하고 있다.

아마존의 사례는 인터넷이라는 환경으로 변화한 새로운 세기에 강력한 브랜드를 꿈꾸는 이들에게 고객의 경험에 밀착되어 있고, 고객의 경험을 질적으로 끌어올리고 고객들의 요구를 빠르게 반영하여 그것을 기회로 사업을 확장함으로써 강력한 브랜드로 성장할 수 있다는 시사점을 준다. (www.metabranding.com)

제4장 연구과제

⑴ 비즈니스 모델(business model)이란 무엇이며, 어떤 조건을 갖추고 있어야 하는가?

⑵ 최근에 비즈니스 모델의 중요성이 강조되는 이유는 무엇인가?

⑶ 인터넷 비즈니스 모델이 성공하기 위해서 갖추어야 할 조건들에 대해 설명하라.

⑷ 인터넷 비즈니스 모델의 유형을 열거하고, 각각을 설명하라.

⑸ 인터넷 비즈니스 모델별로 수익을 결정하는 요소들에 대해 설명하라.

⑹ 직접 상거래를 하는 대표적인 사이트를 5개 조사하여 그 특징을 설명하라.

⑺ 중개 역할을 하는 대표적인 사이트를 5개 조사하여 그 특징을 설명하라.

⑻ 광고를 유치하여 성공한 사이트를 5개 조사하여 그 특징을 설명하라.

⑼ 인터넷 비즈니스 모델의 특허는 상품제조 특허와 어떻게 다른지 설명하라.

⑽ 우리나라에서 인터넷 비즈니스 모델의 특허를 취득하기 위해서 갖추어야 할 조건에 대해 설명하라.

⑾ 최근 3년간 우리나라의 인터넷 비즈니스 모델의 특허 출원 건수를 조사하라.

⑿ 인터넷 비즈니스 모델의 특허를 취득하기 위한 절차를 조사하라.

⒀ 인터넷 비즈니스 모델의 성공 사례를 조사하라.

⒁ 인터넷 비즈니스 모델의 실패 사례를 조사하라.

제 5 장

웹 사이트 구축 및 관리

ELECTRONIC COMMERCE

학습 개요

인터넷을 이용한 전자상거래를 시작하려면 먼저 웹 사이트를 구축해야 한다. 이 때 웹 사이트는 소비자들의 관심을 끌 수 있어야 한다. 제5장에서는 웹 사이트를 구축하는 절차와 컨텐츠 구성 및 웹 사이트 설계 그리고 효과적인 웹 사이트 디자인에 대해 상세히 살펴본다. 참고자료를 통해서는 어떤 웹 사이트가 소비자들에게 호감을 주는지에 대해서도 알아본다.

1 웹 사이트의 개념과 구성 요소

1. 웹 사이트의 개념

웹사이트(web site)란 웹 서버를 사용하여 웹 서비스를 제공할 수 있도록 구축된 호스트 또는 이들 호스트에서 웹 서비스를 제공하기 위해 구축해 놓은 정보들의 집합체를 말한다. 인터넷을 이용한 비즈니스는 웹 사이트를 통해 이루어지기 때문에 매우 중요한 역할을 한다. 효율적인 웹 사이트를 구축하기 위해서는 웹 사이트의 구성 요소와 구축 목적을 정확히 파악해야 한다.

그림 5-1 웹 사이트

2. 웹 사이트의 구성 요소

일반적으로 웹 사이트는 컨셉(concepts) · 컨텐츠(contents) · 웹 사이트 구조 및 네비게이션 · 백앤드 시스템(back end system)으로 구성된다.

1) 컨셉

컨셉(concepts)은 웹 사이트를 구축하여 달성하고자 하는 목표 · 방향 · 목표 고객 · 이미지 등을 말한다. 따라서 웹 사이트를 구축할 때에는 목적을 분명히 정의하고, 목표 고객을 누구로 할 것인가를 결정하고, 이들 고객을 통해 어떤 비즈니스를 수행할 것인가를 명확히 정의하는 것이 중요하다.

2) 컨텐츠

컨텐츠(contents)는 웹 사이트 방문자들에게 제공하는 내용물을 말한다. 문서·그래픽·오디오·비디오 등을 이용하여 구현한다. 컨텐츠가 얼마나 충실한가에 따라 웹 사이트의 인기나 방문객 수가 달라진다. 방문자들은 웹 사이트의 내용을 보고 해당 기업이나 상품 등을 평가하므로 컨텐츠는 중요한 역할을 한다.

3) 네비게이션

네비게이션(navigation)은 컨텐츠를 분류하고 체계화시킨 후 이들을 상호 연결함으로써 방문자들이 보다 쉽게 웹 사이트를 이용할 수 있도록 하는 체계를 말한다. 네비게이션은 단순한 이동의 역할에 끝나는 것이 아니라 각각의 웹 페이지들을 체계적으로 연결하여 웹 사이트와 방문객을 연계시키는 매개체 역할을 할 수 있어야 한다.

4) 백앤드 시스템

백앤드(back-end)는 데이터베이스 검색이나 특수 연산을 위해 메인 컴퓨터를 보조하는 전용 컴퓨터나 프로세서를 가리킨다. 백앤드 시스템(back-end system)은 웹 사이트의 이면에서 동작하는 각종 데이터베이스, 업무처리 시스템, 웹 사이트 관리 시스템 등 다른 시스템과 연계되는 모든 시스템을 말한다.

2 웹 사이트 구축 절차

웹 사이트를 구축하기 위해서는 일반적으로 다음과 같은 절차를 거쳐야 한다. 이 절에서는 전체적인 구축 절차를 개략적으로 살펴보기로 한다.

1) 컨셉의 정의

컨셉(concepts)은 웹 사이트를 통해 인터넷 비즈니스를 전개하기 위해 갖추어야 할 기본적인 방향을 말한다. 구체적으로는 웹 사이트를 구축하는 목적을 분명히 정의하고, 목표 고객을 누구로 할 것인가를 결정한 후 이들 고객을 통해 어떤 비즈니스를 수행할 것인가를 명확히 정의하는 일련의 활동을 말한다.

컨셉을 정의할 때에는 웹 사이트의 방문자가 누가 될 것인가를 먼저 결정해야 한다. 이 결정은 이후에 진행되는 모든 작업에 직접적인 영향을 미친다. 컨셉의 정확한 정의는 웹 사이트를 이용한 비즈니스의 출발점이므로 경영자・웹 기획자・웹 디자이너를 비롯한 전문가들이 모두 참여해야 한다.

2) 컨텐츠의 구성

컨텐츠(contents)는 웹 사이트에 담겨질 내용물을 말한다. 특정한 웹 사이트에 방문자가 접속했을 때 보이는 또는 연결되어 있는 모든 구성 요소가 컨텐츠에 해당된다. 방문자들은 웹 사이트의 내용을 보고 해당 기업이나 상품 등을 평가하므로 컨텐츠 기획은 매우 중요한 역할을 한다. 따라서 어떤 정보를 제공할 것인가를 먼저 결정하고, 방문자들이 만족할 수 있는 정보를 담고 있어야 한다.

컨텐츠 구성은 한 번의 작업으로 계속 유지되는 것이 아니라 내용을 수정해 주거나 추가되는 경우가 많이 발생한다. 따라서 중장기 계획을 바탕으로 안정적인 컨텐츠의 수정이나 변경이 가능하도록 구성해야 한다.

3) 스토리보드 작성

스토리보드(story board)란 웹 사이트를 만들 때 각각의 페이지마다 배경과 주변 설정을 어떻게 배치하고, 컨텐츠를 어떻게 묘사할 것인가를 미리 나타내는 개략적인 계획서를 말한다. 따라서 스토리보드는 웹 사이트의 작업 지시서나 설계도의 역할을 하는 것이며, 웹 사이트의 제작 과정 중에서 발생할 수 있는 문제점을 줄여주는 역할을 한다.

실제로 스토리보드를 작성할 때는 구체적인 내용과 함께 그림이나 멀티미디어 등의 관련 자료를 명시하고, 각 페이지의 레이아웃(lay-out)을 기재하며, 페이지간의 연결 사항도 표시해 주어야 한다.

그림 5-2 레이아웃 사례

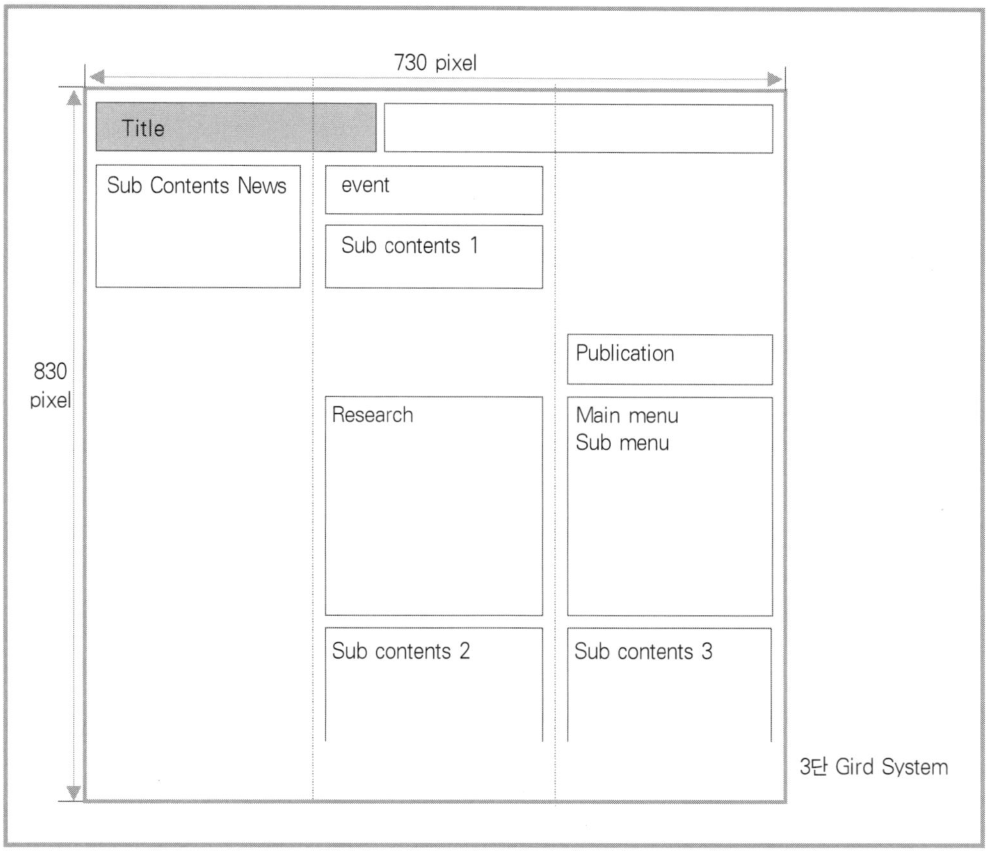

4) 네비게이션

네비게이션(navigation)은 각각의 독립된 문서나 컨텐츠를 서로 연결되도록 구성하여 쉽게 원하는 정보를 찾을 수 있도록 지원하는 것을 말한다. 네비게이션이 체계적으로 잘 구성되어 있으면, 방문자가 얻고자 하는 정보를 쉽게 찾을 수 있다. 네비게이션을 위해서 메뉴 · 링크 · 서치 · 브라우저 기능 등이 사용된다.

5) 웹 디자인

웹 디자인(web design)은 웹 사이트의 목적을 충분히 전달해 줄 수 있도록 웹 페이지를 실용적이며 능률적으로 만드는 것을 말한다. 컨텐츠의 구성이 내용에 중점을 두는 것이라면, 웹 디자인은 그 내용을 방문자들에게 충실히 전달하는데 초점을 맞추는 것이다. 특히, 해당 웹 사이트가 고객들에게 전달하고자 하는 의미를 쉽게 파악할 수 있고, 충실히 전달할 수 있도록 시각적인 효과도 고려해야 한다.

너무 화려한 디자인보다는 간결하면서도 체계적으로 분류함으로써 방문자들이 보다 빠르고 쉽게 정보를 찾을 수 있어야 한다. 동화상이나 그림 파일들을 너무 많이 사용하면 페이지 로드시간이 너무 오래 걸리므로 주의해야 한다.

6) 웹 페이지 통합 및 테스트

각각의 단위 페이지별 작업이 끝나면 작성된 단위 웹 페이지를 네비게이션으로 연결시켜 주어야 한다. 연결이 완료되면 온라인상에서 시험(test)을 실시하여 수정할 곳을 점검하고, 수정 작업을 거치면 웹 사이트 구축은 완료된다.

3 웹 사이트의 컨셉 결정

앞 절에서는 웹 사이트 구축 절차에 대해 개략적으로 살펴보았다. 이번 절부터는 각각의 단계를 상세히 살펴보기로 한다.

웹 사이트의 컨셉(concept)은 웹 사이트를 통한 비즈니스를 효과적으로 전개하기 위해 웹 사이트가 갖추어야 할 기본적인 개념이다. 즉, 웹 사이트의 목적과 웹 사이트가 효과적으로 운영되기 위한 기본적인 틀을 말한다. 웹 사이트의 컨셉은 웹 사이트와 인터넷 비즈니스를 연계시키는 연결고리라는 측면에서 매우 중요하다.

컨셉이 제대로 정의되지 않으면, 웹 사이트를 통하여 전개되는 비즈니스가 웹 사이트를 구축할 당시 의도했던 방향과 다른 방향으로 전개될 수 있기 때문이다. 또한 컨셉이 제대로 정의되지 않았을 때에는 기업이 기존에 보유하고 있던 기반을 크게 훼손시킬 수도 있다.[1)]

웹 사이트를 개설할 때에는 반드시 어떤 목적이 있다. 예를 들어 상품을 판매한다든지, 기업을 홍보한다든지, 유용한 정보를 제공한다든지, 서로 소식을 전달하는 등과 같은 목적을 가지고 있다. 따라서 웹 사이트를 구축할 때에는 가장 먼저 이러한 목적을 명확히 정의해야 한다.

웹 사이트 개설 목적을 정의한 후에는 이 웹 사이트를 통해 달성하고자 하는 목표를 설정해야 한다. 예를 들면, 웹 사이트를 이용하여 얼마의 매출 실적을 달성하겠다든지, 시장점유율을 얼마나 올리겠다든지 또는 어떤 서비스를 제공하겠다는 것과 같이 구체적인 수치가 제시되어야 한다. 이와 같은 목적과 목표를 설정할 때에는 다음과 같은 내용을 충분히 고려해야 한다.

1) 고객의 정의

웹 사이트의 방문자가 누가 될 것인가를 결정해야 한다. 고객이 누구인가에 따라 웹 사이트의 컨텐츠와 디자인은 물론이고 표현 형태나 사용하는 단어도 달라질 수밖에 없다. 따라서 고객의 정의는 웹 사이트 구축 과정 전체에 영향을 미친다.

---

1) 아이비즈넷, 인터넷비지니스, 21세기북스, p.315.

2) 정보의 종류와 내용

웹 사이트를 방문할 고객이 정의되면 어떤 정보를 제공해야 할 것인가를 결정해야 한다. 정보는 헤아릴 수 없이 많지만 방문자들이 만족할 수 있는 종류와 내용으로 구성해야 한다.

3) 방문자와 웹 사이트간의 상호 작용

웹 사이트의 컨셉을 정의할 때 반드시 고려해야 할 것 중의 하나가 방문자와 웹 사이트간의 상호 작용이다. 방문자가 원하는 정보를 웹 사이트를 통해 쉽게 찾을 수 있도록 구성해야 한다. 예를 들면, 인터넷 쇼핑몰에서 상품을 어떻게 전시하고, 검색은 어떤 순서로 이루어져야 하는지, 최종적으로 구매 행동은 어떻게 유도해 낼 것인가에 대한 개념 정립이 되어 있어야 한다.

4 컨텐츠 구성

1. 컨텐츠의 유형

컨텐츠(contents)는 웹 사이트에 담겨진 내용물을 말한다. 방문자들은 웹 사이트의 내용을 보고 해당 기업이나 상품 등을 평가하므로 컨텐츠 구성은 매우 중요하다. 따라서 어떤 정보를 제공할 것인가를 먼저 결정하고, 방문자들이 이 정보에 얼마나 만족할 것인가를 고려해야 한다. 컨텐츠의 종류는 매우 많지만, 일반적으로 다음과 같은 종류로 구분할 수 있다.

1) 정적 컨텐츠

정적 컨텐츠(static contents)는 웹 사이트에서 그 형태가 고정되어 있는 컨텐츠로서 움직이지 않는 이미지나 텍스트 등을 말한다. 정적 컨텐츠는 웹 사이트 내에서 변동이 없는 페이지와 해당 웹 사이트를 초기에 접근할 때 움직이지 않는 이미지나 텍스트로 구분할 수 있다.

2) 동적 컨텐츠

동적 컨텐츠(dynamic contents)는 웹 사이트 안에서 변동하고 있는 모든 요소를 말한다. 배너 광고를 비롯하여 주식 시세 또는 운동경기 결과를 그 때마다 알려주는 컨텐츠 등이 해당된다.

3) 디지털 컨텐츠

디지털 컨텐츠(digital contents)는 디지털화된 방법으로 구성된 모든 요소를 말하며, 동영상 파일이나 MP3 파일 및 프로그램 또는 전자 서적 등이 해당된다.

4) 기능적 컨텐츠

기능적 컨텐츠는 고객의 요구가 있을 때 그 요구 사항에 대해 응답을 가능하게 하는 컨텐츠를 말한다. 예를 들면, 검색 서비스는 눈에 보이지 않는 웹 사이트 내부의 내용을 특정한 프로그램을 통하여 찾아주기 때문에 프로그램 컨텐츠와 밀접한 관계가 있다.

기능적 컨텐츠는 인터넷의 가장 중요한 속성인 양방향 커뮤니케이션을 가능하게 해주는 컨텐츠로서 앞으로 중요하게 취급될 분야이다.

2. 컨텐츠의 분류

웹 사이트를 작성하기 위해서는 제공할 컨텐츠를 체계적으로 분류해야 한다. 컨텐츠를 분류하는 방법은 다음과 같다.

1) 주제별 분류

주제에 따라 정보를 분류하는 방식으로서 방문자들이 원하는 정보를 쉽게 찾을 수 있다. 인터넷 쇼핑몰에서 다양한 판매회사와 서로 다른 크기의 TV가 있더라도 TV라는 주제어만 입력하면 수많은 정보를 얻을 수 있다. 그러나 특정의 주제를 표현하는 용어가 정확하지 않으면 찾을 수 없는 단점도 있다.

2) 순서별 분류

알파벳이나 가나다순으로 분류하는 방식으로서 특정 정보를 하나의 카테고리에서 찾을 수 있다. 백과사전이나 전화번호부 등에서 사용하는 방식으로 도서 검색과 용어 설명 등에 자주 사용한다. 그러나 이 분류는 제목을 정확히 알지 못하면 찾기 어려운 점이 있다.

3) 시간별 분류

정보가 생성되는 순서에 따라 분류하는 방식으로서 역사적 사건을 분류하거나 잡지발간 순서 등에 사용된다. 이 방식도 특정 정보는 반드시 하나의 카테고리에 속하게 되지만 찾고자 하는 정보의 시간을 정확히 알아야 한다.

4) 지역에 따른 분류

지역별로 해당 지역에 관한 정보를 묶는 방식으로서 비교적 상세한 분류가 가능하다. 여행 정보 · 정치 · 경제 · 사회적 이슈를 분류할 때 사용한다.

3. 컨텐츠의 확보 방법

컨텐츠를 확보하는 방법으로는 웹 사이트 제작자가 자체적으로 확보하는 방법과 다른 웹 사이트의 내용을 활용하는 방법 그리고 이들을 혼용하는 방법으로 구분할 수 있다.

1) 자체적으로 확보하는 방법

이 방법은 웹 사이트를 구축할 때 모든 정보를 스스로 생성하거나 구입하여 방문자에게 제공하는 형태이다. 이러한 사이트는 특정 부서 혹은 팀을 구성하여 종업원 각자에게 업무를 나눈 다음 정보 수집에 들어가야 하며, 수집 방법은 문헌 · 전문가 의견 · 벤치마킹 등이 있다. 자기 회사의 상품을 선전하거나 판매하는 인터넷 쇼핑몰 사이트가 주로 이 방법을 이용한다.

2) 외부 정보를 활용하는 방법

하이퍼텍스트 기능을 이용하여 다른 웹 사이트의 정보와 링크시킴으로써 방문자들이 원하는 정보를 얻게 하는 방법이다. 이 방법은 자신이 직접 정보를 생성시키지 않고도 풍부한 정보를 폭넓은 관점에서 제공할 수 있는 장점이 있다. 다른 웹 사이트의 정보를 자신의 목적에 맞게 정렬하여 링크시키는 북마크 앤드 스틸(bookmark and steal) 전략이 대표적이다.

3) 혼용하는 방법

혼용하는 방법은 컨텐츠를 자체적으로 확보하는 방법과 외부 정보를 확보하는 방법을 모두 사용하는 방법이다. 이러한 방법을 피기백(piggy back)이라고 한다.

피기백(piggy back)은 웹 사이트의 특성에 따라 중심이 되는 내용은 스스로 마련하고, 보완할 내용이나 정보는 외부의 웹 사이트와 링크(link) 시킨다.

5 웹 사이트 설계

웹 사이트를 설계할 때에는 다음과 같은 요소들을 충분히 검토하여야 한다.

① 컨텐츠 측면 : 컨텐츠의 분량 · 내용 · 표현 방식 · 배치 등
② 구조적 측면 : 메뉴 구성 · 네비게이션 · 검색 방식 등
③ 기능적 측면 : 웹 애플리케이션의 플로우(flow) · 구현 기능 등
④ 시각적 측면 : 색상(color) · 폰트(pont) · 레이아웃(layout) · 그래픽 요소 등

위와 같은 내용을 충분히 검토한 후에는 스토리보드를 작성하여 전체적인 흐름을 미리 파악한 후 컨텐츠를 분류하고, 효율적으로 연결시킬 수 있도록 네비게이션 등을 설계하여야 한다. 여기에서는 웹 사이트 설계의 기본적 절차만 살펴보기로 한다.

1. 스토리보드

1) 스토리보드의 개념과 역할

웹 사이트의 컨셉과 컨텐츠 구성이 결정되었더라도 곧바로 웹 사이트 제작에 들어갈 수는 없다. 물론 간단한 웹 사이트의 경우에는 대략의 구조도만 가지고도 제작할 수 있으나 컨텐츠의 양이 방대하고 구조가 복잡한 경우, 또는 여러 명이 공동 작업을 하는 경우에는 작업상에 많은 불편함과 혼란이 뒤따를 것이며, 작업을 변경하는 경우도 발생하게 된다. 이러한 점을 해소하기 위해서 스토리보드를 작성한다.

스토리보드(story board)란 웹 사이트를 만들 때 각각의 페이지마다 배경과 주변 설정을 어떻게 배치하고, 컨텐츠를 어떻게 묘사할 것인가를 미리 나타내는 개략적인 계획서를 말한다. 따라서 스토리보드는 웹 사이트의 작업지시서나 설계도의 역할을 하는 것이며, 웹 사이트의 제작 과정 중에서 발생할 수 있는 문제점을 줄여 나갈 수 있도록 해 준다.

구체적으로 스토리보드는 다음과 같은 역할을 한다.

① 전체적인 구도를 파악할 수 있도록 해 준다.
② 특정한 웹 페이지에 대하여 어떤 역할을 하고, 어떤 아이디어가 필요한지를 파악하게

해 준다.

③ 스토리보드를 통하여 상세한 설계를 할 수 있고, 이에 적합한 자료를 준비할 수 있다.

④ 각각의 웹 페이지마다 사용되는 주제와 멀티미디어 요소, 웹 페이지간의 관련성 및 연결 관계를 파악할 수 있다.

2) 스토리보드의 작성

스토리보드는 영화나 애니메이션을 만들 때 각 장면별로 배우의 자세나 위치, 연기 내용, 배경 화면, 카메라 위치나 촬영 방법 등 제작에 필요한 모든 계획을 그림과 설명으로 나타내는 것과 같은 것이다. 따라서 스토리보드는 전체 내용 중에 어느 한 장면이 차지하는 위치나 역할 등을 알게 해주고, 제작을 담당하고 있는 모든 사람들의 아이디어를 서로 공유할 수 있게 해 준다.

웹 사이트의 경우도 이와 마찬가지이다. 스토리보드를 만들어 사이트 전체 구조는 물론이고, 각각의 웹 페이지가 차지하고 있는 역할과 컨셉을 명확히 하고, 구체적으로 어떤 내용을 담고 있는지를 보여줄 수 있어야 한다.

실제로 스토리보드를 작성할 때는 구체적인 내용과 함께 그림이나 멀티미디어 등의 관련 자료를 명시하고, 각 페이지의 레이아웃(lay-out)을 기재하며, 페이지간의 연결 사항도 표시해 주어야 한다. 따라서 스토리보드를 만들기 전에는 반드시 모든 아이디어를 정리하여 다음과 같은 절차에 따라 작성한다.

(1) 전체 구조도 작성

먼저 웹 사이트 전체의 모습을 한 눈에 파악할 수 있도록 전체 구조도가 포함된 스토리보드를 작성한다. 전체 구조도 작성 사례는 〈그림 5-3〉을 참고하면 된다.

(2) 화면 구성

전체 구조도가 작성되면 웹 페이지의 화면을 구성한다. 화면 구성은 웹상에서 보여주고자 하는 내용을 화면에 담아내기 전에 스케치를 해보는 과정으로서 웹 페이지 한 장에 들어갈 모든 컨텐츠 정보들이 포함되어야 한다. 따라서 전체 구조도에는 화면의 레이아웃, 화면 인터페이스에 대한 정확한 설명, 컨텐츠 및 각종 정보원을 표시해 주어야 한다.

그림 5-3 전체 구조도

Main menu	Sub 1	Sub 2	Sub 3
About Us	Vision&Mission	Vision&Mission	
		연혁	
		조직/인력	
	Service	Our Service	
		현황	
		파트너	
	교육체계	정보기술교육체계	개요
			컨설턴트
			PM
			업무/직무전문가
			분야별 IT전문가
		정보활용교육체계	개요
			경영자
			정보전략가
			정보화리더
			일반활용자
	교육인프라	교육시설	
		Branch Center	고려대 Techno Complex
			구미교육센터
			창원교육센터
교육컨설팅	Why Multicampus?		
	EOD Service	맞춤교육서비스	
		교육품질 보증체계	
	교육 solution	가상학습운영시스템	
		교육종합운영시스템	
		멀티미디어 Lab	
	주요Congulting 사례	부산동명정보대하교	
		정보통신공무원연수원	
		에이스테크널리지(주)	
		삼성전자(주)	
정보기술전문교육	분야별안내	분야별안내	
		Ms NT Back office	
		OS	
		DB	
		Internet/JAVA	
		국제공인자격대비반	
		OA/기타	
		1년 총 교육일정	하반기
			하반기
			전 체
		강사소개	
	실질자재취업교육과정	미취업실업자	
		고용보험적용업체근무	
		고용보험미적용업체근무	
	장기양성과정	소개	
		교육과정안내	

그림 5-4 화면 구성

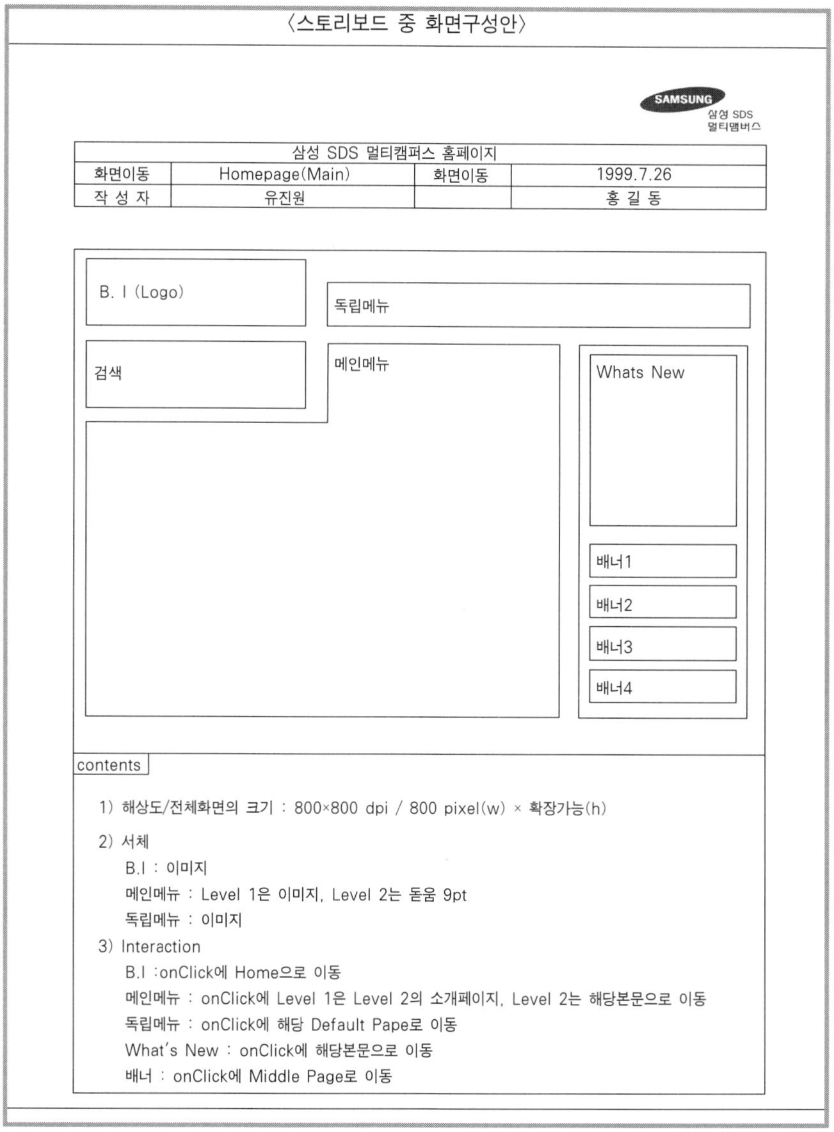

화면 구성의 사례는 〈그림 5-4〉와 같으며, 구체적인 작성 내용은 다음과 같다.

① 화면 이름, 화면 번호, 작성자, 작성일자, 파일명 등을 기입한다.
② 화면 내용 : 화면에 표현할 내용을 작성한다.
③ 화면 분할 : 한 화면 내에서의 화면 분할을 나타낸다.

④ 화면 설명 : 화면을 구성하는 요소에 관하여 서술한다.

⑤ 화면 진행 사항 : 다음(이전) 페이지로의 진행을 나타내는 화면 번호를 기입한다.

⑥ 제작시의 유의점, 텍스트, 색상 등을 기입한다.

2. 웹 사이트 조직화 방법

웹 사이트의 구조는 방문자들이 원하는 정보를 쉽게 찾을 수 있도록 연결되어 있어야 한다. 이때 웹 사이트를 조직화하는 방법은 다음과 같다.

1) 선형 구조

선형 구조(linear structure)는 책과 마찬가지로 전후 페이지로만 이동이 가능하다. 이 구조는 특정한 하나의 주제에 대하여 순차적인 논리로 접근할 때 사용하는 방식이다. 파일의 크기가 큰 논문이나 프리젠테이션에서 사용되는 구조이다.

그림 5-5 선형 구조

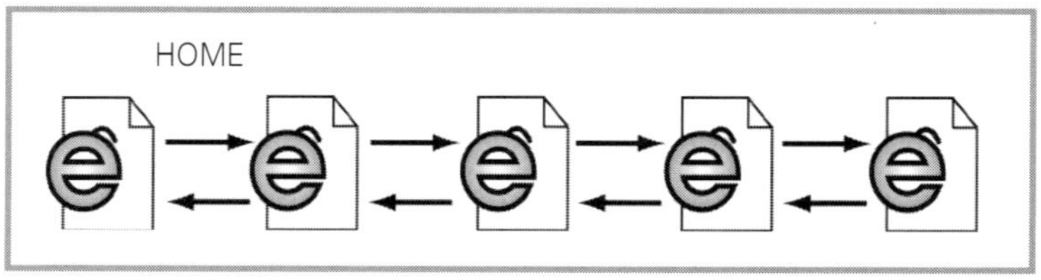

선형 구조의 장점은 정보가 단계적으로 제시되기 때문에 웹에서 흔히 발생하는 미아현상이 가장 적게 나타나며, 중요한 정보를 놓치지 않고 볼 수 있다는 점이다. 또한 방문자가 다음 페이지로 이전하기 전에 미리 다음 페이지의 이미지나 페이지 구성 요소를 다운로드 받게 할 수 있어 연결 속도가 빠르다는 장점이 있다. 그러나 인터넷의 장점인 상호 작용성을 충분히 살릴 수 없는 단점도 있다.

2) 계층 구조

계층 구조(hierarchical structure)는 카테고리별로 웹 사이트가 점차 세분화되는 형태의 구조를 말한다. 최상위 홈페이지의 각 하위 페이지는 주제별로 아래 계층을 가지고 있으며, 각

페이지는 논리적인 연결 관계를 이루고 있다. 정보를 체계적으로 이해하고자 할 때 제목부터 하부의 주제에 이르기까지 계층 구조적 사고를 전개하므로 전체 구조에 대한 이해를 높일 수 있다.

이 방식은 현재 자신의 위치를 쉽게 파악하고 쉽게 이동할 수 있는 형태로서 가장 널리 사용되는 구조이다. 그러나 각 계층의 페이지간 정보의 분류가 잘못 이루어져 있을 경우에는 정보를 찾는 과정에 있어서 상당한 어려움을 겪게 된다.

그림 5-6 계층 구조

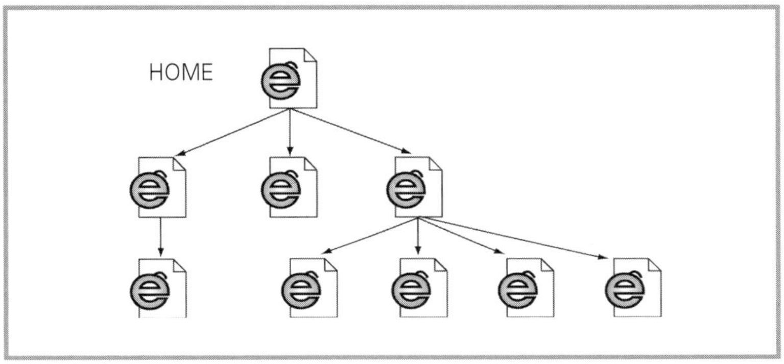

3) 복합 구조

복합 구조는 선형 구조와 계층 구조를 합한 것으로서 웹 문서를 제작하는데 주로 사용한다. 복합 구조는 웹 페이지의 수가 많고, 전달하려는 정보의 양이 많더라도 체계적으로 구성할 수 있는 장점이 있다.

그림 5-7 복합구조

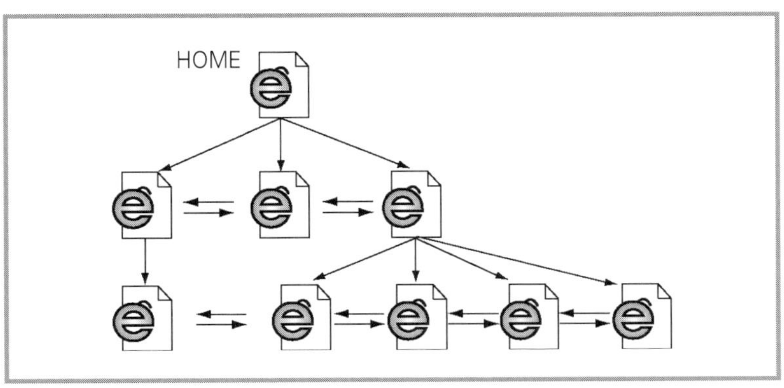

4) 네트워크 구조

네트워크 구조(network structure)는 하이퍼텍스트 기능을 사용하여 모든 웹페이지를 거미줄처럼 연결한 것으로서 쉽게 찾을 수 있다는 장점이 있다.

그림 5-8 네트워크 구조

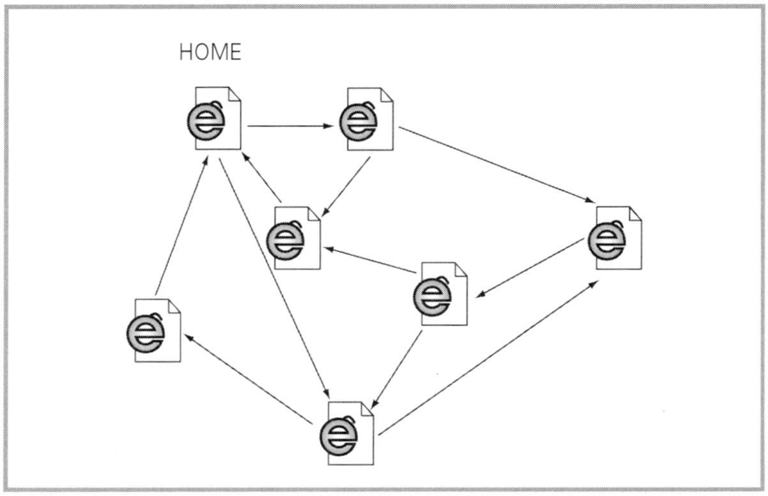

3. 네비게이션

1) 네비게이션의 기능

네비게이션(navigation)은 방문자가 웹 사이트 내에 존재하는 수많은 페이지로 이동할 수 있도록 지원하는 것을 말한다. 네비게이션은 원하는 정보를 쉽게 찾을 수 있도록 도와줄 수 있어야 한다. 네비게이션을 위해서는 메뉴・서치・링크・브라우저 기능 등이 널리 사용된다.

(1) 메뉴

메뉴(menu)란 컴퓨터에 지시할 수 있는 명령어의 내용을 그림이나 행렬 등으로 정리해서 표시한 것을 말한다. 사용자가 메뉴에서 하나를 선택하여 마우스나 트랙 볼(track ball)로 그것을 지시하면, 그에 해당하는 영역으로 이동하게 된다. 메뉴는 표시하는 장소에 따라 팝업 메뉴(pop up menu)와 풀다운 메뉴(pull down menu)로 구분한다.

그림 5-9 풀다운 메뉴

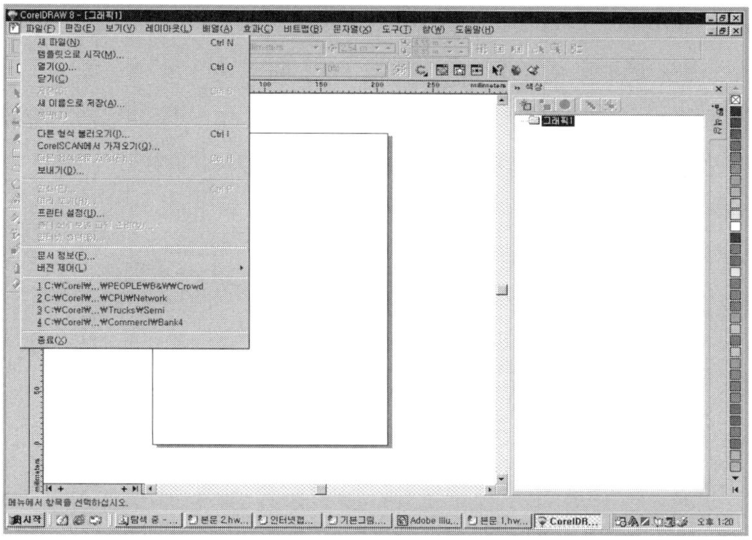

팝업 메뉴(pop up menu)는 특정의 키나 마우스 버튼을 누르면 화면상의 현재 커서 위치에 선택 항목이 나타나는 메뉴를 말한다. 풀다운 메뉴(pull down menu)는 그래픽 사용자 인터페이스에서 사용되는 메뉴 표시방식의 하나로서, 화면상단에 표시된 메뉴 바(menu bar)에서 하나의 항목을 선택하고 마우스 버튼을 누르면 그 항목에 따른 하위 메뉴가 아래쪽으로 표시된다.

(2) 서치

서치(search)는 방문자가 적당한 키워드를 선택하면 원하는 정보를 찾아주는 기능을 말한다. 인터넷의 가장 큰 특징은 정보의 양이 매우 많고 다양하므로 정보의 위치를 찾아주는 정보검색 기능은 매우 중요한 역할을 한다. 인터넷의 정보검색 방법은 디렉토리를 이용하는 방법과 검색엔진을 이용하는 방법이 있다.

디렉토리를 이용하는 방법은 인터넷상의 정보를 주제별 또는 알파벳 순서대로 분류하여 메뉴로 구성한 것이고, 검색엔진을 이용하는 방법은 인터넷상의 정보를 데이터베이스로 구축하고 사용자가 검색 주제어를 입력하면 그 주제어에 일치하는 내용을 찾아주는 방법이다.

서치 기능을 구현하는 방식으로는 사전적으로 검색을 위한 키워드를 제공하는 인덱스 서치(index search)와 사용자가 직접 아무 키워드나 입력하여 검색하도록 하는 랜덤 서치(random search)가 있다. 랜덤 서치를 지원할 경우에는 다양한 접근을 위해 풀 텍스트(full text) 검색을 사용하는 경우가 많다.

(3) 링크

링크(link)는 하이퍼텍스트와 하이퍼미디어 기능을 이용하여 텍스트 내의 단어나 구문 또는 관련이 있는 페이지로 이동할 수 있는 연결기능을 한다. 링크 기능을 이용하면 특정한 페이지에서 제공되는 정보를 보다 상세히 얻을 수 있다. 웹 사이트에서는 링크 기능을 원활히 전개하기 위하여 이전페이지 · 다음페이지 · 사이트 맵(site map) · 목차 · 관련 정보 등의 다양한 네비게이션 체계를 만들 수 있다.

(4) 사이트 맵

사이트 맵(site map)은 의 구조를 한 눈에 파악할 수 있도록 웹 페이지간의 계층 구조를 나타낸 것이다. 즉, 웹 사이트에서 제공하는 여러 가지 정보와 기능을 전반적으로 보면서 웹 사이트의 구조와 내용을 파악할 수 있도록 만든 시각적인 지도라 할 수 있다. 이것은 사이트의 내용을 위계적 구조의 형태로 보여 주기 때문에 정보의 위치를 확인하기 쉽다. 특히 대규모 인터넷 쇼핑몰 사이트인 경우, 상품의 위치를 쉽게 알려줄 수 있는 방법이다.

그림 5-10 사이트 맵

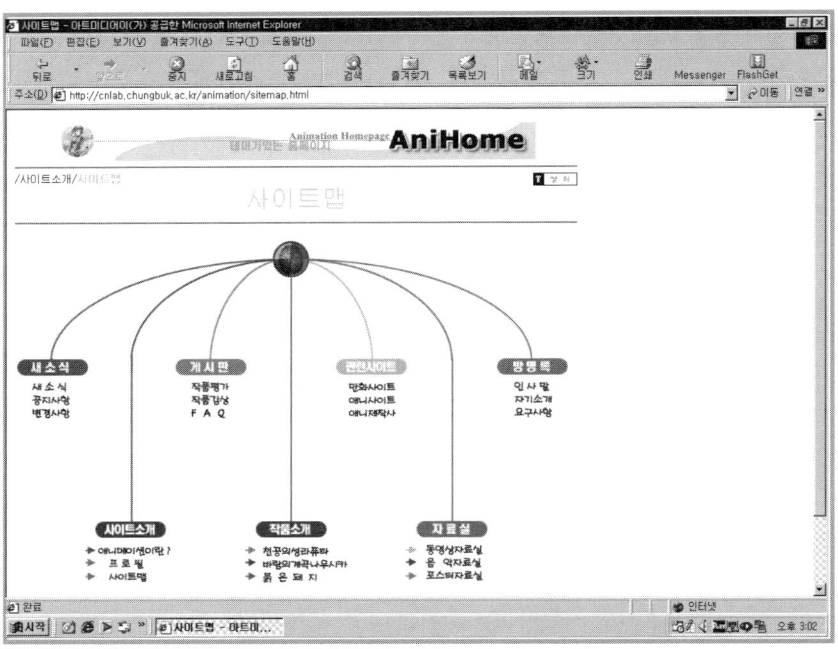

(5) 브라우저

브라우저(browser)는 웹 사이트에 있는 내용을 방문자가 볼 수 있도록 하는 기능을 한다. 특정한 웹 페이지로 이동하였다면, 그 경로를 따라 다시 이동할 수 있는 「뒤로」·「앞으로」 버튼과 브라우저를 구동했을 때 처음 나타나는 사이트로 이동하는 「시작」 또는 「홈」 버튼과 특정한 웹 사이트를 등록해 두면 직접 이동할 수 있는 「북마크」 등이 있다. 브라우저를 위한 제품으로는 넷스케이프사의 네비게이터와 마이크로소프트사의 익스플로러 등이 있다.

2) 네비게이션 유형

네비게이션은 방대한 양의 웹 페이지를 효과적으로 찾을 수 있는 역할을 해 준다. 그러므로 네비게이션을 설계할 때에는 방문객들이 사이트의 구조와 흐름을 잘 읽을 수 있는 구조로 해야 한다. 네비게이션은 단순한 이동의 역할에 끝나는 것이 아니라 각각의 웹 페이지들을 체계적으로 연결함으로써 웹 사이트와 방문객을 연계시키는 매개체 역할을 할 수 있어야 한다.

웹 사이트를 기획할 때 고려해야 할 네비게이션의 설계에 대하여 살펴보기로 한다. 〈그림 5-11〉은 웹 사이트에서 사용되는 네비게이션인데, 각각의 유형을 설명하면 다음과 같다.

(1) Global Navigation

전체 섹션에 대한 네비게이션 구조로서 모든 페이지에서 접속할 수 있는 구조이다. 사이트 전체에 적용되어 언제나 수직 및 수평 이동을 가능하게 해 주며, 주로 메인 카테고리의 메뉴 항목을 담고 있다. Top navigation, Left navigation, Footer navigation으로 나눌 수 있다.

(2) Central Navigation

주요 정보를 카테고리 형식으로 나눈 구조이다. 야후에서 볼 수 있으며, '건강과 의학', '예술과 문화', '비즈니스' 등의 형태로 구성되어 있다.

(3) Feature Navigation

흥미 있는 컨텐츠를 강조할 때 쓰이는 네비게이션 구조로서 "최신 뉴스, 오늘의 뉴스" 등에 사용한다.

---

2) http://ebiz.hankyung.com/ebiz/Tip

(4) Related Navigation

문서 맨 아래에 위치하는 네비게이션이다. 문서의 길이나 양에 따라 top, next, previous 등으로 문서와 문서를 연결한다.

(5) Contents Navigation

특정 문서내의 컨텐츠 중 관련 문서를 링크하는 네비게이션이다.

그림 5-11 네비게이션 구조

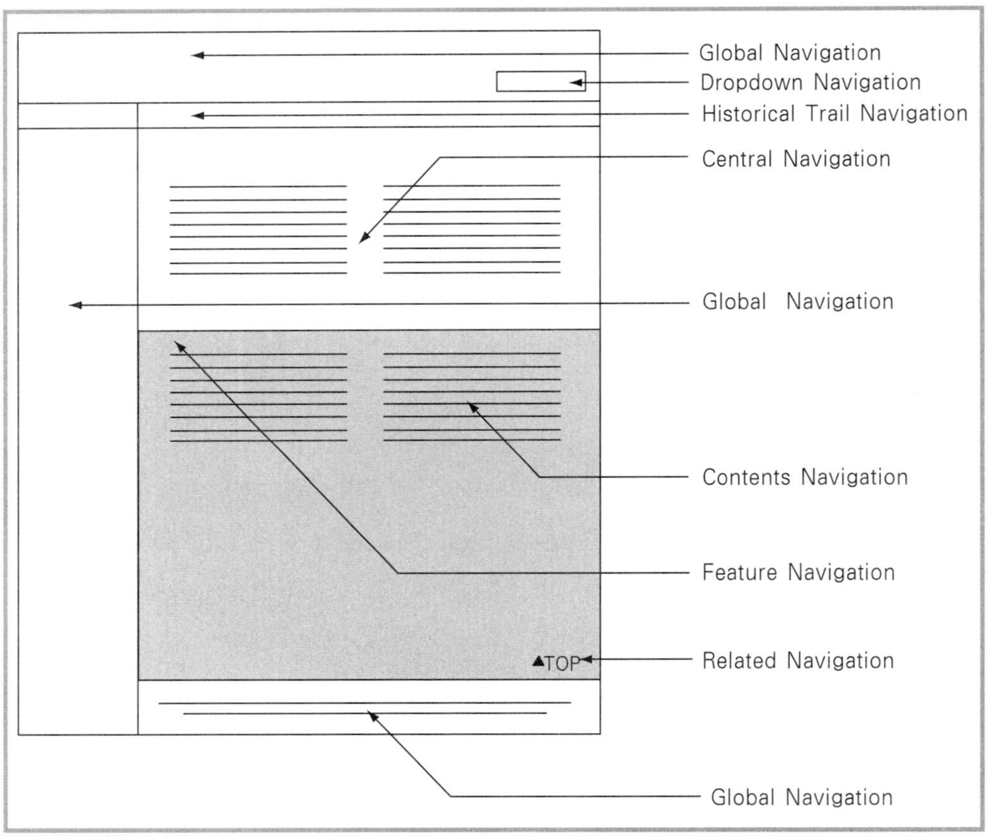

(6) Historical-trail Navigation

현재 위치에 대한 정보를 알려주고, 전체 영역체계와 어떻게 연결되는지 알 수 있다. Home, Product, Printer 등의 형태로 사용된다.

(7) Drop-down Navigation

드롭다운 방식을 이용하는 네비게이션 방법이다. 하이퍼링크로서 나타내기에는 섹션이 너무 길 때 사용하며, 공간을 절약할 수 있다.

(8) Language Navigation

웹 사이트가 여러 나라 언어로 되어있다면, 사용자가 언어를 선택할 수 있도록 해주는 네비게이션이다.

(9) Geographic Navigation

웹 사이트가 국가가 아닌 지역을 선택할 수 있도록 해주는 네비게이션이다.

(10) URL Navigation

통신 프로토콜을 이용한 인터넷 문서의 주소이며, 사용자가 현재 위치한 URL주소로서 그 위치를 알려주는 네비게이션이다. http://… 의 형태로 사용된다.

6 웹 사이트 디자인

웹 디자인(web design)은 웹 사이트의 목적을 충분히 전달해 줄 수 있도록 웹 페이지를 실용적이며, 능률적으로 만드는 것을 말한다. 컨텐츠의 구성이 내용에 중점을 두는 것이라면, 웹 디자인은 그 내용을 방문자들에게 충실히 전달하는데 초점을 맞추는 것이다. 따라서 디자인은 웹 사이트가 제공하는 컨텐츠의 성격과 비즈니스의 목적을 한 눈에 파악할 수 있도록 고객의 특성과 컨텐츠의 성격 그리고 비즈니스의 유형이 반영되도록 해야 한다.

1. 웹 페이지의 구성

웹 페이지는 머리말 · 본문 · 꼬리말로 구성되며, 그 구성 요소들은 다음과 같다.

그림 5-12 웹 페이지의 구성

1) 머리말

머리말(header)은 웹 페이지의 상단에 위치하며, 사이트의 제목이나 상징 이미지 등으로 구성된다. 사이트의 제목은 사이트를 나타내는 이름이며, 해당 문서의 이름을 나타내는 제목과 문서 속의 작은 제목인 부제목이 있고, 문서의 세부 항목에 대한 제목을 나타내는 소제목으로 구성된다.

머리말에는 사이트를 상징하는 이미지나 심볼 및 로그 등이 함께 사용되기도 한다. 사이트의 성격이나 정보의 양에 따라 다양하게 표현되지만, 기능적인 면을 강조하여 배너 형태로 표현하기도 한다. 전송 속도를 고려하여 이미지나 심볼 및 로그 등은 너무 크지 않도록 한다.

2) 본문

본문(body)은 메뉴 버튼을 이용하여 문자를 비롯한 이미지 · 사운드 · 동영상 등의 컨텐츠를 제공한다. 본문은 하이퍼텍스트 기능을 이용하여 웹 사이트 내부의 다른 곳이나 외부의 다른 사이트와도 연결할 수 있다.

메뉴 버튼은 첫 페이지에서는 사이트를 상징하는 이미지와 함께 쓰이고, 내부 페이지에서는 본문 하단부에 버튼 바(button bar)의 형태로 쓰이기도 한다. 그리고 메뉴 버튼에는 해당사이트의 첫 페이지로 돌아갈 수 있는 버튼 표시를 반드시 해 주도록 한다.

3) 꼬리말

꼬리말(footer)은 웹 페이지의 하단에 위치하며, 소속 기관 및 연락처 · 관리자의 이메일 주소 · 제작일 · 최종 수정일 · 저작권 · 방문객 카운터 등으로 구성되어 있다.

관리자의 이메일 주소를 자동으로 연결되도록 해 놓으면 신속하게 방문객들의 의견을 수렴할 수 있다. 그리고 불법적인 복제를 막기 위하여 저작권(copyright)을 표시하고, 방문객 카운터를 설치하면 얼마나 많은 방문객들이 다녀갔는지를 알 수 있다.

2. 색상

웹 페이지의 전체적인 색상은 웹 사이트의 내용과 조화를 이루도록 배치하여야 한다. 같은 내용이더라도 어떤 색을 사용하느냐에 따라 웹 페이지의 분위기와 느낌이 다를 수 있다. 그러므로 웹 페이지의 색은 그 페이지의 내용과 조화를 이루도록 해야 한다.

너무 화려한 디자인보다는 안정감 있는 색상을 사용하고, 동영상이나 그림 파일들은 다운로드 시간을 고려하여 적절히 배치한다. 그리고 가능한 최소한의 색상을 사용하는 것이 좋다.

표 5-1 색의 의미

속 성	종 류 별	색 이 름	색 채 감 정
색 상	난 색 (따뜻한 색)	빨 간 색	격정, 분노, 열정, 희열, 애정, 활동적
		오렌지색	쾌락, 활발성, 원기, 약동, 온정
		노 란 색	희망, 명랑, 유쾌, 성실, 발전
	중 성 색	녹 색	정숙, 젊음, 안락
		자 색	엄숙, 신비, 불안, 온화
	한 색 (차가운색)	청 록 색	안식, 우울, 불안, 온화
		청 색	침착, 외로움, 비애, 침묵
		청 자 색	신비, 숭고, 고독
명 도	밝 음	흰 색	순수, 부드러움
	중 간	회 색	침착, 우울
	어 두 움	검 정 색	음울, 불안
채 도	높 음	주 색	열렬, 격정, 정열
	중 간	분 홍 색	애정, 상냥함
	낮 음	다 색	침착

〈표 5-1〉에서 보는바와 같이 색(色)은 각각의 고유한 특성과 이미지를 가지고 있으며, 그 특성이 사이트의 컨셉과 결부되어 디자인 전개의 실마리를 제공해 준다. 각각의 색(色)이 지니고 있는 특징을 구체적으로 살펴보면 다음과 같다.3)

① 빨강

빨간색(red)을 좋아하는 사람은 관심사에 대해 종종 고민하지 않고 과감하게 덤벼든다. 사업의욕도 왕성하며, 적극적 · 정력적 · 충동적 · 생명력을 상징하는 색이다.

② 주황

주황(orange)을 좋아하는 사람들은 부러울 정도로 건강에 넘쳐 빈부, 총명함과 어리석음, 지위고하를 막론하고 어떤 사람과도 금방 친해진다. 또한 주황은 사회적인 색으로 불리는데, 발랄하며 명예를 상징한다.

③ 노랑

노랑색(yellow)은 지능지수가 낮은 사람, 유머 감각이 전혀 없는 사람들이 좋아하는 경우가 많다. 노란색은 심리적인 고민에 호소하기 때문에 정신적으로 불안정한 사람들에게 도움을 준

3) http://ebiz.hankyung.com

다. 모험가, 명랑한 개성, 따스함을 상징하는 컬러이기도 하다.

④ 초록

초록색(green)은 조화와 균형을 상징하는 색으로 희망·회복·평화를 나타내며, 기품 있고 성실한 사람들이 좋아한다. 솔직하고 사회 의식이 있으며, 도덕심이 풍부해 인간으로서의 예의를 벗어나지 않는다.

⑤ 파랑

파랑(blue)은 빨강과 함께 많은 사람들에게 사랑을 받는다. 사람들이 파랑에 이끌리는 것은 파랑이 가진 상냥한 모성애 같은 따스함과 이해심이 마음을 편안하게 해주기 때문이다. 파랑은 황량하고 무정한 일상 생활로부터 도피시켜 주지만 다른 편으로는 숙고·반성·보수주의·의무의 색이기도 하다.

⑥ 하늘색

하늘색(light blue)은 예술적이고 창조적인 상상력의 색이다. 하늘색을 좋아하는 사람은 자신의 기분을 소중히 여겨 자유롭게 표현한다. 때로는 긴장을 푸는 일을 어렵게 여기며, 주역이 되고 싶어한다.

⑦ 검정

검정(black)은 죽음이라든가 절망의 색인 동시에 영원과 신비의 색이다. 검정을 좋아하는 사람들은 신비적인 인상 또는 고귀함이나 위엄을 내보이고 싶어한다.

⑧ 흰색

흰색(white)은 순수·천진·순진함을 상징한다. 청춘과 신선함은 바로 흰색의 인상이다. 또한 흰색은 보편적이며 신선하다.

⑨ 회색

회색(gray)은 검정과 흰색의 혼합색으로 주위와 타협을 하는 색이다. 신중하고 항상 성실하며, 균형을 유지하고 분별력을 대표하는 컬러이다.

3. 문자

웹 사이트에서 사용하는 문자는 본문에 사용되는 폰트(body pont), 헤드라인(headline), 타이틀(title), 메뉴의 라벨(label pont), 이미지에 사용되는 폰트 등 용도에 따라 매우 다양하게 선택할 수 있다. 일반적으로 웹 사이트를 제작할 때 사용하는 문자는 사용자 시스템에서 문자를 지정하도록 되어 있다. 그러나 자신의 스타일을 강조하기 위하여 특정한 서체의 조합을 사용할 수도 있다.

그림 5-13 문자 디자인

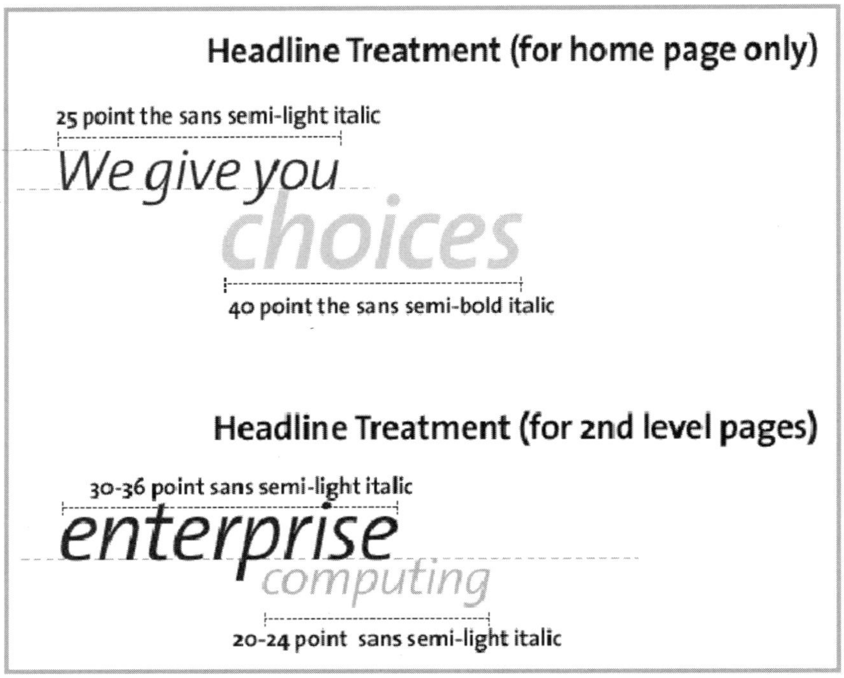

문자를 선택할 때에는 판독성과 가독성 그리고 조직성을 고려하여 결정해야 한다. 판독성(legibility)은 눈에 잘 띄는 것을 말하며, 고딕체 계열의 산세리프체(Sans Serif)가 판독성이 높다. 가독성(readability)은 읽기 쉬운 것을 말하며, 명조체 계열의 세리프체가 가독성이 높다. 가독성은 문자간 간격, 단어간 간격 등에 따라서도 달라지므로 문자간 간격이나 단어간 간격은 일정한 간격을 유지해야 한다. 영문자의 경우에는 대문자와 소문자를 혼용하는 것이 대문자만을 사용하는 것보다 가독성이 높다.

조직성은 제목·부제목·본문 등 정보의 레벨(level)에 따라 또는 하이퍼링크가 되어 있는 단어나 그림의 설명문 등 정보의 종류에 따라 서체의 종류·크기·색상 등을 일관되게 적용하는 것을 말한다.

일반적으로 한 문서내에서 서체의 종류와 크기는 3가지 이내로 하는 것이 좋다. 그리고 한 문자의 길이는 한글의 경우에는 30자 내외로 하고, 영문의 경우에는 40~60자 내외로 하는 것이 읽기에 좋다.

4. 로고 디자인

로고(logo)는 회사나 기관 또는 제품을 상징하기 위해 사용되는 고유한 도형이나 문자열 등의 심볼(symbol)을 말한다. 로고를 이용하면 회사나 제품의 브랜드 이미지(brand image)를 높일 수 있다. 그러므로 웹 사이트를 개설할 때부터 로고 기획을 철저히 하여 조화롭게 배치시킴으로써 이미지 중심의 마케팅 활동과 연결되도록 해야 한다.

그림 5-14 로고의 유형

로고를 디자인 할 때에는 다음과 같은 내용을 고려해야 한다.

① 단순하고 명료하게 표현함으로써 시각적으로 쉽게 인식할 수 있어야 한다.

② 실생활에서의 행동 양식이나 형태 등을 비유적으로 표현하여 의미 전달을 쉽게 할 수 있어야 한다.

③ 표준형을 사용함으로써 의사전달의 오해를 줄이고, 의미를 명확하게 전달할 수 있어야 한다.

④ 국제적으로 통용되는 형태와 의미를 사용하여 범세계적으로 호환될 수 있어야 한다.

5. 배경 디자인

로고 디자인은 웹 사이트를 통해 기업과 상품의 브랜드를 구축하는데 목적이 있지만, 배경 디자인은 웹 페이지의 안정성을 얻는데 그 목적이 있다. 배경 디자인은 웹 사이트의 내용을 충실히 보충하고 해당 사이트의 컨텐츠들을 적절히 강화시켜 줄 수 있도록 디자인을 해야 한다.

그림 5-15 배경 디자인

6. 사용자의 그래픽 환경

웹 사이트를 디자인하는 디자이너는 고성능의 전문적인 시스템으로 작업을 수행하지만 사용자의 환경은 그 수준을 따라갈 수 없다. 아무리 디자인 컨텐츠가 훌륭하게 완성되었다 하더라도 웹 사이트에 접속하는 방문자들의 그래픽 환경과 맞지 않는다면, 이것은 신뢰도를 하락시키는 요인이 될 수 있다. 웹 사이트를 개설한 초기에 방문자들의 신뢰도를 얻기 위해서는 다음과 같은 점을 고려해야 한다.

① 고객 모니터의 디더링(dithering)을 고려한다. 디더링(dithering)은 컴퓨터 화상처리에서 윤곽을 중간 색조로 표현하는 기법을 말한다. 인접하는 색상이나 흑백의 점들을 혼합하여 중간 색조나 회색으로 만들어 내어 사진과 같은 부드러운 화상을 얻는 방법이다.

② 고객 모니터의 비트 심도를 고려한다.

③ 그래픽을 첨가할 때 계단 현상을 고려한다. 계단 현상(jaggies)은 컴퓨터 그래픽에서 사선이나 원 또는 곡선 등의 윤곽이 매끄럽지 못하고 계단이나 톱니 모양으로 나타나는 현상을 말한다.

④ 안정된 색감을 사용한다. 안정된 색감을 사용하여 모니터가 바뀌더라도 색상에 대한 거부감을 느끼지 않도록 해야 한다.

⑤ 확장의 형식은 gif 나 jpg 또는 jpeg 형식으로 처리하며, 최신의 브라우저에서만 지원되는 확장자는 가급적 피한다.

⑥ 너무 큰 이미지는 잘라서 처리한다.

7. 웹 디자인에 필요한 요소

웹 디자인에 주로 사용되는 언어와 소프트웨어 등은 다음과 같다.

1) HTML

HTML은 문서의 글자 크기 · 글자 색 · 글자 모양 · 그래픽 · 문서 이동(하이퍼링크) 등을 정의하는 명령어로서 홈페이지를 작성하는데 사용된다. HTML에서 사용하는 명령어를 태그(tag)라고 하는데, 태그는 반드시 시작과 끝을 표시하는 2개의 쌍으로 이루어져 있다. 또한 HTML로 작성된 문서를 HTML 문서라 하며, 이 HTML로 작성된 문서를 웹 브라우저가 해석하여 이용자에게 보여 준다.

HTML에서는 문서가 별도의 코드(code)를 인식하여 완벽한 하이퍼텍스트를 만들 뿐만 아니라 단어 또는 단문을 인터넷의 다른 장소나 파일로 연결시킬 수 있다.

2) 웹 에디터

웹 페이지를 만드는데 필수가 된 HTML 문서를 만들어 주는 프로그램이다. 대표적인 웹 에디터로는 나모 웹 에디터(namo web editer)와 매크로미디어사의 드림위버(dreamweaver) 그리고 마이크로소프트사의 프론트페이지(frontpage) 등이 있다.

3) Adobe Photoshop

포토샵(photoshop)은 원하는 그림을 그릴 수 있는 페인팅 프로그램이라고 할 수 있다. 아도비 포토샵은 페인팅 프로그램의 종류 중 하나이며, 비트맵 방식의 프로그램으로서 픽셀을 이미지의 기본 단위로 하여 이미지 합성이나 교정 등 여러 가지 이미지 작업을 할 수 있다. 또한 필터 기능을 제공하여 이미지에 여러 가지 다양한 효과를 낼 수 있는 영상 처리용 프로그램이다.

4) GIF file Animator

움직이는 파일을 만들어 주는 GIF file Animator는 사용자의 시선을 끌기 위한 애니메이션(animation) 파일을 효과적으로 만들어 주는 도구이다. 빙빙 돌아가는 아이콘이나, 손을 흔드는 배너, 그리고 점점 커지는 글자와 같은 것들이 모두 animated GIF 그래픽을 이용한 예이다.

5) 이미지 맵 작성용 소프트웨어

이미지 맵(image map)은 한 곳의 이미지에 여러 곳의 링크 장소를 설정해 두어 어떤 곳을 클릭하면 그 장소로 이동하는 것을 말한다. 이 기능은 문자보다는 시각적인 곳에 중점을 두기 때문에 디자인을 추구하는 사람들에게 널리 이용되고 있다. 보통의 이미지에서는 할 수 없는 두 군데 이상의 장소를 링크시킬 때 자주 사용되는 것이 이미지 맵이다.

6) 자바 스크립트(Java Script)

자바 스크립트는 넷스케이프에서 만든 인터프리터형 프로그래밍 또는 스크립트 언어이다. 이것은 마이크로소프트의 비주얼베이직, 썬의 Tcl, 유닉스에서 파생된 Perl, IBM의 REXX 등과 기능 면에서 다소 비슷하다. 자바 스크립트는 HTML 문장 안에 삽입되어 사용자와 상호 작용하는 인터프리터 언어이다. 사용자가 원하는 페이지로 이동하거나 이미지를 클릭하고, 폼(form)에 입력한 내용을 체크할 수 있도록 사용자와 상호 작용하는 역할을 한다.

7) 자바 애플릿(Java Applet)

자바는 자바스크립트와 혼동되어서는 안 된다. 넷스케이프에서 시작된 자바스크립트는 상위계층에서 해석되어지며, 자바보다 배우기 쉽지만 이식성이나 바이트 코드의 실행 속도에서 자바보다 다소 떨어진다. 자바 애플릿들은 다시 컴파일하지 않고도 거의 모든 운영체계에서 실행되고, 자바는 운영체계 고유의 확장판이나 변형이 없기 때문에 일반적으로 웹의 응용프로그램을 개발하는데 있어 전략상 가장 중요한 언어로 간주되고 있다.

HTML에 포함되어 웹 브라우저에서 실행되는 자바 프로그램을 애플릿(applet)이라고 한다. 애플릿은 네트워크를 통해 전송되므로 속도를 감안해 크기가 작은 것이 일반적이며, 불특정 서버로부터 애플릿을 전송 받아 사용하므로 보안과 관련된 제약이 많은 편이다.

8) PERL

PERL(practical extraction and report language)은 C 언어와 구문이 비슷하며, 스크립

트 프로그래밍 언어이며, 인터프리터형 언어이다. 컴퓨터 프로그래밍에서의 스크립트(script)란 컴퓨터 프로세서가 아닌 다른 프로그램에 의해 번역되거나 수행되는 프로그램이나 명령어들의 나열을 말한다. 인터프리터(interpreter)는 고급 언어로 작성된 원시코드 명령문들을 한번에 한 줄씩 읽어들여서 실행하는 프로그램이다.

PERL은 문서 파일을 읽고 필요한 정보들을 추출하여 그것을 바탕으로 보고서(report)를 출력하는 일을 하는 언어이다. 또한 PERL은 HTML과 같은 문서를 다루는데, 아주 강력한 기능을 가지고 있으므로 CGI 구현을 위한 언어라고 할 수 있다.

9) CGI

CGI(common gateway interface)는 웹 브라우저와 웹 서버 사이의 정보 전달을 위한 인터페이스를 제공한다. 즉, 사용자가 하이퍼링크를 클릭 하거나 웹 사이트의 주소를 입력함으로써 웹 페이지를 요청하면, 서버는 요청된 페이지를 보내준다.

그러므로 CGI는 사용자의 요구를 응용프로그램에 전달하고, 그 결과를 사용자에게 되돌려주는 표준 역할을 한다.

10) 플래시

플래시(Flash)는 매크로미디어(Macromedia)사가 개발한 저작 소프트웨어로서, 전체 화면 인터페이스와 그래픽 삽화 그리고 단순한 상호작용 등이 수반되는 벡터 기반의 애니메이션을 만드는데 사용되며, 모뎀 접속을 통해서도 스트리밍(streaming)이 될 정도로 크기가 작고, 화면상에서 확대・축소가 가능한 파일을 만들어 준다.

스트리밍은 전송되는 데이터를 끊임없고 지속적인 물의 흐름처럼 처리할 수 있는 기술을 의미한다. 플래시는 속도가 빠르고 그래픽 표현이 부드러워서 여러 웹 사이트에서 쉽게 발견할 수 있다.

11) ASP

ASP(active server page)는 마이크로소프트사가 개발한 저작 도구로서 HTML과 스크립트와 액티브 서버 컴포넌트를 이용하여 동적 페이지를 만들어내는 웹 애플리케이션(web application)이라 할 수 있다. ASP는 서버에서 실행되는 스크립트를 지원하기 때문에 서버 사이드 스크립트(Server-Side-Script)라고도 한다.

7 구현 및 테스트

1. 웹 사이트 등록 전 테스트 사항

웹 사이트 개설을 위해 컨셉을 결정하여 컨텐츠의 내용을 구성한 후 디자인 작업을 완료하였다면, 다양한 사용자 환경에서 구현되는지를 테스트(test)해 보아야 한다. 이 과정은 웹 사이트 구축의 가장 마지막 단계로서 다음과 같은 테스트를 거친다.

1) 다운로드 속도 테스트

모뎀 속도를 달리하여 각각의 페이지를 다운로드 받는 속도와 다운로드 중에 사용자들이 페이지의 컨텐츠를 받을 수 있는 상황에 대한 테스트를 실시한다.

2) 링크 테스트

웹 사이트내의 페이지 간 또는 다른 웹 사이트에 대한 링크가 처음 설계대로 되어 있는지 여부를 테스트한다.

3) 기능 테스트

웹 사이트에서 제공하는 거래 처리 · 채팅 · 게시판 등의 기능이 제대로 작동하는지 그리고 사용자가 편리하게 사용할 수 있는지를 테스트한다.

4) 페이지뷰 테스트

클라이언트 시스템 · 브라우저 · 모니터 등의 사용자 환경을 달리해 보면서 색 · 그림 · 구조 · 이미지가 설계할 때의 의도대로 표현되었는지를 테스트한다.

테스트를 실시한 후에는 발견된 문제점들을 정리하여 개선 작업을 수행하고, 웹 사이트를 운영하는 과정 중에서도 지속적인 개선 작업이 이루어지도록 해야 한다.

2. 웹 사이트 등록 후 테스트 사항

웹 사이트를 등록한 후에도 잘 운영되고 있는지 파악할 필요가 있다. 다음에 제시한 항목들을 체크하여 부정적인 응답을 얻게 되면 웹 사이트를 다시 디자인하거나 보완해야 한다.

① 웹 페이지의 로딩 속도는 적당한가?
② 화면에 표시된 문서는 적당한 양인가?
③ 프레임 구성은 적당한가?
④ 사용자가 편리하고 쉽게 사용할 수 있는가?
⑤ 불필요한 정보가 제시되어 있지는 않는가?
⑥ 자료의 갱신(up date)은 자주 하고 있는가?
⑦ 네비게이션은 잘 되고 있는가?
⑧ 모든 브라우저에서 잘 작동하고 있는가?
⑨ 멀티미디어 데이터를 적절하게 활용하고 있는가?
⑩ 웹마스터는 방문자들이 보내는 메일에 답장을 잘 보내고 있는가?

3. Servqual

Servqual(Service Quality)은 웹 사이트의 서비스 품질에 대한 사용자의 주관적인 만족도를 측정할 수 있는 평가 방법이다. 서비스 품질에 대한 소비자들의 평가는 '서비스 행위에 대한 소비자들의 기대'와 '실제 서비스에 대한 인식'을 비교하는 것이다. 이때 소비자가 서비스에 대한 기대와 그가 받은 서비스에 대한 인식을 비교하는 것이 평가 과정이고, 소비자가 인식한 서비스 품질은 평가 과정의 결과가 된다.

Servqual은 고객의 기대에 영향을 주는 중요한 변수들을 크게 5개의 차원으로 구분한다. 그 차원은 외형성 · 신뢰성 · 응답성 · 확인성 · 공감성 등으로 구분된다. Servqual의 성과 측정 문항은 〈표 5-2〉와 같다.

표 5-2 Servqual 성과 측정 문항

차 원	평가 질문
외형성	•최신 기술을 이용하여 만들었다. •전체적인 분위기를 시각적으로 보기 좋게 만들었다. •화면상의 글자나 아이콘을 깔끔하게 만들었다. •취급하는 상품과 잘 어울리도록 만들었다.
신뢰성	•고객과의 약속은 반드시 지킨다. •고객의 문제에 관심을 보이며, 이를 해결한다. •믿고 신뢰할 수 있다. •약속한 시간 안에 제품과 서비스를 제공한다.
응답성	•언제까지 거래를 처리해 줄 것인지 말해준다. •고객에게 즉각적인 서비스를 제공한다. •항상 자발적으로 고객을 돕는다. •고객의 요구에 신속하게 대응한다.
확인성	•고객이 안심하고 거래할 수 있도록 안전을 확보했다. •예의가 바르고 품위 있는 서비스를 제공한다. •고객이 원하는 정보에 대해 적절히 대응한다.
공감대	•고객 개개인에게 개별적인 관심을 보인다. •고객들의 개인적인 관심사에 신경을 쓴다. •진심으로 고객의 이익을 먼저 생각한다. •상품의 구비와 검색에 있어서 최상의 서비스를 제공한다.

주요 용어

웹 사이트	웹페이지	컨셉(concepts)
컨텐츠(contents)	back end system	네비게이션
목표고객	웹 디자인	웹 디자이너
정적 컨텐츠	동적 컨텐츠	디지털 컨텐츠
story board	레이아웃	해상도
기능적 컨텐츠	bookmark and steal	piggy back
servqual	선형구조	계층구조
복합구조	네트워크 구조	메뉴(menu)
pop up menu	pull down menu	menu bar
index search	random search	site map
browser	디더링(dithering)	계단현상(jaggies)
로고(logo)	브랜드 이미지	페이지 뷰 테스트

참고자료 5.1 인터넷 쇼핑몰 구축 절차

인터넷 쇼핑몰을 창업할 때 웹 사이트 구축은 다음의 5단계를 거친다.

① 웹 사이트 사용자들의 요구사항 분석
② 웹 사이트 및 시스템 설계
③ 개발 및 설치
④ 테스트 및 검사
⑤ 운영 및 유지 보수

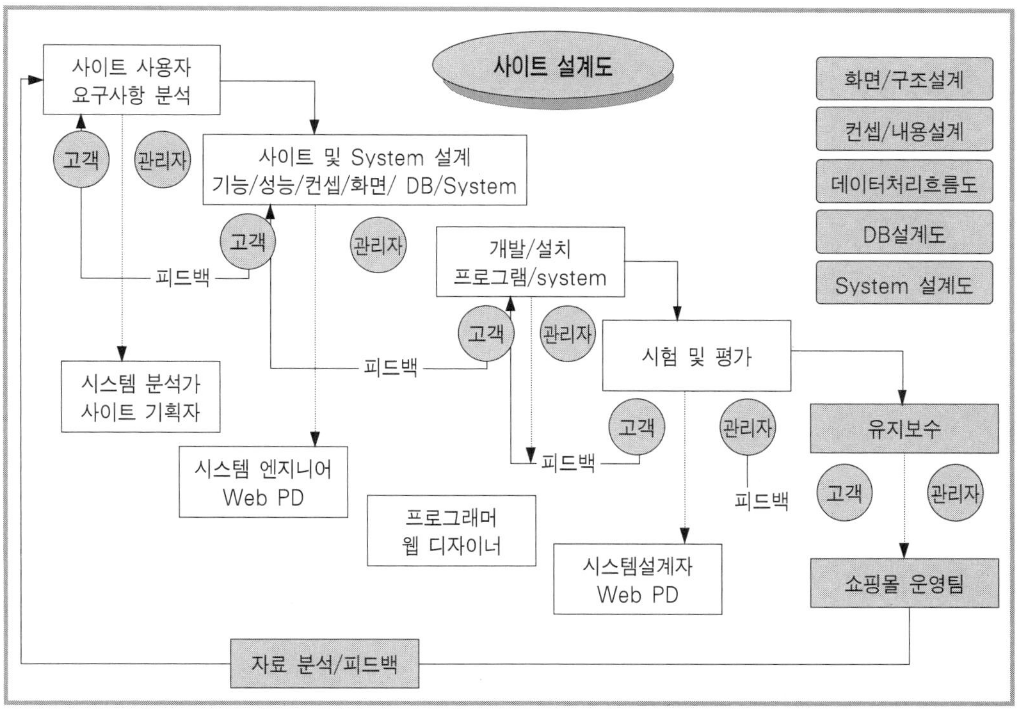

첫째, 웹 사이트 사용자들의 요구사항 분석 단계이다. 시스템 분석가(프로젝트 관리자)와 사이트 기획자가 고객과 쇼핑몰 관리자의 요구사항을 수집하고 분석하는 단계이다. 이 때 프로젝트 관리자는 프로젝트에 관한 기술·관리상의 문제 해결의 주체가 되며, 자원의 사용과 배분에 대한 권한을 지니며, 프로젝트에 소요되는 비용과 진행 과정 그리고 완성에 대한 총괄적인 책임을 지게 된다. 따라서, 프로젝트 관리자는 쇼핑몰 관리에 필요한 기업가적 능력과 실질적인 프로젝트 관리능력인 예산·인력·일정관리·프로젝트 팀을 지휘할 수 있는 리더십과 문제의 진단과 처방을 위한 의사소통 능력 그리고 전반적인 기술적 지식(소프트웨어 개발·개발 도구·S/W 제품·정보산업·전산교육·전산관련 법률·원가회계·생산성 관리·품질보증·계량경영·관리회계)을 필요로 한다.

둘째, 사이트 및 시스템 설계 단계이다. 앞 단계에서 정의된 사용자 요구 사항과 제약조건(기술적·경제적·법률적·인적·시간적)을 기준으로 시스템 엔지니어와 web PD(프로젝트 관리자나 사이트 기획자가 대신 수행 함)가 사이트의 주요 기능·컨셉·화면·DB·컨텐츠·네비게이션 구조·성능·시스템을 설계한다. 설계 단계는 다시 5가지 영역을 구성한다.

㉠ 사이트 컨셉(concept) 설계 단계

쇼핑몰의 분위기와 스타일을 설계하는 단계로서 쇼핑몰 명칭·색상·로고·문자 폰트·배열 등을 결정하는 사이트의 표현 방법에 대한 설계와 상품·쇼핑·상담 정보의 내용과 방법 등을 결정하는 커뮤니케이션 설계 그리고 고객의 재방문과 반복 구매를 유도할 수 있는 기억과 행동 설계로 구성된다.

㉡ UI(user interface) 설계 영역

상점의 인테리어와 구조를 설계하는 단계로서 스토리보드(story board)라 불리는 쇼핑몰 화면 설계(목적·내용·배열·기능·위치·폰트·색상·적용 기술 등), 네비게이션 구조설계 순서로 수행된다.

㉢ 역할(role) 및 절차(process) 설계 영역

역할 설계(고객·관리자·협력업체 등 시스템 사용자들의 역할 목록과 역할 정의), 기능 설계(프런트 앤드와 백 앤드 영역의 기능 설계), 업무처리 흐름설계(사용자들의 시스템간 그리고 사용자들 사이의 자료처리 절차 설계) 순서로 수행된다.

㉣ DB 및 테이블 설계 영역

개체관리 설계(entity relation design; 시스템 사용자들이 보유한 정보 속성과 이들간의 관계에 대한 설계로 보통 ER-Diagram을 사용하여 설계한다), 테이블 설계(개체와 관계들의 이름·Null 값 여부·Key 값 여부 등의 정의) 순서로 수행된다.

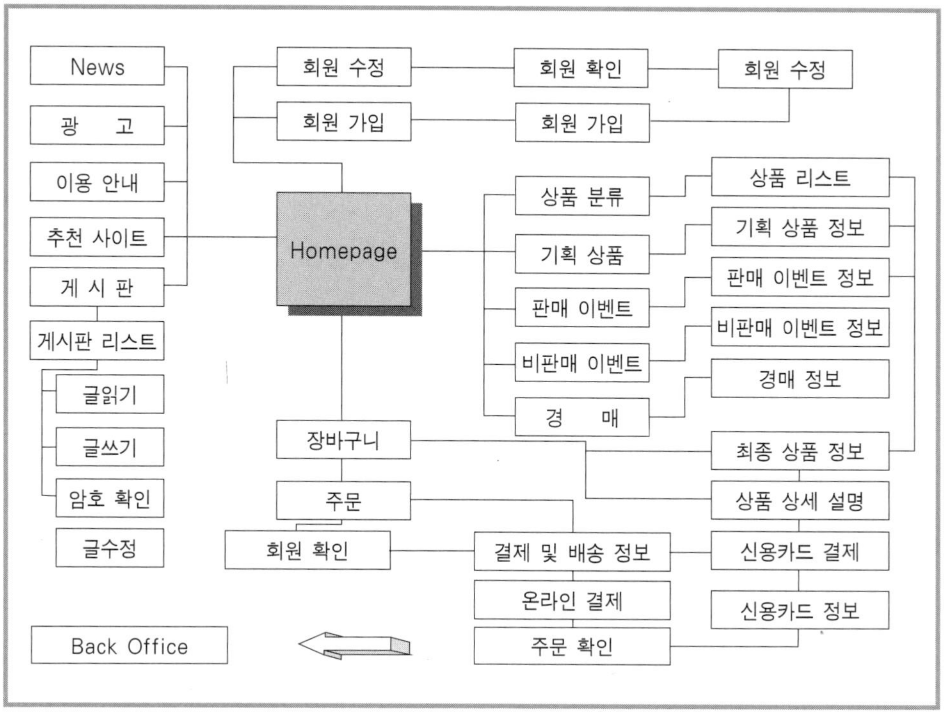

ⓜ 기술환경 설계 영역

시스템을 구축하기 위해 필요한 하드웨어 장비 · 소프트웨어(OS · WAS · WS · DBMS · NMS 등), 네트워크 장치, 기타 장비 및 설비에 대한 설계를 수행하는 영역으로 시스템에 요구되는 성능(회원 수 · 동시 접속자수 · 거래처리 건수 · 페이지 로딩시간 등을 기준으로 산출)을 달성하기 위한 시스템 등이다.

셋째, 개발 및 설치 단계이다. 웹 디자이너(UI설계), 프로그래머(역할 및 절차 설계), 데이터베이스 관리자(DB 및 테이블설계) 그리고 시스템 엔지니어(기술환경 설계)가 각각 설계된 내용에 따라 물리적인 시스템을 구현하는 단계이다.

넷째, 테스트 및 검사 단계이다. 개발자, 사용자(가상 회원과 관리자), 시스템 설계자와 web PD(사이트 기획자)가 설계 단계에 정의된 컨셉 · 기능 · 성능을 종합적으로 테스트하여 예상되는 문제점을 도출하고 이를 해결하는 단계이다.

주요 검사는 2가지 영역으로 구분된다. 첫째, 디자인과 내용 및 프로그램의 일관성 영역으로 사이트 컨셉 일관성 점검, 사이트 이미지 및 디자인 일관성(서식 · 색상 · 폰트 · 톤 · 배열 · 구성・심볼・정보 등의 일관성과 일치성) 점검, 프로그램 일관성(프로그래밍 절차・구조・기법・표현 체계・언어)점검, 네비게이션 일관성(페이지 이동 및 연결) 점검 등이다. 둘째, 사이트의 기능 및 성능테스트 영역으로 사이트의 주요 기능, 연결 상태, 내용 상태, 작동 여부와 수행 속도 점검, 사이트 유지보수의 효율성 점검 등이다.

검사 절차는 설계나 개발 단계에서 정의된 테스트 시나리오에 따라 사전에 정의된 기능이 잘 수행되는지의 여부와 4가지 설계 영역(UI・역할 및 절차・DB・기술 환경)이 하나의 시스템으로 작동하는지를 점검하는 것이다.

이러한 테스트 절차가 완료되면 개발 장비에서 서비스 장비로 시스템을 이전하고 최종적인 종합테스트를 하게 된다. 서비스 이전 및 테스트 단계에서는 내구성(사용자 폭주) 및 연결시스템(보안・결제・배송・고객 상담 등) 점검과 수정을 하게 된다.

다섯째, 운영 및 유지보수 단계이다. 사용자(방문자・회원・관리자)의 추가적인 요구사항과 테스트 및 평가 단계에서 발견하지 못한 내용을 추가적으로 개발하거나 변경하는 단계이다. 분석설계 및 구현단계는 무척 힘들고 지루한 단계가 될 수도 있다. 그러나, 인터넷 쇼핑몰이 비즈니스에 훌륭한 전략적 무기로 사용되기를 원한다면 이 단계에 투입되는 시간과 노력 그리고 비용을 아깝게 생각해서는 안 된다. 일정에 쫓기어 적당히 설계 단계를 마무리하면 운영 단계에서 큰 손실을 초래하게 된다. (KIEC, e-commerce, 인터넷 쇼핑몰 창업 강좌)

제5장 연구과제

① 전자상거래에서 웹 사이트가 차지하는 중요성에 대하여 설명하라.

② 성공적인 웹 사이트를 구축하기 위해 갖추어야 할 구성 요소들을 열거하고, 각각을 설명하라.

③ 웹 사이트를 구축하기 위한 일반적인 절차를 단계별로 설명하라.

④ 웹 사이트를 구축하기 위해 컨셉(concepts)을 정의할 때 고려해야 할 내용에 대해 설명하라.

⑤ 컨텐츠(contents)의 개념을 정의하고, 어떤 유형들이 있는지 설명하라.

⑥ 성공적인 웹 사이트를 구축하기 위해 컨텐츠를 충분히 확보할 수 있는 방안에 대하여 설명하라.

⑦ 컨텐츠를 분류하는 방법에 대하여 설명하라.

⑧ 웹 사이트를 조직화하는 방법을 열거하고, 각각을 설명하라.

⑨ 네비게이션(navigation)이란 무엇이며, 어떤 역할을 하는가?

⑩ 네비게이션을 위해 사용되는 기능들을 열거하고, 각각을 설명하라.

⑪ 웹 디자인(web design)이란 무엇이며, 왜 중요한가?

⑫ 웹 사이트를 디자인할 때 고려해야 할 내용에 대해 설명하라.

⑬ 웹 디자인에 주로 사용되는 언어와 소프트웨어를 열거하고, 각각을 설명하라.

⑭ 웹 사이트 구축의 마지막 단계에서 실시해야 할 테스트를 열거하고 설명하라.

⑮ 웹 사이트 구축을 위한 테스트에서 문제점들이 발견되면 어떻게 조치하여야 하는가?

제 6 장

인터넷 광고

ELECTRONIC COMMERCE

학습 개요

인터넷을 이용한 전자상거래는 판매자와 소비자가 서로 일대일의 관계를 형성한다. 효과적으로 고객을 유인하려면 적극적인 광고 활동이 필요하다.

제6장에서는 인터넷 광고란 무엇이며, 어떤 유형이 있고, 광고 효과는 어떻게 측정하는지 살펴본다. 특히 인터넷 광고의 가장 대표적 유형인 배너 광고에 대해서 중점적으로 살펴본다. 참고 자료를 통해서는 인터넷 광고를 효율적으로 활용하기 위한 전략들에 대해서 알아본다.

1 인터넷 광고의 유형

1. 인터넷 광고의 개념과 유형

인터넷이 세계를 연결하는 새로운 정보 수단으로 등장하면서 인터넷을 상업적인 목적으로 이용하려는 움직임이 나타나게 되었다. 많은 기업과 단체를 비롯하여 국가나 정부기관들까지도 인터넷을 이용하여 자신을 알리고 일대일(one to one)의 관계를 통해 고객을 관리하거나 상품을 주문 받고 고객의 불만을 처리하는 등 여러 가지 업무에 활용하고 있다.

이와 같이 인터넷을 활용으로 하는 새로운 형태의 광고 기법이 나타나게 되었는데, 이것을 인터넷 광고라고 한다. 인터넷 광고는 문자·이미지·동영상을 함께 사용할 수 있기 때문에 입체적이면서 반복적인 효과를 기대할 수 있다.

그림 6-1 여러 가지 유형의 인터넷 광고

고객들이 자신의 웹 사이트를 방문하도록 유인하는 인터넷 광고는 다음과 같은 유형들이 있다.

1) 홈페이지 광고

인터넷에 웹 사이트를 개설하여 대량의 정보를 제공하는 홈페이지 광고를 말한다. 이 방법은 대부분의 기업에서 활용하고 있다. 홈페이지를 이용한 광고의 장점은 자사의 상품이나 서비스를 최소의 비용으로 광고할 수 있다는 것이다. 그러나 적극적으로 자사의 상품이나 서비스를 홍보하기 위해서는 마케팅 전략을 효율적으로 수행할 수 있어야 한다.

2) 배너 광고

배너광고는 웹페이지 내의 특정 위치에 띠(banner) 모양으로 보여지는 광고를 말한다. 고객이 배너를 클릭할 경우 해당 광고 메시지에 연결된다. 많은 사람들이 방문하는 유명한 웹 사이트에 띠 모양의 광고를 게재하여 많은 사용자들에게 노출시킴으로써 자사의 웹 사이트에 많은 방문객을 유인할 수 있다. 해당 회사의 홈페이지나 관련 사이트에 연결되어 있기 때문에 링크 광고라고도 한다.

배너 광고의 주된 목적은 고객이 배너를 클릭하여 관련 웹 사이트로 이동한 후 상품을 구매하거나 회원 가입 또는 이벤트 참여 등을 직접적으로 유도하는데 있다. 배너 광고는 광고비가 적고 제작이 쉬워 광고 효과가 크다.

3) 틈새형 광고

틈새형 광고는 특정 사이트에서 다른 사이트로 이동할 때 고객이 관심을 가질만한 내용을 삽입하는 형태의 광고를 말한다. 예를 들어 사용자가 목적하는 웹 페이지를 찾아가는 과정에서 특정한 광고 페이지를 거치도록 하거나, 고객이 자주 찾는 특정 페이지에 스폰서로 참여해 회사의 로고나 광고 메시지를 삽입함으로써 높은 브랜드 인지도를 구축하기 위한 광고 방법이다.

틈새 광고는 텔레비전 프로그램 사이의 스팟(spot) 광고와 유사한 형태로서 광고 메시지의 도달율이 배너 광고보다 높은 것이 특징이다.

4) 푸시형 광고

이용자가 직접 웹 사이트를 돌아다니면서 자신이 원하는 정보를 찾아야 했던 기존의 웹서비스 방식은 이용자가 정보를 끌어온다는 의미에서 풀(pull) 방식이라고 하는데, 푸시(push)방식은 이용자가 자신이 원하는 정보의 종류만 설정해 두면 웹서버가 알아서 해당 정보를 이용자에게 보내주는 방식을 의미한다.

푸시형 광고는 이용자가 정보를 찾기 위해 웹 사이트를 돌아다니지 않아도 되고, 정보가 갱신되면 자동으로 변경된 정보를 받아서 보내주기 때문에 웹 사이트의 불필요한 방문을 줄여준다.

5) 인터넷 접속 광고

인터넷 접속 광고는 고객에게 인터넷을 무료로 사용할 수 있도록 혜택을 주는 대신에 특정한 광고 창을 보도록 하는 형태의 광고이다. 이 형태의 광고는 사용자의 등록 정보를 이용하기 때문에 정확한 목표 집단에의 도달이 가능한 장점이 있다.

6) 스폰서 광고

스폰서(sponsor) 광고는 웹 사이트의 내용을 광고주의 지원으로 제작하는 방식으로서, 웹 광고에서 가장 오래된 방식이다. 배너 광고가 타사의 웹 사이트에 자사의 배너를 게재하여 방문객을 유인하는 방법인데 반하여 스폰서광고는 특정 사이트내에 자사를 소개하는 페이지나 일부 섹션에 대하여 독점적인 광고가 이루어지는 방법이다.

스폰서 광고의 목적은 단순히 클릭률을 높이기 위한 것이라기보다는 인터넷상에 브랜드 파워(brand power)를 구축하는데 많은 비중을 두고 있으므로 장기간에 걸쳐 광고를 지속하는 경우가 많다.

그림 6-2 국내 인터넷 광고시장의 성장률

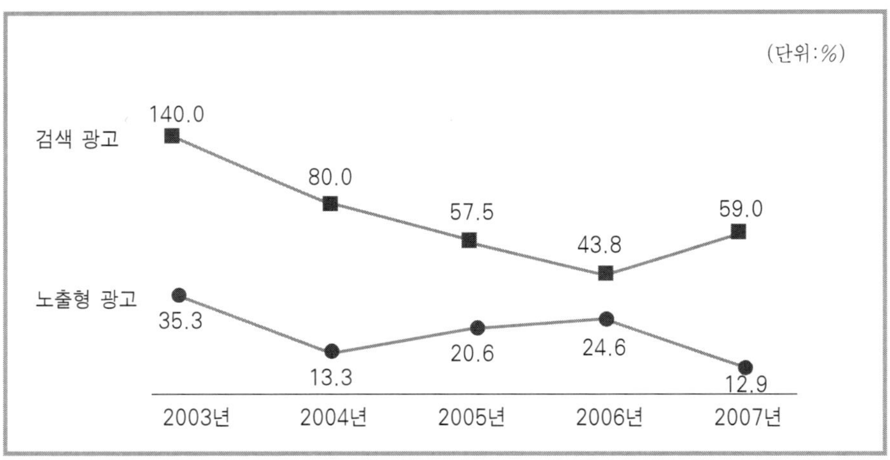

자료 : 한국인터넷진흥원, 2007

2 배너 광고

이 절에서는 인터넷 광고의 대표적 유형인 배너 광고에 대해 상세히 살펴보기로 한다.

1. 배너 광고의 개념

배너 광고는 인터넷 사용자가 급속히 늘어나면서 만들어진 새로운 형태의 광고 방법이다. 1994년 10월 인터넷 잡지인 핫와이어드(HotWired) 사이트에 처음으로 AT&T의 배너 광고가 시작된 이후로 거의 모든 인터넷 사이트에 존재하고 있다.

그림 6-3 배너 광고

배너(banner)는 보통 수평 모양의 작은 직사각형 안에 그래픽 이미지와 문자 등을 포함하고 있으며, 크기도 매우 다양하다. 배너 광고는 직접적인 광고 메시지를 전달하기보다는 이를 클릭함으로써 관련 사이트로의 이동을 유인한다. 배너 광고는 불특정 다수의 고객 뿐만 아니라 특정 고객만을 상대로 광고를 할 수 있으며, 이를 통해 일대일 광고가 가능한 장점이 있다. 그러나 배너 광고는 그 크기로 인해 정보량이 제한될 수 있기 때문에 창의적이면서도 간결한 메시지로 사용자들의 관심을 이끌어 내야 한다.

배너 광고에 대한 규격은 1997년에 미국과 캐나다의 대표적 일간지와 관련업체 연합체인 NAA(The Newspaper Association of America)와 IAB(Internet Advertising Bureau), CASIE(The Coalition for Advertising Supported Information and Entertainment)가 공동으로 제시한 표준 권고안이 있으며, 〈표 6-1〉과 같다.

표 6-1 배너 광고 표준안

(단위:픽셀)

구분	규격
수평기본배너	468 × 60
하프배너	234 × 60
사각배너	125 × 125
버튼 1	120 × 90
버튼 2	120 × 60
마이크로버튼	88 × 31

배너 광고가 효과를 얻으면서 기존의 표준형 광고에서 벗어나 효과를 극대화하기 위하여 빅배너(big banner)가 고안되기에 이르렀다. 300×250, 250×250, 336×280, 180×150과 같은 작은 사각형 형태 및 160×600, 120×600과 같은 세로로 길쭉한 형태도 있다. 790×90 사이즈나 820×90과 같은 사이즈도 모두 빅배너의 범주에 속한다.

이와 같이 다양한 종류의 배너 광고는 목표 고객과의 일대일 광고가 가능할 뿐만 아니라 차별화된 광고를 할 수 있기 때문에 가장 일반적으로 사용되는 인터넷 광고로 자리를 잡아가고 있다. 또한 인터넷 프로그래밍 기술이 발전함에 따라 비디오 클립이나 음성을 동원한 배너 광고도 등장하였다.

2. 배너 광고의 특징

배너 광고의 역사는 오래되지 않았으나 최적의 인터넷 마케팅 수단이라는 것이 입증되면서 오늘날에는 거의 모든 웹 사이트에서 배너 광고를 게재하고 있다. 배너 광고는 다음과 같은 특징을 가지고 있다.

1) 광고 대상의 유연성

배너 광고는 광고를 보여줄 대상을 자유롭게 선택할 수 있다. 웹 사이트 방문자 모두에게 보여줄 수도 있고, 광고 내용에 흥미를 가진 방문자에게만 광고를 보여줄 수도 있다.

2) 광고 시간의 유연성

배너 광고는 광고를 게재하는 시간을 자유롭게 설정할 수 있다. 기업의 홈페이지에 광고를 게재하는 경우에는 장시간에 걸쳐 게재할 수도 있고, 신상품이나 캠페인 광고와 같은 경우에는 단기간에 집중적인 광고를 함으로써 효과를 얻을 수 있다.

3) 광고 표현의 유연성

배너 광고는 다양한 표현 방법을 활용할 수 있다. 신상품의 발표일에 맞추어 카운트 다운을 하는 기법을 사용할 수도 있으며, 동일 상품에 대하여 2가지 이상의 배너 광고를 준비하여 규칙적 또는 불규칙적으로 게재하는 기법도 있다.

4) 광고 효과 측정의 용이

배너 광고는 방문자들이 광고를 본 횟수를 정확하게 집계할 수 있다. 방문객 수와 구매자 수를 배너 광고 접속자 수와 비교함으로써 광고 효과를 정확하게 측정할 수 있다.

그림 6-4 인터넷 광고에 대한 태도와 배너 광고 클릭 이유

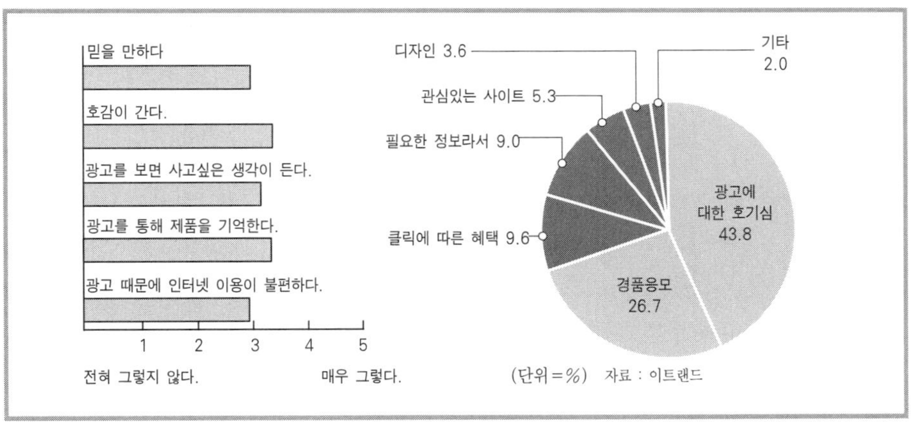

3. 배너 광고의 유형

배너 광고는 게재 사이트의 종류와 게재 방식 그리고 표현 방식에 따라 다음과 같이 분류할 수 있다.

1) 게재 사이트 종류에 따른 분류

배너 광고를 게재 사이트의 종류에 따라 구분하면 다음과 같다.

(1) 스폰서광고

유명 웹 사이트에 스폰서로 참여하여 자신의 배너 광고를 게재하는 방법이다. 최근에는 단순한 스폰서 형태에서 벗어나 직접 컨텐츠에 참여하는 형태도 나타나고 있다. 스폰서가 배너 광고를 게재할 뿐만 아니라 경품 등을 제공하고 있다.

(2) 검색 엔진·디렉토리의 광고

인터넷에서 자주 이용되는 검색 엔진이나 디렉토리에 광고를 게재하는 방법으로서 컨텐츠 제공사이트의 스폰서 광고와 구별된다. 이 광고는 광고 형태인 키워드 광고나 디렉토리별 광고 서비스를 제공한다.

(3) 입구 광고

마이크로소프트사의 사이트는 익스플로러를 사용하는 이용자들이 기본적인 접속을 통해 일정한 트래픽을 유지하기 때문에 이곳 사이트 입구에는 이용자들이 많다. 이러한 특징을 이용하여 웹 사이트 입구에 광고를 하는 방법을 입구광고(entry portal)라고 한다.

2) 게재 방식에 따른 분류

배너 광고를 게재 방식에 따라 분류하면 다음과 같다.

(1) 고정형

고정형(static)은 대부분의 사이트에서 사용하고 있는 일반적인 배너 광고 형식으로서, 하나의 배너 플레임에 하나의 광고가 전송되는 방식이다. 고정형 배너 광고는 그래픽 · 텍스트 · 애니메이션 · 링크의 기능을 수행한다. 이 방식은 초기 단계의 배너 광고로서 현재는 거의 사용되지 않고 있으나, 대역폭을 비교적 적게 차지하는 장점 때문에 배너 광고를 서로 교환하는 기업들이 사용하는 방식이다. 현재는 버튼형이나 로테이션형으로 변화되고 있다.

(2) 키워드형

검색 엔진에서 주로 사용되는 형식으로 검색시 키워드 검색 결과와 함께 게시되는 광고 형태이다. 광고주가 자신의 상품과 관련된 검색 결과에 자신의 광고를 보여줄 수 있으므로 광고주의 입장에서는 보다 효과적인 광고를 기대할 수 있다. 검색 사이트에서 검색어를 입력하면 검색 결과가 나오는 화면에 배너 광고가 노출되는 방법이다. 예를 들어 "이사"와 관련된 검색어를 입력하면 화면에 "포장이사" 또는 "이사짐센터"와 관련된 광고가 나오는 것을 말한다. 이 방법은 공고주가 자기 회사의 상품과 관련된 검색 결과에 자신의 광고를 보여줄 수 있기 때문에 보다 효과적인 광고를 할 수 있다.

(3) 로테이션형

하나의 배너 광고 프레임에서 여러 광고주의 배너가 차례로 바뀌지면서 광고가 게시되는 방식으로서, 주로 입구게시형(entry portal)의 광고에서 많이 사용한다. 사이트의 입구는 트래픽이 높고 컨텐츠 로드시간도 길기 때문에 로테이션형의 배너 광고가 게시될 시간도 길어지는 특징을 이용하는 방법이다.

3) 표현 방식에 따른 분류

배너 광고를 표현 방식에 따라 분류하면 다음과 같다.

(1) 버튼형

버튼형은 주로 크기가 작은 버튼 모양으로서, 주로 소프트웨어와 플러그 인(plug in) 등의 광고에 주로 이용된다. 이 방식은 버튼이 링크(link)로 연결되어 있어 클릭을 하면, 해당 소프트웨어의 다운로드 사이트나 홈페이지로 이동한다.

(2) 핫코너형

주로 정사각형의 배너로 사이트의 메뉴가 나와 있는 툴바(tool bar)에 위치하거나, 사이트 오른쪽 상단 등과 같은 주목도가 높은 부분에 위치한다.

(3) 빌보드형

빌보드형은 그림을 이용하지 않고 텍스트만을 이용하여 글자나 숫자 등의 메시지를 지속적으로 지나가게 하는 형태의 광고이다. 증권 소식이나 스포츠 경기상황 등 빠르게 정보를 전달하는데 효과적인 방법이다.

4) 기타의 배너 광고 형태

(1) 배너 교환

배너 교환(barter)은 긴밀한 유대관계를 맺고 있는 웹 사이트끼리 서로 배너를 교환하여 광고하는 방법이다. 중소 규모의 사이트 뿐만 아니라 대형 사이트간에도 각자의 배너를 상호 교환하고 있다.

(2) 네트워크그룹 가입

네트워크 그룹에서 회원을 모집한 후 저렴한 비용의 회비를 받고 회원간의 배너를 상호 교환해주는 방법이다. 이 방법을 이용하면 자기의 배너에 대한 클릭률을 비롯한 배너 광고의 효과 측정에 관한 정보를 제공해 주므로 별도의 측정 장치가 필요 없다.

(3) 연합 미끼사이트의 광고

동종 업계의 경쟁이 치열해지면 충분한 회원 확보나 트래픽의 유지가 어렵게 된다. 이런 경우 여러 개의 사이트가 연합하여 무료 서비스나 경품 등의 미끼를 담은 사이트를 개설하여 유인하는 방법이다.

3 인터넷 광고의 효과 측정

1. 인터넷 광고의 효과

인터넷 광고는 아직 초기 단계에 불과하기 때문에 개념과 이론 정립이 부족하다. 특히, 다음과 같은 요인으로 인하여 개념적 정립이 미비한 실정이다.

① 인터넷 광고는 발전 단계에 있기 때문에 광고 매체로서의 구분 및 한계가 불명확하다.
② 광고에 사용되는 용어에 대한 개념 정립이 미비하다. 예를 들어 트래픽(traffic)이라는 용어만 보더라도 히트 수(hits), 페이지 뷰(page view), 임프레션(impression), 노출(exposure) 등을 혼용하고 있다.
③ 소비자들의 반응에 대한 측정과 파악이 어렵다.
④ 광고 가격에 대한 표준 모델이 없기 때문에 가격이 주관적인 기준에 의해 형성되고 있다.

그러나 인터넷은 기존의 매체와는 달리 컴퓨터를 기반으로 하는 첨단의 시스템이기 때문에 모든 정보가 자동으로 처리되고 기록된다. 인터넷에서는 모든 접속 기록을 쉽게 집계할 수 있기 때문에 다양한 방법의 광고효과 측정 기준들이 개발되고 있다.

2. 광고 효과를 측정하는 방법

광고 효과를 측정하는 것은 매우 중요한 절차이다. 소비자가 어떤 경로를 통해 웹 사이트에 접속하였으며, 어떤 유형의 광고에 관심을 보였고, 특정 사이트를 자주 방문하는 이용자는 어떤 특성을 가지고 있는지 등의 자료는 매우 중요하다.

광고 효과를 측정하는 일반적인 기준은 방문객들에게 접촉된 횟수나 노출된 시간을 사용한다. 광고의 효과를 분석하는 대표적인 분석 단위(unit of analysis)는 다음과 같다.

1) 히트 수

히트 수(Hits)는 웹 서버에 저장된 파일이 인터넷 사용자에게 노출되는 횟수를 말한다. 클라이언트와 서버간의 접촉 기록을 표시하는 최하 단위로서 가장 기초적인 형태의 원시 자료이다. 이때 방문자가 건드리게 되는 파일들의 숫자로 배너 광고의 노출 효과를 측정하는 방법이다. 일반적으로 클릭률이 1%~1.5% 정도면 광고 효과가 있다고 간주한다.

히트 수의 문제점은 해당 HTML 문서에 포함된 사진이나 그래픽, 아이콘, 링크 페이지 또는 에러 메시지까지도 각각 한 개의 히트로 기록된다는 것이다. 예를 들어 어떤 웹서버에 3개의 배너 광고가 있다면 웹서버 자체와 3개의 광고 파일이 사용자에게 노출되므로 히트 수는 4개가 된다. 따라서 히트 수는 광고 효과를 측정하는 척도로는 부적절하다.

2) 방문자 수

방문자 수(visitors)는 'Y라는 시간 동안에 X라는 웹 사이트에 방문한 다른 사람들의 총수'를 말한다. 앞에서 설명한 히트 수(hits) 보다는 정확하고 합리적인 방식이며, 실제로 얼마나 많은 이용자들이 특정 웹 사이트에 접속 했는지를 측정할 수 있는 방법이다. 방문자 수를 파악하는 방법에는 로그 파일(log file)을 분석하는 방법과 쿠키(cookie)라는 테크닉을 사용하여 측정하는 방법 등이 있다.

로그 파일은 사용자가 웹서버에 접속한 후부터 종료할 때까지 어떤 행동을 하였는지를 기록한 정보를 말한다. 로그 파일을 읽어보면 가장 오래 머물러 있었거나 또는 가장 많이 본 페이지를 알 수 있다. 쿠키(cookie)는 특정 웹 사이트에 접속한 후 그 사이트에서 읽은 정보를 기록해 두었다가 다음에 접속하였을 때 그것을 읽어 이전의 상태로 유지해 주는 역할을 하기 때문에 광고에 접속한 사용자들의 수를 알 수 있다.

그러나 이런 방법도 기술적인 한계와 장애가 많은 것으로 알려져 있다. 즉, 대부분의 사용자들은 상대방 웹 사이트가 자기를 알고 있다는 것에 대하여 거부감을 느끼며, 개인정보 유출이라는 측면에서도 상당한 거부감을 주고 있다.

3) 방문 수

방문 수(visits)는 동일한 사용자가 연속해서 웹 사이트에 접속하였을 때 이를 구분해서 기록한다. 중복 접속의 경우와 동일 사용자는 제외하므로 일정 기간 동안에 웹 사이트를 접속한 방문자 수를 산출할 수 있다. 30분 동안에 동일한 방문자가 연속적으로 웹 사이트를 방문한 경우에는 한 사람의 방문자로만 간주하여 기록하는 방법이다.

예를 들어 어떤 사용자가 야후라는 검색 엔진을 연속적으로 수십 번 사용한 후 본인이 찾은 웹 사이트로 하이퍼링크 되어 갔다면 수십 번의 클릭(click)은 한 사람의 방문(visit)으로 기록된다. 이 방법은 단 한사람의 접속자가 수많은 방문자를 대표하는 것을 제외시킬 수 있기 때문에 중복된 방문자 수를 제거하는 효과가 있으며, 비교적 간단한 방법으로 정확한 사용자 수를 파악할 수 있다.

4) 페이지 뷰

뷰(view)는 사이트의 수십 개 페이지 중 특정 페이지가 노출된 횟수를 의미한다. 따라서 페이지 뷰(page view)는 사용자가 특정 광고가 포함되어 있는 페이지를 본 횟수를 나타낸다. 앞에서 설명한 히트 수(hits)나 방문(visit)의 개념은 웹 사이트 전체를 평가하는 기준이고, 뷰(view)의 개념은 특정 페이지나 그림과 같은 광고 메시지가 사용자에게 노출되는 수를 종합한 개념이다. 페이지뷰는 광고 단가를 결정하는 기준이 되며, 네티즌의 특성을 분석하여 마케팅에 활용할 수 있는 중요한 자료가 된다.

5) 체류 시간

체류 시간(duration time)은 특정 광고의 웹 페이지에 머물러 있는 평균 시간을 의미하는 것으로서, 광고 내용에 대하여 어느 정도 주목하는지를 양적으로 산출할 수 있는 분석 방법이다. 체류 시간의 분석을 통해 상품이나 광고에 대한 선호도 등을 추정할 수 있다.

6) 클릭률

클릭률(CTR, click through rate)은 배너 광고나 웹페이지의 노출횟수 대비 방문자의 클릭 횟수의 비율을 말한다. 배너 광고의 효과를 측정하기 위해 노출 수와 광고주의 웹 사이트 연결 횟수를 파악할 때 사용한다.

이 방법은 광고의 주목도·매력도·관심도를 측정하는 지표로 사용되며, 배너 광고의 가격 결정 기준으로도 사용된다. 또한 서로 다른 배너 광고와의 효과를 비교하기 위해서도 사용하는 방법이다.

7) CPM

CPM(cost per mile impression)은 1,000번의 광고 노출에 소요된 비용을 측정하는 개념이다. 여기에서 M은 1,000을 의미하며, 임프레션(impression)은 특정한 페이지나 그림과 같은 광고 메시지가 사용자에게 노출된 수를 종합한 개념이다.

8) CPC

CPC(cost per click)는 클릭 건당 비용을 측정하는 개념으로서 전체 비용을 클릭 수로 나누어 계산한다. CPC = Cost/Click 이 된다. 광고를 클릭한 수에 따라 광고비를 결정할 때 사용하는 방법이다. 예를 들어 1개월간 "꽃배달"이라는 검색어로 광고를 했을 때 소요된 비용이 1,000,000원이었고, 클릭 수가 1,000명이었다면 "꽃배달"이라는 검색어의 클릭당 소요 비용은 1,000원이 된다.

4 인터넷 광고 전략

1. 인터넷 광고의 기본 전략

인터넷상에서 제공되는 정보원(contents)은 사용자의 요구(needs)에 맞게 적절한 형식으로 작성되어 있어야 한다. 즉, 상품이나 서비스의 소개, 참고 자료, 부가 서비스에 대한 정보 등을 통해 목표 고객 또는 일반 대중에게 직접적인 광고 활동을 수행할 수 있다. 인터넷 광고를 수행할 때 고려해야 할 기본적인 내용은 다음과 같다.

1) 정보의 양

일반적으로 정보를 자주 갱신하거나 새로운 정보를 대량으로 추가한다는 것은 현실적으로 매우 어렵다. 그러나 웹 사이트에 유지해야 할 정보의 양은 매우 중요하다. 만일 목표 고객의 크기가 매우 작다면, 그들을 위하여 대량의 정보를 제공하는 것은 낭비일 뿐만 아니라 비효율적인 마케팅이 될 수도 있다.

2) 정보 제공 방법

무엇보다도 정보의 질은 인터넷 광고의 장기적 성공에 결정적인 영향을 미칠 수 있다. 정보에 대한 고려는 '무엇을 제공할 것인가' 하는 점 뿐만 아니라 '어떻게 제공할 것인가'라고 하는 프리젠테이션(presentation)도 반드시 고려해야 한다. 또한 제공한 정보는 사용자가 즉시 접속해서 사용할 수 있어야 하며, 기업에서는 이를 가장 사용하기 쉽고 접속하기 쉬운 형태로 제공해야 한다.

정보 제공 방법과 더불어 기술적 참고 자료, 활용 안내, 문제 발생시의 해결 방법, 제품이나 서비스의 특징 및 규격, 제품 주문서 등도 함께 제공하면 매우 효과적이다.

3) 정보의 지속적인 갱신

인터넷 광고에서 정보는 지속적인 갱신이 이루어져야 한다. 만약 오래된 정보이거나 갱신되지 않아 효용이 없는 것이라면, 소비자는 관심을 두지 않고 보다 더 유용한 정보를 얻을 수 있는 곳으로 이동할 것이다.

인터넷을 통해 제공되는 정보는 그 깊이와 폭에 따라 사용자가 접속하는 빈도에 직접적인 영향을 미칠 수 있다. 그러므로 인터넷을 통한 정보 제공이 성공적이어서 인터넷 이용자의 접속 빈도가 높아진다면 인터넷 사용자간의 구전 효과를 기대할 수 있고, 나아가 마케팅 활동에도 효과적이다.

앞에서 설명한 정보의 양, 정보 제공 방법, 정보의 지속적인 갱신 등을 통해 소비자의 정보이용 행태 및 이용 후의 결과를 주의 깊게 관찰하면, 인터넷 사용자의 정보 욕구에 맞춘 정보를 제공하는데 매우 유용하게 사용할 수 있다. 이러한 정보 관리를 통해 고객의 욕구에 가장 잘 맞는 방법으로 정보를 전달하고 이해시킨다면 효율적인 인터넷 광고 전략을 수립할 수 있다.

2. 광고 목표의 설정

인터넷 광고를 효과적으로 활용하기 위해서는 목표 설정이 매우 중요하다. 목표 설정을 위해서는 가장 먼저 방문자의 행동을 단계별로 정확히 파악한 후 각각의 단계별로 광고의 초점을 결정하고, 결정된 목표를 달성하기 위한 종합적인 광고 기획・제작・게재 방법 등을 결정해야 한다.

1) 욕구 단계

욕구 단계(needs)는 방문자가 자신의 필요에 의해 인터넷 정보의 검색에 들어오기까지의 단계이며, 검색 엔진이나 디렉토리 사이트 및 관련 사이트 등을 찾는 단계를 포함한다. 이 단계에서는 기존에 없었던 신상품이나 새로운 서비스의 제공을 위해 소비자의 새로운 욕구를 자극하는 전략이 필요하다. 따라서 상품이나 사이트의 서비스를 통해 얻을 수 있는 이익과 유용성을 홍보하는 것이 중요하다.

2) 관심 단계

관심 단계(attention)는 검색 결과가 정리된 상황에서 나열된 웹 사이트의 타이틀, 설명 또는 배너 광고들 중에서 관심이 있는 사이트를 향해 클릭하는 단계를 말한다. 이 단계는 소비자의 욕구가 일반화되고 경쟁이 시작된 상황이기 때문에 방문자의 시선을 사로잡는 것이 중요하다. 관심과 흥미를 유발하면서도 독특하고 다양한 문구・디자인・도형 등의 예술적이고 창의적인 요소를 보여줄 수 있어야 한다.

3) 만족 단계

만족 단계(satisfaction)는 웹 사이트를 찾은 네티즌이 자신의 요구와 해당 사이트의 내용에 대한 만족 여부를 평가하는 단계로서, 만족하지 않은 경우 다른 사이트로의 웹서핑이 계속된다.

이 단계에서는 재방문이나 재구매를 위한 유인 요소나 이미지 강화 요소를 활용해야 한다.

4) 북마크 단계

북마크 단계(bookmark)는 자신의 요구(need)를 만족시키는 사이트를 찾으면 해당 사이트를 자신의 북마크에 기록해 두는 단계이다. 북마크(bookmark)는 웹 사이트의 주소를 기록해 놓고 나중에 곧바로 찾아가는 기능이다.

이 단계에서는 웹 사이트 방문을 보다 편리하게 할 수 있는 다양한 팁을 제공하거나 단기간에 많은 접속이 가능한 프로모션(promotion)을 준비해야 한다.

5) 갱신 단계

일정 시간 경과 후 북마크를 통해 다시 찾은 사이트가 지속적으로 업데이트되어 있으면 계속 방문이 이루어지지만, 그렇지 못한 경우에는 「Needs - Attention - Satisfaction - Bookmark」의 단계를 반복하게 된다.

웹 사이트의 이미지가 방문자들에게 너무 익숙해지거나 노후화된 상황이라면, 보다 새롭게 변신하는 이미지로 재포지셔닝(repositioning)하는 것이 필요하다. 이 단계에서는 소비자의 성향을 앞서가는 신선한 이미지를 제공해야 한다.

인터넷 광고담당자들은 위와 같은 행동 단계별 모델을 통해 상품이나 웹 사이트의 광고 목표와 전략을 수립해야 하며, 광고 실시 전과 실시 후의 소비자 반응을 적절히 조사하여 각 단계별 목표가 달성되었는지를 파악해야 한다. 또한 경쟁 관계에 있는 웹 사이트를 면밀히 검토하여 웹 사이트를 개선하는데 활용할 수 있어야 한다.

주요 용어

광고	홈페이지 광고	배너 광고
틈새광고	푸시형 광고	스폰서 광고
입구 광고	고정형 배너	키워드형 배너
로테이션형 배너	버튼형 배너	핫코너형 배너
빌보드형 배너	구전효과	로그인 파일
트래픽(Traffic)	Hits	Pageview
Impression	Exposure	CTR
쿠키(Cookie)	Visit	Ad Click
Duration Time	CPM	CPC

참고자료

6.1 홍보에 의해서 탄생되고, 광고에 의해서 유지된 야후

제리 양과 데이빗 필로에 의해 1994년 초에 시작된 야후의 성공에는 최초의 검색 엔진이라는 선점 우위만으로 설명될 수 없는 그 이상의 노력들이 담겨 있다.

야후는 인터넷을 시작하는 사람들에게 가장 친근한 인도자의 역할을 하는 동시에 네티즌들에게는 안식처와 같은 친구의 역할을 수행하고 있다. 가볍고 접근하기 쉬운 느낌, 타고난 친근성을 지닌 야후는 재미와 호감을 주는 친구로서의 브랜드 이미지를 유지해왔다.

이러한 노력은 초기의 창업자 중심의 홍보 전략으로부터 시작되었다. 이제 막 인터넷 회사를 시작한 두 명의 특이한 스탠퍼드 대학생에게 사람들은 관심을 보였고, 야후는 두 창업자의 젊고 흥미로우며 친근한 이미지를 그대로 회사에 투영시키는 노력을 기울였다. 그들은 수많은 언론 인터뷰에서 재치 넘치는 모습을 보여주었으며, 그들의 얼굴은 유명 잡지들의 표지를 장식했다. 이러한 CEO 브랜드에 대한 홍보는 야후의 브랜드 인지도를 올리는 데 결정적인 역할을 했다.

야후는 사이트 자체에 대한 홍보에도 노력했다. 야후의 여러 섹션과 전문잡지들을 연계하여 일반 고객들에게 다양한 정보들을 제공해 주었고, 첨단업계 부문의 언론인들에게는 회사가 줄 수 있는 한 최신 정보를 제공함으로써 그들에게 호의적인 태도를 형성하는 데 성공했다.

결과적으로 야후는 타임 · 에스콰이어 · 월스트리트 저널 · 인터넷 월드 등 영향력 높은 수많은 출판물들의 특집 기사를 통해 야후의 인지도를 높였을 뿐만 아니라 야후의 존재 가치를 더욱 더 끌어올릴 수 있었다.

이러한 홍보 전략은 공격적인 광고 전략과 맞물리면서 효과가 극대화되었다. 야후는 1996년 텔레비전 광고를 실시함으로써 닷컴 광고의 효시가 되었다. "Do you yahoo" 라는 유명한 브랜드 슬로건으로 끝을 맺는 야후의 광고들은 인텔 인사이드의 차임벨 소리처럼 브랜드의 식별성을 높여주었으며, 재미와 애교로 넘쳐나는 광고의 내용들과 함께 고객들에게 인터넷을 다가가기 쉬운 오락처럼 느껴지게 했다.

이러한 광고 커뮤니케이션 전략은 야후가 추구하는 '사용하기 쉬운 친근한 친구 같은' 브랜드 이미지를 구축하였다. 뿐만 아니라 이러한 광고를 슈퍼볼 경기방송과 같은 황금시간대의 스포츠, 아침 뉴스와 마감 뉴스나 인기 있는 쇼프로그램에 맞추어 방송함으로써 도달율을 극대화했다. 이처럼 야후는 오프라인 광고와 다양한 판촉 활동에도 막대한 비용을 투자하였다.

그러나 야후의 성공에는 오프라인 광고와 다양한 판촉 프로그램들이 서로 연동되어 더욱 효과적이고, 강력한 브랜드를 얻을 수 있었다. 야후는 이제 검색 사이트에서 제공하는 컨텐츠 외에도 커뮤니티(community)와 커머스(commerce)를 추가하여, 포탈사이트로 성장해 가고 있다. 또한 야후코리아(yahoo.co.kr)나 야후재팬(yahoo.co.jp)과 같은 철저한 지역밀착 전략을 구사함으로 성공적인 전략을 펼쳐가고 있다.

야후의 사례는 브랜드 인지도를 획득하기 위해 엄청난 광고비를 쏟아 붇던 인터넷 기업들이 최근 자금난에 부딪혀 더 이상 광고에만 의존할 수 없는 상황에서 브랜드는 홍보에 의해서 탄생하고, 광고에 의해서 유지된다는 브랜딩 불변의 법칙에 따라 홍보 활동과 광고 등의 공격적 마케팅 활동이 얼마나 유용한지를 시사해 준다. (www.metabranding.com)

제6장 연구과제

① 인터넷 광고란 무엇이며, 그 등장 배경에 대하여 설명하라.

② 인터넷 광고는 전통적 개념의 광고와 어떤 차이점이 있는가?

③ 인터넷 광고의 유형을 열거하고, 각각을 설명하라.

④ 배너 광고란 무엇이며, 어떤 종류가 있는가?

⑤ 배너 광고를 이용하면 어떤 점에서 유용한가?

⑥ 인터넷에서 배너 광고를 직접 만들어 보라.

⑦ 인터넷 광고의 효과를 측정하는 방법을 열거하고, 각각을 설명하라.

⑧ 인터넷 광고의 효과를 측정하는 기법들의 단점에 대하여 설명하라.

⑨ 인터넷 마케팅 전략을 수립할 때 고려해야 할 내용에 대하여 설명하라.

⑩ 이메일 마케팅이란 무엇이며, 배너 광고와 비교하면 어떤 장점과 단점이 있는가?

제 7 장

인터넷 마케팅

ELECTRONIC COMMERCE

학습 개요

전자상거래는 거래의 주도권을 소비자가 가진다. 따라서 소비자가 원하는 상품 정보를 신속하게 제공할 수 있어야 고객 만족을 실현하고, 나아가 더 많은 이윤을 얻을 수 있다.

제7장에서는 인터넷 마케팅이란 무엇이고, 등장 배경은 무엇이며, 효과와 제약 요인 그리고 새롭게 등장하고 있는 마케팅 기법들에 대해서도 알아본다. 또한 장기적으로 고객과의 관계를 유지하는 고객관계관리(CRM)에 대해서도 알아본다.

1 인터넷 마케팅의 개념과 등장 배경

1. 인터넷 마케팅의 개념

월드와이드웹(world wide web)이 등장하면서 인터넷은 문자·음성·화면·동영상에 이르기까지 다양한 멀티미디어 정보를 교환할 수 있는 거대한 커뮤니케이션 미디어로 발전하였다. 이러한 영향으로 인터넷은 마케팅의 새로운 방법의 마케팅을 등장시켰고, 오늘날에는 대부분의 기업들이 활용하고 있다.

인터넷을 통해 상품이나 서비스 정보를 제공하고 이들을 고객으로 확보하기 위해 펼치는 다양한 형태의 마케팅 활동을 인터넷 마케팅(internet marketing)이라고 한다. 인터넷 마케팅을 구체적으로 정의하면 다음과 같다.

① 인터넷을 이용하여 기업이나 개인이 쌍방향 커뮤니케이션을 바탕으로 마케팅 활동을 펼치는 것
② 온라인 상에서 기업과 소비자가 쌍방향 커뮤니케이션을 통하여 광고·이벤트·정보 제공 등의 마케팅 활동을 수행하는 것
③ 마케팅 목적을 실현시키기 위해 온라인 네트워크와 컴퓨터 커뮤니케이션 그리고 쌍방향 미디어 등을 이용하는 것

인터넷 마케팅을 기존의 전통적 마케팅과 비교하면 많은 차이점을 발견할 수 있다. 〈표 7-1〉은 전통적 마케팅과 인터넷 마케팅의 차이점을 서로 비교한 것이다.

표 7-1 전통적 마케팅과 인터넷 마케팅의 비교

구 분	기존 매체를 이용한 광고	인터넷을 이용한 마케팅
마케팅 개념	판매·제품 지향적	고객 중심·서비스 지향적
마케팅 목표	판매 극대화	고객만족 극대화
마케팅 전략	대량 마케팅	일대일 마케팅
마케팅 시스템	거래 마케팅	데이터베이스 마케팅
마케팅 매체	오프라인	온라인
커뮤니케이션	일방향	양방향
마케팅 도구	자본·인력	정보·데이터베이스

2. 인터넷 마케팅의 등장 배경

인터넷이 급속도로 보급된 이유는 다양한 정보를 제공할 뿐만 아니라 전세계와 연결되어 있는 네트워크를 통해 빠르고 신속하게 원하는 정보와 연결할 수 있기 때문이다. 초기의 인터넷은 군사 분야에서부터 시작하였으나 연구 및 학술정보 교환 등으로 발전되어 왔고, 지금은 상거래에도 큰 영향을 미치고 있다.

기업들은 인터넷을 적절히 이용하여 시장 점유율을 높이고, 비용 절감과 생산성을 개선하여 고객만족을 실현함으로써 더 많은 이윤을 얻을 수 있다. 특히 인터넷은 기업의 경영활동 중 마케팅 분야에 큰 영향을 주고 있다. 기존의 TV・라디오・신문・잡지 등의 매체는 일방향(one way) 마케팅이라는 점 때문에 그 한계가 있었다. 그러나 인터넷의 등장으로 인해 기업과 소비자가 쌍방향으로 커뮤니케이션을 할 수 있게 됨으로써 마케팅 활동의 혁신적 향상을 기대할 수 있게 되었다.

인터넷 마케팅이 등장하게 된 배경을 구체적으로 설명하면 다음과 같다.

1) 고객 역할의 변화

인터넷 마케팅이 전통적 마케팅 환경과 구별되는 가장 획기적인 점은 판매자와 소비자의 구별이 모호해진다는 것이다. 소비자들도 사이버몰(cyber mall)에 상품을 판매하거나 정보를 제공할 수 있기 때문이다. 전통적 상거래는 생산자인 기업이 공급과 가격을 주도하는 시장이었으나 인터넷 환경하의 상거래는 기업이 소비자들에게 일방적으로 상품을 판매하거나 정보를 전달하는 것이 아니라 소비자들도 참여하게 된다.

따라서 인터넷 마케팅은 고객의 욕구를 파악하고 만족시키려는 노력을 해야한다. 이를 위해서는 웹 사이트를 방문하는 소비자가 정보를 검색하고 거래하는 행동이 마케팅 변수와 연계될 수 있도록 소비자들에 대한 인구 통계적 및 심리적 정보들을 정확히 수집해야 한다.

기업이 시장을 일방적으로 지배할 수 없기 때문에 소비자들의 특성과 구매 행동을 정확히 예측하여 고객에게 접근할 수 있어야 한다. 이제 인터넷 마케팅의 역할은 단순히 고객의 욕구를 만족시키는 차원을 넘어 소비자와 기업이 서로 협동하는 단계까지 확장되고 있다. 인터넷과 같이 정보가 집중되는 환경하에서는 판매자와 소비자가 구별되지 않기 때문에 경쟁 전략보다는 협동 전략이 더욱 필요하다.

2) 시장 역할의 변화

인터넷은 거래 상황에 대한 시뮬레이션(simulation)이 아니고 실제의 거래가 이루어지는 환경을 구성하고 있다. 이러한 환경하에서 소비자들은 사이버 쇼핑몰에서 단순히 즐거움을 찾아다니는 행동과 구매를 하기 위한 구체적 행동을 동시에 할 수 있다. 그러므로 인터넷 마케팅은 시장 그 자체로서의 역할을 한다.

그리고 인터넷은 시장을 보다 효율적으로 만드는 잠재력이 있다. 웹 사이트를 통해 소비자들에게 제품에 대한 충분한 정보를 제공할 뿐만 아니라 전통적 매체에 비해서 매우 구체적인 정보를 제공한다. 따라서 소비자들은 완전한 정보를 얻을 수 있다. 예를 들어 소비자들은 가격비교 사이트를 통해 제품의 가격을 미리 알 수 있다. 결국 전통적 시장과 비교해 볼 때 정보에 대한 비용이 낮아질 수 있고, 정보의 질은 높일 수 있으므로 시장의 효율성을 향상시킬 수 있다.

3) 마케팅 믹스의 변화

마케팅 믹스(marketing mix)란 기업이 통제할 수 있는 마케팅 수단을 어떻게 믹스(mix)하여 효율적으로 마케팅 활동을 수행할 것인가에 대한 의사결정을 말한다. 기업이 통제할 수 있는 마케팅 수단은 4P로 알려져 있는 제품(product), 가격(price), 촉진(promotion), 경로(place)이다.

인터넷 마케팅에는 전통적 개념의 마케팅 믹스와는 다른 점이 있다. 첫째, 인터넷 마케팅은 마케팅 과정에 소비자가 참여할 수 있다. 가상공간에서는 기업과 고객이 상호 작용을 통해 신제품 개발, 제품 및 마케팅 전략의 개발 등에 참여할 수 있다. 특별히 시장 조사를 실시하지 않아도 웹 사이트에서 고객과의 상호 작용을 통해 자연스럽게 필요한 정보를 얻을 수 있다. 따라서 가상 공간에서 얻을 수 있는 고객들의 의견이나 정보에 주의하면, 매우 유용한 마케팅 자료를 획득할 수 있다.

둘째, 가상 공간은 시장의 진입과 철수 장벽이 매우 낮기 때문에 소비자에게 접근할 수 있는 유통 경로가 언제나 개방되어 있다. 따라서 전통적 유통 채널에 비해서 소비자의 힘은 증가하고 기업의 힘은 감소하는 전형적인 소비자 중심의 시장이므로 소비자와 기업은 서로 균형을 유지하면서 협동하는 노력이 필요하다.

전통적 마케팅은 기업들이 대중 매체를 통해서 동일한 메시지를 많은 집단의 소비자들에게 일방적으로 전달하는 방식(one to many)이다. 따라서 전통적 대중 매체를 이용한 커뮤니케이션은 기업과 소비자간에 상호 작용이 없다는 것을 가장 큰 특징으로 볼 수 있다. 반면에 인터넷 마케팅은 기업들이 다양한 메시지를 다양한 소비자들에게 제공할 수 있는 방식(many to many)이다.

2 인터넷 마케팅의 효과와 제약 요인

1. 인터넷의 속성

인터넷은 전세계를 연결하고 있기 때문에 마케팅 활동의 영역을 확장시킬 수 있는 특징이 있다. 넓은 시장을 대상으로 효과적인 방법을 통해 자사의 상품을 알리려면 인터넷이 가지고 있는 속성을 먼저 이해해야 한다.

1) 공동체(community)

인터넷은 시간과 거리와 공간을 초월한 네트워크(network)로 연결되어 있기 때문에 하나의 공동체를 형성하고 있다. 이러한 공동체를 통해 상품 홍보를 비롯한 다양한 마케팅 활동을 펼칠 수 있다.

2) 속도(speed)

인터넷은 정보를 빠르게 보내고 받을 수 있는 특징이 있다. 정보의 형태에 관계없이 모든 정보를 세계 어느 곳이든 실시간(real time)으로 보내거나 받을 수 있다. 또한 배너 광고와 링크 등을 이용하면 정보를 빠르게 전달할 수 있고 시간 낭비도 줄일 수 있다.

3) 대화(interactive)

인터넷은 전자우편(e-mail)·포럼(forum)·전자 게시판(BBS) 등의 서비스를 통하여 고객과 실시간(real time)으로 상호 대화할 수 있는 최상의 도구이다. 이러한 장점은 고객과의 상호작용을 통하여 상품 개발부터 판매에 이르기까지 고객들의 다양한 의견이 반영되는 마케팅 전략을 수행할 수 있다.

4) 컨텐츠(contents)

컨텐츠(contents)란 문자·음성·화상·영상 등 여러 가지 형태의 정보 내용물을 말한다. 그러므로 컨텐츠는 문자의 출판, 음성 통신, 음악, 화상, 영상과 같은 광범위한 분야를 포함하고 있다. 이와 같이 인터넷은 다른 미디어가 제공하지 못하는 다양한 컨텐츠를 제공하고 있다.

2. 인터넷 마케팅의 효과

인터넷을 마케팅 활동에 활용하면 다음과 같은 효과를 얻을 수 있다.

1) 정보 전달 비용의 절감

인터넷은 고객이 필요한 정보를 인터렉티브 미디어(interactive media)를 통하여 보다 편리하고 빠르게 전달함으로써 고품질의 서비스를 낮은 비용으로 제공할 수 있다. 고객은 웹 사이트에 접속하여 필요한 정보를 직접 얻을 수 있다. 기업은 고객 질의에 대한 대응 시간을 줄일 수 있고, 정보 처리 비용도 절감할 수 있다.

예를 들어 운송회사인 UPS의 고객들이 UPS의 웹 사이트에 접속하여 각 화물에 부여된 트래킹 넘버를 입력하면, 운반을 의뢰한 물품의 현재 위치와 도착 예정시간 등에 대한 정보를 자세히 알 수 있다. 이와 같이 고객에게 온라인으로 물품의 이동 상황과 도착 정보를 실시간으로 제공하기 때문에 전화를 이용할 때보다 고객 질의에 대한 대응 시간은 줄이고, 고객 만족도는 높일 수 있다.

2) 고객과의 관계 강화

웹 사이트를 통해 고객의 관심사에 대한 상호 의견 교환과 연대감 형성이 가능하다. 웹 사이트를 이용하면 기존의 고객 관리 방법보다 훨씬 직접적이고 적은 비용으로 고객을 관리할 수 있는 장점이 있다. 자사의 고객들을 온라인상의 동호인 클럽 등에 가입시키고, 이를 통해 고객 상호간의 의견 청취와 회원간의 교류 활동을 장려함으로써 브랜드 충성도와 연대감을 향상시킴과 동시에 기존의 대량 마케팅에서는 얻을 수 없었던 구전 효과까지 기대할 수 있다.

예를 들어 GM의 새턴(Saturn)은 웹 사이트에 새턴카 클럽(Saturn Car Club)이라는 동호회를 만들어 공동 관심사에 대한 상호 의견 교환과 연대감 형성의 장소로 활용하고 있다.

3) 유통 과정의 단축과 새로운 역할의 강조

인터넷 마케팅을 도입해 중간 유통 과정을 단축할 경우, 기업은 보다 많은 이익을 얻을 수 있을 뿐만 아니라 소비자들에게 직접 판매할 수 있는 새로운 기회를 가질 수 있다.

최근의 조사 결과에 의하면, 500달러 짜리 왕복 항공권을 기존 여행사를 통해 판매할 경우 약

70달러의 판매 비용이 발생하지만, 인터넷과 같은 인터렉티브 미디어를 활용할 경우에는 25~35달러로 약 50~60%의 비용을 절감할 수 있는 것으로 나타났다.

3. 인터넷 마케팅의 제약 요인

인터넷 마케팅이 출현하면서 마케팅의 패러다임이 변화되고 있으나, 다음과 같은 제약 요인도 있다.

1) 개인 정보 보호

거래에 제공된 개인 정보에 대한 보안이 보장되어야 한다. 아직까지는 이러한 정보 보안이 미비한 상태에 있기 때문에 이에 대한 기술적·제도적 장치가 마련되어야 한다.

2) 프라이버시 보호

소비자의 사생활이 보호되어야 한다. 본인의 의사와 관계없이 전달되는 전자우편은 사생활 침해로 간주된다. 이것은 기업의 이미지 훼손 뿐만 아니라 마케팅 노력을 방해한다.

3) 소비자 권익 보호

인터넷 마케팅은 글로벌 마케팅이기 때문에 세계의 모든 문화와 언어의 장벽을 초월하는 거래이다. 세계 시장을 상대로 마케팅 활동을 펼치면 법적·정치적·윤리적 문제점들이 많이 제기된다. 따라서 이러한 문제들을 해결하기 위해서 제품에 대한 부적절한 표시·허위 광고·결제·반품·제품 자체에서 발생하는 피해 등에 대한 국제적인 규정을 만들어 소비자의 피해를 최소화할 때 비로소 인터넷 마케팅은 건전하게 발전할 수 있다.

3 인터넷을 이용한 마케팅 기법

전통적인 마케팅 활동은 기업과 거래하는 전체 고객들을 대상으로 하는 대량 마케팅(mass marketing)과 고객의 수를 증대시키는 시장 확장(market extension)에 초점을 맞추어 왔다. 그러나 인터넷의 확산과 정보통신 기술의 급속한 발전으로 인해 고객 개인별 맞춤서비스와 새로운 시장 기회를 발견하려는 고객 확장(customer extension) 중심으로 변하고 있다. 이렇게 변화하는 환경 속에서 새롭게 전개되고 있는 마케팅 기법을 살펴보기로 한다.

1. 데이터베이스 마케팅

1) 데이터베이스 마케팅의 개념

데이터베이스 마케팅(database marketing)은 컴퓨터에 수록된 고객 데이터를 바탕으로 마케팅 전략을 수립하고 집행하는 모든 활동을 말한다. 즉, 고객의 구매 이력 · 신상 정보 · 욕구 · 취미 등과 같은 정보를 가지고 고객의 성향을 분석하고 향후 필요한 마케팅 전략을 수립하는 것이다.

그림 7-1 데이터베이스 마케팅의 구축 및 활용

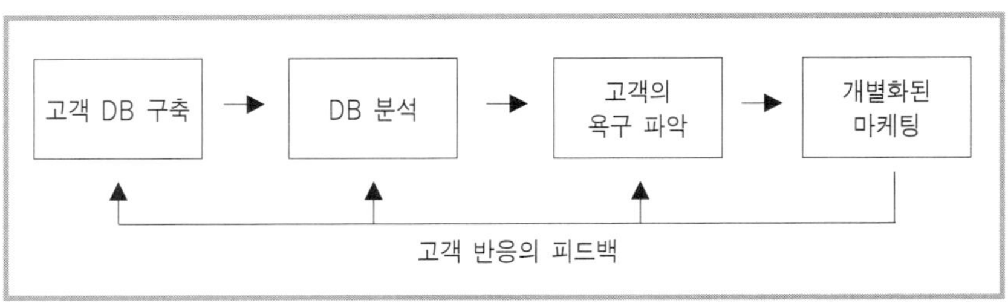

데이터베이스 마케팅을 실행하기 위해서는 〈그림 7-1〉에서 보는바와 같이 먼저 고객의 데이터베이스(DB)를 구축해야 하고, 고객의 정보가 입력되면 그 정보를 분석해 고객 개개인의 요구와 취미 · 가치관 등을 찾아내 그것에 맞춘 제품을 개발한 뒤 개인화된 메시지를 전달한다. 메시지가 전달된 후 상품을 구입한 고객으로부터 피드백(feedback)을 받고, 그것을 다시 고객 데이터베이스에 축적하는 일련의 과정을 되풀이한다.

과거에도 고객 리스트를 구축하고, 이를 바탕으로 마케팅 활동을 전개했던 사례는 많이 찾아볼 수 있다. 그러나 최근 들어 데이터베이스 마케팅이 새로운 마케팅 전략으로 각광받는 이유는 다음과 같은 환경의 변화에서 찾아볼 수 있다.

먼저 고객의 특성 측면에서 가격 할인보다는 서비스와 편의성을 추구할 만큼 경제적 여유가 있는 고객 계층이 증가하고 있으며, 이들은 자신이 원하는 서비스를 받기 위해서 기꺼이 추가로 비용을 부담할 용의가 있다. 고객의 욕구도 과거보다 세분화되고 다양해지면서 특별하게 대우받기를 원하는 고객들이 늘어나고 있다.

기업 측면에서도 기업간의 경쟁이 심화되고, 고객의 욕구가 다양화됨에 따라 가격 할인이나 판촉에 의존하던 대량마케팅의 한계를 인식하게 되었다. 이러한 상황에서 무리한 가격 할인을 통한 경쟁보다는 고객과의 개별적인 관계 구축을 통해 상품과 서비스를 차별화하고, 고객의 충성도를 확보하여 고객 유지와 이익 확보를 동시에 추구할 수 있는 방안을 모색하게 되었다.

그러나 무엇보다도 데이터베이스 마케팅을 활성화시킨 중요한 환경의 변화는 정보기술의 발전이다. 컴퓨터의 대중화로 데이터베이스 마케팅의 필수요소인 고객정보 수집에 소요되는 비용이 대폭 하락하였으며, 이를 분석하고 유지하는 데 소요되는 추가 비용도 줄어들게 되었다. 또한 전화・TV・멀티미디어・인터넷 등과 관련된 정보 기술의 발전으로 고객과 기업간의 직접 커뮤니케이션이 보다 저렴한 비용으로 실현 가능하게 되어 고객과의 정보 교환을 통한 마케팅 기회가 증가하게 되었다.

2) 데이터베이스 마케팅의 구축 과정

데이터베이스 마케팅이 성공하기 위해서는 전체적인 방향과 주요 부문별 목표를 설정한 후 구체적인 세부 실행계획을 명확히 수립해야 한다. 또한 실행 과정에서 나타나는 문제점을 보완하는 과정도 매우 중요하다. 데이터베이스 마케팅시스템의 구축 과정을 살펴보면 다음과 같다.

(1) 기존 데이터의 통합

데이터베이스 마케팅 활동을 원활하게 수행하기 위해서는 기업 내에 분산되어 있는 기존의 데이터베이스(DB)와 파일・문서 등을 통합하여 새로운 데이터베이스에 적재하는 과정이 필요하다. 이 때 새롭게 적재되는 데이터는 누락이나 중복 없이 완전 무결하게 통합되어야 한다.

(2) 새로운 데이터의 추가

데이터베이스 마케팅의 효과를 높이기 위해서는 기존의 데이터를 통합하는 것과 더불어 새로운 데이터를 추가해야 한다. 새로운 데이터는 기존 데이터의 연산을 통해 만들어지거나 외부로부터 유입된다.

(3) 분석 도구의 개발

기존의 데이터가 통합되고 새로운 데이터가 추가되면, 계량적인 분석을 통해 사용자가 활용하게 된다. 이 때 분석 도구를 개발하는 방법에는 두 가지가 있다.

첫째, 필요한 분석 결과를 사전에 미리 파악하여 이를 모두 자동화함으로써 분석을 쉽게 이용하는 방법이다. 둘째, 기본적인 분석만 자동화시키고 다양하고 정교한 분석은 필요에 따라 사용자가 추가할 수 있도록 구성하는 방법이다.

(4) 사용자 편의와 시스템 효율성의 조화

데이터베이스 마케팅 시스템을 구축할 때에는 물리적 시스템과 프로그램은 사용자의 편의 및 운영의 효율성과 조화를 이루어야 한다. 시스템 운영의 효율성만을 너무 강조하면 상세한 분석과 편리한 사용이 어렵게 된다. 반대로 사용자의 편의만을 너무 강조하면 시스템의 기능이 이를 지원하지 못하는 경우가 생길 수도 있다.

(5) 정보 축적과 창조적 활용

고객 정보를 토대로 한 데이터베이스 마케팅시스템이 구축되면, 새로운 정보도 끊임없이 축적된다. 이 과정에서 중요한 것은 새로운 정보의 발견과 축적 그리고 이들의 창조적인 활용이다. 분석 결과가 타당하지 않을 경우에는 그 원인을 분석하여 데이터베이스에 이를 반영하는 절차도 필요하다. 이런 과정이 반복되면 기업에 유용한 정보는 축적되고, 분석 능력은 향상된다.

축적된 정보와 분석 능력은 마케팅 활동에 창조적으로 활용된다. 이를 효과적으로 활용하면 고객의 요구가 반영된 신제품의 개발, 새로운 판매촉진 활동, 고객을 접촉하는 새로운 방법 등을 얻을 수 있다.

2. 일대일 마케팅

1) 일대일 마케팅의 개념

기업이 지속적으로 수익을 창출하기 위해서는 고객을 충분히 확보하는 것이 중요하다. 인터넷 기업도 충분한 회원을 유치하고 축적된 고객 정보를 분석하여 필요한 상품이나 서비스를 제공함으로써 높은 수익을 달성할 수 있다. 그러므로 유치된 고객 정보를 분석하여 이들에게 알맞은 서비스를 제공할 수 있는 일대일 마케팅 활동이 필수적이다.

일대일 마케팅(one to one marketing)은 축적된 고객 정보를 바탕으로 고객 개개인의 욕구

(needs)에 맞는 상품과 서비스를 제공하는 마케팅 활동을 말한다. 일대일 마케팅 활동을 통해 궁극적으로 얻고자 하는 것은 개별화된 서비스로 우량 고객과 우호적인 관계를 지속적으로 유지하여 매출액을 극대화하려는 것이다. 이것은 20%의 고객에 의해 매출액의 80%가 달성된다는 사실에 바탕을 둔 마케팅 전략이라고 할 수 있다.

일대일 마케팅의 목표는 일정 기간 동안에 같은 상품을 가능한 한 많은 고객들에게 판매하는 것이 아니라 한 명의 고객에게 많은 상품이나 서비스를 판매하는데 있다. 이러한 목표를 달성하기 위해서는 고객과의 끊임없는 상호 작용을 통해 성별·나이·소득 등의 통계학적 정보와 고객의 취미와 레저 및 구매 패턴 등에 관한 정보들을 데이터베이스화 하여 고객에게 가장 적절한 상품이나 서비스를 제공할 수 있어야 한다.

인터넷 서점인 아마존(Amazon)의 경우 방문자가 관심 있어 하는 도서의 신간 정보를 메일로 제공해 주는 것과 인터넷 쇼핑몰인 인터파크(Interpark)의 경우 구매자들에게 신상품이나 관련 상품에 관한 정보 및 할인 행사 등을 메일을 통해 지속적으로 제공하는 것은 일대일 마케팅의 사례라고 할 수 있다.

2) 일대일 마케팅의 진행 과정

인터넷을 이용한 일대일 마케팅은 다음과 같이 4단계로 진행된다.

(1) 고객 정보의 획득

첫 번째 단계는 웹 사이트를 방문하는 고객이 누구인지를 확인하는 단계로서, 일대일 마케팅을 위한 기본적인 정보를 수집하는데 목적이 있다. 웹상에서 고객이 누구인지를 알아내는 방법으로는 쿠키(cookie)를 이용하는 방법과 방문 고객을 등록시키는 방법이 있다.

쿠키(cookie)는 웹 사이트를 방문한 방문자가 남기는 흔적을 이용하는 방법으로서, 어떤 방문객이 언제 방문했는지 그리고 어떤 행동을 했는지 알 수 있다.

방문 고객을 등록시키는 방법은 웹 사이트를 방문하는 고객에게 신상 정보를 등록하고 개인별 ID와 비밀번호를 부여한 후 다음 방문부터 활용하는 방법이다. 고객 정보를 등록할 때 한번에 많은 정보를 등록하도록 요구하면 고객의 불만을 야기할 수 있다. 그러므로 웹 사이트가 제공하는 서비스의 특성을 고려하여 필요한 정보만을 등록하도록 해야 한다.

많은 정보를 수집해야 할 경우에는 기본적인 정보부터 수집한 후 고객과의 추가적인 상호작용을 통해 질문을 하며, 이에 대한 보상을 반드시 실시하여 고객이 자발적으로 신상 정보를 노출시키도록 유도해야 한다. 그리고 수집된 정보가 고객 서비스에 활용되고 있다는 것을 고객이 느낄 수 있도록 해야 한다. 많은 정보를 요구한 후 이를 제대로 활용하지 않는다면 고객은 불만을 나타내고 재방문도 하지 않을 것이다.

고객 정보를 등록하는 단계에서는 등록자에 대한 보상 방법, 개인 정보에 대한 보안 방법, 고객 정보를 등록시키는 방법과 추가 질문을 하는 방법, 웹 사이트의 보안에 관한 문제점을 해결해야 한다.

(2) 고객 세분화 및 차별화

두 번째 단계는 등록된 고객 정보를 이용해 고객을 세분화하고 차별화 하는 것이다. 고객을 세분화하는 목적은 고객 개개인별로 차별화된 서비스를 제공하는데 있다. 이 단계에서는 고객의 욕구에 따라 고객을 차별화된 그룹으로 세분화하고, 이들의 요구에 맞는 내용을 구성함으로써 재방문을 유도한다.

표 7-2 인터넷에서의 고객 세분화와 특성

고객 세분화 변수		인터넷에서의 특성
인구통계학적 세분화	연령	20·30대 주축이며, 10대·60대 이후는 미미
	성별	남성 위주이나 여성의 비율이 점차 증가(미국의 경우에는 남성 대 여성의 비율이 점차 접근하나 한국의 경우는 남성이 압도적으로 많음)
	소득 수준	평균 소득 수준보다 높음(인터넷 저변 확대로 낮아져감)
	직업	학생, 컴퓨터 관련 직종, 전문 직종
	학력	대졸 이상의 고학력
	국적	북미, 유럽, 일본, 독일 등이 인터넷 사용 인구가 많음
심리적 세분화	사회 계층	중상 이상의 계층
	생활 양식	주로 활동적인 성향의 사람이 많음
	개성	합리 추구, 비공식적, 자의식이 강함
행동적 세분화	사용 방법	Searching, Surfing
	추구 편익	신규 및 규칙적 사용자의 지속적 증가
	사용자 상태	충성도 높지 않음
	제품에 대한 태도	적극적
지리적 세분화	지역	국가별·지역별 인터넷 격차가 심함

자료 : 인터넷 비즈니스, 아이비즈넷, 21세기북스, p.237

고객 세분화를 실행하기 위해서는 웹 사이트의 내용을 고객의 요구에 맞도록 구성해야 한다. 먼저 기존의 고객 정보를 바탕으로 고객을 세분화하고, 세분된 각각의 그룹별로 차별화된 내용을 구성한다. 그런 다음 고객이 접속하면 사전에 분류된 기준에 따라 정해진 내용과 접속되도록 한다. 이런 과정을 반복함으로써 고객이 과거에 거래했거나 이용한 서비스에 대한 정보를 축적할 수 있다.

(3) 고객과의 상호 작용

세 번째 단계는 고객과 상호 작용을 하는 단계이다. 고객과 상호 작용을 하기 위해서는 고객이 필요로 하는 정보를 모두 찾을 수 있도록 내용을 구성해야 한다. 인터넷은 고객이 자발적으로 방문을 해야만 존재 가치가 인정되는 매체이기 때문에 고객이 웹 사이트를 방문해야 하는 이유를 명확히 제시해 주어야 한다. 그리고, 고객이 어떤 정보를 찾을 수 있는지 충분히 알 수 있도록 메뉴 등을 미리 제시하여 선택할 수 있도록 해야 한다.

(4) 재방문 유도

네 번째 단계는 고객 차별화를 통해 고객의 욕구를 충족시켜줌으로써 재방문을 유도하는 단계이다. 이 과정에서는 웹 사이트를 방문한 고객의 만족도를 높여 고객이 다시 방문할 수 있도록 유도하는 것이 중요하다. 고객 만족도를 높이기 위해서는 거래 단계에서 요청되는 정보를 최소화해야 한다. 그러므로 이미 축적된 정보로 알 수 있는 내용은 추가로 요청하지 않아야 한다.

3. 관계마케팅

1) 관계마케팅의 개념

대량생산 경제체제에서 기업의 마케팅 활동은 경쟁 회사의 고객을 흡수하기 위해 광고비 지출을 늘리고 공격적인 마케팅 활동을 전개하는 것이었다. 그러나 이러한 방법은 소모적인 광고전과 잦은 가격 할인 등을 남발하여 수익성이 더욱 하락되는 악순환이 계속 되었다. 이런 문제점에 대한 대안으로 제시된 것이 관계마케팅(relationship marketing)이다. 관계마케팅을 전통적 마케팅과 비교해 차이점을 설명하면 다음과 같다.

첫째, 고객을 바라보는 시각에서 차이점이 있다. 전통적 마케팅에서 고객은 상품을 팔아야 하는 대상으로만 인식하였기 때문에 판매 그 자체와 매출액 극대화가 중요한 과제였다. 그러나 관계마케팅에서는 고객을 기업 활동의 동반자로 인식하고, 고객과 장기적 · 지속적 관계를 유지함으로써 수익성 극대화를 도모한다. 따라서 관계마케팅에서는 단기적인 매출 확대보다는 장기적인 수익성 확보에 중점을 둔다.

둘째, 기업과 고객 사이의 의사소통 방법에 차이점이 있다. 전통적 마케팅에서는 주로 매스 미디어(mass media)를 이용하여 일방적으로 메시지를 전달하는 방법을 사용하였으나 관계마케팅에서는 인터넷 등의 쌍방향 매체를 이용하여 기업과 고객이 양방향(two-way)으로 의사소통을 한다.

셋째, 추구하는 목표에서 차이점이 있다. 전통적 마케팅에서는 규모의 경제(economies of scale)를 실현하여 경제성을 추구하였다. 가능한 많은 고객에게 많은 제품을 판매하는 대량 생산과 대량 판매를 목표로 하였다. 그러나 관계마케팅에서는 한 고객과 거래 기간을 장기간 유지하면서 다양한 제품을 판매하는 범위의 경제(economies of scope)를 추구한다. 관계마케팅은 고객 개개인의 수익성 기여도와 거래 기간을 평가하고 이를 토대로 우량 고객을 지속적으로 늘려감으로써 높은 수익성 창출을 목표로 한다.

이상의 설명을 종합하면, 관계마케팅(relationship marketing)은 고객 개개인을 하나의 독립된 시장으로 보고, 고객 1인당 전체 지출액에서 자사 제품의 매출 비중을 높이는 마케팅 활동을 의미한다. 전통적 마케팅에서는 전체 고객을 하나의 동질적인 시장으로 파악하여 그 시장의 시장 점유율(share of market)을 높이는 것이 중요하였으나, 관계마케팅에서는 고객 점유율을 높이는데 초점을 둔다.

고객 점유율(share of customer)이란 고객 개인이 여러 가지 상품이나 서비스 중 특정 상품이나 서비스를 구입하는 비율을 말한다. 상품이나 서비스의 판매에 초점을 맞추는 것이 아니라 고객과의 장기적 관계를 구축하는 것이 관계마케팅의 핵심이다.

2) 관계마케팅의 성공 조건

관계마케팅이 성공하기 위해서는 고객 개개인의 정보와 욕구를 정확히 추적하고 파악할 수 있는 능력이 필수적이다. 컴퓨터를 비롯한 정보기술을 이용하면 아무리 방대한 양의 고객 정보라도 수집·가공·저장·검색할 수 있다. 최근에는 데이터 웨어하우스(data warehouse)나 데이터 마이닝(data mining)과 같은 새로운 기술이 개발되면서 더욱 심층적으로 고객 정보를 관리할 수 있게 되었다.

데이터 웨어하우스(DW)는 기업에서 지속적으로 발생하는 거래 데이터를 시간 단위로 나누어 각 시간대별로 저장하며, 저장된 정보에 적절하고 손쉽게 접근하여 정확한 의사결정을 지원하는 데이터베이스를 말한다.

데이터 마이닝(data mining)은 저장된 대량의 정보 가운데서 잠재적으로 유용한 정보를 추출하여 의사결정을 지원하고, 그 효과를 예측하는 기법이다. 데이터 마이닝의 결과로 어떤 고객은 다른 고객에 비해 특정 상품을 더 좋아하는 경향을 알 수 있다.

그리고 고객 정보와 요구를 체계적으로 획득한 후에는 고객 개개인에게 요구를 충족시켜 줄 수 있는 마케팅 활동이 전개되어야 한다. 개인별 다양한 마케팅 활동을 통해 고객과의 장기적인 관계를 구축하고 유지할 수 있다. 이를 달성하기 위해서는 종래의 4P로 알려진 제품(product), 가격(price), 촉진(promotion), 경로(place) 이외에 인적 자원(people), 과정(process), 고객 서비스 제공(providing of customer service)을 포함하는 확장된 마케팅 믹스를 고려해야 한다.

4 고객관계관리(CRM)

1. 고객 관리의 필요성

개방된 네트워크를 통해 거래가 이루어지는 전자상거래 환경은 소비자들이 직접 시장을 방문하지 않고서도 여러 가지 상품들을 동시에 비교하고, 자신의 욕구에 가장 알맞은 품질의 상품을 선택할 수 있다. 그러므로 기업들은 소비자들에게 보다 많은 선택적 대안을 제시할 수 있어야 한다.

표 7-3 고객 관리의 시대적 변천

구 분	판매(1970년대)	CS(1980년대)	DBM(1990년대)	CRM(90년대후반)
대 고객 관점	수동적 구매자	선택적 구매자	개성화, 다양화된 구매자	능동적 파트너
고객과의 관계	전체 시장에 일방적 공급(배급)	고객 만족도(CSI) 측정, 일방적 관계	그룹화된 고객과의 일방적 관계	개별 고객과 쌍방향 의사소통
고객 관리	단순 영업 위주	영업과 판매 위주의 서비스	IT 기술팀 위주	전사적 관리

자료 : 삼성경제연구소

〈표 7-3〉에서 보는바와 같이 1970년대까지는 단순 영업 위주의 고객 관리를 하였으나, 1980년대 이후부터는 고객과의 관계가 중요시되면서 고객 관리의 중요성이 강조되기 시작하였다. 즉, 고객을 단순히 현재의 상품을 판매하기 위한 수단으로 인식해서는 안되며, 고객이 무엇을 원하지를 생각하고 고객의 입장에서 바라보는 고객지향적 마케팅활동을 펼쳐야 한다는 사고를 가지게 되었다. 고객을 기업의 자산으로 파악하여 관리함으로써 얻을 수 있는 혜택은 다음과 같다.

1) 미래의 판매량 예측

현재의 고객들을 효과적으로 관리하면, 미래의 판매량을 예측할 수 있을 뿐만 아니라 판매 목표를 달성할 수 있는 수단이 된다. 고객의 구매 이력을 데이터베이스화하여 관리함으로써 미래의 구매 잠재력을 파악할 수 있고, 고객의 욕구에 맞는 상품을 공급할 수 있다.

2) 고객 상실에 대한 대비

기존의 고객을 상실하는 원인으로는 상품에 대한 싫증, 서비스에 대한 불만, 고객이 다른 곳에서 더 좋은 상품을 발견하는 경우 등이다. 이와 같은 고객 상실은 고객의 상세한 구매 이력 정보를 가지고 있을 때 정확하게 예측하여 대비할 수 있다.

3) 기업 가치의 증대

기업의 가치를 결정하는 중요한 요소 중의 하나는 고객들의 구매 잠재력과 같은 무형의 자산이다. 예를 들어 두 개의 기업을 합병할 경우 고객을 많이 확보하고 있는 기업의 가치가 그렇지 못한 기업에 비해 훨씬 높게 평가될 수 있다. 따라서 데이터베이스화된 고객의 이력 정보와 통합 정보는 기업 가치를 더욱 증대시킬 수 있다.

2. 고객 관리 방법

인터넷을 이용한 거래가 급속히 증가함에 따라 고객에 대한 서비스와 관리 방법이 근본적으로 변화하고 있다. 기업과 고객이 가상 공간에서 일대일(1:1)로 접촉하기 때문에 온라인을 이용한 고객 관리는 경쟁력 확보에 필수적인 요소로 자리잡게 될 것이다.

1) 웹 사이트를 이용한 고객 관리

기업은 웹 사이트를 통해 고객들에게 많은 정보를 신속하게 제공할 뿐만 아니라 양방향으로 정보를 공유할 수 있다. 고객도 웹 사이트를 이용하면 상품의 효용성과 서비스 상황 그리고 진행 상황 등에 대한 질문을 할 수 있고, 최신의 정보를 직접적으로 얻을 수 있다.

그러므로 웹 사이트를 이용하는 기업은 자사의 상품이나 서비스에 대한 정보를 제공할 뿐만 아니라 고객들에게 신상품을 보여주고 대화를 통해 의견과 불만을 수렴하여 진보된 신상품을 개발하는데 이용할 수 있다. 또한 고객들은 웹 사이트를 통해 상품을 확인해 보고 여러 상품들과 비교해 보기도 하며, 의문 사항에 대해서는 질문을 할 수도 있다.

2) 데이터베이스 마케팅

데이터베이스 마케팅(database marketing)은 고객 정보, 경쟁 회사의 정보, 산업 정보 등 시장의 각종 1차 데이터를 직접 수집・분석하고 그것을 기초로 하여 마케팅 전략을 수립하는 전략 기법이다. 어느 고객이 무엇을 얼마나 자주 구매하였는지, 어느 고객이 어느 매장에서 어떤 유형의 제품을 구매하였는지, 또는 어느 고객층이 언제 재구매를 하고 대체 구매를 할 것인지 등과 같은 데이터를 가지고 고객의 성향을 분석하고 향후 필요한 마케팅 전략을 수립하는 것이다.

이러한 마케팅 전략 기법은 컴퓨터 시스템의 발달로 인해 한층 쉬워졌다. 컴퓨터가 고객의 복잡한 데이터를 보다 저렴하고 신속하게 처리할 수 있게 되었다. 따라서 그날 그날의 고객 구매 형태에 대한 데이터베이스가 과거와 비할 수 없을 정도로 신속하게 갖춰질 수 있고, 이를 기초로 보다 효과적인 마케팅 전략의 수립이 가능하게 된 것이다.

3) 다양한 정보 관리

상품에 대한 고객들의 서비스 요구는 다양한 방법으로 나타날 수 있다. 전자우편이나 웹 사이트를 이용한 방법 뿐만 아니라 전화나 팩시밀리 등을 이용할 수도 있다. 기업은 모든 상황에 대비하여 고객을 만족시키는 조치들을 마련해야 한다. 고객들의 다양한 요구에 대하여 최고의 서비스를 제공하고 고객 중심의 기업 경영을 위해서는 통합 정보관리시스템을 운영할 수 있어야 한다.

4) 지속적인 기술 혁신

전자상거래 환경하에서는 단순한 고객 만족만으로는 효과적인 대응을 하는데 한계가 있다. 사후관리(after service) 중심의 고객 만족만으로는 충분하지 않으며, 기술 혁신을 통해 고객의 욕구를 충족시켜 줄 수 있는 상품과 서비스를 지속적으로 개발해야 한다.

3. 고객관계관리

1) 고객관계관리의 개념

고객관계관리(CRM : customer relationship management)는 고객의 행동 양식에 대한 이해를 바탕으로 기업 경영의 질을 높이기 위한 전략과 조직 및 프로세서 그리고 기술상의 변화 과정을 의미한다. 기업은 고객관계관리를 통해 고객에 대한 정보를 수집하고, 수집된 정보를 효과적으로 활용해 매출과 수익을 증대시킬 수 있다. 매출 증대는 기존 고객의 유지관리, 기존 고객으로부터의 수익성 증대, 수익성이 높은 신규고객 확보를 통해 달성된다.

비용 절감은 고객을 과학적으로 분석하고 마케팅 활동을 효율적으로 수행함으로써 이루어진다. 세계적 네트워크 장비업체인 시스코시스템즈의 경우에는 웹을 기반으로 한 고객 인터페이스를 구축하기 전까지는 고객들의 주문에 대한 재작업 비율이 무려 25%에 달했다고 한다. 그러나 고객 인터페이스를 개발한 후에는 고객들을 과학적으로 분류해 대응함으로써 주문에 대한 재작업 비율이 2%로 급격히 줄었다고 한다.

2) 고객관계관리의 필요성

정보 기술의 발전 초기에 기업들은 재무 및 생산관련 시스템에 많은 투자를 했다. 그러나 기업 가치가 고객으로부터 나온다는 인식이 확산되면서 고객관계관리에 대한 투자가 급속히 늘고 있다. 그 첫 번째 이유는 기업의 운명을 결정지을 수 있는 힘이 고객으로 옮겨졌기 때문이다.

〈표 7-4〉에서 보는바와 같이 지난 1950~1960년대 공급 사슬의 중심 축은 제조기업이었고, 기업의 가장 중요한 자산은 브랜드였다. 이어 1970~1990년대에는 공급 사슬의 중심축이 유통업체로 이동하였다. 당시는 효과적인 판매망이 기업의 주요 자산이었다. 그러나 2000년대 들어서 공급 사슬의 중심축은 다시 고객으로 이동하였다. 고객 정보가 기업의 유일한 자산이 되고 있기 때문이다.

표 7-4 기업 활동과 가치의 변천 과정

구 분	1950~1960년대	1970~1990년대	2000년대
주 도 권	제조자-기업	유통업체	고 객
관련 기술	텔레비전	바코드, 스캐너	PC, 인터넷
관련 애플리케이션	데이터 처리	경영정보시스템(MIS)	정보 저장소(DM)
정보 활용자/활용 단위	고위 경영자	기능상의 담당 부서	모든 조직원
가치의 원천	브랜드 자산	판매 채널	고객 충성도

자료 : 한국경제

고객관계관리(CRM)에 대한 투자가 늘어나는 두 번째 이유는 고객 충성도가 수익의 원천으로 자리잡고 있기 때문이다. 고객 충성도는 거래 기간과 밀접한 관련이 있는데, 거래 기간이 길어질수록 고객으로부터 나오는 수익은 증가하게 된다. 또 고객만족 지수가 일정 수준을 넘어서는 순간 기하급수적으로 증가하는 경향을 보이는데, 고객만족 지수는 고객에 대한 정확한 정보를 바탕으로 맞춤형 상품과 서비스를 제공함으로써 증가시킬 수 있다.

예를 들면, 고객들은 적극적으로 웹 사이트를 탐색한다. 웹은 고객들의 문제나 질문에 귀를 기울여 조언하고 안내하며 추천도 한다. 그뿐만이 아니다. 웹은 직접 거래를 성사시키기까지 한다. 바로 이런 점이 고객관계관리(CRM)가 강조되는 이유이다. 상대적으로 소홀히 취급되는 고객은 자신의 기호를 알고 접근하는 다른 웹 사이트로 바로 이동할 것이다. 반대로 자신에 대한 여러 가지 정보를 바탕으로 원하는 서비스를 알아서 제공해 주는 사이트들은 고객의 충성도가 높아져 많은 수익을 얻을 수 있다.

3) 고객관계관리의 도입 방법

고객관계관리(CRM)는 고객의 요구를 개인별로 파악해 이를 충족시켜줌으로서 고객과의 관계를 개선하고, 이를 바탕으로 고객과 장기적 유대관계를 형성하는 기법이기 때문에 단계적으로 도입해야 한다.

컨설팅회사인 프라이스워터하우스(PwC)는 고객관계관리가 「고객 확보 → 고객 유지 → 전략적인 고객 관리」의 세 가지 단계를 거쳐 발전한다고 하였다.

(1) 고객확보 단계

먼저 고객확보 단계는 말 그대로 고객 확보에만 치중하는 단계이다. 이 단계의 기업들은 고객유치에만 관심을 기울일 뿐 고객을 어떻게 유지할 것인가에 대한 관심은 별로 없다. 백화점 회사가 고객을 유치하기 위해 카드를 대량으로 발행하는 경우가 이 단계에 속한다.

(2) 고객유지 단계

이어 고객유지 단계에 접어들면, 기업들은 고객 확보에서 한 걸음 나아가 고객과의 관계 형성 그리고 고객을 어떻게 접촉하고 고객들과 비즈니스를 어떻게 할 것인지에 관심을 기울인다. 백화점이 이용 실적이 높은 카드 회원들을 대상으로 음악회를 연다면 여기에 속한다고 할 수 있다.

(3) 전략적 고객관리 단계

전략적 고객 관리 단계의 기업들은 고객을 자산으로 보고 전략을 수립·시행한다. 고객을 세분화한 뒤 그에 맞는 차별화된 제품과 서비스를 제공하게 된다. 연간 소득이 1억원 이상으로 결혼 적령기의 자녀가 있어 가구 제품을 구입할 고객과 연간 소득이 3천만원대의 신혼부부로 유아용품을 구입할 고객 등으로 분류하여 그에 맞는 상품 정보를 카드 회원에게 보낸다면 여기에 속한다고 할 수 있다.

전략적 고객 관리로 접어들기 위해서는 고객관계관리에 대한 이해 뿐만 아니라 진정한 고객만족과 이를 바탕으로 한 기업가치 창조를 이루어 내겠다는 최고경영자의 의지가 절대적으로 필요하다.

(4) 고객관계관리 도입시 유의점

고객관계관리를 도입할 때에는 다음의 두 가지 점을 유의해야 한다.

첫째, 고객관계관리는 애플리케이션 · 시스템 · 정보 기술만이 아니라 전략(strategy)이라는 사실을 명심해야 한다. 고객관계관리는 정보 · 시스템 · 경영 정책 · 프로세스 그리고 회사의 조직원들이 총체적으로 집결된 경쟁 상황에서 고객을 끌어들이고 유지시키는데 사용되는 전략이다. 고객관계관리를 위한 애플리케이션과 정보 기술은 그러한 전략을 수행하기 위한 도구로서 조직내 경영 전략의 한 부분에 불과할 뿐이다.

세계적인 컴퓨터 저장장치 업체인 미국의 스토리지 텍(Storage Tek)의 경우에도 고객의 요구 사항부터 먼저 파악하면서 차근차근 접근했다. 고객관계관리 추진팀이 일선 판매담당 매니저와 인터뷰를 통해 고객들의 요구 사항을 명확히 파악한 후 고객관계관리시스템 구축 작업에 들어감으로써 성공할 수 있었던 것이다.

둘째, 고객관계관리는 실무자로부터 출발해서는 안 된다는 점이다. 고객관계관리의 시작은 반드시 최고경영진이어야 한다. 고객관계관리는 경영의 모든 요소를 포함한 하나의 전략이기 때문이다. 콜센터(call center) 혹은 정보관련 매니저(IT manager)가 모든 프로세스를 주도해 변화시킬 수는 없다. 고객관계관리를 성공적으로 도입한 기업의 최고경영자들은 본인 시간의 40% 이상을 고객관계관리 초기화 프로세스에 할애하고 있다.

주요 용어

마케팅	쌍방향 커뮤니케이션	인터넷마케팅
마케팅 믹스	Forum	BBS
interactive media	브랜드 충성도	대량마케팅
일대일 마케팅	데이터베이스마케팅	고객충성도
고객세분화	관계마케팅	시장점유율
고객점유율	dataware house	data mining
고객 관리	고객관계관리	

참고자료

7.1 효과적인 고객 관리를 위한 마케팅 방법

고객들을 유치하기 위한 인터넷 쇼핑 업계의 경쟁이 치열한 가운데, 새로운 고객을 유치하고 이들을 단골 고객으로 만들기 위해선 이에 합당한 인터넷 에티켓을 갖추어야 한다는 지적이 제기되었다.

통합 다중채널 고객 관리 솔루션 회사인 이서포트 나우(www.esupportnow.com)는 "고객 관리를 어떤 방식으로 하느냐에 따라 매출액이 큰 차이가 난다"며, "인터넷 쇼핑객들을 대할 때 필요한 에티켓을 터득하는 것은 필수적"이라고 말했다.

① 고객의 요구를 부정하지 말라.

효과적인 고객 관리에 필요한 인터넷 에티켓(internet etiquette)의 첫 번째는 고객이 말하는 내용이나 원하는 내용에 대해 일단 부정하지 않는 것이다. 고객의 요구에 대해 먼저 '아니오'라고 말하기 보다 '어떻게 고객을 만족시킬 수 있을까?'에 대해 고민하는 것이 인터넷상에서 가져야 할 필수적인 자세이다.

② 고객이 원하는 호칭과 말투를 사용한다.

전화나 실시간 채팅을 통해 고객 서비스를 제공할 때에는 고객들이 원하는 호칭과 말투를 사용하도록 한다. 채팅 사이트에서 고객이 성을 빼고 이름만으로 대화를 신청했다면, 회사도 고객의 이름만을 사용하는 것이 좋다.

③ 전문가답게 행동한다.

회사측은 항상 전문가처럼 보이도록 신경을 써야 한다. 전자우편이나 채팅에서 철자나 문법상의 오류를 저지르는 것은 회사 자체가 전문가답지 못하다는 인상을 주기 쉽다.

④ 정확한 정보만 제공한다.

고객 상담자가 제공하는 정보는 곧 회사가 제공하는 정보와 마찬가지이다. 부정확한 정보는 회사의 신뢰도를 바로 추락시킨다. 따라서 정확한 정보만을 제공하도록 한다.

⑤ 질문에 대한 대답은 쉽고 체계적이어야 한다.

대답하기 어려운 질문이나 여러 질문을 동시에 하는 고객을 위해서는 질문과 이에 대한 대답을 조목조목 쉽게 설명해 주어야 한다. 질문이 산만하다고 해서 대답도 산만하다면 고객 서비스를 제공하는 의미가 없어진다.

⑥ '나'보다는 '우리'를 강조한다.

고객 서비스를 위해 개인 전자우편을 사용하지 않는다. 또한 '나'라는 단어 대신 '우리'라는 단어를 사용하도록 한다.

⑦ 미소를 잃지 않는다.

얼굴을 맞대지 않고 채팅을 하더라도 미소를 잃지 않도록 한다. 얼굴의 미소는 고객 서비스의 분위기에 직접적으로 영향을 준다.

⑧ 고객의 메시지에는 빠른 응답을 보내야 한다.

고객의 메시지에 바로 응답하기 어려울 때에는 고객의 메시지를 언제 받았으며, 빠른 시간 내에 응답을 해주겠다는 메시지를 남기도록 한다. 어떤 경우에도 고객에게 응답해주는 시간은 최대 2~3시간을 넘기지 말아야 한다.

⑨ 메시지는 간결하고 정돈된 형식으로 보낸다.

메시지는 정돈된 형식을 따르는 편이 좋다. 전자우편을 통한 고객 서비스의 경우 명확한 제목으로 시작해 간결한 회사 소개로 마무리되는 형식을 취하도록 한다.

⑩ 저속한 표현 방법은 피한다.

마지막으로 컴퓨터 은어(隱語)나 그림·문자 등은 사용하지 않도록 한다. 영어 메시지의 경우에는 대문자나 소문자만으로 작성하는 것은 피하도록 한다. (svnews.com)

제7장 연구과제

① 인터넷 마케팅의 개념을 정의하고, 그 등장 배경에 대하여 설명하라.

② 인터넷 마케팅은 어떤 특징과 장점이 있는가?

③ 인터넷 마케팅을 전통적 마케팅과 비교하면 어떤 차이가 있는가?

④ 인터넷 마케팅의 제약 요인에 대하여 설명하라.

⑤ 인터넷 마케팅 전략을 수립할 때 고려해야 할 내용에 대하여 설명하라.

⑥ 데이터베이스 마케팅의 개념을 정의하고, 활용 방법에 대하여 설명하라.

⑦ 데이터베이스 마케팅을 위한 시스템 구축 과정에 대해 단계별로 설명하라.

⑧ 일대일 마케팅이란 무엇이며, 대량 마케팅과 어떻게 다른가?

⑨ 일대일 마케팅의 진행 절차를 단계별로 설명하라.

⑩ 관계마케팅이란 무엇이며, 전통적 마케팅과의 차이점은 무엇인가?

⑪ 인터넷을 이용한 마케팅의 성공 사례와 실패 사례를 조사하라.

제 8 장
구매관리와 물류관리

ELECTRONIC COMMERCE

학습 개요

전자상거래의 상품 탐색과 주문은 인터넷상에서 전자적으로 이루어지지만, 상품의 배달과 재고관리는 물리적 방법으로 이루어진다. 제8장에서는 소비자들의 구매의사결정이 어떤 과정을 통해 이루어지며, 소비자 행동에는 어떤 요소들이 영향을 미치는지 살펴본다.
소비자들의 주문에 신속히 배송해 주기 위한 물류관리와 택배 및 재고관리에 대해서도 살펴본다. 참고 자료를 통해서는 네티즌들의 구매성향과 상품관리 등에 대해서 알아본다.

1 구매 프로세스

1. 구매 환경의 변화

전자상거래 환경하에서 구매 과정에 영향을 미치는 요인은 전통적인 상거래의 그것과는 매우 많은 차이가 있다. 그 이유는 전자상거래는 인터넷 쇼핑몰이라는 가상 환경에서 상품을 검색하고, 주문을 한 후 대금을 지급하는 형태로 거래가 이루어지기 때문이다. 기업과 소비자간에 전자적 경로를 통해 모든 상호 작용이 이루어지기 때문에 소비자 행동도 다르게 나타난다. 소비자 행동에 영향을 미치는 전자상거래 환경의 특징을 설명하면 다음과 같다.

① 개방성

전자상거래는 인터넷을 이용하여 정보를 탐색하기 때문에 구매자는 원하는 정보를 언제든지 자유롭게 획득할 수 있다.

② 상호 작용성

기업과 고객은 실시간으로 정보를 교환하거나 공유할 수 있다.

③ 편재성(ubiquity)

지리적 제약 없이 판매자와 소비자를 직접 연결할 수 있다.

④ 낮은 거래 비용

생산자와 소비자간에 직접 거래가 이루어지므로 거래 비용을 절감할 수 있다. 중간상의 유통 마진이 제거되므로 거래 비용이 낮아진다.

2. 소비자 역할의 변화

전자상거래 환경하에서 소비자의 역할은 전통적 거래 환경과 비교해 보면 매우 다른 형태로 나타난다. 특히 인터넷 매체의 특성상 수동적인 형태의 소비자가 아니라 능동적으로 거래에 참여하는 특징이 있다. 이러한 경향은 결국 소비자들이 신뢰를 바탕으로 공동체를 형성하는 것으로 나타나게 된다.

1) 신뢰

신뢰(trust)는 일반적인 상거래에서도 매우 중요한 요소이지만 전자상거래 환경하에서는 그 중요성이 더욱 강조된다. 왜냐하면, 전자상거래는 소비자와 판매자가 네트워크를 통해 거래를 하고, 대금 결제도 전자적으로 처리되기 때문에 거래 당사자간의 신뢰는 매우 중요하다.

소비자는 기업에 비해 상품과 서비스에 대한 정보가 부족할 뿐만 아니라 불리한 지위에 있기 때문에 구매를 결정할 경우 전적으로 상대방의 정보나 자료에 의존해야 하므로 소비자의 구매결정 행위 그 자체가 신뢰를 의미하는 것이다.

2) 공동체 형성

인터넷은 양방향 통신이 가능하기 때문에 소비자와 기업간에 가상의 공동체가 나타나고 있다. 여기서 의미하는 가상 공동체는 컴퓨터를 매개로 상호 작용하는 사회 집단을 의미하거나 공동의 관심사를 가진 집단이 컴퓨터 네트워크를 통해 상품을 구매하거나 교환하는 형태를 말한다.

가상 공동체에서 소비자들은 구매 의사결정을 위해 필요한 정보를 탐색하고 공급자 및 자신과 비슷한 소비자 또는 경험을 가지고 있는 타인과 연결되어 대화하고자 하는 욕구가 강하게 나타나는 특징이 있다.

3) 관계마케팅

오늘날의 소비자들은 기업이 일방적으로 제공하는 상품 정보를 거부하고 기업과의 의사소통 및 소비자로서의 역할을 하고자 하는 욕구가 강하다. 이러한 소비자들의 욕구는 인터넷을 통해 기업과 일대일(1:1)로 대화가 가능하여 관계마케팅(relationship marketing)이 나타나게 되었다.

종래의 거래마케팅(transaction marketing)은 고객과의 지속적인 관계를 형성하려는 노력보다는 거래를 성사시키는 것을 강조하는 마케팅이다. 이에 대하여 관계마케팅은 고객과의 관계를 형성·유지·발전시키는 것을 강조하는 마케팅이다. 그러므로 관계마케팅은 상호 작용적 마케팅(interactive marketing)과 일대일 마케팅(one to one marketing)이라는 두 가지의 상호 관련된 개념이 복합된 것이다.

관계마케팅은 고객 정보의 데이터베이스화가 가능하고, 대량 고객화와 고객과의 양방향 대화를 통해 궁극적으로는 시장 지배력을 높일 수 있다.

3. 전통적 상거래의 구매 의사결정 과정

소비자 행동은 시장에서 재화나 서비스를 획득하고 사용하는데 직접적인 관련이 있는 개인의 행위 및 그러한 행위에 앞서 그것을 결정하는 과정을 말한다. 즉, 소비자가 시장에서 어떤 상품이나 서비스를 구입하여 소비하기까지는 여러 단계에 걸친 다양한 활동이 이루어진다.

전통적 상거래에서 소비자들의 구매 의사결정은 일반적으로 다음과 같은 단계를 거쳐 이루어진다.

1) 문제 인식

특정 시점에서 소비자가 구매 결정을 시작하도록 자극하는 것을 문제의 인식이라고 한다. 예를 들어 TV를 도난 당한 후 새로운 TV를 구입하려는 생각이 문제 인식의 시작이며, 치약이 거의 소모되었음을 지각할 때 문제 인식이 발생한다.

문제 인식은 점진적으로 발생할 수도 있고, 신속히 발생할 수도 있다. 또한 문제 인식은 소비자들이 과거에 구매해 본 경험이 없는 새로운 상품을 지각할 때에도 발생한다. 문제 인식을 자극하는 단계에서는 마케팅 활동이 매우 중요하다.

2) 정보 탐색

소비자가 문제를 인식한 후에는 정보탐색 단계로 넘어간다. 소비자들이 구매 의사결정과 관련된 정보를 탐색하는 이유는 불확실성을 감소시키고 대체안 평가의 기초를 제공하기 위해서이다. 그리고 정보탐색 단계에서 수집되는 정보의 양과 유형은 상품과 소비자들의 특성에 따라 매우 달라진다.

3) 구매 전 대체안 평가

정보를 탐색한 결과 다수의 대체안(alternatives)이 확인되면 그 대체안의 평가가 이루어진다. 평가 기준으로는 편익(benefit)・상품의 특징・이미지 등이 사용된다. 이러한 평가 기준에 따라 가장 높은 점수를 받은 대체안이 구매 결정의 대상이 된다. 그러나 선택 가능한 대체안이 없다면 정보 탐색이 다시 이루어진다.

4) 구매 및 소비

대안이 결정되었다면, 그 다음은 구매 활동이 이루어진다. 구매 결정은 실제 구매와 반드시 동일하게 이루어지지는 않는다. 구매 조건・상품의 종류・현금 보유 등에 따라 영향을 받기도 한다.

5) 구매 후 행동

소비자들의 구매 후 행동은 만족과 불만족의 두 가지 유형으로 나타난다. 만족한 구매자는 재구매를 할 때 동일한 상품을 구매하고, 호의적인 구전(word of mouth)으로 상품의 신뢰성을 높이는 중요한 요인이 된다.

4. 전자상거래의 구매 의사결정 과정

전자상거래를 이용한 소비자들의 구매 활동 과정은 전통적 상거래와 비교하면 매우 다른 과정을 거친다. 그 과정을 단계별로 나타내면 다음과 같다.

① 상품 및 서비스의 탐색
② 발견
③ 다른 상품이나 조건 등을 비교 쇼핑
④ 가격 및 납기 등을 교섭
⑤ 주문
⑥ 대금 지불
⑦ 수령
⑧ 구매 후 행동

그림 8-1 전자상거래의 소비자행동 모형

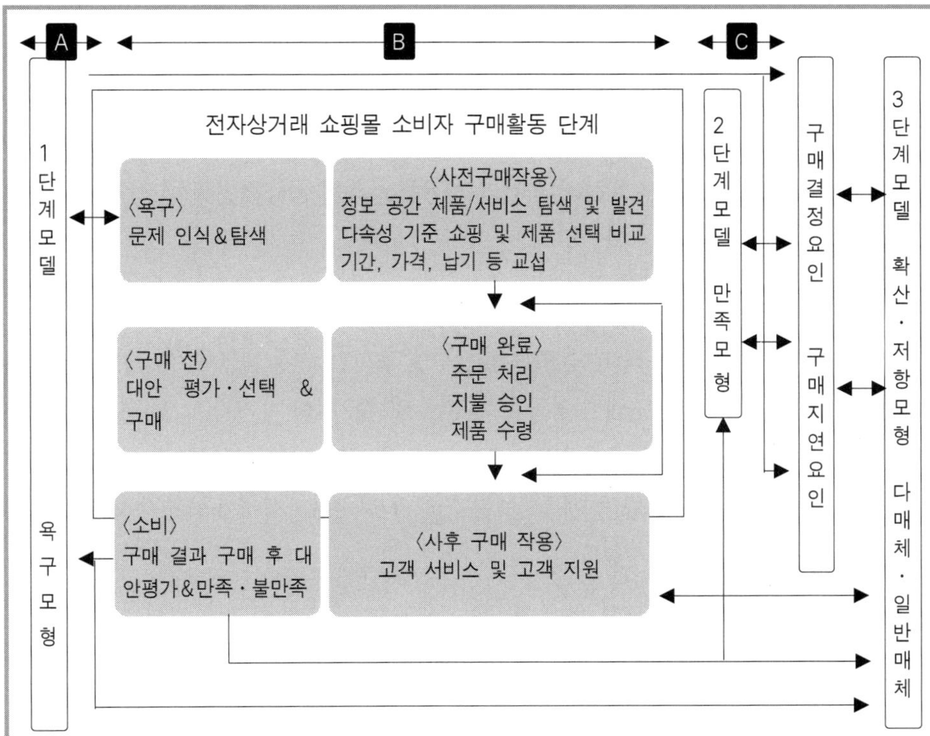

자료 : 한국전산원

인터넷 쇼핑몰을 이용한 전자상거래 구매 의사결정의 주요 과정을 단계별로 설명하면 다음과 같다.

1) 정보 탐색

소비자가 재화나 상품에 대한 정보를 수집하는 단계로서 자신이 원하는 물건을 찾기 위한 검색(search)과 탐색(browse)으로 분리된다. 이것은 소비자가 구매하고자 하는 상품이 있을 경우에 자신의 쇼핑 목적에 최적으로 부합하는 상품을 찾기 위해서 상품에 대한 공급자 정보, 가격 정보, 내용 정보 등을 탐색 또는 검색하는 행동을 말한다.

2) 대안 평가

소비자는 정보 탐색을 통해 얻은 대체안 및 대체안에 대한 정보를 수집하여 평가를 한다. 평가 기준으로는 편익(benefit)·상품의 특징·이미지 등이 일반적으로 사용된다. 전자상거래에서는 지불 방법 및 배송에 관한 내용도 평가 기준에 포함될 수 있다.

3) 선택 및 구매

소비자와 공급자간에 협상이 이루어지는 단계이다. 이 단계를 통해서 소비자와 공급자는 긴밀한 관계를 형성하게 되고, 이러한 관계를 통해서 상품의 상세한 정보와 지불 및 배송과 같은 세부 사항을 조정할 수 있으며, 이런 협상이나 동의 과정을 통해서 최종적인 구매 단계까지 연결된다.

4) 구매 후 평가

소비자는 구매 후 평가를 통해 만족 또는 불만족을 느끼고 향후 재구매 가능성을 결정한다. 소비자의 만족이나 불만족 및 재구매에 영향을 미치는 요인은 여러 가지가 있으나 상호 작용이 중요한 역할을 한다. 왜냐하면, 공급자가 일방적으로 제공하는 정보를 통해서 이루어지는 거래보다는 소비자와 긴밀한 상호 작용을 통해 이루어지는 거래가 전자상거래에서는 중요하기 때문이다.

2 전자상거래와 소비자 행동

1. 구매 결정에 영향을 미치는 요인

전자상거래에서 소비자의 구매 결정에 영향을 미치는 요인들은 다음과 같다.

1) 편리한 기능과 도구

인터넷 쇼핑몰을 이용할 때 소비자들은 정보 탐색 과정에서 여러 가지 편리한 기능이나 도구(tool)들을 이용한다. 따라서 이러한 기능이나 도구들은 소비자들에게 영향을 미치게 되어 구매 의사결정에 중요한 역할을 한다. 예를 들어 잘 정리된 비교 정보들을 소비자에게 제공해 준다면, 소비자들은 시간과 노력을 줄일 수 있기 때문에 구매 의사결정에 만족한 영향을 미칠 수 있을 것이다.

2) 상품 관련 요인

인터넷 쇼핑몰을 통해 거래되는 상품의 상대적 가격과 품질 및 품목의 다양성 등이 여기에 해당된다. 일반적으로 상품의 상대적 가격이 낮을수록, 품질의 신뢰성이 높을수록, 품목이 다양할수록 소비자들의 구매 의사결정에 만족한 영향을 미칠 수 있을 것이다.

3) 디자인 요소

소비자들의 관심과 흥미를 유발할 수 있도록 인터넷 쇼핑몰의 시각적 디자인이 잘 되어져 있다면, 소비자들에게 쇼핑의 즐거움을 주어 구매 결정으로 연결될 수 있다. 따라서 인터넷 쇼핑몰의 시각적 디자인은 소비자들의 구매 의사결정에 영향을 미칠 수 있을 것이다.

4) 대금결제 시스템

대금결제 방법이 복잡하거나 전자적(electronically)으로 처리되지 않는다면, 소비자들은 매우 불편함을 느낄 것이다. 현재 사용되는 방법은 신용카드를 이용하는 방법과 은행 지로를 이용하는 방법이 주로 사용되지만, 정보 노출과 불편함으로 인하여 전자상거래의 확산에 걸림돌이 되고 있다. 따라서 통일된 하나의 결제 수단으로 통합되거나 전자적으로 편리하게 처리되는 대금결제 방식은 소비자들의 구매 의사결정에 영향을 미칠 수 있을 것이다.

5) 보안 방식

안전하고 효율적인 전자상거래를 수행하기 위해서는 거래 과정에서 발생하는 정보들에 대한 보안이 필수적이다. 인터넷은 네트워크를 통한 정보의 공유와 유통을 하고 있기 때문에 보안성이 취약할 수밖에 없다. 그러므로 정보가 유출되거나 변조될 경우 큰 피해를 입게 된다. 따라서 기술적으로 완벽한 보안 방식을 갖추어 소비자가 안심할 수 있는 상태라면 보안 방식도 소비자의 구매 의사결정에 영향을 미칠 수 있을 것이다.

6) 상품 배달 방법

인터넷 쇼핑몰을 통해 주문한 상품이 적시에 착오 없이 도착하도록 하는 것은 원격지간의 구매에 필수적인 요소라고 할 수 있다. 따라서 전자상거래를 통해 주문한 상품 배달의 신뢰성이 높을수록 그리고 신속한 배달이 이루어질수록 소비자들의 사용도와 만족도는 높아질 것이다.

2. 가격이 소비자 행동에 미치는 영향

인터넷은 소비자들이 상품을 쉽게 검색할 수 있도록 해준다. 소비자들은 검색엔진과 가격비교 검색엔진 등을 이용하여 특정 제품이나 서비스에 대한 상품 정보와 가격 정보를 손쉽게 찾을 수 있게 되었으며, 특히 여러 사이트를 서핑(surfing)할 필요 없이 가격비교 사이트를 통해 판매가격을 쉽게 비교함으로써 보다 저렴한 가격의 물건을 구매할 수 있다.

그림 8-2 인터넷 쇼핑몰에서 상품을 구입하는 이유

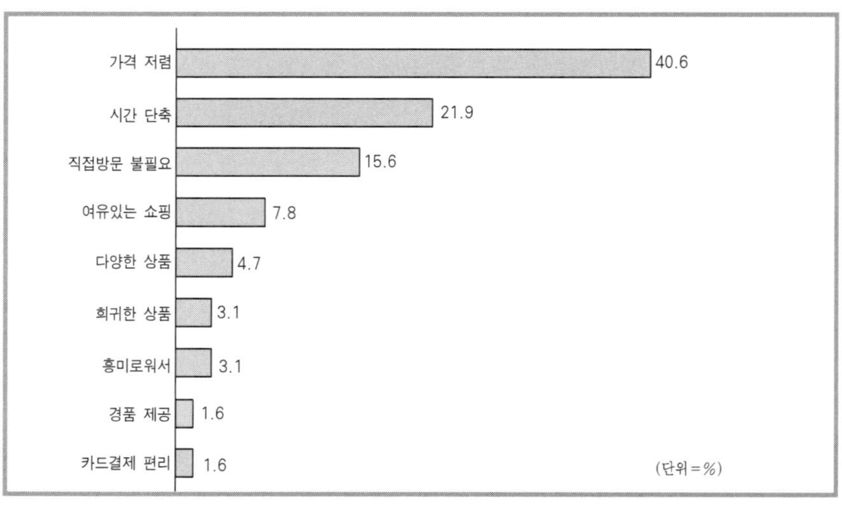

인터넷이 확산되면서 많은 사람들은 이러한 인터넷의 잠재력 때문에 가격을 가장 저렴하게 책정하는 업체가 이득을 얻을 것이며, 결국 인터넷에서 판매하는 모든 상품의 가격은 동일하게 될 것이라고 생각했었다. 〈그림 8-2〉에서 보는바와 같이 인터넷 쇼핑몰에서 상품을 구입하는 가장 큰 이유는 가격의 저렴함에 있는 것으로 나타났다.

고객들을 대상으로 한 여러 조사들을 살펴보면, 고객들이 인터넷에서 상품 혹은 서비스를 구매할 때 가격을 가장 많이 고려한다고 응답했다. 그러나 동일한 브랜드의 동일한 상품이라도 판매 사이트마다 서로 다른 가격에 판매되고 있으며, 실제 고객들은 인터넷에서 가격이 저렴하다고 해서 구입하는 것은 아닌 것으로 나타났다.[1)]

미국의 소비자들을 대상으로 한 조사에서는 온라인 고객의 불과 8%만이 가격을 비교해 보고 사며, 대부분의 고객들은 한 번 이용한 사이트를 계속 이용하는 것으로 나타났다. 실제 고객들의 쇼핑 행태를 조사한 멕킨지에 따르면, 〈그림 8-3〉에서 보는바와 같이 적게는 55%에서 많게는 89%의 고객들이 처음 방문한 사이트에서 물건을 사는 경향이 있다고 한다.

이와 같이 소비자들은 가격이 저렴한 사이트에서 많이 구매하는 것은 아니다. 가격을 낮추는 단순한 가격 경쟁은 사이트의 수익성만을 더 악화시킬 뿐 경쟁력 있는 전략이 아니다. 오히려 인터넷의 특성을 잘 반영한 가격 전략을 쓴다면, 오프라인보다 더 높은 가격을 책정할 수도 있으며, 경쟁 회사보다 더 높은 가격에서도 시장 점유율을 높일 수 있다.

그림 8-3 처음 방문한 사이트에서 물건을 사는 고객의 비율

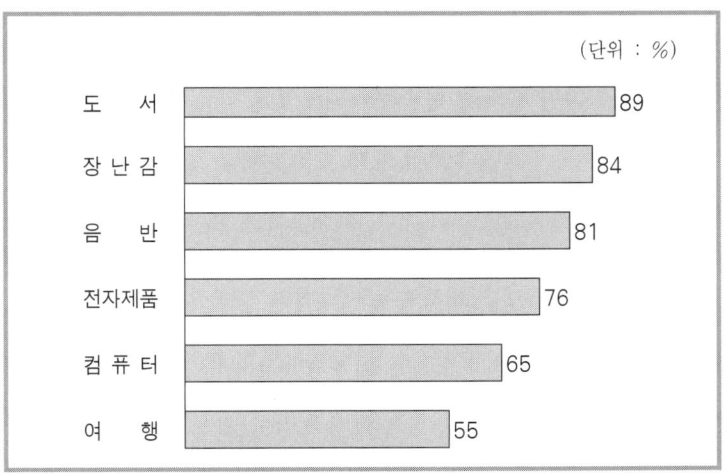

자료: Mckinsey Quarterly

1) 정보통신정책연구원(www.kisdi.re.kr), '인터넷에서의 가격 전략'

3. 전자상거래와 가격 전략

소비자들이 전자상거래를 이용하는 이유 중의 하나는 가격 때문이라고 한다. 인터넷 업체들이 단순한 가격 경쟁에서 벗어나 고객들을 확보하고 유지하면서 수익을 얻을 수 있는 가격 전략에 대해 살펴보기로 한다.

1) 가격 범위에 대한 이해

모든 상품과 서비스는 고객들의 구매 의사결정에 영향을 미치지 않는 가격 범위(pricing indifference band)가 존재한다. 예를 들어 화장품의 경우는 약 17%의 범위 내에서 가격이 움직인다면 고객들의 의사결정에는 무차별하다고 하며, 금융 상품의 경우는 약 0.2%이내라고 한다.

가격 범위를 이용하여 소비자들이 추가적으로 얼마나 더 지불할 의사가 있는지를 파악할 수 있다면, 가격을 현재 수준보다 높일 수도 있고 수익을 개선시킬 수도 있을 것이다.

2) 유연한 가격 대응

인터넷에서는 경쟁 회사나 고객 수요의 변화와 같은 외부 변화를 신속하게 가격에 반영할 수 있다. 예를 들어 상품에 대한 일시적 수요가 매우 큰 공연 티켓이나 비디오게임 등의 상품은 고객들의 수요 변화를 잘 이용한다면 오히려 오프라인보다 더 높은 가격을 책정할 수도 있다.

또한 유행이 지난 옷, 비수기의 항공권, 중고차 등도 온라인을 이용하면 상품의 수요자를 찾기가 쉬워 오프라인보다 높은 가격에 판매할 수도 있다. 따라서 해당 상품에 대한 수요와 공급에 따라 가격을 차별화 시킨다면 수익을 더 높일 수도 있다.

3) 가격 세분화 전략

고객이 해당 상품에 대해 어떤 가치를 두느냐에 따라 고객들의 집단을 나눌 수 있고, 이러한 고객 집단에 따라 차별화 된 가격을 책정하는 전략이다. 포드자동차의 경우 전 고객들을 대상으로 매년 캐시백(cash bag) 프로그램 등의 가격할인 홍보마케팅을 펼쳐 약 100억 달러가 넘는 홍보 비용을 지불해 왔다. 그러나 인터넷을 통해 고객들 개개인의 구매 이력을 파악한 후 홍보마케팅이 필요 없는 고객들에게는 홍보를 하지 않았고, 이렇게 함으로써 비용을 크게 절감할 수 있었다.

이처럼 오프라인에서는 고객들의 행태를 파악할 수 없지만, 온라인에서는 고객들의 구매 이력·클릭율·구매 패턴 등을 파악할 수 있으며, 이를 이용하여 고객들을 세분화하여 차별화된 가격을 책정할 수 있다.

4) 고객 이동 방어벽을 형성하는 전략

직접 가격을 책정하는 전략은 아니지만, 고객들이 다른 사이트로 쉽게 이탈할 수 없도록 차별화된 서비스를 제공함으로써 가격 경쟁에서 유리한 위치를 차지할 수 있다. 고객들의 선호에 맞는 개인화된 서비스를 제공하는 것에서부터, 다른 사이트보다 편리한 쇼핑 절차, 신속하고 정확한 배송 등과 같은 서비스를 제공한다면, 가격이 경쟁 회사보다 다소 높더라도 경쟁에서 우위를 점할 수 있다. 실제로 아마존은 다른 온라인 서점보다 가격이 3~13% 높으나, 온라인 서점 시장점유율은 거의 80%에 육박하고 있다.

4. 트래픽과 수익과의 관계[2)]

인터넷 비즈니스를 평가하는 기준으로는 방문객 수(traffic)・가입자 수・그리고 고객이 해당 사이트에 머무는 시간 등이 있다. 그러나 최근 높은 트래픽을 자랑하는 기업들조차 재정상의 어려움을 겪으면서 이러한 평가 기준에 의문을 제기하고 있다. 높은 트래픽이 반드시 높은 수익을 보장하는 것은 아니라는 것이다.

인터넷 기업에서 트래픽과 수익간의 관계를 분석하고, 온라인 쇼핑몰의 경우는 어떠한지를 살펴봄으로써 향후 온라인 쇼핑몰들이 높은 수익을 보장받기 위해 어떤 노력을 기울여야 하는지 알아보고자 한다.

1) 트래픽과 수익의 관계

NetValue와 IMT Strategies에 따르면, 약 500개 이상의 사이트들이 월 평균 약 100만명 이상의 방문객(unique visitor)을 가지고 있다고 한다. 이들 중 상위 76개의 사이트를 분석해 본 결과는 〈그림 8-4〉와 같다.

〈그림 8-4〉는 방문객(unique visitor)과 월수익/방문객의 관계를 나타낸 것이다. 전체의 약 4%만이 높은 트래픽과 높은 수익을 내고 있으며, 약 28%는 높은 트래픽을 가지고 있으나 낮은 수익을 내고 있기 때문에 높은 트래픽이 반드시 높은 수익을 보장하는 것은 아니라는 것을 알 수 있다.

---

2) 정보통신정책연구원(http://www.kisdi.re.kr), '온라인 쇼핑몰에서의 Traffic과 수익의 관계'

그림 8-4 트래픽과 수익의 관계

High Traffic Low Revenue 28%	High Traffic High Revenue 4%
Low Traffic Low Revenue 57%	Low Traffic High Revenue 11%

자료 : IMT Strategies

그러나 전자상거래는 방문객들의 높은 트래픽을 유지하는 것이 성공을 좌우하기 때문에 높은 트래픽을 지속적으로 유지하는 것이 매우 중요하다.

2) 고객 전환율

소비자들이 계속 사이트를 방문하게 됨에 따라 그들의 행동(behavior)도 변화한다. 소비자들의 변화하는 행동을 구매 행위로 연결시키는 것이 중요하다. 구체적으로 방문자들의 행동은 다음과 같은 특징이 있다.

첫째, 소비자들이 해당 사이트에 대한 여러 정보를 얻기 위해 처음에는 사이트를 자주 방문하지만, 시간이 흐를수록 그 사이트에 대한 정보를 알고 있기 때문에 자주 방문할 필요가 없어진다는 것이다.

둘째, 대부분의 소비자들이 처음에는 기대감 또는 새로움 때문에 사이트를 방문하지만 시간이 흘러 이러한 새로움이 감소하면 사이트를 자주 방문하지 않는다는 것이다. 그러므로 아무리 트래픽이 많더라도 처음 방문하는 고객의 비율이 재방문자의 비율에 비해 훨씬 높다면, 트래픽이 높다고 해서 수익이 반드시 높아지는 것은 아니라고 할 수 있다. 반대로 새로운 방문자들이 늘어나지 않아 트래픽이 낮더라도, 이들 트래픽의 대부분이 재구매 고객인 경우에는 트래픽이 낮아도 높은 수익을 올릴 수 있는 것이다. 따라서 온라인 쇼핑몰들은 단순한 트래픽 증가보다는 구매 행위로 이어지는 트래픽을 증가시키기 위한 노력을 해야 한다.

구매 행위로 연결되는 방문은 고객 전환율로 설명될 수 있는데, 이 고객 전환율을 높이는 것이 매우 중요하다. 고객 전환율(conversion rate)은 사이트 방문자(visitor)가 실제 구매고객(purchaser)으로 전환되는 비율을 의미한다.

표 8-1 온라인 서점의 전환율

구 분	방문 횟수가 감소하는 추세	방문 횟수가 증가하는 추세
가끔 방문하는 고객	10.9%	11.3%
자주 방문하는 고객	14.6%	18.6%

자료 : Moe and Fader

〈표 8-1〉에서 보는바와 같이 방문 횟수가 점차 증가하는 추세에 있으면서 자주 방문하는 고객의 경우가 전환율이 가장 높은 반면, 자주 방문하더라도 방문 횟수가 점차 감소하는 고객의 경우는 전환율이 낮음을 알 수 있다. 따라서 고객들을 세분화하여 마케팅 활동을 펼치는 것이 더 효과적이다.

3 물류 관리

1. 물류의 개념과 중요성

물류란 정확한 수요 예측을 통하여 필요한 원자재의 조달에서 시작하여 생산 과정을 거쳐 완제품이 최종 소비자에게 이르기까지의 상품의 흐름과 사후 처리까지 포함하는 일련의 과정을 말한다. 일반적으로 물류는 다음의 5R로 정의할 수 있다.

① 필요한 상품(right product)을
② 필요한 장소(right place)에
③ 필요한 시기(right time)에
④ 적정한 가격(right price)과
⑤ 적정한 조건(right condition)으로 인도하는 것을 말한다.

전통적 기업의 경영 활동은 생산 활동과 판매 활동을 중심으로 이루어진다. 생산 활동은 제품을 만드는 과정을 말하며, 판매 활동은 만들어진 제품을 외부로 판매하는 마케팅 활동을 말한다. 과거 기업은 이들 두 부문을 중요시하였으며, 생산과 판매를 지원하는 구매·공무·운수 등의 부서는 부차적인 것으로 인식해 왔다. 생산과 소비가 일어나는 장소와 시간 사이의 간격을 메우는 기업 활동인 물류는 상대적으로 관심을 끌지 못했다. 우리 나라의 경우에도 물류 부문은 기업의 다른 분야에 비해 낙후되어 있으며, 비용 절감의 여지가 큰 부문이다.

물류 관리의 목표는 보다 적은 비용으로 고객들에게 서비스를 제공하고, 시장 경쟁에서 우위를 확보하여 이익을 창출하는데 있다. 물류 관리를 통한 비용 절감은 기업의 이윤 증대를 가져오기 때문에 생산비 절감을 통한 이윤 증대와 판매량 증대를 통한 이윤 증대에 이은 제3의 이윤 원천으로 생각할 수 있다. 즉, 제1의 이윤 원천을 생산, 제2의 이윤 원천을 판매라고 한다면 제3의 이윤 원천은 물류라고 할 수 있다.

물류의 중요성을 인식하게 된 배경은 다음과 같다.

① 공장 자동화를 통한 생산비 절감의 한계
② 판매 촉진을 통한 판매량 증대의 한계

③ 소비의 다양화 · 전문화 · 고도화로 인한 생산의 다양화 · 전문화 · 고도화
④ 다품종 소량생산 및 판매 추세
⑤ 매출액 대비 물류비의 증가 추세
⑥ 고객 수요의 다양화, 전문화, 고도화에 따른 고객 서비스 수준 향상의 필요성
⑦ 물류 서비스가 기업간 경쟁 우위 확보를 위한 수단으로 간주
⑧ 포장 · 하역 · 보관 · 수송 · 정보 관련 기술의 빠른 발달

2. 물류의 기능

물류 관리에 따른 기능은 다음과 같이 구분할 수 있다.

1) 수송 또는 운송

수송 또는 운송은 자동차 · 철도 · 선박 · 항공기 등의 운송 수단을 이용하여 사람이나 물품을 특정 장소에서 다른 장소로 이동시키는 것이며, 공간의 이동을 통한 장소적인 효용을 창출하는 기능을 말한다.

2) 보관

보관은 재화를 물리적으로 보존하고 관리하는 것으로서, 물자의 생산과 소비 기간을 조정해 주는 것이다. 기업 활동에서 마케팅이 중요해지고 재고자산에 대한 인식이 높아짐에 따라 저장이라는 정태적이고 수동적인 위치에서 동태적이고 적극적인 지위로 바뀌면서 중요성이 더욱 강조되고 있다.

3) 하역

하역(material handling)은 각종 운반 수단에 화물을 싣고 내리는 것과 보관 화물을 창고 내에서 운반하고, 쌓아 놓고, 꺼내고, 나누고, 구색을 갖추는 등의 작업 및 이에 부수적인 작업을 총칭하므로 물품의 수송 및 보관과 관련하여 발생되는 작업을 의미한다.

4) 포장

포장은 물류의 수송과 배송 · 보관 · 하역 등에 있어서 물자의 가치 및 상태를 유지하기 위해 적절한 재료와 용기 등을 이용하여 포장하고 보호하는 활동을 말한다. 포장의 종류는 다음과 같

이 구분한다.

① 상업 포장 : 소비자가 소비하기 쉬운 단위로 상품을 분할하는 것이며, 상품의 내용을 소비자에게 보다 좋게 보이도록 하는 것이 목적이다.
② 공업 포장 : 공업 포장의 기능은 수송 및 보관에 편리하도록 상품의 단위를 모으는 것 뿐만 아니라 수송 중의 상품을 보호하는 데 그 목적이 있다.

5) 정보

정보란 고객으로부터 주문을 받아 이 주문을 이행하기 위하여 창고에 출하를 지시하며, 수송과 배송을 수배하는 것을 포함하는 주문처리 활동이다. 또한 입고와 출고를 조정하여 상품 재고를 바람직한 수준으로 유지하는 것이 재고관리이다. 이와 같은 물류의 기능은 각각의 연계를 유지함에 따라 효율을 발휘한다. 이것을 가능하게 하는 것이 정보이다. 결국 컴퓨터에 의한 정보기능의 도입으로 물류의 시스템화가 가능하게 되고 이로 인해 효율성이 극대화 된다.

6) 유통 가공

유통 가공은 물자의 유통 과정에서 물류 효율을 향상시키기 위해 별도의 가공을 하는 활동이며, 가공이나 재포장 또는 조립 등 제품이나 상품의 부가가치를 높이기 위해서 부여하는 물류 활동이다. 예를 들어 생선 식품의 냉동이나 가구류 제품의 보관・하역・운송 기능을 효율적으로 실행하기 위해 영업소나 지점에서 부품을 조립하는 등의 활동을 말한다.

3. 전통적 물류관리의 문제점

원자재의 조달에서부터 고객에게의 수송과 배송에 이르기까지의 전체적인 물류 활동을 포함하는 개념으로 볼 때 전통적인 물류관리는 다음과 같은 문제점을 가지고 있다.

1) 과잉 재고의 보유

과잉 재고란 판매될 가능성은 있지만 필요 이상으로 보유하고 있는 재고를 말한다. 이러한 재고는 특정 부문에 누적되어 저장되기 때문에 정상적인 물류의 흐름에 지장을 초래한다.

2) 긴급 주문에 대한 늦은 반응

전통적인 판매 방식과 배급 과정에서는 추가적인 주문이 발생하더라도, 공급 체계가 민감하게 대응하지 못하기 때문에 긴급한 주문을 수용하지 못하는 단점이 있다.

3) 비효율적인 배달 체계

전통적인 물류는 동일한 방법으로 모든 상품을 처리한다. 예를 들어 상품의 특성이 서로 다름에도 불구하고 재고 수준을 동일하게 유지하고 물류 연결도 동일하게 처리한다. 이것은 물류 관리를 재고품의 저장과 처리에만 초점을 맞춘 것이다.

운송의 경우만 하더라도 종전에는 운송 차량이 보급 센터에 입고된 상품을 운송하여 보관창고에 저장된다. 저장된 상품은 회사의 재고시스템에 기록되며, 얼마 후 출고 주문에 따라 출고 차량에 적재된다. 이러한 과정은 오랜 시간이 소요되는 단점이 있다.

4. 전자상거래와 물류관리

전자상거래는 인터넷을 통하여 원거리에서도 주문이 되기 때문에 기업은 새로운 환경에 맞는 물류시스템을 갖추어야 한다. 극심한 교통 체증과 부족한 사회간접시설 때문에 물류이동 비용은 해마다 증가하여 경쟁력 제고에 큰 걸림돌이 되고 있다.

이런 문제점들로 인해 인터넷 쇼핑몰 이용자들의 주된 불만은 배송(delivery)에 관한 것이다. 주문한 상품이 정확하게 전달될 것인지에 대한 소비자들의 불안감을 해소시켜 주는 것이 전자상거래를 정착시키는 매우 중요한 요소가 될 것이다. 효율적인 물류시스템을 위해서는 다음과 같은 내용이 고려되어야 한다.

1) 신속하고 정확한 배송

인터넷 쇼핑몰에서 고객은 주문 과정을 통하여 수취인과 배송 위치를 정확히 알려주어야 하고, 판매자는 지정된 장소에 정확하고 안전하게 상품을 전달해야 하며, 반품과 품질 보증 등에도 책임을 져야 한다.

고객의 입장에서 보면, 품질이 좋고 가격이 저렴한 상품을 탐색해서 주문하는 과정도 중요하지만 빠른 시간내에 지정된 장소에 정확히 그리고 안전하게 주문한 상품을 전달받기를 원한다. 따라서 주문 사이클을 단축시키는 것이 전자상거래의 경쟁력을 확보하는 중요한 요소가 된다.

전자상거래에서 물류를 처리하는 기본적인 과정은 〈그림 8-5〉와 같다.

그림 8-5 전자상거래와 물류 흐름

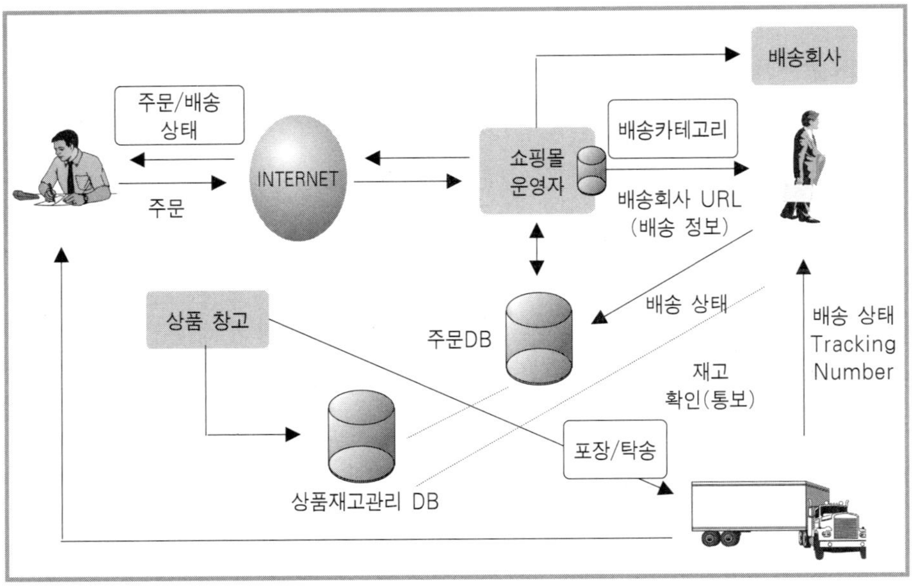

2) 배송 추적

주문된 상품이 고객에게 전달되려면 적게는 몇 시간에서 때로는 몇 일이 소요될 수 있다. 주문 후 배송이 되기 전까지 상품에 대한 추적 기능은 고객의 또 다른 욕구를 만족시켜 주는 요소이다. 그러므로 인터넷 쇼핑몰을 운영하는 기업은 상품이 전달되기 전에라도 언제든지 배송 추적이 가능하도록 상품의 이동 정보를 관리할 수 있어야 한다.

예를 들어 미국의 페더럴 익스프레스(Federal Express)사는 자체의 화물위치 추적시스템을 이용하여 화물이 발송지를 향하여 트럭에 적재되는 순간부터 도착 후 수신자에게 전달되는 시점까지 통제함으로써 고객이 보다 쉽고 안전하게 이용할 수 있는 우수한 서비스를 마케팅 활동에 이용하고 있다.

일본의 야마토운수회사는 화물운송 의뢰를 받는 현장에서 트럭에 장착된 무선데이터 단말장치를 통하여 컴퓨터에 화물운송 정보를 입력하고, GPS(global positioning system)를 이용한 화물 자동차의 위치추적 서비스를 제공하고 있다. 이러한 첨단 정보통신 시스템을 이용하여 고객들에게 높은 신뢰감을 심어주고 화물 차량의 활용도를 극대화한 결과, 일본 운송업계의 선두자리를 확보하고 있다.

3) 반품 및 품질 보증

배송이 완료된 후 상품에 하자가 있을 때 소비자는 반품이 가능한 날짜 내에서 반품을 요구할 수 있다. 특히, 배달 과정에 문제가 발생한 경우에는 정품으로 교환해 주어야 하며, 고객이 환불을 원하는 경우에는 즉시 환불해 주어야 한다.

인터넷 쇼핑몰에 대한 소비자 보호는 「전자상거래 등에서의 소비자 보호에 관한 법률」에 따르고 있다. 이 법률의 상세한 설명은 제15장을 참고하면 된다.

4 택배

1. 전자상거래와 물류 흐름

전자상거래가 새로운 경제 체제로 자리잡기 위해서는 물류의 이동이라고 하는 현실적인 문제가 원활히 해결되어야 한다. 아무리 독특한 아이디어와 상품을 갖춘 쇼핑몰이라 할지라도 소비자가 구입한 상품을 신속하고 정확하게 전달하는 물류 체계를 갖추지 않으면 성공할 수 없다.

물류 이동을 위해서 전자상거래 업체가 독자적으로 운송시스템을 구축할 수도 있겠지만, 전국적 또는 세계적으로 연결된 네트워크와 시설을 갖추는 것은 불가능하므로 기존의 택배회사(宅配會社)와 연계하는 것이 바람직하다. 왜냐하면, 기존의 택배회사들은 거점 도시마다 대형 터미널과 화물 분류 장치를 갖추고 있고, 영업점과 택배 전용 차량 그리고 화물 추적 등 종합전산시스템과 전문 인력 등을 확보하고 있기 때문이다.

그림 8-6 택배와 물류 흐름

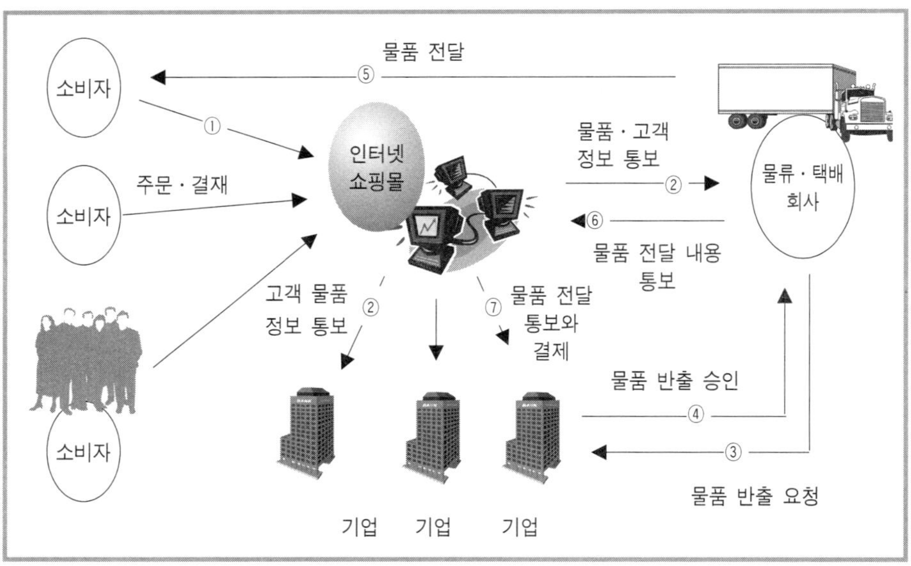

2. 택배의 개념과 유형

택배(宅配)는 인터넷 쇼핑몰을 통해 고객이 상품을 주문하였을 경우 고객이 원하는 장소까지 배송해 주는 것을 말한다. 택배 수송업은 일반적으로 개인 화물 또는 기업 화물의 송화인(送貨人)인 하주(荷主)로부터 보통 포장 단위당 30kg 이하, 1.5cbm 이내의 소형·소량 화물의 수송을 의뢰받아 화물의 접수(집화)부터 포장·수송·배달 및 확인에 이르기까지의 수송서비스를 운송인의 일관책임 아래 이루어지도록 하는 수송 체계라고 정의한다.[3)]

택배는 직접 배송형·간접 배송형·혼합 배송형·공동 배송형으로 구분할 수 있다. 이를 인터넷 쇼핑몰과 연계시켜 보면 〈표 8-2〉와 같다.[4)]

표 8-2 인터넷 쇼핑몰의 택배 유형

택배 유형	배송 단계	인터넷쇼핑몰 유형
직접 배송형	상품 주문 → 쇼핑몰 → 수취인	전문유통업형, 종합유통업형, 직판형
간접 배송형	상품 주문 → 쇼핑몰 → 납품업체 → 수취인	전문중개형, 종합중개형
혼합 배송형	상품 주문 → 쇼핑 → 수취인 상품 주문 → 쇼핑몰 → 납품업체 → 수취인	종합중개형(일부), 유통업형(일부)
공동 배송형	상품 주문 → 각 쇼핑몰 → 공동 배송 → 수취인	종합중개형(일부)

(1) 직접 배송형

직접 배송형은 고객이 상품을 주문하면 인터넷 쇼핑몰을 운영하는 기업이 상품을 직접 배송하는 유형이다. 직접 배송하기 위해서는 택배시스템을 구축해야 한다. 또 주문된 상품을 적기에 배송할 수 있을 정도의 적정 재고를 갖춘 물류 센터와 창고 시설이 필요하다. 이러한 경우 인터넷 쇼핑몰은 대개 상품을 직접 매입하는 형태로 운영하는 것이 가장 효율적이다. 종합 유통업형, 전문 유통업형, 직판형 등이 이에 속한다.

직접 배송형은 집중적인 통제가 가능하고, 신속한 배송이 장점이다. 그러나 적은 양의 상품을 취급하게 되면 비용이 과다하게 발생하는 점과 판매 이외의 부문에 집중력이 분산되는 것이 단점이다.

(2) 간접 배송형

간접 배송형은 고객이 상품을 주문하면 쇼핑몰에서 직접 배송하는 것이 아니라, 상품 공급업자가 고객에게 배송하는 유형을 말한다. 이런 유형의 인터넷 쇼핑몰은 단순히 중개판매를 하는

3) 가로 + 세로 + 높이의 합이 160cm 이내이어야 하고, 가장 긴 쪽이 100cm 이내이어야 한다.
4) http://www.storeland.co.kr/utongkahak.htm

경우에 많이 볼 수 있다.

간접 배송형은 물류 시설을 갖출 필요가 없고, 판매에만 집중할 수 있는 점이 장점이다. 반면에 상품 관리가 어렵고, 애프터서비스(A/S) 문제가 발생할 수 있으며, 거래처에 물류비를 부담시키기 때문에 이익 확보에 불리하다.

(3) 혼합 배송형

혼합 배송형은 인터넷 쇼필몰을 운영하는 기업이 상품 배달을 직접하는 경우와 상품 공급업자가 하는 것이 혼용된 유형을 말한다. 현재 국내의 일부 종합중개형 인터넷 쇼핑몰은 상품의 특성이나 쇼핑몰의 특성에 따라 직접 배송 또는 간접 배송 방식을 혼용하기도 한다. 예를 들어서 종합중개형의 경우 일부의 상품은 낮은 가격에 대량으로 직접 매입하여 직배송 방식으로 판매하는 경우도 있다.

혼합 배송형은 물류 환경에 따라 탄력적인 운영이 가능하며, 판촉 활동에도 유리하다. 반면에 일원화된 관리 체계를 구축하기 어려운 단점이 있다.

(4) 공동 배송형

공동 배송형은 상품의 주문이 발생할 경우 쇼핑몰에서 직접 배송하지 않고, 여러 인터넷 쇼핑몰의 제휴를 통해 공동 배송을 하는 유형이다. 이것은 종합중개형에서 가장 효율적으로 이루어질 수 있으며, 미래의 인터넷 쇼핑몰에서 택배시스템의 효율성 강화를 위해 취할 수 있는 방법이기도 하다. 공동 배송형은 차량의 적재율을 증가시킬 수 있고, 배송 차량의 감소로 인한 비용절감, 물류시설 감축 등의 장점이 있다. 단점으로는 쇼핑몰간 이해 관계가 충돌할 수 있고, 배송 사고가 발생할 가능성이 높다는 것이다.

3. 택배의 장점

택배 서비스의 장점은 제공되는 수송 서비스의 품질이 종래의 수송 서비스에 비해서 한 단계 높아진 것이라고 할 수 있다. 이용이 쉽고 수준 높은 수송 서비스를 제공하는 것이 특징이다. 따라서 기업 뿐만 아니라 일반 소비자들도 택배 서비스를 적극적으로 활용하게 되면서 시장 규모가 급격히 증대되고 있다.

그림 8-7 택배회사를 이용한 물류 흐름

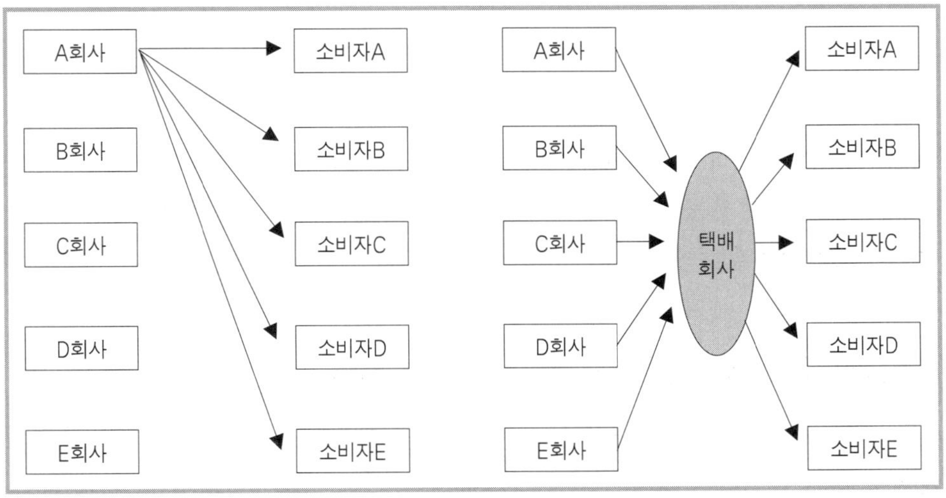

〈그림 8-7〉에서 보는 바와 같이 택배회사를 이용하면 거래 발생 횟수가 줄어 효율적인 물류 흐름은 물론이고 비용 절감 효과를 기대할 수 있다. 예를 들어 개별 기업들이 소비자들에게 배달하려면, 소비자 모두를 직접 방문해야 한다. 그러나 택배회사를 이용하면, 개별 회사들은 소비자 개개인을 방문할 필요가 없고 택배회사가 한번 방문하면 된다.

택배 서비스의 구체적인 장점을 살펴보면 다음과 같다.

1) 신속성

택배 서비스는 전국 또는 전세계의 모든 지역에 상품을 신속히 배달할 수 있는 수송 체계가 구성되어 있다. 도서 지방과 같은 원격지에는 항공 택배편이 제공되고 있으며, 익일 오전 10시까지 배달하는 시간을 지정하는 서비스도 수행되고 있다.

2) 편리성

택배 서비스는 그 이용 방법이 매우 쉽다. 전화로 신청하면 직접 물건을 수거해 갈 뿐만 아니라 발송 방법도 매우 간단하다. 외출을 하는 경우에 도착 시간을 지정해 주면, 지정한 시간에 상품이 배달된다.

3) 안전성

택배 서비스는 고객의 화물에 대한 문의를 컴퓨터 단말기로 조회하여 화물이 있는 곳을 즉시

답변할 수 있기 때문에 이용자를 안심시킬 수 있다. 오늘날에는 소비자가 직접 자신의 화물이 어디에 있는지 확인하는 서비스도 제공되고 있다.

4) 경제성

택배 서비스는 거리와 중량을 계산해 운임을 설정하는 것이 아니라 전국을 몇 개의 구역으로 나누어 서비스별로 운임을 설정한다. 운임표가 단순하기 때문에 일반 소비자들도 합리적이고 저렴한 가격으로 이용할 수 있다.

4. 효율적인 택배 서비스를 위해 고려할 사항

인터넷 쇼핑몰 운영자는 고객을 위한 택배 서비스를 제공할 때 다음과 같은 내용을 특별히 고려해야 한다.

1) 편리한 주문 화면

고객이 웹 사이트를 통해 상품을 주문할 때 그 사용 방법이 편리해야 하며, 응답 시간도 가능한 짧을수록 좋다.

2) 재고 및 생산 확인

고객이 주문한 상품을 정해진 기간내에 배달할 수 있어야 하기 때문에 보유중인 재고를 언제든지 확인할 수 있어야 하며, 재고가 부족한 경우에는 생산 일정을 확인하여 고객이 원하는 날까지 생산이 가능한지 확인할 수 있어야 한다.

3) 배달 가능일 제시

고객 중심의 배달 서비스를 위해 배달이 가능한 날짜를 제시해 줄 수 있어야 한다.

4) 배달 추적 서비스

배달 추적 서비스(delivery tracking service)는 고객이 주문한 상품에 대한 배달 상황을 추적할 수 있는 서비스를 말한다.

5) 고객이 원하는 날짜와 장소에 배달

택배회사가 일방적으로 지정하는 시간과 장소에 배달하는 것이 아니라 상품을 주문한 고객이 원하는 시간과 장소에 배달할 수 있어야 한다.

6) 품질 보증 및 반품

주문한 상품에 대해서는 품질이 보증되어야 하고, 하자가 있는 경우에는 반드시 반품 처리가 되어야 한다. 특히, 배달 과정에서 문제가 발생한 경우에는 정품으로 교환해 주어야 하며, 고객이 환불을 원하는 경우에는 즉시 환불해 주어야 한다.

5 재고관리

1. 재고관리의 필요성

전통적 기업은 물론 인터넷 쇼핑몰을 운영하는 기업도 재고자산을 많이 보유하게 되면 조달비용 뿐만 아니라 재고 유지에도 많은 비용이 들기 마련이다. 그렇기 때문에 기업은 가능한 최소한의 상품을 보유하려고 한다. 즉, 필요한 시기에 사용할 수 있을 만큼의 최소량을 보유한다. 이와 같이 재고를 적정 수준으로 유지함으로써 재고자산 보유로 인한 비용을 최소화시키는 경영기법을 재고관리라고 한다.

상품의 재고를 적정 수준으로 유지함으로써 기대할 수 있는 장점은 다음과 같다.

① 재고 구입과 보유에 따른 금융 비용을 줄일 수 있다.
② 재고 보유를 위한 창고 건물 수요를 줄일 수 있다.
③ 재고관리 인원을 줄일 수 있다.
④ 품절을 방지하여 고객 서비스를 증대할 수 있다.

그러나 재고의 지나친 감축은 재고 부족으로 인한 판매 차질을 일으킬 수 있고, 이로 인하여 막대한 피해를 입을 수도 있다. 그러므로 재고자산의 보유를 적정 수준으로 유지하여 불필요한 재고를 줄이고, 재고 부족으로 인한 손실을 방지함으로써 재고 관련비용을 최소화하는데 그 목적이 있다.

2. 재고관리의 기본 모형

효율적인 재고관리를 위해서는 판매 가능성에 따라 재고량을 결정한 다음 재고 수량이 줄어들면 적정한 수량을 발주하여 보충해 주어야 한다. 이 과정에서 가장 중요한 것은 재고유지 비용과 주문 비용을 최소화할 수 있는 1회 주문량을 결정하는 것이다.

재고관리의 기본 모형을 설명하기 위해 다음과 같은 가정을 전제로 한다.

① 재고자산에 대한 수요량과 소비량은 일정하며, 사전에 명확히 알 수 있다.
② 재고자산의 구입 단가는 일정하다.
③ 재고유지 비용과 1회 주문 비용은 일정하다.

④ 주문 시점에서 입고 시점까지의 기간(lead time)은 일정하며, 예측 가능하다.

⑤ 재고 부족(stock out)은 없다.

이상과 같은 전제 조건 하에서 재고관리의 기본 모형을 그림으로 나타내면 〈그림 8-8〉과 같다.

그림 8-8 재고관리의 기본 모형

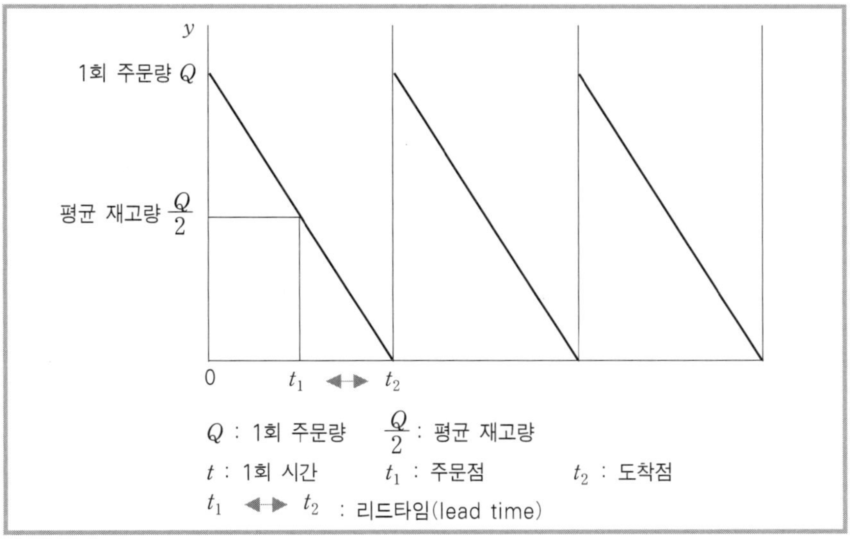

최적의 재고 정책은 재고 유지와 관련된 총비용이 최소가 되는 지점에서 재고 수준을 결정하는 것이며, 이를 경제적 주문량(EOQ)이라고 한다. 경제적 주문량(economic order quantity)은 재고 비용을 최소화할 수 있는 1회의 주문량을 말한다. 이 때 재고 비용은 재고유지 비용과 주문 비용의 합계를 의미한다.

1) 재고유지 비용

재고유지 비용(holding cost)은 평균 재고량에 단위당 재고유지 비용을 곱하여 산출한다. 이 때 평균 재고량은 1회 주문량의 1/2을 말한다. 그 이유는 최고 보유량과 최저 보유량의 중간점을 기준으로 하기 때문이다. 이를 식으로 나타내면 다음과 같다.

$$\text{재고유지 비용} = \frac{Q}{2} \times H$$

Q : 1회 주문량

H : 단위당 재고유지 비용

2) 주문 비용

주문 비용(ordering cost)은 1회 주문 비용과 주문 횟수를 곱하여 계산한다. 이때 1회 주문 비용은 1회 주문 수량에 관계없이 일정한 것으로 가정한다.

$$주문\ 비용 = \frac{A}{Q} \times P$$

A : 총 소요량
Q : 1회 주문량
P : 1회 주문 비용

3) 총재고 비용

총재고 비용은 재고유지비용과 주문 비용의 합계를 말한다.

$$총재고\ 비용 = 재고유지\ 비용 + 주문\ 비용$$
$$= (\frac{Q}{2} \times H) + (\frac{A}{Q} \times P)$$

위의 식에서 1회 주문량을 줄이면 평균 재고는 감소하지만 주문 횟수가 증가하므로 총주문 비용은 증가하게 된다. 그러므로 총재고 비용을 최소화할 수 있는 1회 주문량을 결정하는 것이 중요하다. 즉, 총재고 비용을 최소로 하는 Q(최적 주문량)를 산출하는 것이 경제적 주문량의 핵심이다.

그림 8-9 경제적 주문량 결정 모형

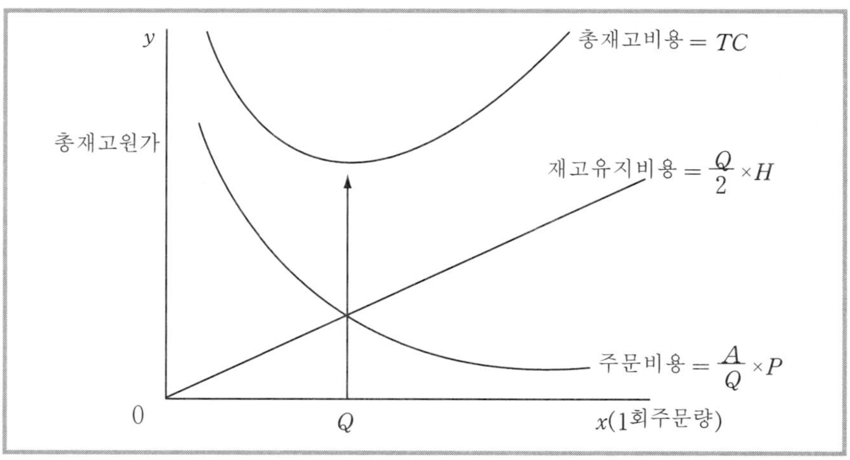

〈그림 8-9〉에서 최적 주문량은 총비용(TC)이 최소점에 도달하는 주문점이며, 이는 재고 비용과 주문 비용이 일치하는 점이다.

$$\frac{Q}{2}\times H=\frac{A}{Q}\times P$$

$$2AP=Q^2H$$

$$Q^2=\frac{2AP}{H}$$

$$Q=\sqrt{\frac{2AP}{H}}$$

예제

한울주식회사는 매년 10,000개의 리모콘을 판매한다. 구입 단가는 ₩200원 이며, 1회 주문 비용은 ₩150이며, 단위당 재고유지 비용은 구입단가의 10%이다. 경제적 주문량(EOQ)을 계산하라.

$$EOQ=\sqrt{\frac{2\times10,000\times15}{2}}=387\text{개}$$

3. 재주문점

재고는 품목별로 판매 가능성을 고려하여 일정한 수준 이하가 되면 적정한 양의 발주를 해야 하는데, 이를 재주문점이라고 한다. 재주문점(ROP : reorder point)은 상품의 재고가 완전히 판매된 다음 새로운 상품이 입고될 수 있도록 하기 위하여 상품 재고가 어느 시점에 도달했을 때 새로운 주문을 해야 하는가를 결정하는 것이다.

〈그림 8-10〉은 상품이 판매되는 과정과 재주문 시점을 단순화시켜 나타낸 것이며, 다음과 같은 내용을 기본적인 전제로 하고 있다.

① 1일 상품의 소비량은 일정하다.

② 주문일과 도착일과의 기간(lead time)은 일정하다.

〈그림 8-10〉의 모형을 살펴보면, 다음과 같은 내용을 알 수 있다.

첫째, t_1 시점에서 Q_1만큼의 상품이 도착하였다면 상품은 다음과 같이 소비된다.

$$1\text{일 상품 소요량} = \frac{\text{총상품 소요량}}{\text{판매일수}}$$

그림 8-10 재주문점

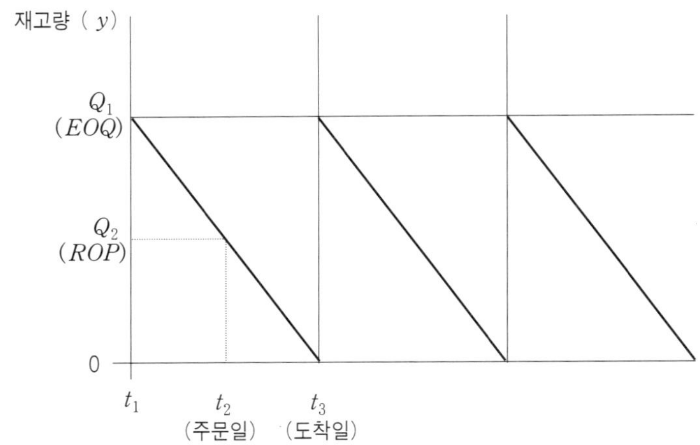

둘째, 상품의 재고량이 Q_2 시점에 도달하면 재주문을 해야 한다. t_2 시점에서 상품 재고량은 Q_2 이기 때문에 주문일과 도착일까지의 리드타임(lead time)을 고려하여 t_2 시점에서 경제적 주문량만큼 주문한다.

셋째, t_3이 되면 t_1 시점에서 입고된 상품이 완전히 판매됨과 동시에 t_2 시점에서 주문한 상품이 입고되어 재고수준은 Q_1에 도달하게 된다.

이상의 내용을 종합하여 재주문점을 산출하면 다음과 같다.

$$\text{ROP} = \frac{\text{상품 총소요량}}{\text{판매일수}} \times \text{리드타임}$$

예제

한울주식회사는 연간 100,000개의 리모콘을 판매한다. 연간 판매일수는 250일이며, 리드타임은 10일이다. 재주문점을 계산하라.

$$\text{ROP} = \frac{100,000}{250} \times 10\text{일} = 4,000\text{개}$$

4. 안전재고

앞에서 설명한 경제적 주문량(EOQ)과 재주문점(ROP)은 상품의 판매와 리드타임이 항상 일정한 것으로 가정하였다. 그러나 현실 세계에서는 판매가 불규칙적이고 리드타임도 일정하지 않는 경우가 많이 발생한다. 이와 같은 경우로 인해 발생할 수 있는 재고 부족에 대비하기 위하여 기업에서는 항상 일정량의 안전재고(safety stock)를 보유하고 있다.

안전재고는 예측할 수 없는 원인으로 발생하는 재고 부족과 이로 인한 판매 중단을 예방할 수 있는 완충 역할을 한다.

그림 8-11 안전재고

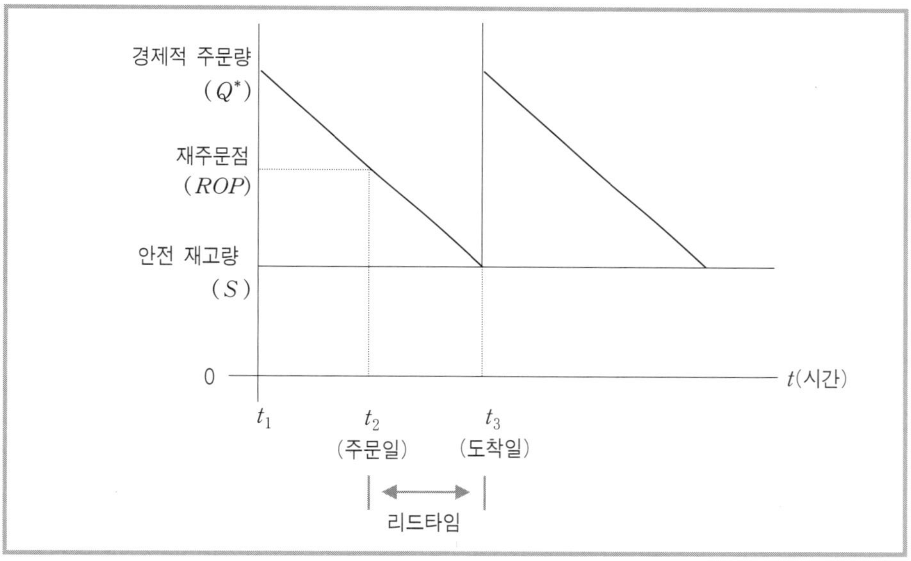

그러나 안전재고가 너무 많을 경우 재고 부족은 방지할 수 있으나, 과잉재고로 인한 재고유지 비용이 증가할 수도 있다. 이러한 점들을 고려하여 안전 재고량을 산출하는 공식은 다음과 같다.

$$\text{ROP} = \frac{\text{상품 총소요량}}{\text{판매일수}} \times \text{리드타임} + \text{안전재고량}$$

예제

한울주식회사는 연간 100,000개의 리모콘을 판매한다. 연간 판매일수는 250일이며, 리드타임은 10일이며, 안전 재고량은 30개이다. 안전재고를 고려한 재주문점을 계산하라.

$$ROP = \frac{100,000}{250} \times 10\text{일} + 30\text{개} = 4,300\text{개}$$

주요 용어

소비자행동	거래비용	링크구조(link structure)
기업가치	가격세분화	사후관리(after service)
트래픽	고객전환율	고객관계관리
물류	마케팅	5R
운송	보관	하역
포장	유통가공	판매촉진(Promotion)
재고자산	물류비용	물류분배센터
배송(delivery)	재고관리	lead time
경제적	주문량(EOQ)	재고유지비용
주문비용	재주문점(ROP)	안전재고

참고자료

8.1 네티즌의 구매성향 분석

LG애드는 네티즌들의 가치관과 라이프 스타일(life style)의 변화 추세 등을 총체적으로 다룬 NPR(netizen profile research) 조사 결과인 '네티즌의 탄생과 진화, e-비즈니스와 e-마케팅을 위한 네티즌 분석보고서'를 내놓았다. 네티즌들의 인터넷 관련 라이프 스타일 분석을 통해 이들의 온라인상에서의 행동을 규명함으로써 기업들은 인터넷 이용자에 대한 포괄적 이해를 높일 수 있을 뿐만 아니라 이를 토대로 마케팅과 매체·광고 전략 등을 수립해 운영할 수 있다.

네티즌의 탄생과 진화(@novice → @utilian → @mania → @meister)

네티즌은 인터넷상에서의 행위·관심·의견의 총체인 라이프스타일을 기준으로 @novice, @utilian, @mania, @meister 등 4가지 유형으로 분류된다. 각각의 유형에 속한 네티즌은 그들만의 수명 주기를 갖고 일정한 형태로 탄생해 진화하는 과정을 거친다.

@novice는 인터넷에 대한 수용도는 높지만 인터넷 이용에 아직 익숙하지 않은 초보자들이다. @utilian은 인터넷에서 정보 추구적인 서핑을 많이 하는 활용자로 분류된다. 또한 @mania는 인터넷 이용에 익숙하고 인터넷을 이용할 때 전적으로 집중하는 매니아이며, @meister는 인터넷에 대한 수용도가 높고 인터넷 이용에 익숙한 베테랑으로 구분된다.

인터넷을 이용하기 시작하는 네티즌은 @novice로 탄생한 후 인터넷 이용을 주로 정보적인 측면을 추구하는가와 오락적인 측면을 추구하는가에 따라서 @utilian과 @mania로 구분된다. @utilian은 오락적인 측면보다는 정보적인 측면을 추구하고, @mania는 반대로 오락적인 측면을 더욱 추구한다. 이들 두 부류는 각각의 단계를 거쳐 결국 인터넷의 베테랑인 @meister로 진화한다.

네티즌의 유형별 특징

구 분	@novice	@utilian	@mania	@meister
성 별	여 자	남 자	남 자	남 자
연 령	40대	10대·30대	10대·20대·30대	20대
직 업	주부	다양	중고생	대학(원)생 사무·전문직
인터넷 이용기간	6개월 미만	다양	6개월~1년	2년 이상
인터넷 이용시간	1주일에 1~2일	매일 이용 일주일에 1~2일	매일 이용 일주일에 3~4일	매일 이용
인터넷 이용항목	3개 이하	7개 이상	4~6개	7개 이상
인터넷 주이용 서비스	이메일 게임 음악 청취	이메일 채팅 다운로드	이메일 게임 채팅	이메일 다운로드 음악 청취

제8장 연구과제

① 전자상거래가 소비자의 구매 행동에 미치는 영향을 설명하라.

② 전통적 마케팅 환경하에서 나타나는 일반적인 소비자 행동을 단계별로 설명하라.

③ 전자상거래 환경하에서 나타나는 소비자 행동을 단계별로 설명하라.

④ 거래 비용이란 무엇이며, 전자상거래 환경하에서는 어떻게 변화하는가?

⑤ 물류의 개념과 기능에 대하여 설명하라.

⑥ 물류관리의 역할을 개별 기업의 관점과 국민경제적 관점으로 구분하여 설명하라.

⑦ 재고란 무엇이며, 재고관리는 왜 필요한가?

⑧ 과잉 재고를 보유하면 기업은 어떤 점에서 불리한가?

⑨ 경제적 주문량(EOQ)에 대하여 설명하라.

⑩ 재고자산을 보유하면 어떤 비용들이 발생하는가?

⑪ 안전재고란 무엇이며, 왜 필요한가?

⑫ 재주문점이란 무엇이며, 왜 리드타임(lead time)을 고려해야 하는가?

⑬ 전자상거래에서 택배가 중요한 이유는 무엇인가?

⑭ 전자상거래에서 이루어지는 물품의 배송시스템과 절차를 설명하라.

⑮ 물품의 전달 과정에서 배송추적시스템이 필요한 이유를 소비자의 측면에서 설명하라.

⑯ 택배시스템을 인터넷 쇼핑몰 운영자가 직접 갖추지 않고 택배회사에 의뢰하면 어떤 장점이 있는가?

제9장

인터넷 쇼핑몰 창업실무

ELECTRONIC COMMERCE

학습 개요

모든 비즈니스는 목표 이익을 달성할 수 있어야 한다. 목표 이익을 달성하기 위해서는 철저한 분석과 비교가 이루어져야 한다. 제9장에서는 창업에 필요한 예비 절차와 타당성 분석 및 사업계획서 작성 방법 그리고 창업 실무에 대해서 살펴본다.

쇼핑몰 창업은 자체 서버를 이용한 단독 쇼핑몰을 이용하는 방법과 웹 호스팅 업체를 이용하는 방법으로 구분하여 그 절차를 단계별로 상세히 살펴본다. 참고 자료를 통해서는 델 컴퓨터의 창업 성공사례를 살펴본다.

1 창업 예비 절차

창업을 하기 전에 기본 절차를 이해하는 것이 무엇보다 중요하다. 왜냐하면, 기본 절차에 따라 그 내용을 미리 파악함으로써 실패 요인을 제거할 수 있기 때문이다. 보다 효율적이고 성공적인 창업을 위해서는 다음과 같은 절차가 필요하다.

표 9-1 창업 과정별 준비 내용

과　　정	준비 내용
① 창업 정보 수집	•전자상거래 업계의 동향 파악 및 분석 •각종 전문 서적과 자료를 통한 정보 수집 •창업자의 경력과 지식 정도를 파악 •창업 선험자와의 면담
② 예비 아이템에 대한 구체적 정보 수집	•창업 전문 상담기관을 이용한 정보 수집 •해당 업계 전문가와 상담 •창업자의 적성 부합 여부를 평가
③ 예비 아이템의 선정	•예비 아이템(5개정도) 선정 및 순위 결정 •예비 아이템별 간이 사업성 분석
④ 사업 타당성 분석	•예비 아이템별 사업 적합성 분석 •시장성 및 판로 분석 •수익성 및 성장성 분석 •기술적 애로사항 분석
⑤ 사업 아이템 선정	•최적 아이템 선정 •해당 업종 견습 기회 확보 •핵심 창업 멤버와의 관계 증진
⑥ 구체적인 창업 준비	•사업계획서 작성 •자금 조달 •사업장 선정 및 확보 •창업 멤버 구성 •회사 설립 •개업 준비

1) 사업 구상

인터넷을 이용한 가상 공간의 창업은 무한한 성공 가능성을 보여주고 있다. 사업 영역에 제한

없이 소규모 자본으로도 충분히 자신만의 사업을 영위할 수 있고, 독창적인 아이디어로 많은 수익을 얻을 수 있기 때문이다. 그러나 인터넷 시장에 대한 분석과 동향 파악을 제대로 하지 못해 실패하는 경우가 대부분이다.

실패 원인을 살펴보면, 아직까지는 국내 전자상거래 시장이 성장 단계에 있고, 이용 계층이 특정 집단에 치우쳐 있을 뿐만 아니라 열악한 물류운송 체계 등이 원인으로 지적되고 있다. 그럼에도 불구하고, 인터넷 사업에 대기업은 물론 중소기업까지 서둘러 참여하고 있는 이유는 전통적인 상거래 개념이 전자상거래로 바뀌고 있기 때문이다.

나아가 21세기의 새로운 가능성을 전자상거래에서 찾으려는 개인과 기업들의 노력이 진행되고 있음을 느낄 수 있다. 통계청의 조사에 의하면, 2007년 12월을 기준으로 우리 나라의 인터넷 쇼핑몰은 약 4,508개 정도이고, 2007년도의 사이버 쇼핑몰의 시장 규모는 전년도보다 17% 성장한 15조 7,656억원을 기록했다.

표 9-2 사이버 쇼핑몰 사업체 수 및 거래 금액

(단위:개, 십억원)

구분	2007년	2006년	2005년	2004년	2003년	2002년	2001년
사업체 수	4,508	4,531	3,915	3,444	3,268	2,521	2,009
거래액	15,765	13,459	10,675	7,768	7,055	6,030	3,347

제2의 산업혁명으로 일컬어지는 전자상거래를 성공시키기 위해서는 다음과 같은 특징을 충분히 이해해야 한다.

① 전통적인 상거래에 비해 유통 채널이 짧다
② 시간과 공간을 초월하여 365일 24시간 영업활동이 가능하다
③ 소액 자본으로도 창업이 가능하다
④ 인터넷 시장을 통해 상품을 구입하는 계층이 아직까지는 특정 집단이다
⑤ 무한한 성장 가능성이 있는 시장이다

이러한 전자상거래 시장의 특징을 파악한 후 사업 아이템(종목)을 선정하는 절차는 창업에 있어서 가장 중요한 단계이다. 무계획적이고 장래성이 없는 아이템 선정은 불필요한 노력과 비용을 초래하므로 비능률적이다. 따라서 예비검토 단계에서 충분한 조사와 가능성을 검토하여 최적의 아이템이 결정되어야 한다.

2) 시장 조사

인터넷 쇼핑몰을 개설할 때 업종과 상품을 선정하는 절차는 매우 중요하다. 인터넷 쇼핑몰 시장이 성장기에 접어들어 경쟁이 치열해지고 있기 때문에 철저한 시장 분석이 선행되어야 한다. 효과적인 시장 분석을 하기 위해서는 인터넷 시장의 특수성을 먼저 파악해야 한다.

① 인터넷 이용 계층이 아직은 특정 집단에 치우쳐 있다.
② 일반 시장에서 인기 있는 제품이라고 해서 인터넷에서도 잘 팔리는 것은 아니다.
③ 최근에는 모든 제품에 대한 구매력이 높아지고 있다.
④ 예약관련 상품(여행 · 티켓 · 호텔 등)에 대한 구매력이 높다.
⑤ 독특한 사업아이템은 성공 확률이 높다. 기존 상품을 변형시킨 인터넷용 아이디어 상품은 성공 확률이 높다.

특히, 소호(SOHO) 창업일 경우에는 자신의 전공이나 경력과 연관된 전문성을 발휘할 수 있는 분야를 선택하는 것이 중요하다. 시장 조사도 당사자가 직접 파악하는 것보다 컨설팅업체에 의뢰하여 객관성을 검증 받는 것이 좋다. 〈그림 9-1〉은 사이버 쇼핑몰을 통해 구입하는 상품의 거래 금액에 대한 증가율을 나타낸 것이다.

그림 9-1 5년 전과 비교한 상품군별 거래금액 증가율(2002년 대비 2007년)

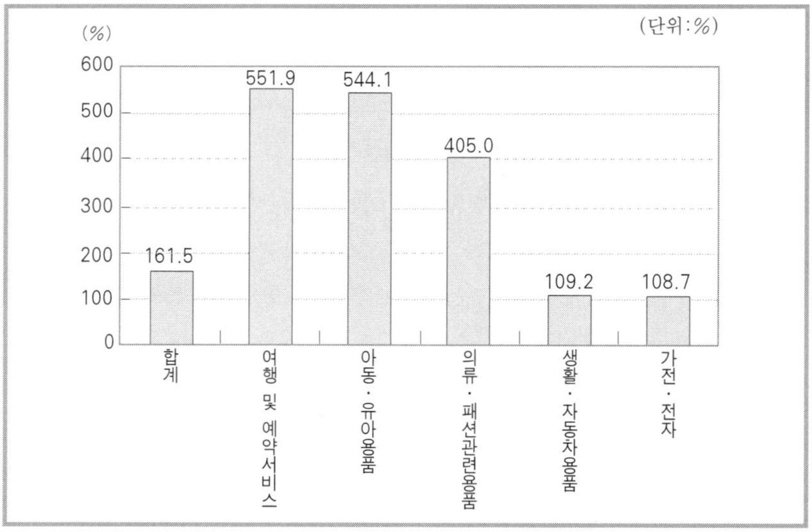

자료 : 통계청

3) 업종 선택시 고려할 사항

전자상거래는 주문자에게 직접 전달해야 하는 서비스 특성을 가지고 있기 때문에 단순히 상품의 종류를 늘리는 것만으로는 규모의 경제를 실현할 수 없다. 또한 대부분의 고객들은 빠른 시간 내에 상품을 전달받기 원하므로 배달 시간을 단축시키는 것만큼 비용은 증가할 수 밖에 없다. 그뿐만 아니라 정보기술 전문가에게 지불하는 인건비와 광고비를 포함한 마케팅 비용도 적지 않게 발생한다. 그러나 무엇보다도 컴퓨터 프로그래밍과 시스템을 계속 개선하고 유지하는 데 소요되는 지출이 가장 큰 문제점으로 지적되고 있다.

이러한 시장 환경 하에서 인터넷 상거래를 성공시키려면 독창적이면서도 새로운 사업 영역을 개척해야 된다. 특히, 모든 비용을 흡수하면서도 소비자들이 원하는 적정한 가격을 제시할 수 있어야 하며, 기업의 이윤도 확보되어야 한다. 최근에는 실물을 배달할 필요가 없는 주식 거래나 수수료 수입을 중심으로 하는 중계 사업이나 예약 서비스 등이 꾸준히 성장하고 있다.

그리고 전자상거래는 성공률이 5% 미만이라는 점을 간과해서는 안 된다. 인터넷 상거래라는 첨단 기법을 이용해 매출액이 급성장하면서 황금알을 낳는 거위처럼 포장되고 있지만, 실속 없는 사업이라는 비판도 많이 받고 있다. 인터넷 상거래에 앞서 인기를 얻었던 것이 우편판매였다. 우편판매는 다양한 상품을 갖추고 저렴한 가격으로 물건을 집까지 배달해 주는 방식으로 운영되었다. 그러나 이 우편판매 방법은 매출액의 증가에도 불구하고 상품의 포장 비용과 배달 비용이 늘어나면서 적정한 이윤을 내지 못해 실패한 경우가 많았다. 우편판매와 마찬가지로 전자상거래 업체들도 부담해야 하는 비용이 증가함에 따라 어려움을 겪고 있다.

4) 전자상거래의 성공 요인

성공적으로 전자상거래 사업을 수행하기 위해서는 여러 가지 요인들을 충족시켜야 하지만, 양키그룹이 제시한 '인터넷 상거래 성공을 위한 7가지 요인'을 중심으로 살펴보기로 한다.[1)]

(1) 현실적인 상품 가격

이 보고서는 우선 현실적인 가격으로 물건을 판매하라고 조언한다. 지나치게 싼 가격으로 물건을 판매하는 것보다는 적당한 순수익을 보장할 수 있는 가격으로 판매해야 사업을 지속적으로 유지할 수 있다고 조언한다.

---

1) www.yankeegroup.com

(2) 상품과 서비스에 대한 신뢰감

소비자들이 상품과 서비스의 가치에 대한 신뢰감을 가질 수 있도록 해야 한다. 그 동안 전자상거래 쇼핑몰들은 저렴한 가격과 빠른 배달에만 신경을 쓰는 바람에 제품에 대한 고객의 신뢰도를 다소 등한시한 경향이 있었다.

(3) 재구매의 필요성 강조

일반적으로 평균 판매량과 판매 가격은 비례한다는 점을 소비자들에게 인식시켜 줄 필요가 있다. 소비자들이 많이 구매해 주면, 가격은 더욱 내려갈 수 있다는 것을 보여줄 필요가 있다.

(4) 친근한 웹 사이트 디자인

소비자들에게 친근감을 줄 수 있는 웹 사이트 디자인을 채택하도록 한다. 운영자가 생각하기에는 멋진 것 같더라도 실제 이용자 입장에서는 거리감이 느껴지는 웹 사이트도 적지 않다.

(5) 실질 구매와 연결

웹 사이트 방문객과 실제 구입 고객을 동시에 늘릴 수 있는 방안을 마련한다. 단순한 방문자 증대만을 중요시하는 시각에서 벗어나 웹 사이트 방문자(visitor)가 실제 구매고객(purchaser)으로 전환될 수 있어야 한다.

(6) 고객 만족도가 높은 제품을 구비

비용 측면에서 효과적이고 제품 자체에 대한 만족도가 높은 제품을 구비하도록 한다. 일반 유통업체에서는 '값싸고 품질 좋은 제품'을 조달하는 것에서 사업의 성패가 좌우된다. 인터넷 쇼핑몰도 값싸고 품질 좋은 제품을 많이 구비하는데 주력해야 한다.

(7) 다양한 고객 서비스

인터넷 상점은 고객과의 직접적인 대면 접촉이 적기 때문에 효과적인 고객 서비스가 필요하다. 따라서 다양한 서비스 창구를 마련해 완벽한 고객 서비스를 제공해야 한다.

2 사업 타당성 분석

사업의 타당성 분석(feasibility analysis)이란 창업 후 경영 활동의 결과 목표 이익의 달성 가능 여부를 사전에 객관적으로 조사·검토하는 과정을 말한다.

그림 9-2 사업 타당성 분석 절차

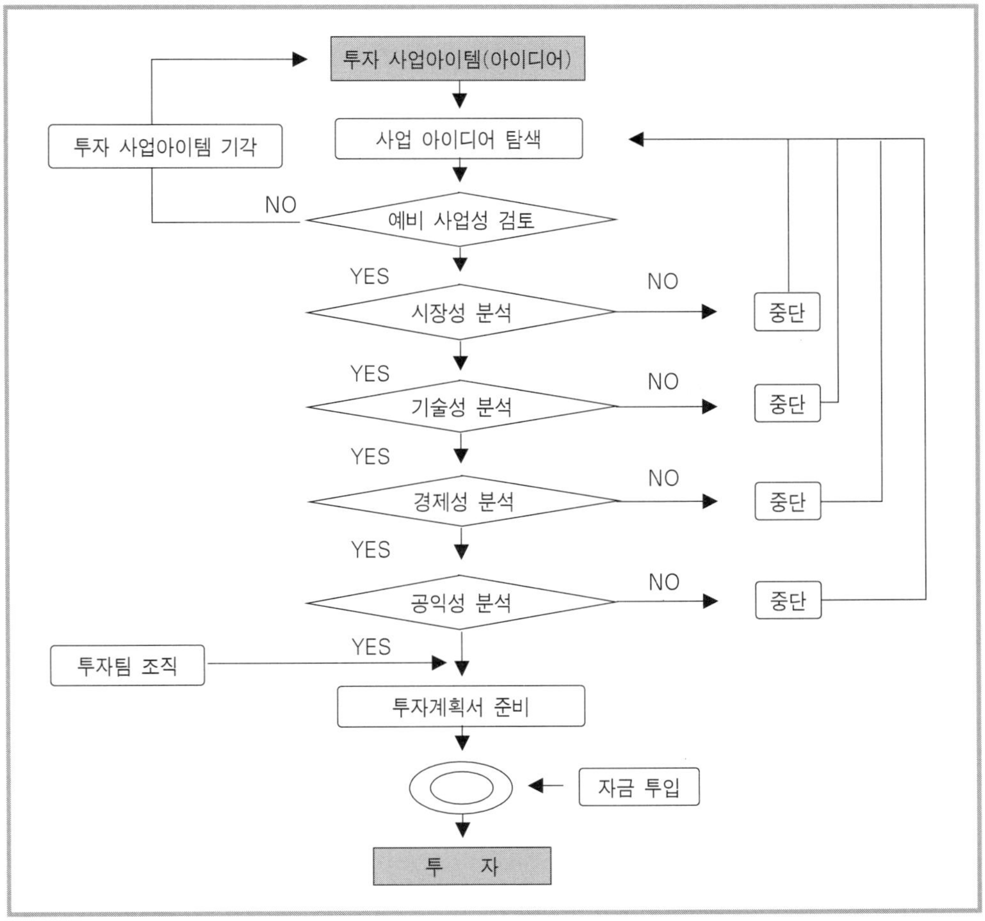

타당성 분석은 객관적이고 체계적인 분석을 통하여 창업 성공률을 높이고, 창업 준비기간의 단축과 효율적인 창업 업무를 수행하는 데 도움을 준다. 타당성 분석은 창업에 필요한 구성 요소를 정확하게 파악할 수 있을 뿐만 아니라 기술성·수익성·시장성·자금수지 계획 등에 대해서

도 세부적인 분석을 통해 사전에 파악하지 못했던 사항을 점검할 수 있다.

사업 타당성을 검토하기 위해서는 여러 가지 항목을 분석해야 한다. 검토 목적에 따라 약간의 차이가 있을 수는 있으나, 일반적으로 사업성 평가 요소에는 창업자의 사업 수행 능력 · 시장성 · 기술성 · 경제성 · 자금 조달 능력 · 안정성 등이 있으며, 〈그림 9-2〉와 같은 절차를 거친다. 사업성 평가 요소를 구체적으로 설명하면 다음과 같다.

① 창업자의 사업 수행 능력은 창업자가 계획하고 있는 사업에 대한 적성과 자질, 업무 수행 능력, 기업 경영 능력을 평가하는 것이다.

② 시장성은 선택 업종의 업계 동향과 시장의 특성 및 구조, 현재의 경쟁 관계와 향후 경쟁 제품의 출현 가능성, 가격 구조 및 가격 동향, 거래처 및 유통 경로를 비롯한 시장성 요소를 평가하는 것이다.

③ 기술성은 사업 아이템에 대한 기술적 타당성으로서 기존 아이템과의 비교 우위성, 기반 시설과 장비의 규모, 전문 인력의 확보 능력을 평가하는 것이다.

④ 경제성은 시장성 분석과 기술성 분석 결과를 종합하여 추정 재무제표를 작성하고 필요한 자본의 규모를 결정하며, 사업 계획에 대한 수익성을 평가하는 것이다. 사업의 궁극적인 목표는 이윤 추구에 있기 때문에 목표 이익의 달성 여부가 가장 중요하다. 따라서 경제성 분석은 매우 신중하게 실시해야 한다.

⑤ 자금 조달 능력은 사업에 필요한 적정 규모의 자금과 조달 시기, 조달 방법, 상환 계획과 상환 능력 등을 평가하는 것이다. 특히, 자금 조달과 운용계획 수립은 창업 단계에서 매우 중요한 과정이다.

⑥ 안정성은 계획 사업의 위험 요소를 종합적으로 평가하여 안정적으로 사업을 영위할 수 있는지를 평가하는 것이다. 구체적인 위험 요소는 불황기에 대한 적응 능력, 계절 변화에 대한 적응력, 기술 진보 수준과 대처 능력 등을 의미하는 것이다.

1. 시장성 분석

시장성 분석은 사업 계획의 타당성을 마케팅의 측면에서 분석하는 것으로 사업 아이템의 채택 여부를 판단하는 중요한 기준이 된다. 분석이라는 용어가 의미하듯이 시장성 분석도 시장조사를 통하여 시장의 규모와 특징 · 수요와 공급의 구조 · 경쟁 관계 · 시장 진입 가능성 · 시장 점유율 등을 파악하고 결정하는데 필요한 자료를 수집 · 정리 · 요약하여 유용한 정보를 획득하고 해석하는 과정이라고 할 수 있다.

그림 9-3 시장성 분석

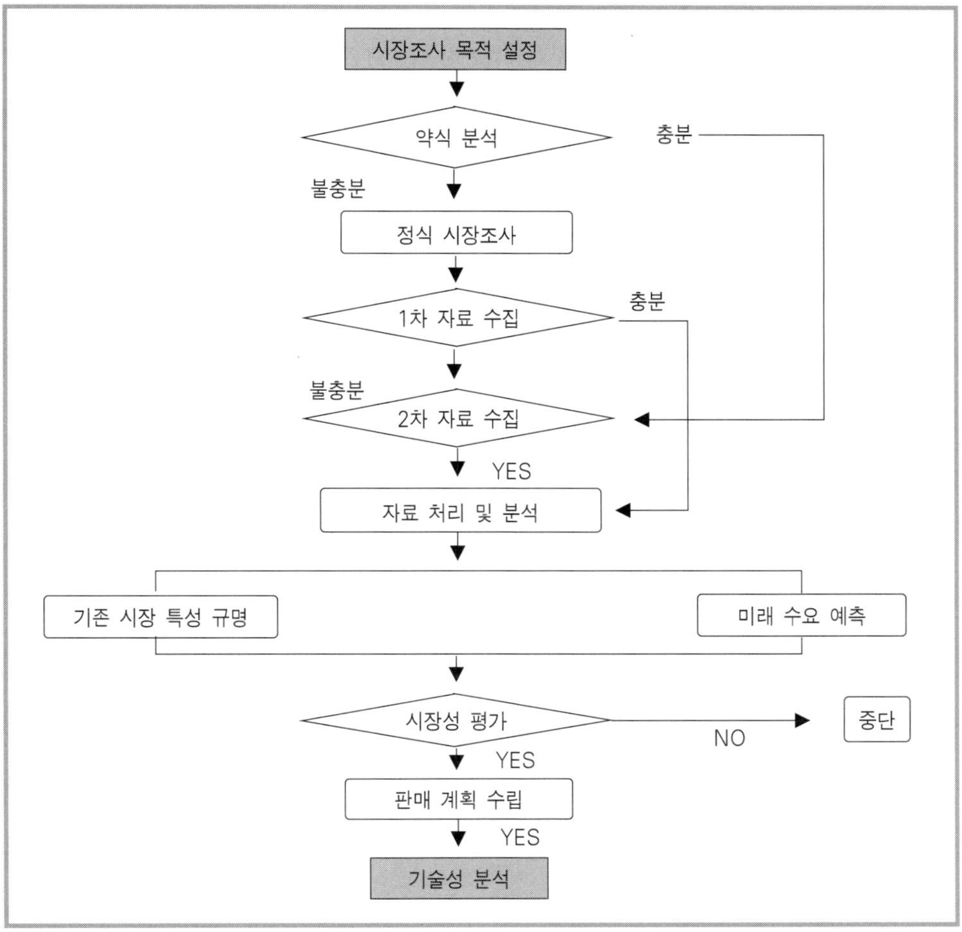

시장성 분석은 구체적으로는 다음과 같은 내용을 분석한다.

① 예상되는 고객의 수는 어느 정도인가?

② 국내 및 해외 시장의 규모는 금액으로 어느 정도인가?

③ 경쟁자들의 세력과 분포는 어떠한가?

④ 경쟁 회사와 비교해 보았을 때 품질과 가격은 유리한가?

⑤ 물류 비용은 저렴한가?

⑥ 시장의 잠재성에 비추어 볼 때 잠재 고객이 증가할 수 있는가?

⑦ 소비자들이 원하고, 필요성이 증가하는 것인가?

이 중에서 특히 중요한 것은 경쟁 업체의 범위와 경쟁 요소를 분석하는 것이다. 이 때 자기 회사의 강점에 초점을 맞추기보다는 약점 보완에 주력해야 한다. 그리고 객관성을 높이기 위하여 소비자에 대한 직접 조사와 앙케이드에 의한 사전 조사도 필요하다.

그림 9-4 기술성 분석

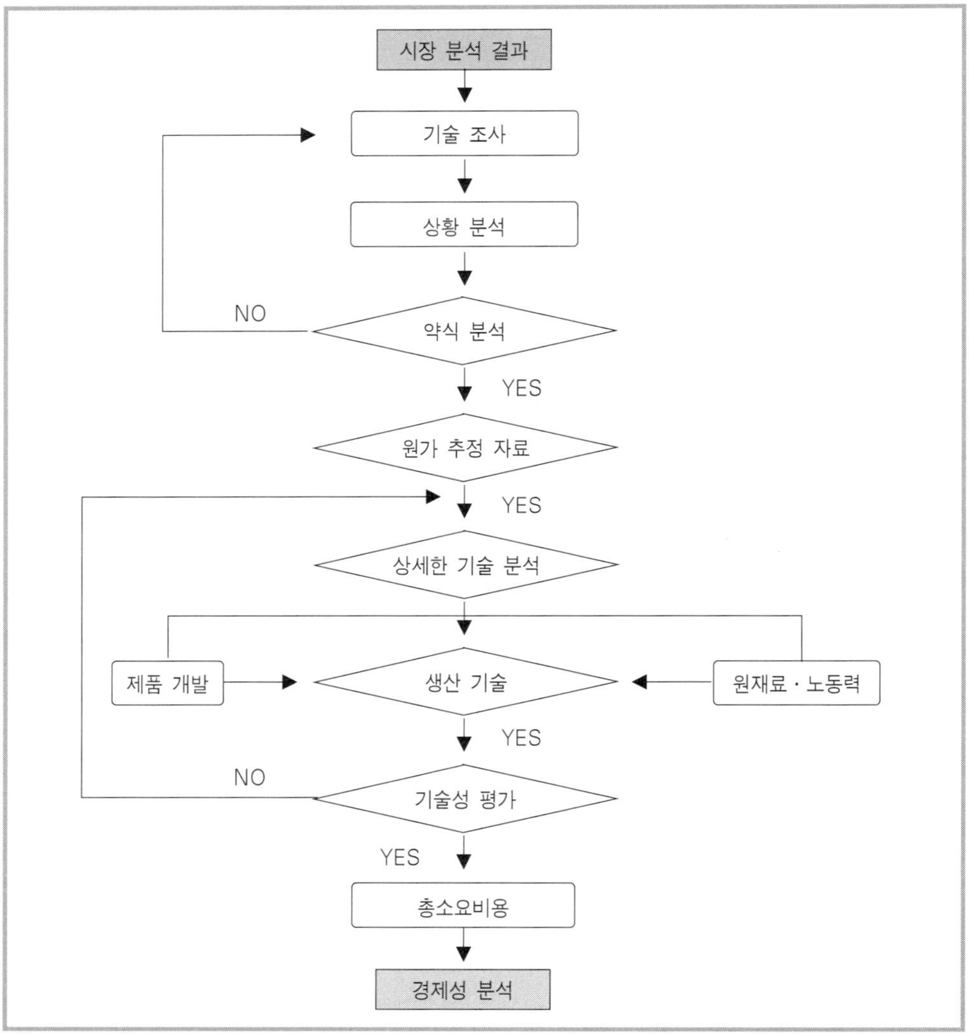

2. 기술성 분석

기술성 분석은 계획된 사업의 기술을 현실 세계에 적용하는데 문제점이 없는지를 조사하고 여러 가지 기술적 대안을 분석하여 합리적인 대안을 선택하는 과정이다.

기술성 분석은 구체적으로 다음과 같은 내용을 분석한다.

① 전자상거래에 필요한 시스템을 운영하고 유지할 기술적 능력이 있는가?

② 시스템의 용도와 특성은 파악할 수 있는가?

③ 대금 결제에 필요한 시스템은 확보할 수 있는가?

④ 상품 배달 체계는 확보할 수 있는가?

⑤ 항상 새로운 상품을 확보할 수 있는가?

창업을 위한 사업성 검토를 할 때 기술성 분석이 중요한 이유는 다음과 같다.

첫째, 계획하고 있는 사업 아이템을 생산하거나 판매하는데 필요한 기술 수준은 사업의 성패를 좌우하는 핵심적 요인이기 때문이다. 제품을 생산하는 기술이 우수해야 질적인 측면에서 경쟁력 있는 제품을 생산할 수 있고, 사업의 성공 가능성도 높아진다.

둘째, 계획한 사업 아이템을 생산하는데 필요한 설비·원재료·인력 등의 가격이나 공급 문제는 사업의 성패를 결정하는 중요한 문제이므로 이에 대한 자세한 검토는 매우 중요하다. 예를 들어 인력과 원재료의 가격 수준이 높고 공급에 차질이 생길 수 있는 제품이라면, 원가는 높아질 것이고 그만큼 경쟁력을 상실하여 성공을 기대하기 어렵다.

셋째, 생산 기술·설비·원재료 등에 대한 상세한 정보는 계획된 사업의 성공 가능성을 말해 줄 뿐만 아니라 불확실한 상황에 대해서도 대비를 가능하게 해 준다. 예를 들어 경쟁 기업에 비해 생산 기술이 뒤떨어진다면, 이를 보완하거나 향상시킬 수 있는 대안을 마련할 근거가 된다.

3. 경제성 분석

경제성 분석은 시장성 분석과 기술성 분석을 통하여 수집하고 분석한 자료를 기초로 이루어진다. 시장성 분석을 통해서 장·단기적으로 예측되는 수입 계획과 지출 계획을 비교하여 경제적 타당성을 평가한다.

경제적 타당성 분석은 추정 재무제표를 근거로 하여 미래의 경영 상태와 자금 흐름 그리고 손익분기점 분석까지 포함한다.

그림 9-5 경제성 분석

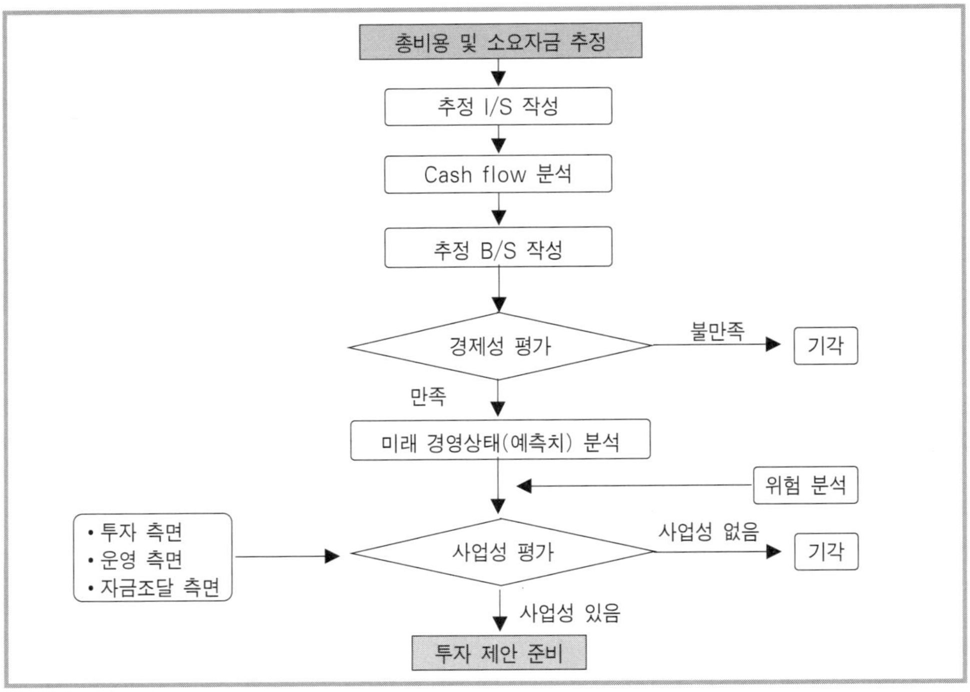

4. 공익성 분석

공익성 분석은 계획한 사업이 공공에 미치는 손해와 이익에 대해 조사하는 활동을 말한다. 특히, 전자상거래는 가상 공간을 통하여 이루어지기 때문에 유해한 상품을 판매하여 공공의 안녕과 질서를 저해하는 사업은 허용되지 않는다. 전자상거래도 공익성에 대한 부분을 소홀히 하여 경제적 이득만을 취하는 사업 아이템은 취급하지 않아야 한다.

그림 9-6 인터넷의 유해성과 유해 등급 표시

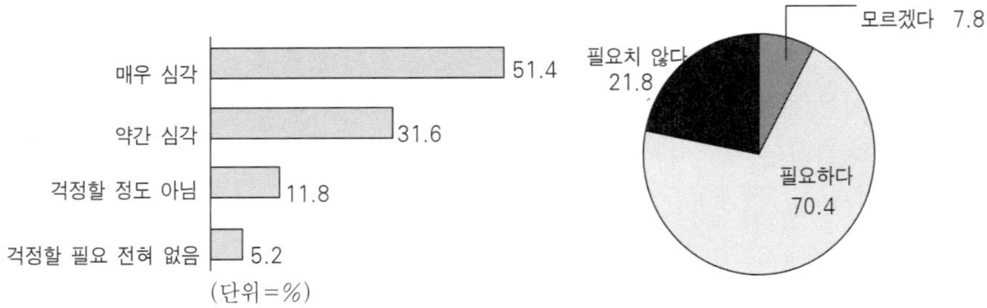

자료 : 매경인터넷

3 사업계획서

사업계획서(business plan)는 창업자가 기업을 설립하고 지속적으로 성장시키기 위한 구체적인 의지를 정리한 설계도와 같은 역할을 한다. 따라서 어떤 사업을 시작하더라도 반드시 그 업종과 규모에 맞는 사업계획서를 미리 작성해야 한다. 준비 없는 창업은 실패할 확률이 그 만큼 높을 수밖에 없다. 사업계획서를 작성해야 하는 구체적인 이유는 다음과 같다.

① 사업계획서는 체계적인 사업 준비를 하기 위한 사전 단계로서 복잡한 창업 절차를 미리 점검할 수 있다.
② 미리 사업 계획을 세우면 위험 요소를 사전에 발견할 수 있으므로 실패 요소를 줄일 수 있다.
③ 이해관계자들에게 사업을 설명하고 홍보하는데 효과적이다.

그러나 사업계획서가 너무 과장되거나 허황하면 사업이 계획대로 진행되지 못하고, 이해관계자들로부터도 신뢰를 얻지 못하여 실패할 확률이 높다. 사업계획서를 작성할 때 지켜야 할 원칙과 유의 사항은 다음과 같다.

1) 작성 원칙

사업계획서는 자신의 사업아이디어를 적정한 장소에서 합법적인 방법으로 구체화한 후 회사를 설립하여 지속적으로 성장・발전시키고자 하는 내용을 체계적으로 표현한 것이다. 사업계획서를 작성할 때에는 다음과 같은 작성 원칙을 지켜야 한다.

① 충분한 시간과 자신감을 가지고 작성한다.
② 객관성 있는 자료를 제시하여 신뢰성을 확보할 수 있어야 한다.
③ 사업의 핵심 내용을 최대한 부각시켜야 한다. 특히, 전략적으로 계획된 상품을 부각시켜야 한다.
④ 전문적인 용어 사용을 피하고 단순하면서도 보편적인 내용으로 구성한다.
⑤ 자금 조달 계획은 정확하고 실현 가능성이 있도록 작성한다.
⑥ 드러나지 않은 문제점과 향후 발생 가능한 위험 요소를 충분히 분석한다.
⑦ 근거가 불충분한 자료 또는 비논리적인 추정은 피한다

2) 작성 순서

사업계획서는 목적과 용도에 따라서 작성 내용이 달라질 수 있다. 또한 창업자가 직접 작성하느냐, 전문기관에 의뢰하여 작성하느냐에 따라서 그 내용이 달라질 수 있다. 그러므로 사업계획서를 작성하기 전에 미리 기본 계획과 작성 순서를 정하면 시간과 노력을 절약할 수 있을 뿐만 아니라 내용도 충실해질 수 있다.

효율적인 사업계획서를 작성하기 위한 기본 순서와 준비할 사항은 다음과 같다.

제1단계 : 기본 방향 설정

제2단계 : 작성 계획 수립

제3단계 : 작성에 필요한 자료 및 첨부 서류 수집

제4단계 : 사업계획서의 양식 구성

제5단계 : 작성

제6단계 : 편집 및 제출

(1) 기본 방향 설정

사업계획서 작성의 제1단계는 사업계획서의 작성 목적에 따라 기본 방향을 설정하는 것이다. 기본 목표와 방향이 설정되지 않으면 사업계획서의 초점이 흐려진다.

(2) 작성 계획 수립

제2단계는 작성 계획을 수립하는 것이다. 대부분의 사업계획서는 정해진 기간 내에 작성해야 하므로 각 부문별 작성 일정과 내용 그리고 작성 책임자를 확정해야 한다.

(3) 자료 및 첨부 서류 수집

제3단계는 사업계획서 작성에 필요한 자료와 첨부 서류 등을 준비하는 과정이다. 사업계획서 작성 방향과 일정 계획을 수립하지 않고 자료 수집부터 하는 경우가 있는데, 이렇게 하면 실제로 필요한 자료를 구하지 못해 다시 수집하거나 내용이 빈약하여 시간 낭비를 초래할 수 있다. 그러므로 사업계획서의 작성 방향과 작성 계획에 맞는 자료를 충분히 수집하여야 한다.

(4) 사업계획서의 양식 구성

제4단계는 작성해야 할 사업계획서의 양식(form)을 구성하는 과정이다. 사업계획서의 종류로는 창업자의 사업 구상을 구체화하여 비교적 간단하게 작성하는 간이 사업계획서와 외부기관 제출용 사업계획서가 있다. 대부분의 경우 사업계획서는 작성 목적과 제출 기관에 따라 정해진 양식이 있기 때문에 그 양식에 따라 작성하면 된다. 그러나 특정한 양식이 없는 경우에는 작성해야 할 사업계획서의 양식을 구성하여야 한다.

(5) 작성

제5단계는 작성 요령과 참고 자료들을 바탕으로 사업계획서를 실제로 작성하는 과정이다.

(6) 편집 및 제출

제6단계는 편집과 제출하는 과정이다. 사업계획서는 그 내용도 중요하지만 편집 과정도 그에 못지 않게 중요하다. 정성을 다하고 모양을 세련되게 편집함으로써 좋은 인상을 받도록 끝까지 주의를 기울여야 한다. 그리고 사업계획서를 제출할 때에는 그 내용을 충분히 이해하여 설명과 응답에 부족함이 없도록 준비하여야 한다.

3) 사업계획서 구성 내용

사업계획서는 목적과 제출 기관에 따라 그 내용과 형식이 다를 수 있다. 사업계획서에 반드시 포함되어야 할 내용을 살펴보면 다음과 같다.

(1) 창업 개요

① 창업자 및 핵심 창업 인력 소개
② 경영 능력 및 경영권
③ 이사진 구성 및 외부 자문, 지원 인력
④ 창업 동기 및 사업의 기대 효과
⑤ 사업 전개 방향 및 향후 계획

(2) 조직 및 인력 운용 계획

① 조직도
② 조직 및 인력 구성의 특징
③ 종업원 현황 및 고용 계획

④ 교육 훈련 계획

(3) 기술 현황 및 기술개발 계획

① 창업 대상 기술의 내용 및 특성
② 아이템 선정 과정 및 기술 현황
③ 사업화 가능성 및 전망

(4) 생산 및 시설 계획

① 지리적 입지
② 생산 전략
③ 시설 투자 계획
④ 생산에 필요한 시설 및 설비
⑥ 원·부자재 사용 및 조달 계획

(5) 시장성 및 마케팅 계획

① 시장 규모와 전망
② 경쟁자 분석
③ 예상 시장점유율과 매출액
④ 가격 전략
⑤ 판매 전략
⑥ 광고와 판촉

(6) 자금 운용 및 조달 계획

① 소요 자금 명세 및 용도
② 자금 조달 규모 및 방법
③ 보증 및 담보 계획
④ 차입금 상환 계획

(7) 재무 계획

① 추정 손익계산서
② 추정 대차대조표
③ 추정 현금흐름표
④ 추정 제조원가명세서
⑤ 손익분기점 분석

(8) 사업 추진 일정

① 시장조사와 분석
② 마케팅 계획
③ 제조 및 운영 계획
④ 재무 계획
⑤ 인원 및 조직 계획

(9) 위험도 및 고려 사항

① 당면 문제
② 예상되는 위험 요인 및 이에 대한 대응 방안
③ 기본 가정이 달라질 경우의 대응 방안

4 인터넷 쇼핑몰 구축

1. 인터넷 쇼핑몰 구축 방법

전자상거래 창업을 위한 아이템 선정과 사업계획 준비가 완료되면 쇼핑몰을 구축해야 한다. 쇼핑몰 구축을 창업자 입장에서 보면, 자체 서버를 이용한 쇼핑몰 구축과 외부의 호스팅 업체를 이용하는 방법으로 나눌 수 있다.

1) 자체 서버를 이용한 단독 쇼핑몰

자체 서버를 이용한 단독 쇼핑몰 구축은 자체적으로 서버를 설치한 후 쇼핑몰 구축 프로그램을 이용하여 모든 구축 과정을 창업자가 전담하는 방법이다. 이 방법은 고유 도메인을 확보하여 쇼핑몰 운영을 독립적으로 관리하는 것이다. 자체 서버를 이용하여 쇼핑몰을 구축하려면 직접 컴퓨터를 설치하고, 홈페이지를 제작하여야 하며, 전용선과 결제시스템 등을 마련해야 한다.

단독 쇼핑몰 구축의 장점은 다음과 같다.

① 새로운 상품의 등록이나 변경을 신속히 할 수 있다.
② 상품 관리 · 고객 관리 · 홍보 등을 통해 직접적인 사업 노하우를 얻을 수 있다.
③ 쇼핑몰의 변경이나 연동의 프로그램을 별도로 개발할 수 있다.
④ 고객의 요구에 따른 맞춤 정보를 제공할 수 있고, 창의적인 마케팅 활동을 할 수 있다.
⑤ 독자적인 고객 데이터베이스를 구축할 수 있다.

반면에 다음과 같은 단점도 있다.

① 자체 서버를 설치해야 하므로 초기 비용이 많이 든다
② 상품 등록 · 홍보 · 고객 관리 · 대금 결제 · 택배 시스템 등의 운영에 필요한 전문적인 기술을 확보하기 어렵다.
③ 실패할 경우 손해를 볼 가능성이 높다.

2) 호스팅 업체를 이용한 쇼핑몰

외부의 호스팅 업체를 이용하는 방법으로 서버와 네트워크를 갖춘 전문업체로부터 일정한 공간을 빌리는 웹 호스팅과 대형 쇼핑몰에 입점하는 몰 호스팅 방법이 있다.

웹 호스팅(web hosting)을 이용한 쇼핑몰 구축은 서버와 네트워크를 갖춘 전문업체로부터 일정한 용량의 하드디스크와 결제시스템 등을 빌려서 자신의 쇼핑몰을 구축하는 방법이다. 백화점이나 상가의 점포를 분양 받아 사업을 하는 것과 같은 개념이다. 몰 호스팅(mall hosting)은 대형 인터넷 쇼핑몰을 구축해 놓은 웹 사이트에 자신의 상품을 가지고 입점하는 방법이다.

호스팅 업체를 이용하면, 고가의 장비를 구입하거나 전용선을 확보하는데 필요한 비용을 부담할 필요가 없고, 대금결제 시스템이나 운송 시스템도 마련되어 있어 편리하다. 그리고 자신이 직접 시스템을 구축하거나 홈페이지를 제작하지 않아도 되기 때문에 컴퓨터 전문가가 아니더라도 쉽게 창업을 할 수 있으며, 호스팅 업체에서 광고도 대행해 준다. 그러나 직접 서버를 운영하는 것이 아니기 때문에 고객 정보나 거래 정보가 유출될 수 있으며, 판매 수수료를 지불해야 하는 단점이 있다.

창업 초기에는 독립적인 서버를 구축하는 것보다 호스팅 업체를 이용하는 방법이 좋다. 창업 초기에는 비용 부담이 적은 호스팅 업체를 이용하여 시작한 후 사업이 정상적인 궤도에 오르면 단독 쇼핑몰을 구축하는 것이 유리하다.

2. 인터넷 쇼핑몰의 유형

인터넷 쇼핑몰의 형태는 현재 판매장을 영업중인 기업이 인터넷상에도 웹 사이트를 개설하여 상품을 판매하는 온라인 스토어 프론트와 인터넷 쇼핑몰만 전문적으로 운영하는 전문쇼핑몰 등으로 구분할 수 있다.

1) 온라인 스토어 프론트

현재 판매장을 운영중인 백화점이나 기업들이 인터넷상에도 웹 사이트를 구축하여 상품을 판매하는 형태의 인터넷 쇼핑몰을 말한다. 판매 형태에 따라 전문점 · 제조업자 직영점 · 인터넷 백화점 등으로 구분할 수 있다.

(1) 전문점

전문점은 이미 특정 분야의 상품을 판매하고 있는 기업이 인터넷 쇼핑몰을 개설하고 같은 분야의 상품을 동시에 판매하는 형태의 쇼핑몰을 말한다. 예를 들면, 교보문고와 같이 서점을 운영하면서 동시에 인터넷 서점에서도 도서를 판매하는 경우를 말한다. 이외에도 꽃 배달서비스와 컴퓨터 관련상품 전문판매점 등이 있다.

(2) 제조업자 직영점

제조업자가 직접 인터넷 쇼핑몰을 개설하여 상품을 판매하는 형태를 말한다. 제조업자 직영점은 제조업자와 소비자 사이에 중개를 거치지 않기 때문에 유통 비용을 절감할 수 있는 장점이 있다.

(3) 인터넷 백화점

기존의 백화점과 같이 다양한 종류의 상품을 인터넷 쇼핑몰에 전시하여 판매하는 형태를 말한다. 이 형태는 기존의 백화점들이 이미 갖추어 놓은 물류 체계 등을 이용하는 경우이다.

2) 전문 쇼핑몰

전문 쇼핑몰은 별도의 판매점을 운영하지 않고 인터넷상에서만 상품을 판매하는 형태의 쇼핑몰을 말한다. 형태에 따라 단순 링크형 · 입주형 · 몰의 몰형 등으로 구분할 수 있다.

(1) 단순 링크형

인터넷 쇼핑몰이 개설되어 있는 온라인 스토어 프론트나 전문 쇼핑몰들을 모아서 연결(link) 시켜 놓은 형태의 쇼핑몰을 말한다. 단순 링크형은 구매자와 인터넷 쇼핑몰간의 연결 기능만 하기 때문에 결제시스템이나 배달 방법은 개별 쇼핑몰이 담당한다.

(2) 입주형

입주형은 개별 상점들이 입주하여 하나의 인터넷 쇼핑몰을 구성하는 형태를 말한다. 결제시스템이나 배달 방법도 입주 상점 모두가 통일된 방법을 사용하고, 각 상점의 웹 사이트도 쇼핑몰에서 제공하는 탬플릿 페이지와 같은 형태로 유지해야 한다.

(3) 몰의 몰형

몰의 몰형은 개별 쇼핑몰을 연결시켜 주는 역할 뿐만 아니라 결제시스템과 배달 체계를 제공하고, 또한 개별 쇼핑몰의 결제시스템과 배달 체계를 같이 이용할 수 있는 형태의 인터넷 쇼핑몰을 말한다.

그림 9-7 인터넷 쇼핑몰의 분류

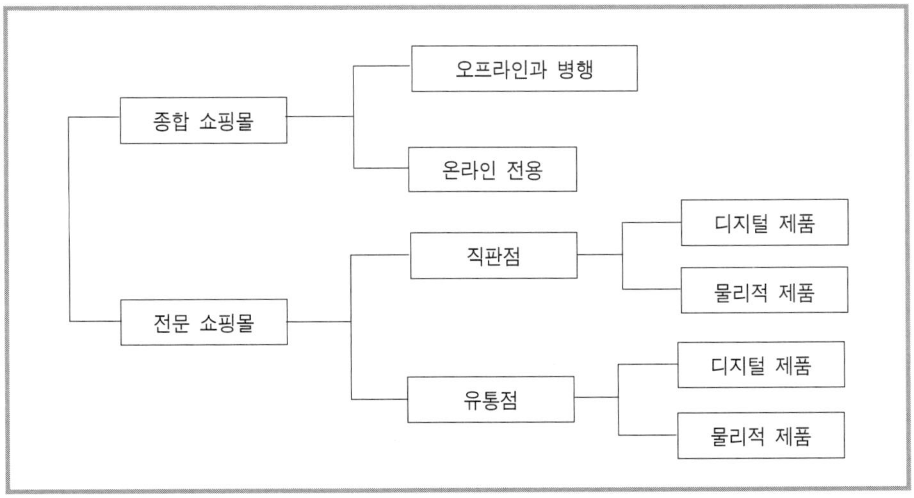

5 단독 쇼핑몰 창업

자체 서버를 구축하여 단독 쇼핑몰을 창업하는 절차는 〈그림 9-8〉과 같다.

그림 9-8 단독 쇼핑몰을 이용한 창업 절차

하드웨어 및 소프트웨어 구입

↓

도메인 등록 및 프로그램 설치

↓

전용선 설치

↓

쇼핑몰 설계 및 제작

↓

전자결제시스템 구축

↓

배송 시스템 구축

↓

개점 및 홍보

1) 하드웨어 및 소프트웨어 구입

쇼핑몰 구축에 필요한 준비물은 서버 · 네트워크 장비 · 쇼핑몰 구축 프로그램 · 스캐너 · 디지털 카메라 등이다. 이 중 서버는 24시간 운영되는 점을 감안하여 안정성이 보장되는 제품을 구입해야 한다.

시중에서 판매되는 쇼핑몰 구축 프로그램은 여러 종류가 있다. 프로그램을 선택할 때에는 템플릿 기능 · 카탈로그 · 고객 관리 · 상품 관리 · 결제 처리 · 각종 데이터베이스 구축 · 교육 · 컨설팅 등의 지원 여부를 살펴보아야 한다.

2) 도메인 등록 및 프로그램 설치

쇼핑몰을 구축하기 전에 도메인 네임도 미리 등록해 놓아야 한다. 도메인 네임은 인터넷에서 구축된 웹 사이트를 찾을 수 있도록 해주는 주소이며, 인터넷 상점명이다. 도메인은 판매하는 상품과 업종에 관련이 있고, 쉽게 기억할 수 있는 단어를 선택하여 신중히 결정해야 한다. 예를 들면 www.kimchi.com 이나 www.insadong.com 또는 www.minbak.co.kr과 같은 도메인은 상품의 인지도와 직접 연결될 수 있다.

그러나 이미 좋은 도메인들은 선점 경쟁이 치열해 확보하기 어려운 실정이므로 2차 도메인을 이용하는 방법이 있다. 1차 도메인이 www.kimchi.com이라면 2차 도메인은 www.○○○.kimchi.com의 형식으로 구성하면 된다. ○○○ 부분에 자신이 원하는 문자나 숫자를 입력하면 2차 도메인이 된다.

도메인 등록을 관장하고 있는 각국의 기관들은 도메인 등록시 최소한 2개 이상의 도메인 네임 서버를 필수적으로 요구하고 있기 때문에 도메인 네임 서버를 보유하지 않은 개인이 직접 신청하기보다는 인터넷 연결서비스를 제공하는 인터넷 서비스 제공기관(ISP)·웹호스팅 제공기관(WSP) 혹은 대행 업체를 통해 신청하는 것이 좋다. 이 때 각 회사는 대행 요금을 받는다.

도메인 네임을 등록한 후에는 서버를 웹서버로 바꾸어야 한다. 이를 위해서는 별도의 웹 서버 프로그램을 설치해야 하며, 쇼핑몰을 가시화 하는데 필요한 웹 브라우저도 함께 설치해야 한다. 그 후 쇼핑몰 구축 프로그램을 설치한다.

3) 전용선 설치

인터넷 사이버몰을 자체 구축하려면 전용선 설치가 필수적이다. 회선 설치 및 이용은 한국통신·하나로텔레콤 또는 전용선 설치 업체에 문의하면 된다.

전용선 설치는 소규모 회사나 개인 사업자에게는 사용료가 큰 부담이 될 수 있다. 이런 경우에는 전화 전용선을 사용할 수 있다. 전화 전용선이란 인터넷 전용선에 전화선을 연결하여 전용선의 유휴 용량을 나누어 쓰는 통신 회선이다. 연결되어 있는 전용선의 사정에 따라 회선 속도가 변화되는 단점이 있기는 하지만, 월 사용료가 전용선에 비해 훨씬 저렴하다.

전용선 사용료가 부담스러운 창업자들은 초기에는 전화 전용선을 사용하고 사업이 본 궤도에 도달하면 전용선으로 교체하는 것이 현명한 방법이 될 것이다.

4) 쇼핑몰 설계 및 제작

개설할 쇼핑몰의 전체적인 구조를 설계한다. 판매할 상품의 이름·개수·가격 등을 미리 정한 후 쇼핑몰의 배치를 계획한다. 어떤 상품을 초기 화면에 배치할 것인지, 상품의 장점을 잘 보이게 하려면 어떤 방법이 좋은지를 결정한다.

쇼핑몰 디자인은 일반 상점의 인테리어와 같은 것이다. 쇼핑몰에서는 상품을 직접 확인하고 구입하는 것이 아니기 때문에 상품의 가치가 돋보이도록 디자인을 해야 한다. 특히, 계속적인 업그레이드(up grade)를 위해 개방적인 구조로 해야 한다.

인터넷 쇼핑몰에서는 웹 사이트의 화면을 통해 구매를 결정하기 때문에 상품의 상세한 설명과 사진이 매우 중요하다. 너무 고화질의 사진을 사용하면 용량 때문에 검색 속도가 느려지고, 텍스트가 너무 많으면 고객의 시선을 집중시킬 수 없다. 따라서 가장 부각시킬 점이 무엇인지, 사진의 수준은 어느 정도로 할 것인지를 결정해야 한다. 상품의 설명도 너무 딱딱하지 않아야 하며, 간결한 문장으로 해야 한다.

5) 전자결제시스템 구축

위와 같은 과정을 거쳐 쇼핑몰을 만들었다면, 다음은 전자결제시스템을 구축해야 한다. 무통장 입금방식을 채택하는 경우에는 결제시스템을 구축할 필요성이 없으나, 신용카드로 결제할 경우에는 결제시스템을 구축해야 한다.

신용카드 결제 및 지불시스템을 자체적으로 구축하는 것은 거의 불가능하므로 이를 대행해 주는 서비스 업체와 연결해야 한다. 결제시스템을 대행업자에게 의뢰하면 쇼핑몰에서 일어나는 보안 분쟁에 대하여 대행업자가 책임을 지기 때문에 안정적인 쇼핑몰 운영이 가능하다. 그러나 수수료를 지불해야 하기 때문에 상품 가격을 낮추기 힘든 요인으로 작용할 수도 있다.

대행업체와의 대금 정산은 보통 일주일 단위로 이루어지며, 대행회사에서 수수료를 공제한 나머지 금액을 사업자의 구좌에 입금해 준다.

6) 배송시스템 구축

전자상거래는 원거리의 소비자들을 대상으로 하기 때문에 주문 받은 상품을 신속하고 안전하게 배달하는 체계를 갖추는 것이 중요하다. 현재 국내 쇼핑몰에서는 택배업체나 우체국을 주로 이용하고 있다. 택배업체는 보통 포장 단위당 30㎏ 이하, 1.5CBM(가로+세로+높이의 합이 160㎝ 이내, 단 최장변이 100㎝ 이내)이내의 소형·소량 화물을 취급한다.

국내 인터넷 쇼핑몰 업체의 배송 수단을 나타낸 〈그림 9-9〉를 보면, 택배회사를 주로 이용하는 것으로 나타났다.

그림 9-9 배송수단별 거래금액 비율

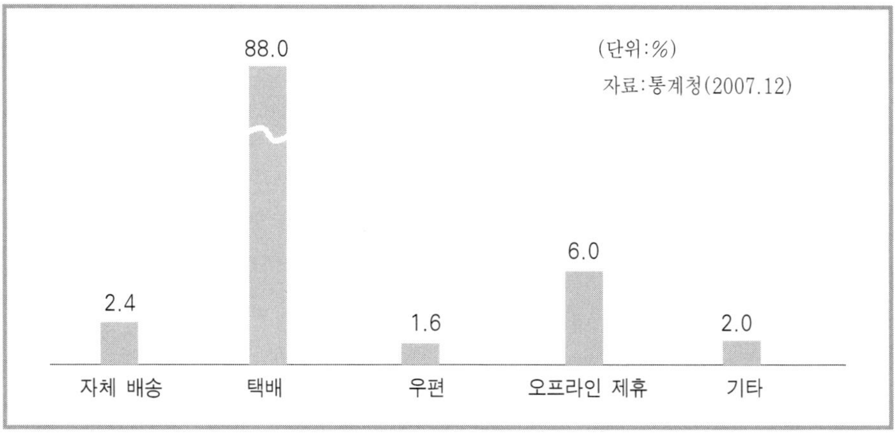

※ 오프라인 제휴는 쇼핑몰 업체에서 제휴한 사업장(편의점, PC방, 주유소, 지하철 등)까지만 배송하여 소비자가 직접 찾아 가도록 하는 형태를 말한다.

7) 개점 및 홍보

쇼핑몰 구축이 완성되면 쇼핑몰을 홍보하고 사업을 시작하면 된다. 홍보 방법은 네이버와 같은 각종 검색엔진에 등록하는 방법과 신문이나 월간지를 통해 홍보하는 방법, 고객에게 전자우편을 보내는 방법 그리고 다른 사이트와 배너 광고를 교환하는 방법 등이 있다. 할인과 사은품 제공 그리고 고객 마일리지 제공과 같은 전략을 병행하면 더욱 효과적이다.

6 몰 호스팅 창업

1. 몰 호스팅 창업 절차

호스팅 업체를 이용하여 인터넷 쇼핑몰을 구축하는 방법으로는 웹 호스팅과 몰 호스팅이 있다. 웹 호스팅(web hosting)은 서버와 네트워크를 갖춘 전문업체로부터 일정한 공간을 빌려 인터넷 쇼핑몰을 구축하는 방법이다. 몰 호스팅(mall hosting)은 인터파크와 같이 이미 구축된 대형 인터넷 쇼핑몰에 입점하는 방법이다.

그림 9-10 몰 호스팅을 이용한 창업 절차

입점 상담 및 서비스 신청

↓

상품 사진 및 설명서 준비

↓

쇼핑몰 예비 개설

↓

쇼핑몰 운영 교육

↓

쇼핑몰 입점

↓

고객의 상품 구매 및 대금 결제

↓

상품 주문 확인 및 배송

↓

대금 정산

여기서는 몰 호스팅을 중심으로 살펴보기로 한다. 몰 호스팅업체에 입점하는 과정을 단계별로 나타내면 〈그림 9-10〉과 같다.

1) 입점 상담 및 서비스 신청

호스팅 업체를 방문하거나 전화로 전반적인 판매 과정과 배송 등에 관하여 상담을 한다. 입점을 결정하면 서비스 신청서를 작성하여 제출한다.

2) 상품 사진 및 설명서 준비

서비스를 신청했다면 판매할 상품의 사진과 상품 설명서를 준비한다.

3) 쇼핑몰 예비 개설

호스팅 업체에서 쇼핑몰이 올려질 공간을 만들어 주는 단계로서 호스트에 등록시킨 후 ID와 패스워드를 보내준다. 그러나 아직 상품이 등록되지 않았기 때문에 판매가 이루어지지는 않는다.

4) 쇼핑몰 운영 교육

쇼핑몰을 운영할 수 있도록 상품을 등록하는 방법과 주문 정보를 조회하는 방법 등에 대하여 교육을 받아야 한다.

5) 쇼핑몰 입점

호스팅 업체의 호스트에 접속되고, 개별 상품들이 등록되면 입점하게 된다.

6) 고객의 상품 구매 및 대금 결제

고객은 필요한 상품을 구입할 수 있다. 대금 결제는 무통장 입금 방법과 신용카드를 이용하는 방법이 있다.

7) 상품 주문 확인 및 배송

상품 주문이 완료되면 쇼핑몰 운영자에게 상품의 수량과 배달처 등이 기록된 정보가 전달된다. 운영자가 직접 호스트에 접속한 후 조회할 수도 있다. 상품은 대부분 택배회사를 이용하여 배달된다.

8) 대금 정산

상품 대금은 정기적으로 정산하여 운영자의 은행 계좌로 입금된다.

주요 용어

창업	사업아이디어	사업아이템
예비아이템	시장조사	SOHO
사업타당성분석	시장성 분석	기술성 분석
경제성 분석	추정재무제표	앙케이드조사
자금수지계획	현금흐름	공익성 분석
사업계획서	웹호스팅	몰호스팅
온라인 스토어프론트	인터넷 백화점	입주형
서버	전용선	도메인

참고자료 9.1

델컴퓨터의 성공 사례

1980년대 말 델(Dell)이 사업을 시작하였을 때에는 PC를 주문 생산해 통신으로 판매하는 중소 규모의 지역 사업자에 불과했다. 그러나 델은 인터넷을 이용하면서 급격히 성장하였고, 1990년대 후반에는 미국 최대의 PC 제조업체가 되었다. 이것이 단순히 알려져 있는 델(Dell)의 성공담이다. 그러나 델은 업무영역 전반에서 인터넷 판매를 고려한 변화를 성공적으로 이룩해 냈고, 이것이 진정한 성공 열쇠가 되었다.

델은 먼저 주문을 받은 후 완제품을 만드는 시스템을 구축했고, 이를 위해 공급업자와의 의사소통을 강화하는데 투자를 아끼지 않았으며 구매 가격도 높여 주었다. 추가비용 발생은 구매와 판매・수금 시기를 일치시켜 필요한 운전자금을 대폭 낮추는 것으로 상쇄했다. 실제로 델의 1990년대 초반 운전자금 회전율(turn over ratio)은 같은 해 컴팩(Compaq)에 비해 50배가 넘는 수치를 보였다.

또한 재고 수량을 최소한으로 관리한다는 방침을 세우고, 이를 안정적으로 유지하기 위해 내부 온라인 시스템을 강화하였으며, 주요 대형 고객과 부품업자를 인트라넷(intranet)으로 연결했다. 이는 결국 90년대 초반 CPU・메모리 등 반도체 가격의 급격한 하락에서 재고평가손실을 최소화할 수 있는 시스템으로 발전됐다.

일반적으로 PC 제조업자는 유통망 유지・관리를 위해 대부분의 시간을 보내고 있었는데, 델은 이 시간을 기업 고객의 방문과 욕구 파악, 생산부서와의 커뮤니케이션 활성화에 투자했다. 지난 1996년 델의 영업사원은 근무시간의 60%를 기업 고객과의 만남에 소요했는데, 이는 다른 PC 업체보다 평균 2배가 넘는 것이었다. 따라서 델은 같은 수의 고객 관리를 위해 경쟁회사보다 절반 이하의 영업사원만 필요했고, 이것은 영업비용의 절감으로 이어졌다.

델은 인터넷 판매로 단순히 대리점의 유통마진만을 줄이는 데 그치지 않고, 업무영역 전반을 인터넷에 맞추어 변화시킴으로써 기업 가치를 높인 것이다. 그러나 최근 델의 사업모델에도 결점이 드러나고 있다. 유통점이 없기 때문에 우수한 애프터서비스(AS)를 하기 어렵고, 이것이 고객 불만으로 나타나고 있다. 결국 델은 미국 전역에 사후서비스(AS)망을 구축하고 있으며, 이것은 적지 않은 비용 부담을 초래했다.

최근에는 이에 대한 보완책으로 인터넷을 통한 간단한 사후서비스(AS)와 고객상담 프로그램을 활용하고 있으며, 판매도 온・오프라인 병행구조를 고려하고 있는 실정이다. 이러한 현상은 인터넷 환경에 적합하도록 완벽하게 변화·발전시키지는 못했다는 점을 드러낸 것이라고 하겠다.

델사의 직접모델과 전통적 간접모델의 비교

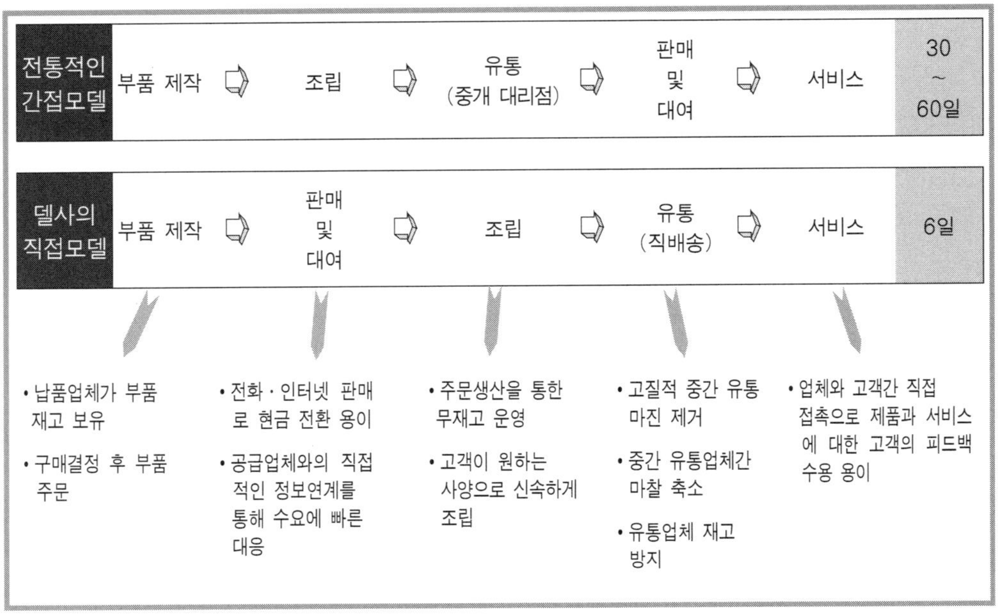

제9장 연구과제

① 인터넷 쇼핑몰을 구축하여 전자상거래를 시작하려면 어떤 준비 절차가 필요한지 설명하라.

② 전자상거래 시장이 전통적 시장과 다른 점을 설명하라.

③ 최근에 발표된 인터넷 쇼핑몰을 이용한 소비자들의 선호 품목을 조사하라.

④ 인터넷 쇼핑몰 사업에 적합한 사업 아이템을 열거해 보라.

⑤ 사업타당성 분석이란 무엇이며, 구체적으로 어떤 내용을 분석하는가?

⑥ 시장성분석이란 무엇이며, 구체적으로 어떤 내용을 분석하는가?

⑦ 기술성분석이란 무엇이며, 구체적으로 어떤 내용을 분석하는가?

⑧ 경제성분석이란 무엇이며, 어떤 방법을 사용하는가?

⑨ 사업계획서란 무엇이며, 왜 필요한가?

⑩ 사업계획서의 작성 원칙과 작성 순서를 단계별로 설명하라.

⑪ 사업계획서에 포함되어야 할 내용을 열거하라.

⑫ 인터넷 쇼핑몰을 구축하는 방법에는 어떤 것들이 있는지 설명하라.

⑬ 자체 서버를 이용하여 쇼핑몰을 구축하면 어떤 장점과 단점이 있는가?

⑭ 웹호스팅을 이용하여 쇼핑몰을 구축하면 어떤 장점과 단점이 있는가?

⑮ 인터넷 쇼핑몰의 유형을 열거하고, 각각을 설명하라.

제 3 부

전자상거래 기반 기술

전자상거래가 현실세계에서 실현되기 위해서는 통신기술·정보처리기술·보안기술·지원기술이 완벽하게 갖추어져야만 한다. 만일 이 중에서 어느 하나라도 미비하다면 전자상거래는 이루어질 수 없다. 따라서 인터넷 쇼핑몰 운영자는 전자상거래를 구현하는 기반기술에 대해서도 충분한 지식을 습득하고 있어야 한다.

제2부에서는 전자상거래를 구현하는데 필요한 통신기술·정보처리기술·보안기술·지원기술에 대해 구체적으로 살펴본다.

제10장

통신기술

ELECTRONIC COMMERCE

학습 개요

인터넷을 이용한 전자상거래는 통신기술이 뒷받침되지 않는다면 실현될 수 없다. 컴퓨터를 이용한 정보처리 기술과 정보의 전송을 담당하는 통신기술이 상호 결합되면서 전자상거래가 가능하게 된 것이다.
제10장에서는 통신기술을 이해하는데 필요한 기초 개념을 먼저 살펴보고, 통신규약인 프로토콜 그리고 다양한 종류의 통신 회선을 종류별로 구분하여 설명한다.

1 통신의 기초

1. 통신과 전송 과정

컴퓨터를 이용한 정보처리 기술과 정보의 전송을 담당하는 통신기술의 급속한 발전이 상호 결합되면서 정보의 교환과 전송에만 머물던 통신의 개념과 중요성이 크게 확장되었다. 통신(telecommunications)은 멀리 떨어져 있는 단말기간에 통신 회선을 이용하여 데이터나 메시지를 주고받는 것을 말한다. 이 때 데이터와 메시지는 〈그림 10-1〉과 같은 과정을 거쳐 전송된다.

그림 10-1 정보의 전송 과정

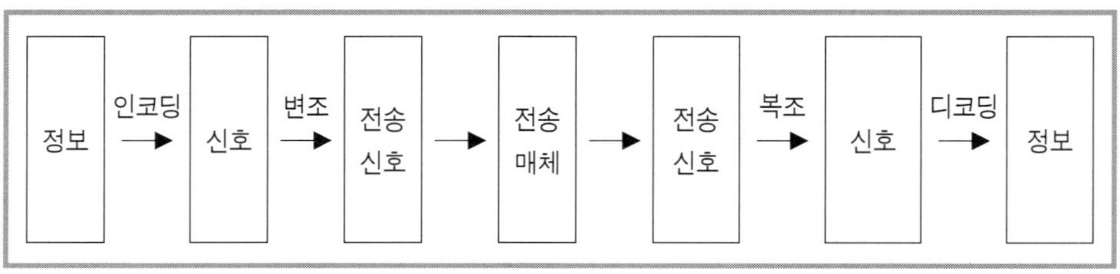

1) 인코딩

인코딩(encoding)은 부호화라고도 하는데, 음성이나 문자 또는 숫자 등의 정보를 전류나 전자기파 형태의 에너지 흐름인 신호(signal)로 바꾸는 것을 말한다. 문자나 숫자를 컴퓨터가 이해할 수 있는 코드 데이터로 바꾸는 것으로서 10진 데이터를 2진 형식으로 바꾸는 것도 여기에 해당된다.

2) 변조

변조(modulation)는 전송하려는 신호를 다른 신호와 합성하여 전송에 적합하도록 주파수 대역을 이동시키는 과정이다. 컴퓨터 통신에서는 컴퓨터에서 출력되는 디지털 신호를 통신 회선을 통해 전송하기 위해 아날로그 신호로 변환하는 것을 말한다.

〈그림 10-1〉에서 보는 바와 같이 인코딩에 의해 부호화된 신호는 전송 매체의 물리적 특성에 적합하도록 또 한번의 변환 과정을 거쳐 직접 전송 매체를 통과하게 된다. 전송 신호는 전송 매체를 타고 원하는 곳으로 전달된다.

3) 복조

복조(demodulation)는 변조된 신호를 원래의 신호로 재생하는 조작을 말한다. 데이터 통신에서 디지털 신호를 아날로그 신호로 변조하여 보내주면, 수신측에서는 이를 다시 원래의 디지털 신호로 복조한다.

4) 디코딩

디코딩(decoding)은 인코딩(encoding)의 반대 개념으로서 일정한 규칙에 따라 코드화된 데이터를 원래의 형태로 환원시키는 것을 말한다. 컴퓨터의 중앙처리장치에서 기계어 명령코드를 해석하는 것이다.

2. 통신 시스템의 구성 요소

통신 시스템을 구성하는 중요한 요소는 〈그림 10-2〉와 같으며, 각 구성 요소들의 내용은 다음과 같다.

그림 10-2 통신 시스템의 구성 요소

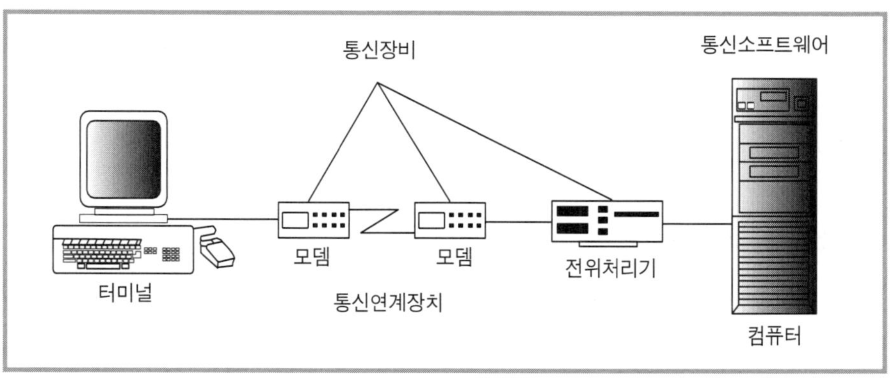

1) 컴퓨터

컴퓨터는 정보 처리를 담당하는 역할을 하며, 산술 연산 뿐만 아니라 복잡한 연리 논산까지도 처리한다. 또한 정보를 입력하고 명령을 주면 정해진 규칙에 따라 그것을 자동으로 처리한 다음 결과를 출력하는 데이터 처리장치를 말한다. 컴퓨터는 기본적으로 입력장치·연산장치·기억장치·제어장치·출력장치의 5가지 요소로 구성되어 있다.

2) 터미널

터미널(terminal)은 중앙컴퓨터를 이용하기 위해 통신 회선에 연결해서 사용하는 입출력 장치를 말한다. 기본적으로 키보드와 모니터 또는 프린터로 구성되며, 개인용 컴퓨터를 단말기로 사용하는 경우가 많다.

3) 입출력 장치

입출력 장치(input/output device)는 컴퓨터 시스템에서 입출력 작업을 위해 사용되는 하드웨어 장치를 말한다. 입력장치에는 키보드·마우스·트랙볼·조이스틱·스캐너 등이 있고, 출력장치에는 모니터·프린터·플로터 등이 있다.

4) 통신 채널

통신 채널(communication channel)은 멀리 떨어진 두 지점 사이에서 데이터나 음성을 전송하기 위해 사용하는 통신선로를 말한다. 통신 채널의 매체로는 전화선·동축 케이블·광케이블·마이크로파·통신위성 등이 사용된다.

5) 통신 처리장치

통신 처리장치(communication processor)는 통신 제어장치의 일종으로서 컴퓨터와 통신 회선 사이에 위치하면서 프로그램에 의해 입출력을 제어하거나 오류를 검출하고, 제어코드를 판독하여 데이터를 재편성하는 기능을 수행하는 장치이다.

6) 통신 소프트웨어

통신 소프트웨어(communication software)는 컴퓨터로 데이터 통신을 하기 위해 사용되는 소프트웨어를 말한다. 특히, 통신 회선을 경유하여 서버에 접속하기 위한 클라이언트용 통신 처리 소프트웨어를 가리킨다. 개인용 컴퓨터 분야에서 사용하는 통신 소프트웨어에는 대형 컴퓨터의 전용 단말기와 동등한 기능을 실현하는 단말 에뮬레이션 소프트웨어,[1] 전화회선을 경유하여 PC통신 서비스나 각종 데이터베이스 서비스에 접속하기 위한 소프트웨어, 인터넷에 접근하기 위한 웹 브라우저 소프트웨어 등이 있다.

---

1) 에뮬레이션 소프트웨어(emulation software)는 특정 컴퓨터의 시스템용으로 작성된 프로그램에 수정을 가하여 하드웨어를 바꾸지 않고 다른 컴퓨터 시스템에서도 사용할 수 있는 소프트웨어를 말한다.

3. 신호의 유형

통신에 이용되는 신호의 유형에는 아날로그 신호와 디지털 신호가 있다.

그림 10-3 아날로그 신호와 디지털 신호

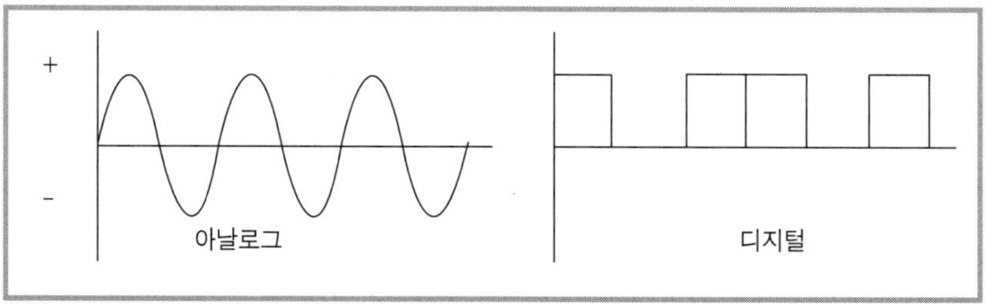

1) 아날로그 신호

아날로그 신호(analog signal)는 전압이나 전류 또는 저항과 같이 연속적으로 변화하는 물리량의 크기를 나타내는 신호를 말한다. 아날로그 신호는 주로 음성 통신에 많이 사용되어 왔다. 라디오의 주파수를 선택할 때 사용하는 다이얼 판이나 바늘이 돌아가는 시계 등은 아날로그 신호라고 할 수 있다.

2) 디지털 신호

디지털 신호(digital signal)는 시간과 크기가 모두 이산적 형태의 파형을 갖는 신호로 온(on)과 오프(off)의 전자펄스로 나타낸다. 온도 · 속도 · 질량 등과 같은 자연계의 값은 연속적으로 변화하는 것이 많지만, 이것을 일정한 폭으로 구분하여 이에 대응하는 수치로 표현한 것이 디지털 신호이다. 즉, 어떠한 양이 아날로그와 같이 연속적으로 나타나는 것이 아니라 단계적으로 표시되며, 경계가 뚜렷하다.

디지털 신호는 비트(bit)라는 단위를 사용하여 나타낸다. 한 비트는 2진 값을 가지므로 n개의 비트는 2^n개의 정보를 표현할 수 있다.

4. 전송 속도

전송 속도(transmission speed)는 데이터 통신 회선에서 단위 시간내에 전송되는 비트수 또는 문자수로서, bps · baud · Hz · 대역폭 등으로 속도가 표현된다. 특히, 디지털 전송에는 bps · 보율(baud rate)이 사용되고, 아날로그 전송에는 헤르쯔(Hz) · 대역폭이 사용된다.

1) bps

bps(bits per second)는 1초 동안에 몇 비트를 전송할 수 있는가를 수치로 표현한 것이다. 예를 들어 14,400bps라면 1초 동안에 14,400개의 비트를 전송할 수 있는 것을 나타낸다. 주로 모뎀 등의 통신기기들의 성능을 나타낼 때 사용된다.

2) 보율

보(baud)는 데이터 통신이나 컴퓨터 시스템에서 정보의 전송 속도를 나타내는 단위이다. 정보통신에서는 1초당 전송되는 신호의 수를 나타내는데, 2진 신호에서는 초당 전송되는 비트수(bps)와 같다.

보율(baud rate)은 매초 전송할 수 있는 데이터의 비트 수를 말한다. 보율은 주로 모뎀에서 사용되며, bps와 혼용하는 경우가 많으나 한 신호를 2비트나 4비트로 부호화 하는 경우도 있으므로 보율과 bps가 반드시 같지는 않다. 예를 들어 매 신호당 4비트를 부호화 하는 9,600bps 모뎀은 실제로는 2,400보의 속도로 동작한다.

3) 대역폭

아날로그 신호를 전송하는 주파수 영역의 관점에서 볼 때 신호가 값을 가지는 범위를 대역(band)이라고 하며, 주파수상의 상한과 하한의 차이를 대역폭(bandwidth)이라고 한다. 대역폭이 넓을수록 많은 정보를 전송할 수 있지만 주파수 대역의 할당 때문에 제한이 있다.

5. 전송 방향

통신시스템은 전송 방향에 따라 단방향식 채널·반이중 채널·전이중 채널로 나눌 수 있다.

1) 단방향식 채널

단방향식 채널(simplex channel)은 미리 정해진 한쪽 방향으로만 전송이 가능한 통신 방식을 말한다. 오늘날에는 이러한 전송 방식을 거의 채용하고 있지 않으며, 이 방식이 채용되더라도 반이중식 회선을 채용하는 경우가 많다.

2) 반이중식 채널

반이중식 채널(half duplex channel)은 양쪽 방향으로의 전송이 가능하기는 하지만, 한번에 한쪽 방향으로만 전송이 가능한 방식을 말한다. 이 방식은 워키토키(walkie-talkie)나 일반 무전기에서 주로 사용하는 방식이다.

3) 전이중 채널

전이중 채널(full duplex channel)은 동시에 양방향으로 송수신할 수 있는 방식을 말한다. 송신과 수신을 위하여 별도의 채널을 둠으로써 동시에 쌍방향으로 정보를 전송할 수 있다. 이 방식은 컴퓨터와 컴퓨터 사이에 고속 전송이 필요한 경우에 이용된다. 그러나 통신 속도가 빠른 경우에는 효과적이지만 심하게 느린 경우에는 비효율적일 수 있다.

6. 전송 모드

전송 모드(transmission mode)는 데이터 통신에서 사용되는 전송의 기본 형식으로서, 비동기 모드와 동기모드가 사용된다.

1) 비동기모드

비동기모드(asynchronous mode)는 한번에 한 문자씩 전송하는 방식으로서, 각 문자의 앞과 뒤에 시작 비트(start bit)와 정지 비트(stop bit)를 넣어서 전송한다. 시작 비트와 정지 비트는 글자와 글자를 구분해 주며, 수신측에서 송신측과 동기를 유지하여 정확한 수신을 하기 위한 목적으로 사용된다.

비동기식은 시작 비트・문자 데이터・정지비트의 순으로 문자 데이터를 보낸다. 한 문자 단위로 동기를 취하는 통신 방식이지만, 각 문자를 송출하는 타이밍(timing)을 임의로 주기 때문에 비동기식이라고 한다.

2) 동기모드

동기모드(synchronous mode)는 많은 양의 데이터를 빠른 속도로 전송할 필요가 있을 때 사용하는 방식이다. 동기모드에서는 한 문자씩 전송되는 것이 아니라 수백 자가 하나의 블록을 이루어 데이터 패킷 형태로 전송된다. 동기식으로 데이터를 전송하기 위해서는 일정 수의 글자를 묶음(group)으로 만들어야 하고, 이 묶음으로 된 데이터를 수신하므로 터미널은 반드시 버퍼기억장치와 추가 회로가 필요하다.

동기모드는 속도가 빠르고 주어진 데이터 양에 비해 전송 비용이 적게 소요되는 장점은 있으나, 비교적 복잡하고 동기 전송을 위해서 필요한 기기들의 가격이 비싸다는 단점이 있다.

2 통신 프로토콜

1. 통신 프로토콜의 개념

통신 프로토콜(protocol)이란 컴퓨터와 컴퓨터간에 또는 컴퓨터와 단말기 사이에 서로 통신을 할 때 데이터를 원활하고 신뢰성 있게 주고받기 위해 필요한 약속 또는 규범을 말한다. 특히, 통신은 시스템과 시스템간의 정보를 교환하는 것이기 때문에 사전에 절차나 규칙을 미리 정해 놓지 않으면 정확한 정보 전달이 어렵다.

국가간의 외교 용어인 프로토콜(의정서)이 통신 용어로 쓰이는 이유도 통신 규약의 해석 차이로 인한 오해를 방지하자는 의미에서 출발한 것이다. 통신 프로토콜은 〈그림 10-4〉와 같은 구조를 가지고 있다.

그림 10-4 통신 프로토콜의 구조

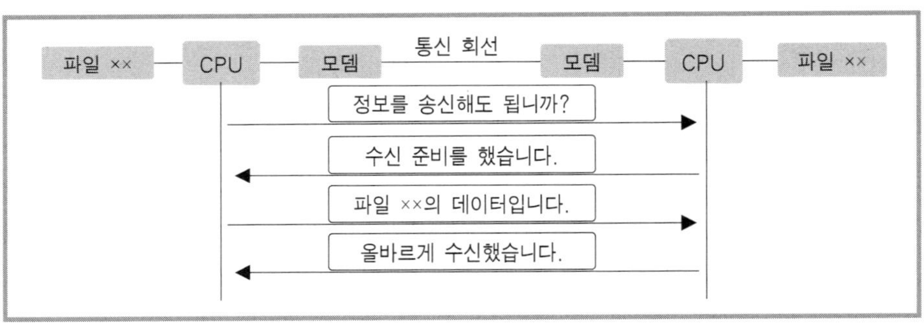

〈그림 10-4〉의 통신 프로토콜은 다음과 같은 역할을 한다.

① 상대방과의 데이터 전송을 사전에 합의하고 준비할 수 있다.
② 데이터 전송의 순서와 수신 상태를 확인할 수 있다.
③ 데이터가 잘못 수신되었을 때에는 서로 연락하여 수정할 수 있다.
④ 데이터 전송의 종료를 서로 확인할 수 있다.

언어에서 표준어가 중요하듯이 데이터 통신에서도 표준을 정하는 것은 매우 중요한 일이다. 통신 프로토콜에 대한 표준은 컴퓨터 제조회사마다 서로 다른 프로토콜을 사용함으로써 발생하는 혼란을 막기 위하여 제정되었다.

1976년 국제전신전화자문위원회(CCITT)에서 표준화를 정하였고, 국제표준화기구(ISO)에서도 OSI참조 모델을 발표하였다. 국제표준화기구에서는 특정의 컴퓨터 메이커와 관계없이 중립적인 입장에서 통신 프로토콜에 관한 국제표준으로 개방형 시스템간 상호접속방법(open systems interconnection)을 채택하였다. 따라서 OSI 모델은 네트워크 구조의 국제 규약이라고 할 수 있다. 컴퓨터 제조회사들은 OSI와 같은 표준 방법에 따라 단말기와 네트워크간에 자유롭게 통신을 할 수 있는 제품을 생산하고 있다.

2. 프로토콜의 기능

프로토콜은 사용 목적과 종류에 따라 다양한 기능의 종합으로 이루어지며, 대표적인 기능은 다음과 같다.

1) 세분화와 재합성

세분화(refinement)는 긴 메시지 블록을 전송하기 쉽도록 몇 개의 세부 단위로 나누어서 전송하는 기능을 말하며, 재합성(reassembly)은 수신 측에서 세분된 데이터 블록을 원래의 메시지로 재합성 시키는 기능을 말한다. 이 때 두개의 실체간에 교환되는 세분화된 데이터 블록을 프로토콜 데이터단위(PDU : protocol data unit)라고 한다.

그림 10-5 세분화와 재합성

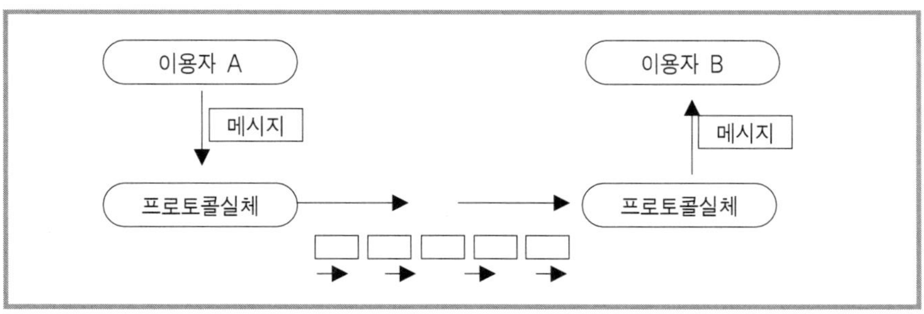

2) 캡슐화

캡슐화(encapsulation)는 구체적인 데이터 구조나 조작 정보는 생략하고, 핵심이 되는 제어 정보와 인터페이스 조건만을 부여하는 것을 말한다. 이것은 복잡한 데이터 구조나 시스템 구조 등을 이해하는데 필요한 기능이다.

그림 10-6 캡슐화

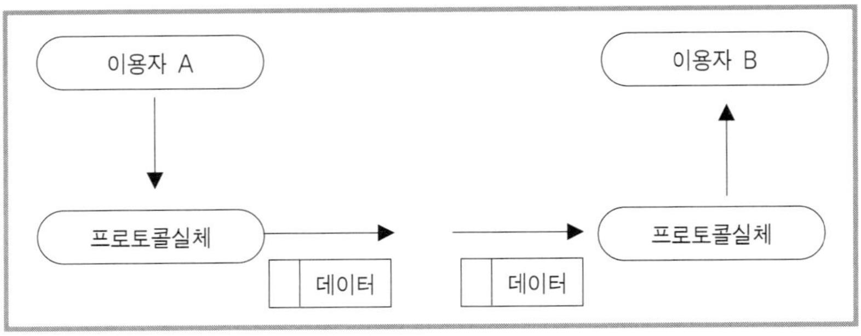

3) 연결 제어

연결 제어(connection control)란 두 통신 실체간에 직접 관련을 맺는 것으로서 연결 확립(connection establishment), 데이터 전송(data transfer), 연결 해제(connection termination)와 같은 3단계의 과정을 거친다.

4) 흐름 제어

흐름 제어(flow control)는 수신 실체가 송신 실체의 데이터 전송량이나 전송 속도 등을 조절하는 기능이다. 가장 간단한 흐름 제어는 정지·대기 방식으로 매 프로토콜 데이터단위(PDU)를 적용한 후 수신 측의 확인 신호(ACKnowledgement)를 받기 전에는 전송할 수 없게 한 것이다. 보다 효과적인 프로토콜 방식은 확인 신호(ACK)를 수신하기 전에 보낼 수 있는 데이터 양을 정해 준다.

5) 오류 제어

오류 제어(error control)는 전송 도중에 발생 가능한 오류들을 검출하고 정정하는 기능을 한다. 대부분의 오류 제어는 프레임 순서를 검사하여 오류를 찾고 프로토콜 데이터 단위(PDU)를 재전송한다.

6) 동기화

동기화(synchronization)란 약속에 따라 각 구성 요소의 시간 관계를 송수신 상호간에 일치시키는 것을 말한다. 즉, 연결된 통신국간의 타이밍을 맞추는 기능으로서, 2개의 실체가 같은 상태를 유지하는 것이다.

7) 순서 결정

순서 결정(sequence)은 전송하는 데이터들의 송수신 순서가 어긋나지 않도록 흐름 제어 및 오류 정정을 쉽게 하는 기능이다. 순서 결정의 목적은 순서에 맞는 전달, 흐름 제어, 오류 제어 등이다.

8) 주소 설정

주소 설정(addressing)은 송수신국의 주소를 명기함으로써 정확한 목적지에 데이터가 전달되도록 하는 기능이다.

9) 다중화

다중화(multiplexing)란 하나의 통신선로를 다수의 가입자들이 동시에 사용할 수 있는 기능을 말한다. 프로토콜 연결의 다중화는 일대일(1:1) 대응과 두 방향으로 일어날 수 있는데, 상향워드 다중화(upward multiplexing)와 하향워드 다중화(downward multiplexing)가 있다.

상향워드 다중화는 여러 개의 상위 레벨을 다중화 하거나 하나의 하위 레벨을 연결하여 공유하는 것이고, 하향워드 다중화는 하나의 상위 레벨 연결이 여러 개의 하위 레벨 서비스를 이용하여 이루어지는 경우이다. 이때 상위 레벨의 연결 트래픽이 여러 개의 하위 레벨 연결로 분할되는데, 이것은 신뢰성 · 효율성 · 성능 등을 향상시켜 준다.

10) 전송 서비스

프로토콜은 실체가 사용되도록 별도의 부수적인 서비스를 제공하는 기능이 있다. 메시지 단위로 우선 순위(priority)가 높은 메시지 순서대로 전송하고, 서비스 등급에 따라 서비스를 제공하며, 접근 제한 등의 보안 체제를 구현한다.

3. 프로토콜의 분류

프로토콜은 특성에 따라 다양한 형태로 구분할 수 있으나, 일반적으로 다음과 같이 분류한다.

1) 직접 프로토콜

두 실체가 직접적 · 간접적으로 연결되어 있는가에 따라 직접 프로토콜과 간접 프로토콜로 구분한다. 직접 프로토콜은 가장 간단한 지점간(point to point)의 정보 교환으로서, 〈그림 10-7〉의

(a)와 같이 두 지점간의 데이터를 교환할 때 외부의 도움 없이 직접적인 통신이 가능하다. 〈그림 10-7〉의 (b)는 다중 분기(multi point) 방식으로서 액세스 제어가 필요하므로 〈그림 10-7〉의 (a)보다 복잡하다.

그림 10-7 프로토콜의 분류

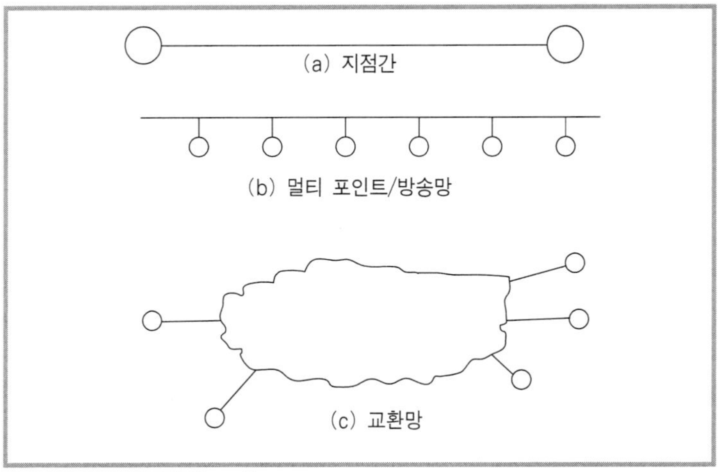

2) 간접 프로토콜

〈그림 10-7〉의 (c)와 같이 시스템이 교환망으로 접속된 경우에는 두 실체간에 직접적으로 프로토콜 사용이 불가능하며, 다른 실체들의 도움을 받아야 정보 교환이 가능하기 때문에 이를 간접 프로토콜이라고도 부른다.

3) 단일체 프로토콜

구분상의 형태에 따라 단일체 프로토콜과 구조적 프로토콜로 구분한다. 단일체 프로토콜(monolithic protocol)은 모든 기능들이 하나의 프로토콜로 연관되어 있는 경우를 말한다. 단일체 프로토콜은 프로토콜의 수정 요구가 발생할 때 패키지의 재작성과 오류가 발생할 때 오류 수정 등에 어려움이 있으므로 이를 구조적으로 설계하고, 구현하는 기술이 필요하다.

4) 구조적 프로토콜

구조적 프로토콜(structured protocol)은 전체적인 기능을 몇 개의 작은 단위 기능으로 구분하여 전체를 구성하는 프로토콜이다. 이 프로토콜은 낮은 레벨에서 보다 원시적으로 만들어 기능을 수행하고, 보다 높은 레벨의 실체에 서비스를 제공하도록 한 것이다. OSI 모델의 대표적인 예이다.

5) 대칭 · 비대칭 프로토콜

프로토콜은 대칭적 혹은 비대칭적일 수 있으나 대부분의 프로토콜은 대칭적으로 동등한 두 계층의 실체간에 통신이 이루어진다. 비대칭인 경우에는 교환 논리가 있거나 하나의 실체나 시스템을 가능한 간단하게 할 때 사용된다. 두 개의 실체가 동등 계층에 속하지는 않는다.

4. OSI의 7 Layers

인터넷 통신망에서 사용하는 네트워크 프로토콜은 일반적으로 몇 개의 계층(Layer)으로 구분된다. 예를 들어 우리가 소포로 물건을 보내면, 우체국에서는 소포를 도착지 우체국별로 구분한다. 분류된 소포는 우편 수송차로 지역 본부별로 보내지고, 이것은 다시 수취인의 지역 우체국으로 보내진다. 지역 우체국에서는 집배원에게 할당하여 수취인에게 전달되도록 한다. 이와 같이 소포가 배달되는 과정도 몇 개의 계층으로 나눌 수 있듯이 통신 프로토콜도 계층을 구분함으로써 프로토콜의 용이한 개발과 프로토콜을 바탕으로 한 응용 프로그램의 호환성을 유지할 수 있다.

일반적인 통신 프로토콜 계층은 〈그림 10-8〉과 같이 개방형 시스템간 상호접속(OSI : Open System Interconnect)의 7계층 구조로 되어 있다.

프로토콜은 통신 기능의 확장이나 새로운 통신 기술의 도입을 쉽게 하기 위하여 프로토콜의 기능을 몇 개의 계층으로 구분하며, 각각의 계층마다 독립된 프로토콜이 설정되는데, 이것을 통신규약의 계층화라고 한다. 이러한 개념을 바탕으로 국제표준화기구(ISO)에서는 개방형 시스템간 상호접속(OSI)이라고 하는 7개 계층의 데이터통신 표준모델을 제정했다. 여기에서 개방형(open system)이란 같은 종류의 시스템끼리만 통신이 가능하던 종래와는 달리 시스템의 종류나 구현의 방법, 시스템의 규모 등의 조건에 제약받지 않고, 서로 다른 시스템끼리도 연결하여 통신이 가능하도록 한 것을 말한다.

1) 물리적 계층(Physical Layer)

데이터 링크 계층에서 데이터 전송을 요구함에 따라 물리적 매체에 데이터를 송신하고 수신하는 기능을 수행한다. 이 계층에서는 통신 회선에 접속된 모뎀이나 네트워크 카드 같은 회선의 종단장치와 컴퓨터 사이를 연결하는 신호선의 용도나 커넥터의 모양 · 규격 등을 규정한다.

그림 10-8 OSI 참조모델

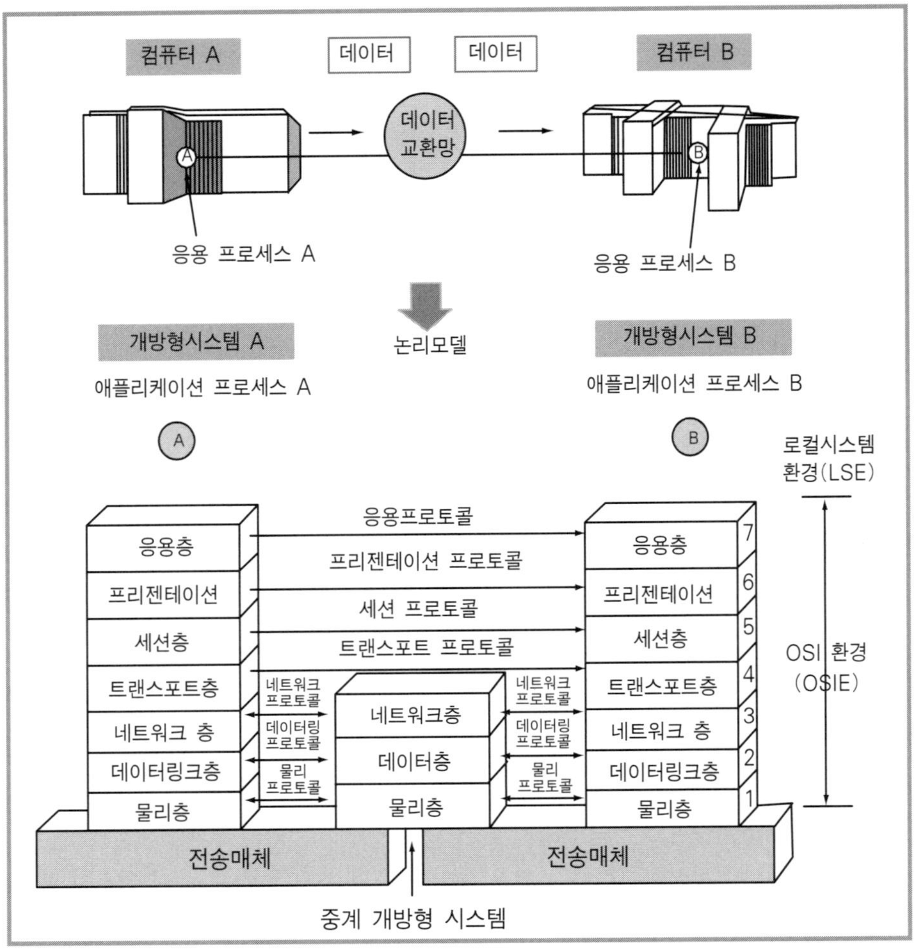

2) 데이터 링크 계층(Data Link Layer)

데이터 링크 계층은 물리적인 하드웨어와 네트워크 계층을 연결하는 층으로서 2개의 인접하는 시스템간의 통신 및 전송오류 제어 기능을 제공한다.

3) 네트워크 계층(Network Layer)

네트워크 계층에서는 인터넷의 주소인 IP Address를 인식하고 논리적인 연결을 담당한다. 이 계층에서는 데이터를 중계하고 상대방에게 효과적인 전송 서비스를 제공하는 기능을 한다.

4) 수송 계층(Transport Layer)

수송 계층은 송수신 시스템간의 논리적인 안정과 균일한 서비스를 제공하기 위하여 세션 계층과의 투명한 데이터 전송을 목적으로 한다. 이를 위하여 세션 개체간에 트랜스포트 접속이라는 논리적인 통신 회선을 설정하여 데이터 전송에 대한 에러 제거 · 흐름 제어 · 다중화 등을 제공한다.

5) 세션 계층(Session Layer)

세션 계층은 표현 계층이 특성에 맞는 데이터를 교환할 수 있도록 통신 방법을 제공하는 것을 목적으로 한다. 이를 위하여 표현 계층의 개체간에 세션이라는 논리적인 통신 회선을 설정하여 이 회선을 통과하는 데이터를 제어한다.

세션 계층은 통신관리자로서 프로세서(응용 프로그램)와 장비에서 발생하는 프로세서 사이의 연결 및 중단을 설정한다. 즉, 컴퓨터의 자원을 점유할 수 있는 실제적인 계층이다. 여러 사람이 같은 컴퓨터로 접속이나 파일 전송 등을 하는 경우에 이 계층을 통해서 이루어진다.

6) 표현 계층(Presentation Layer)

표현 계층에서는 상위의 응용 계층에서 주어진 정보를 양쪽이 이해할 수 있는 표현 방식으로 변환하는 기능을 제공한다. 즉, 정보의 형식 설정과 코드 교환 · 암호화 · 데이터의 압축 · 해독 등을 한다.

표 10-1 OSI의 7계층 참조 모델의 역할

상위층	7계층	응용 계층	응용 프로그램과 네트워크간을 연결하여 응용 프로세스간의 정보 교환, 전자 사서함, 파일 전송 등의 기능을 제공
	6계층	표현 계층	응용 프로세스간의 상이한 데이터 표현을 위해 정보의 형식 설정과 코드 교환, 암호화, 해독 등의 기능을 수행
	5계층	세션 계층	•응용 프로세스간의 송신권 및 동기 제어 •응용 프로세스간의 연결 및 해제를 위한 제어 구조 제공
	4계층	트랜스포트 계층	•송수신 시스템간의 오류수정과 흐름제어를 통해 논리적 안정과 균일한 서비스 제공
하위층	3계층	네트워크 계층	•정보 교환 및 중계 기능 •경로 설정 및 유통 제어
	2계층	데이터링크 계층	•인접한 개방형 시스템간의 정보 전송 •동기화 및 전송 오류 제어
	1계층	물리 계층	•전송 매체에서의 전기적 신호 전송 •제어 및 클록 신호 제공 •매체 접근에 있어 기계적, 전기적, 기능적 및 절차적인 특성을 규정

7) 응용 계층(Application Layer)

OSI 기본 참조모델의 최상위 계층인 응용 계층은 디렉토리 · 암호 · 파일 전송 등과 같은 실제 응용과의 접속을 지원하는 창구 역할을 한다. 즉, 응용 프로세서간의 정보 교환 및 이용자간 통보 · 전자 사서함 · 파일 전송 등과 같은 기능을 수행한다.

5. 인터넷과 통신 프로토콜

OSI 모델의 각 계층은 하나 이상의 고유한 통신 기능을 수행하며, 그 기능을 위한 고유한 규정을 가지고 있다. 그리고 모델의 각 계층은 바로 아래와 위의 계층에 대해 각각 클라이언트와 서버의 기능을 수행한다. 인터넷은 기술적으로 이러한 계층형 프로토콜 개념을 바탕으로 구축된 통신망이며, TCP/IP라고 하는 통신 규약을 사용한다.

따라서 TCP/IP는 인터넷에서 표준으로 사용하고 있는 컴퓨터 상호간의 통신 규약이라고 할 수 있다. TCP/IP는 1981년에 DARPA(defence advanced research projects agency)가 비상 사태에서도 최소한의 통신이 보장될 수 있도록 그들 고유의 중추 인터넷을 연결하기 위하여 개발한 프로토콜이다.

그림 10-9 OSI와 TCP/IP

〈그림 10-9〉는 OSI 7계층과 TCP/IP 프로토콜 계층을 비교한 것이다. 위의 그림을 보면, OSI의 3계층은 IP의 역할을 하는 것이고, 4계층은 TCP 역할을 하며, 인터넷은 통신 프로토콜로 TCP/IP를 사용한다.

TCP/IP는 다음과 같은 네 개의 계층으로 구성되어 있다.

① 네트워크 인터페이스 계층 등을 포함한 링크 계층

② 네트워크에서 패킷을 이동시키기 위해 호스트간의 데이터 이동 경로를 구하는 네트워크 계층(IP, icmp, igmp)

③ 호스트간의 데이터 흐름을 가능하게 하는 트랜스포트 계층(TCP, udp)

④ 사용자에게 각종 서비스를 제공하기 위한 응용 계층(ftp, telnet, http 등)

인터넷에서 사용하는 TCP는 OSI의 4번째 계층인 트랜스포트(Transport)에 해당되고, IP는 3번째 계층인 네트워크(Network)에 해당된다. TCP/IP라는 명칭은 이 네 개의 계층 중 가장 중요한 2개의 계층인 TCP와 IP에서 온 것이다. 그러나 TCP/IP라고 하면, 일반적으로 인터넷에서 사용하는 전체 프로토콜로 일컬어지고 있다.

3 통신 회선

통신 회선은 단순한 신호나 개별 정보를 전달하는 수단으로만 사용되었으나 통신기술의 발달로 정보를 더욱 빠르고 다양하게 전달해 주는 새로운 통신망으로 발전하고 있다. 새로운 통신망의 등장으로 여러 가지 정보를 한 회선으로 보낼 수 있는 전송 기술과 컴퓨터와 통신의 결합을 가능하게 한 전자 기술 그리고 음성・데이터・영상 등의 정보를 하나의 네트워크 내에서 처리하는 종합정보통신망으로 발전하고 있다.

전자상거래도 이러한 통신망을 이용함으로써 가능하게 되었다. 전자상거래를 가능하게 하는 통신 회선을 설명하면 다음과 같다.

1. LAN(근거리 통신망)

1980년대까지만 해도 컴퓨터를 이용한 정보 처리는 대형의 범용컴퓨터로 집중 처리하는 방식이었다. 1990년대 초부터 초대규모 집적회로(VLSI)의 채택으로 소형화가 이루어지고, 정보처리의 워크스테이션화(workstation) 등으로 소프트웨어를 포함한 컴퓨터가 소형화・경량화되기 시작하였다.

정보 처리의 형태도 근거리통신망(LAN)을 이용한 클라이언트/서버(client/server)시스템과 같은 분산 처리로 바뀌게 되었다. 즉, 각 부문마다 분산 컴퓨터를 설치한 후 하나의 네트워크로 연결하여 전문 기능별로 분할함으로써 컴퓨터의 비대화를 피하고, 소프트웨어의 유지와 관리가 용이하며, 단말기에 대한 응답 성능도 향상되었다.

근거리통신망(local area network)은 일정지역 또는 건물 내에 흩어져 있는 PC나 데이터베이스・모뎀 등을 상호 유기적으로 결합하여 네트워크를 구성함으로써 정보를 공유하도록 하는 통신 기술을 말한다. 여기서 네트워크(network)는 공간과 거리에 관계없이 문자・데이터・언어・영상 등을 송수신할 수 있도록 컴퓨터 시스템들 사이에 단말기 등과 같은 통신장비들을 유기적으로 결합한 체계를 말한다.

따라서 근거리통신망(LAN)은 약 10Km 이내의 거리에 있는 독립된 컴퓨터 시스템 상호간에 통신이 가능하도록 해주는 통신망이라고 할 수 있다.

LAN은 일반적으로 다음과 같은 특징을 가지고 있다.

① 빌딩이나 공장 등 지역적으로 한정된 범위에 적용된다.

② 1~100 Mbps 정도의 빠른 전송 속도를 가지고 있다.

③ LAN에 접속되는 단말기 상호간에는 정보 교환이 자유롭다.

LAN을 네트워크 형상에 따라 분류하면 〈표 10-2〉와 같다.

표 10-2 LAN의 형태

	형 태	특 징	전 송 매 체
버스형 (bus)	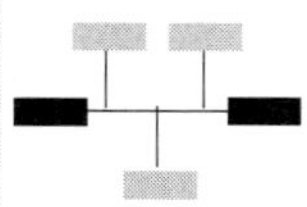	•소규모이고, 경제적이다. •신호는 버스 위를 양방향으로 전송한다. •노드의 고장은 그 노드에만 제한되고 다른 영향은 미치지 않는다. •망 전체를 제어하는 장치가 없다.	동축 케이블
링 형 (ring)	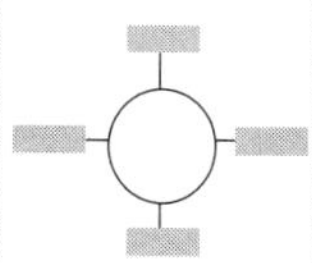	•채널 할당 등의 통신제어는 루프 내의 각 장치에 분산 제어된다. •총선로 길이가 짧다. •루프 내의 장치 고장에 의해 시스템 다운이 된다	동축 케이블 페어 케이블 광섬유 케이블
루프형 (loop)	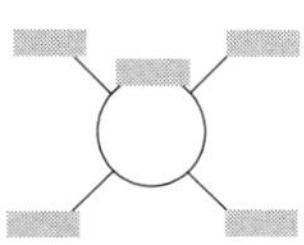	•채널 할당 등의 통신제어는 루프 제어장치에서 행한다. •제어장치 및 다른 루프 내의 장치 고장이 발생하면 시스템이 다운이 된다. •총선로 길이가 짧다.	동축 케이블 페어 케이블 광섬유 케이블
스타형 (star)	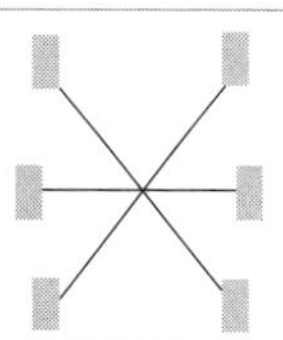	•중앙제어장치에서 모든 통신을 집중제어 한다. •중앙제어장치가 고장이 나면 시스템이 다운된다. •단말기당의 제어 가격이 경제적이다.	페어 케이블 광섬유 케이블

2. VAN(부가가치통신망)

컴퓨터와 통신망의 접속 기술이 고도로 발전함에 따라 그 기능도 확대되었는데, 그 중의 하나가 부가가치통신망(value added network)이다.

부가가치통신망은 공중통신 사업자로부터 대용량의 회선을 임대하여 다수의 저속 회선으로 분할한 후 전화 교환·패킷 교환·회선 교환·전용회선의 각 서비스망을 구성하여 회선을 재판매하는 회선 임대업이다. 예를 들어 파일 전송, 전자 우편, 데이터베이스 검색과 같은 일반적인 컴퓨터통신 서비스뿐만 아니라 신용카드의 신용도 조회와 같은 일상 생활의 정보 서비스 기능을 비롯해 부가가치통신망에서 이용되는 정보 서비스는 그 종류가 다양하다.

그러므로 부가가치통신망은 불특정 다수를 대상으로 하는 통신서비스이며, 서로 다른 기종간의 통신을 실현하기 위한 프로토콜의 변환 등 부가가치를 창출하는 역할을 하고 있다. 부가가치통신망을 구축하기 위해서는 서로 다른 컴퓨터가 수록하거나 전달해 주어야 할 컴퓨터 언어로 된 가공 정보가 있어야 하며, 이를 다른 컴퓨터나 단말기에 전달해 주는 중계 컴퓨터도 있어야 한다. 따라서 부가가치통신망은 컴퓨터와 통신기술이 결합된 뉴미디어(new media)라고 할 수 있다.

부가가치통신망이 제공하는 서비스는 전용선 서비스・회선교환 서비스・패킷교환 서비스 등이 있다.

1) 전용선 서비스

전용선 서비스(leased service)는 공중 통신망의 일부를 특정 이용자가 독점하는 서비스로서 사용자가 원하는 두 지점간을 연결해 주는 서비스이다. 사용의 편리함과 요금의 경제성 그리고 서비스의 다양성을 장점으로 들 수 있다.

이용량에 관계없이 정액으로 요금이 부과되기 때문에 통신량이 일정 수준 이상일 경우에 경제적이다. 또한 표준화에 제약이 있는 공중망보다 다양한 서비스를 제공할 수 있으며, 전송 지역과 속도 그리고 제어 방식과 단말기 선택이 자유롭다.

2) 회선교환 서비스

회선교환 서비스(circuit switching service)는 일반전화 서비스와 마찬가지로 통신을 할 때마다 상대를 선택해서 회선을 접속하고, 종료 후에 회선을 분리하는 회선교환 방식을 채택한 데이터 전송용 서비스를 말한다. 이 서비스는 회선을 설정한 채로 전송을 실행하는 전용 회선과 비교되는 통신방식이다.

3) 패킷교환 서비스

패킷교환 서비스(packet switching service)는 패킷 교환망을 통해 제공되는 통신서비스이다. 이 서비스는 신뢰성이 높은 디지털 회선을 이용할 수 있고, 장거리 요금이 저렴하다는 장점이 있다.

패킷교환서비스는 디지털 데이터를 일정 길이의 바게트(꼬리표를 붙인 소포)로 구분해서 전송하는 축적교환 서비스이다. 그러므로 일단 교환기에 축적해서 바게트 모양으로 송수신하기 때문에 속도나 포맷이 다른 단말기와도 통신할 수 있는 장점이 있다. 또한 모든 데이터의 전송이 끝날 때까지 회선을 점유하는 회선교환 방식보다 회선을 공유할 수 있다는 점에서 효율적이다. 그러나 축적 교환을 위한 전송 지연이 생기는 경우가 있다.

3. ISDN(종합정보통신망)

1) ISDN의 개념과 특징

통신 서비스는 음성은 전화 교환망으로, 데이터는 패킷 교환망으로, 문서 정보는 팩시밀리 교환망과 같이 미디어마다 개별정보 네트워크로 운영하였다. 이렇게 별개로 취급되어 온 통신서비스를 디지털 기술을 이용하여 하나의 네트워크로 통합한 디지털 통신망을 종합정보통신망(integrated services digital network) 또는 통합서비스 디지털 통신망이라고 한다.

ISDN은 음성 전화 뿐만 아니라 팩스(FAX) 및 컴퓨터의 데이터통신 등에 사용할 수 있는데, 특히 인터넷에 고속으로 접속하는 회선이다.

ISDN은 다음과 같은 특징을 가지고 있다.

① 64 Kbits 표준 비트율의 사용으로 음성·문자·데이터·영상 등의 정보를 하나의 가입자 회선으로도 교환할 수 있다.
② 여러 가지 통신서비스를 하나의 회선으로 공유하기 때문에 경제적 이익을 준다.
③ 복수의 단말기를 제어할 수 있다.
④ OSI 통신계층 구조를 적용한다.
⑤ 별도의 가입자 회선에 가입하여야 한다.
⑥ 새로운 부가서비스의 창출이 가능하다.

그림 10-10 ISDN 통신망

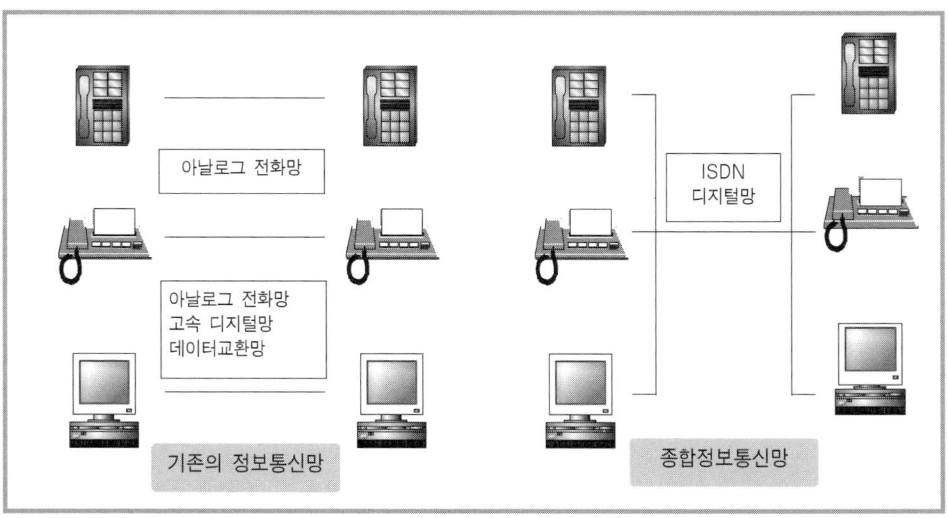

2) ISDN의 종류

ISDN은 망을 구성하는 회선의 질에 따라 두 종류로 구분된다. 동축 케이블(구리 전화선)을 그대로 사용하는 N-ISDN과 광통신망을 기반으로 하는 B-ISDN이 있다.

(1) N-ISDN

N-ISDN(Narrowband ISDN)은 동축 케이블(구리선)을 이용하는 방법으로서 협대역 ISDN이라는 뜻이다. 이 망은 기존 전화선을 사용하기 때문에 전송속도에 한계가 있다.

N-ISDN은 가입자 접속 방식에 따라 기본접속서비스(BRI : basic rate interface)와 일차군 접속서비스(PRI : primary rate interface)로 구분한다.

기본접속서비스(BRI)는 최대 128Kbps의 대역폭을 가지고 있으며, 일반 가정이나 소호 창업자가 ISDN을 신청하면, 이 회선을 대여해 준다. 일차군 접속서비스(PRI)는 보다 큰 대역폭을 제공하는 회선으로 통신서비스 업체나 ISDN을 수 십개 이상 사용하는 기업들이 이용한다.

(2) B-ISDN

B-ISDN(Broadband ISDN)은 광대역 ISDN을 의미하며, N-ISDN의 차세대 사양이다. 이 망은 10Gbps급의 전송기와 ATM 교환장비를 이용하여 최저 155Mbps 급의 대역폭을 가질 것으로 예상되며, 1회선의 전화선을 수십 차선으로 확장시킨 정보고속도로에 비유할 수 있다. B-ISDN의 실용화 시기는 2010년경이며, 그 후로도 B-ISDN과 N-ISDN은 공존할 것으로 보인다.

4. ADSL(비대칭 디지털 가입자 회선)

1) ADSL의 개념

ADSL(asymmetric digital subscriber line)은 비대칭 디지털 가입자 회선으로 기존의 전화 회선을 이용하여 전화국에서 가정까지 하향 1.5Mbps와 상향 16Kbps의 비대칭 통신을 실현할 수 있는 기술이다. ADSL 기술은 광케이블 등과 같은 별도의 회선을 사용하지 않고 기존의 전화선을 통해 최대 다운스트림 속도 7Mbps 이상, 업스트림 속도 6백40Kbps 이상을 제공할 수 있다.

ADSL은 1988년부터 미국 벨코어사가 주로 주문형 비디오(VOD)를 겨냥해 개발한 기술이다. 하지만 전세계적으로 주문형 비디오의 상용화가 지지부진하면서 ADSL도 크게 부각되지 못했었다. ADSL에 대한 관심이 다시 일기 시작한 것은 인터넷의 확산과 함께 통신 속도가 문제로 부각되면서 부터이다.

ADSL은 현행 전화선이나 전화기를 그대로 사용하면서도 고속 데이터통신이 가능할 뿐 아니라 데이터통신과 일반 전화를 동시에 이용할 수 있는 것이 특징이다. 기존 모뎀은 전화와 데이터통신을 동시에 사용할 수 없다. ISDN은 동시 사용이 가능하지만, 데이터통신 속도가 절반으로 떨어진다. 그러나 ADSL은 한 개의 전화선에서 전화는 낮은 주파수를, 데이터통신은 높은 주파수를 사용하는 원리를 이용하기 때문에 혼선이 일어나지 않고 통신 속도도 떨어지지 않는다.

ADSL은 가입자와 전화국간의 데이터교환 속도가 서로 다르기 때문에 비대칭형 디지털 가입자망이라고도 부른다. 기존의 하향과 상향의 통신 속도가 같기 때문에 이용자가 증가해도 통신 속도가 떨어지지 않는 장점이 있다. 한편 ADSL은 인터넷・주문형 비디오(VOD)・홈쇼핑과 같은 비대칭형 서비스들에게는 유리하지만, 영상 전화・영상 회의・원격 진료 같은 대칭적 양방향 서비스에는 적합하지 않다는 문제점도 제기되고 있다.

그러나 ADSL 기술이 세계적인 통신서비스 업체의 관심이 되고, 향후 네트워크의 발전을 이끄는 기술로 예측되는 주된 이유는 일반 사용자에게 멀티미디어와 같은 고속의 통신서비스를 쉽게 제공할 수 있는 장점이 있기 때문이다.

2) ADSL의 기술적 배경

ADSL 기술은 상・하향 비대칭 기술을 이용해 전송 거리를 확대하는 기술로 1.5~9Mbps의 하향 속도와 16~640Kbps의 상향 속도로 데이터 통신이 가능하다. ADSL 모뎀이 전화를 사용하므로 기존의 전화 모뎀과 동일한 것으로 생각하기 쉽다. 그러나 ADSL 모뎀은 사용하는 기술과 망 구성 방법이 다르다.

ADSL 기술은 전화 회선의 양 종단(가입자 측과 전화국 측)에 ADSL 모뎀을 연결해 전화신호의 주파수 대역과 다른 주파수 대역폭의 통신 채널을 형성하고, 이 채널을 통해 고속의 데이터를 송수신한다.

DSL모뎀은 0~80KHz의 대역폭을 사용해 160Kbps까지의 속도로 데이터를 전송한다. DSL기술은 현재 상용 서비스를 시작한 ISDN에서 사용하고 있다. 현재 인터넷 사용자 중 회사나 연구소 등의 LAN 사용자를 제외한 대부분의 사용자는 전화 모뎀을 사용해 ISP(internet service provider)가 제공하는 서비스를 받고 있다.

기존의 기술로는 4KHz의 전송 대역폭(전송 능력)에 54Kbps이상의 속도로 데이터를 전송할 수 없다. 따라서 전화 회선을 이용하면서도 주파수 대역폭이 기존의 넓은 범위를 사용하는 방식의 고속모뎀 기술이 개발되고 있다. 이러한 기술이 xDSL이다. xDSL(x digital subscriber line)은 전화선을 이용해 초고속 데이터통신을 가능하게 하는 디지털 가입자회선을 통칭하는 용어이다. 표준 전화회선을 통해 가입자에게 기존의 전화 서비스를 제공하면서 동시에 고속 인터넷 접속, 주문형 비디오, 영상 전화, 원격 강의, 화상 회의 등 각종 멀티미디어 서비스를 제공할 수 있는 가입자 장치를 말한다.

디지털 가입자회선(xDSL)은 일반 전화선을 사용하면서도 Mbps급의 데이터전송 속도를 제공한다는 것이 가장 큰 장점이다. 각 기업은 기업용 모뎀을 외부 데이터 통신망과 내부의 근거리 통신망에 접속시킬 수 있다.

1996년부터 미국에서 시범 서비스가 시작되었고, 이듬해부터는 상용 서비스로 전환되었다. 한국에서도 1997년부터 보급되기 시작해 지금은 인터넷 이용자 대부분이 DSL을 이용하고 있다.

그림 10-11 업무 유형별 인터넷 회선

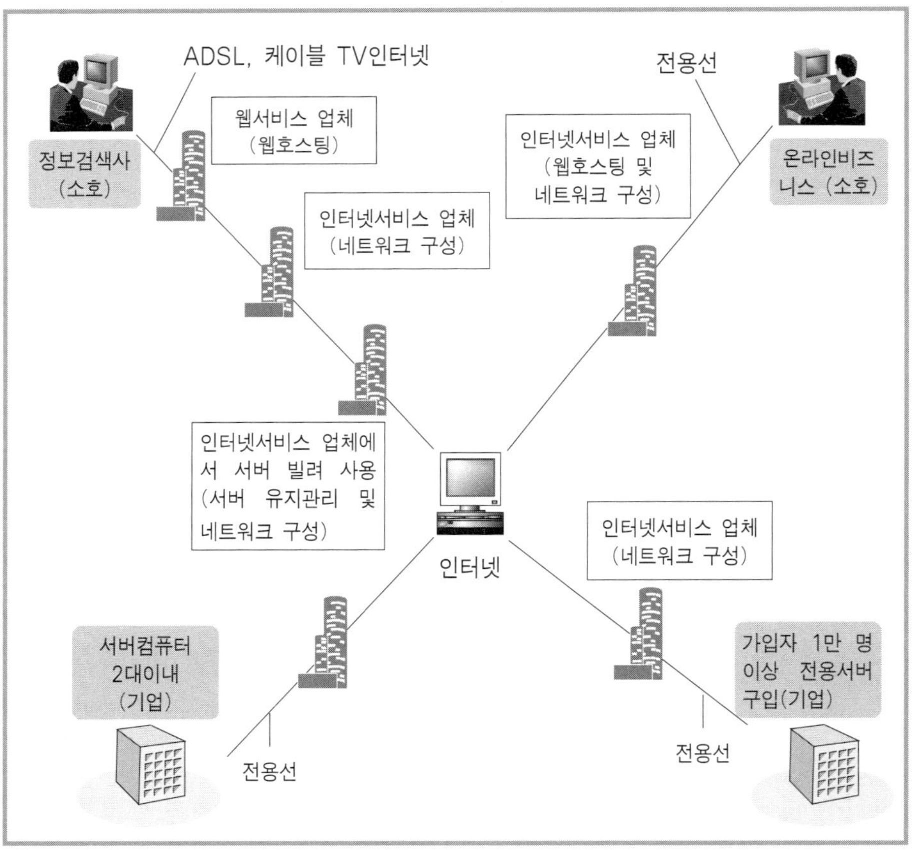

5. 우리 나라의 인터넷 통신 회선

우리 나라에서 운영되고 있는 인터넷 회선에는 종합정보통신망(ISDN)·디지털가입자망(ADSL)·케이블 TV망·중계유선방송망 등이 있다. 종합정보통신망과 디지털 가입자망은 일반 전화회선을 이용하면서도 통신 속도는 기존 방식의 56Kbps에 비해 2배에서 20배까지 높다. 최근에는 디지털 가입자망에 가입자 장치를 추가하여 통신 속도를 10Mbps로 높인 Hyper-DSL과 같은 첨단 응용서비스도 있다. 그러나 이들 서비스는 한정된 지역에서만 이용할 수밖에 없는 단점이 있다.

한국통신은 ISDN과 ADSL 위성인터넷망을 통한 인터넷 서비스를 운영하고 있다. 서비스 지역도 대도시는 물론 중소도시까지 확대되고 있다. 위성인터넷은 무궁화위성을 이용하기 때문에 과거의 통신 사각지역에서도 사용이 가능하다. 하나로통신도 ISDN과 ADSL·케이블TV망을 통해 초고속 인터넷 서비스를 제공하고 있다.

주요 용어

통신	인코딩	디코딩	변조
복조	감쇠	지연왜곡	터미널
통신 처리장치	통신소프트웨어	아날로그 신호	디지털 신호
bps	보(baud)	대역폭	단방향식 채널
반이중식 채널	전이중 채널	전송모드	비동기 모드
동기모드	통신프로토콜	Protocol Data	캡슐화
연결제어	흐름제어	오류제어	다중화
직접프로토콜	간접프로토콜	단일체 프로토콜	구조적 프로토콜
OSI	TCP/IP	인터넷	프로토콜 DNS
루트도메인	LAN	워크스테이션	VAN
회선교환서비스	패킷교환서비스	ISDN	ADSL
라우터	PSTN	VOD	광케이블

제10장 연구과제

① 정보가 전송되는 과정을 단계별로 설명하라.

② 통신시스템을 구성하는 주요 요소를 열거하고, 각각을 설명하라.

③ 아날로그 신호와 디지털 신호를 비교 설명하라.

④ 프로토콜(protocol)의 개념과 역할에 대해 설명하라.

⑤ 프로토콜의 대표적인 기능을 설명하라.

⑥ 프로토콜의 형태를 분류하고, 각각을 설명하라.

⑦ OSI의 7Layers의 개념을 설명하고, 각 계층은 어떤 역할을 하는지 설명하라.

⑧ IPv4와 IPv6에 대하여 설명하라.

⑨ 6 bone에 대하여 설명하라.

⑩ LAN의 개념과 형태별 특징을 설명하라.

⑪ 부가가치통신망(VAN)의 개념과 제공하는 서비스를 유형별로 설명하라.

⑫ ISDN을 사용하기 위해 필요한 장비들을 조사하라.

⑬ 현재 우리나라의 인터넷 통신 회선의 종류를 사업자별로 조사하라.

⑭ ADSL이란 무엇이며, ISDN과 어떻게 다른가?

⑮ 자신이 속한 학교나 기관의 인터넷망 구성 형태를 조사하라.

제 11 장

정보처리기술

ELECTRONIC COMMERCE

학습 개요

인터넷 쇼핑몰 운영자는 다양한 종류의 상품과 서비스를 가상공간에 진열해 놓아야 한다. 그러면 소비자들이 상품을 검색하여 주문하고 대금을 지불함으로써 거래가 이루어진다. 이 때 발생하는 수많은 정보들을 입력・처리・출력하는 정보관리시스템이 완벽하게 작동해야 한다. 제11장에서는 정보처리를 위한 시스템 구성과 프로그래밍 언어의 종류와 특징에 대해서 먼저 살펴보고, 데이터베이스 관리시스템과 멀티미디어에 대해서도 설명한다.

1 정보 처리를 위한 시스템 구성

정보화 시대에는 수많은 데이터를 수집하고 입력하여 필요한 정보를 얻기 위해 다양한 방법들이 사용되고 있다. 전자상거래에 있어서도 상품 정보를 비롯한 고객 정보 및 물류 정보를 체계적으로 획득하고 관리하는 것이 매우 중요하다. 먼저 정보 처리에 필요한 시스템을 살펴보기로 한다.

정보 처리를 위한 컴퓨터시스템은 데이터를 입력 · 처리 · 저장 · 출력하는데 필요한 장치들로 구성되어 있다.

1. 입력 장치

1) 데이터 입력

컴퓨터를 사용할 경우 가장 먼저 거치는 것이 입력 과정이다. 입력 장치를 통해 컴퓨터에 데이터와 명령을 제공해야만 결과를 얻을 수 있다. 따라서 데이터를 컴퓨터에 정확하고 신속하게 입력하는 것이 매우 중요하다. 데이터를 컴퓨터에 입력한다는 것은 인간이 읽을 수 있는 데이터를 기계가 읽을 수 있는 데이터로 변환하여 컴퓨터 시스템에 입력하는 것이므로 비트(bit)나 바이트(byte)로 저장된다.

데이터를 컴퓨터에 저장하기 위해서는 두 단계를 거쳐야 한다. 먼저 데이터 엔트리(data entry)라는 과정을 통해 기계가 읽을 수 있는 형태로 변환한다. 그 다음에는 데이터 입력(data input)이라는 과정을 통해 기계가 읽을 수 있는 데이터를 컴퓨터 시스템에 입력한다. 오늘날에는 대부분의 컴퓨터 시스템이 데이터를 즉시 보내거나 전달할 수 있는 온라인 데이터 엔트리 및 입력 방식을 사용하고 있다.

데이터를 입력하는 과정에는 많은 시간과 비용이 소요되기 때문에 원시 데이터를 발생 즉시 입력하는 방법을 사용하기도 한다. 즉, 데이터가 발생하는 현장에서 데이터를 입력함으로써 데이터 입력 준비시간을 단축시키고, 처리 속도와 효율성을 향상시킬 수 있다. 이러한 방법을 원시데이터 자동화(source data automation)라고 하며, 바코드(bar code)를 스캐너로 읽어 입력하는 방법과 자기잉크문자인식(MICR) · 광학문자인식(OCR) · 광학표시인식(OMR) 등이 있다.

2) 입력 장치

컴퓨터 시스템에 데이터를 입력하기 위해서는 전용 장치를 비롯해 일반적인 데이터를 입력하는 범용 장치에 이르기까지 매우 다양한 장치가 필요하다. 문자・이미지・영상・음성 등의 데이터를 입력하는 장치는 다음과 같다.

(1) 키보드와 마우스

키보드와 마우스는 개인용 컴퓨터에서 기호・문자・명령 등과 같은 데이터를 입력하는데 사용하는 입력 장치이다. 키보드(keyboard)는 여러 개의 글쇠를 배열해 놓고 한 글쇠를 치면 그에 해당하는 데이터가 입력되는 장치이다.

마우스(mouse)는 컴퓨터 화면상에서 커서 또는 다른 물체를 이동시킬 때 사용하는 입력 장치의 일종이다. 마우스는 클릭(click), 드래그(drag), 더블 클릭(double-click) 등의 동작으로 여러 가지 작업을 수행할 수 있다.

마우스가 그래픽 입력장치로서 갖는 장점은 입력 좌표의 정확성과 손쉬운 커서 이동 기능, 그리고 버튼 기능의 다양한 조합으로 매우 사용하기 편하다는 것이다. 마우스는 그래픽 뿐만 아니라 편리한 사용자 인터페이스를 위해서도 필수적으로 사용되는 입력장치이다. 종류로는 고무공을 이용하는 기계식 또는 볼식(ball type)과 빛을 이용한 광 센서식(sensor type), 그리고 이를 조합한 광 기계식 등이 있다.

(2) 디지털 카메라

디지털 카메라(digital camera)는 사진을 찍으면 이미지가 카메라에 전자적으로 저장된다. 케이블을 통해 카메라는 컴퓨터의 병렬 포트(parallel port)와 연결되어 이미지가 다운로드(download)된다. 다운로드 과정에서 컴퓨터 보드(board)에 의해 인간이 읽을 수 있는 시각적 이미지는 기계가 읽을 수 있는 디지털 데이터로 변환된다. 디지털 형식으로 변환된 이미지는 원하는 대로 수정할 수 있고, 다른 데이터를 삽입할 수도 있다.

(3) 스캐너

스캐너(scanner)는 사진 영상 또는 종이 위의 도형 정보를 읽어들여 컴퓨터의 그래픽 정보로 바꾸는 입력 장치이다. 스캐너는 문자나 화상 등의 데이터를 픽셀(pixel) 단위로 판독하는 주사(scanning)에 의해 화상을 컴퓨터에 입력하게 된다. 이는 영상 처리나 전자 출판(DTP)에 필수적인 도구이다. 복사기와 같이 한 페이지를 읽는 페이지 스캐너와 손으로 잡고 밀어서 읽는 핸드 스캐너로 나눌 수 있다.

(4) 터미널

터미널(terminal)은 중앙 컴퓨터를 이용하기 위해 통신 회선에 연결해서 사용하는 입출력 장치이다. 터미널은 데이터 엔트리와 데이터 입력을 동시에 수행하는 입력 장치로 사용이 간편한 장점이 있다. 터미널 중에서 입력 데이터의 체크(check)와 출력 데이터의 편집 기능을 가진 프로그램 제어(program control)형의 터미널을 인텔리전트 터미널(intelligent terminal)이라고 한다.

(5) POS 터미널

POS(point of sales) 터미널은 판매시점 정보관리(POS)를 위해 판매장에 설치되는 단말기를 말한다. 금전 등록기와 키보드·모니터·바코드 판독기·카드 판독기 등으로 구성되어 있으며, 중앙 컴퓨터에 연결되어 판매 정보를 실시간으로 입력한다. 판매시점 정보를 즉시 입력해야 하는 이유는 소비자의 반응을 신속히 파악하여 상품 개발이나 판매촉진 활동에 활용하기 위해서이다.

(6) 바코드 스캐너

바코드 스캐너(bar code scanner)는 바코드를 해독하여 그 정보를 컴퓨터나 현금 등록기 등에 입력하는 일종의 광학문자 판독기이다. 손으로 잡고 바코드에 대고 긋는 라이트 펜 형식과 판매대에 설치하여 그 위로 상품에 인쇄된 바코드 부분을 통과시키는 형식이 있다. 바코드 스캐너는 물품 창고에서 재고관리나 백화점 등의 요금 계산에 널리 사용되고 있다.

(7) ATM 장치

자동거래단말기(automatic teller machine)는 중앙의 대형 컴퓨터에 통신 회선을 이용하여 단말기를 설치한 후 고객 정보를 실시간으로 처리하는 시스템이다. 은행 고객들이 자신의 은행 계정에서 출금하거나 송금하는데 주로 사용하는 장치이다.

(8) 터치센스 스크린

터치센스 스크린(touch-sensitive screen)은 화면의 특정 부분을 손가락으로 살짝 누름으로써 컴퓨터 명령을 실행할 수 있다. 이 시스템은 광물질이 입혀진 센서 부분과, 센서가 감지한 아날로그 데이터를 컴퓨터가 알 수 있도록 디지털 신호로 바꿔 주는 제어 부분으로 구성되어 있다. 특히, 센서의 경우 손가락이 접촉하는 면적이 사람마다 다르기 때문에 컴퓨터가 오류 없이 인식하도록 정교하게 만들어져야 한다.

이러한 방식은 화면을 출력 장치 뿐만 아니라 입력 장치로도 사용할 수 있다. 터치센스 스크린은 많은 공간을 차지하는 키보드 입력 장치를 대신할 수 있기 때문에 소형 컴퓨터의 입력 장치로 널리 사용되고 있다.

(9) 음성인식 장치

음성인식 장치(voice recognition unit)는 인간의 음성을 컴퓨터에 입력할 수 있는 동시에 음성으로 정보가 출력되는 장치를 말한다. 데이터의 입력에는 주로 키보드가 사용되는데, 인간의 음성을 이용하면 쉽게 데이터를 입력할 수 있다는 점에서 착안한 것이다.

이 기술이 고도로 발달하면 음성 자동응답장치와 결합하여 자동 번역이나 대화가 가능할 수 있다. 그러나 실용화에는 기술적 어려움이 있어, 인공지능 등과 더불어 연구가 기대되는 분야이다.

2. 중앙처리장치

컴퓨터 시스템에 입력된 모든 데이터는 중앙처리장치(CPU)를 통해 처리된다. 중앙처리장치(central processing unit)는 컴퓨터의 중심부로서 명령을 해석하고 실행하는 역할을 한다. 일반적으로 대형 컴퓨터의 중앙처리장치는 연산장치·주기억 장치·제어장치 등을 포함하고, 개인용 컴퓨터에서는 연산과 제어를 하는 반도체 칩(chip)을 말한다.

그림 11-1 중앙처리장치의 구조

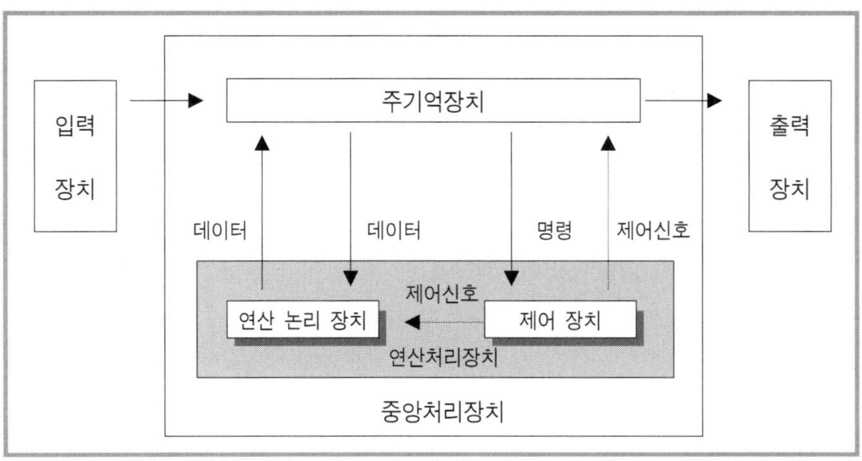

1) 마이크로 프로세서

마이크로 프로세서(microprocessor)는 데이터의 처리를 위한 산술 논리연산과 제어 능력을 갖는 집적회로로서, 대개 초고밀도집적회로(VLSI) 칩 하나로 구성되어 있다. 마이크로프로세서는 컴퓨터, 특히 마이크로 컴퓨터의 중앙처리장치로 이용되는 경우가 많지만 단말기, 프린터나 디스크 장치, 복사기나 팩시밀리, 세탁기나 냉장고와 같은 가전 제품, 비디오 게임기, 공장의 자동화된 기계 등의 처리 장치로도 많이 사용된다.

1969년 미국 인텔(Intel)사의 기술자였던 호프(T. Hoff)에 의해 휴대용 계산기의 연산장치로서 고안된 것이 그 시초이며, 마이크로 컴퓨터의 보급과 함께 급속히 확산되었다. 현재 마이크로 프로세서는 인텔사의 80계열과 모토롤라(Motorola)사의 68계열이 대표적이며, 8비트·16비트·32비트·64비트 등의 매우 다양한 제품들이 있다.

2) 주기억장치

주기억장치는 중앙처리장치에 프로그램 명령과 데이터를 위한 작업저장 영역을 제공해 주며, 중앙처리장치와 마찬가지로 실리콘 칩에 담겨진 수천 개의 회로들로 구성되어 있다. 각각의 전자회로들은 온(on)과 오프(off)의 상태에 있을 수 있다. 데이터는 온(on)이나 오프(off)의 조합으로 표현되어 기억장치에 저장된다. 주기억장치의 유형은 다음과 같다.

(1) 랜덤 액세스 기억장치

랜덤 액세스 기억장치(RAM : random access memory)는 데이터가 저장되어 있는 위치에 관계없이 일정한 시간내에 액세스가 가능한 기억장치를 총칭하는 것이다. 컴퓨터의 주기억장치로서 가장 많이 사용되며, 프로그램과 데이터가 기억되는 장소로 모든 작업의 중심이 된다. 크게 정적 램(Static RAM : SRAM)과 동적 램(Dynamic RAM : DRAM)으로 구분한다.

정적 램(SRAM)은 플립플롭(flip-flop)[1]을 집적한 것으로 전원이 들어오는 동안에는 계속 내용을 유지하는 특성을 갖고 있다. 이에 비해 동적 램(DRAM)은 금속 산화물 반도체(metallic oxide semiconductor)의 전하 저장기능을 이용한 일종의 콘덴서를 집적한 것으로서 전원이 계속 들어와도 시간이 지나면 내용이 없어지므로 일정 주기마다 재생(refresh) 작업을 해주어야 한다.

---

1) 플립플롭(flip-flop)은 입력펄스가 가해질 때마다 0이나 1의 두 가지 상태 중 어느 한 상태를 출력하는 쌍안정 회로를 말한다.

정적 램(SRAM)은 동적 램(DRAM)에 비해 집적도가 떨어지고 값도 비싸지만, 재생 작업이 필요 없다는 장점이 있다.

(2) 캐시메모리

캐시메모리(cache memory)는 고속으로 처리되는 중앙처리장치와 상대적으로 저속인 주기억장치 사이에서 일시적으로 자료나 정보를 저장하는 고속 기억장치이다. 즉, 빈번하게 사용하는 명령어나 자료들을 중앙처리장치(CPU)를 거치지 않고 처리할 수 있도록 메모리를 할당하는 방법이다.

캐시메모리는 중앙처리장치가 주기억장치에 접근할 때 속도 차이를 줄여주고, 데이터 처리의 효율성을 향상시키기 위해 자주 참조되는 명령과 데이터를 저장함으로써 프로그램의 실행시간을 단축시켜 준다.

캐시메모리의 접근 시간은 램(RAM)의 접근 속도보다 5~10배 정도 빠르며, 이를 활용하는 이유는 전체 기억장치시스템에서 참조된 데이터를 가능한 빠르게 찾기 위해서이다.

(3) 읽기전용 기억장치

읽기전용 기억장치(ROM : read only memory)는 한번 데이터를 기록하면 이후에 그 내용을 바꿀 수 없고, 읽을 수만 있는 기억장치를 말한다. 전원이 끊어져도 내용이 지워지지 않으며, 읽을 수만 있다. 롬(ROM)은 보통 컴퓨터의 가장 기본적인 운영체제 기능을 내장시키거나, 전원이 처음 들어왔을 때 수행되는 부트스트랩 로더를 저장하는 용도로 사용된다.

롬은 생산할 때 내용을 미리 기록한 마스크 롬(mask ROM), 사용자가 롬 라이터(ROM writer)를 이용하여 필요한 내용을 프로그램 할 수 있는 피롬(PROM), 강한 자외선이나 전기로 내용을 지운 다음 몇 번이고 새로 쓸 수 있는 이피롬(EPROM) 등의 종류가 있다.

3) 보조기억장치

컴퓨터시스템은 방대한 양의 데이터를 처리하기 때문에 주기억장치에 모두 저장할 수는 없다. 따라서 보조기억장치를 사용하여 대량의 데이터나 프로그램 등을 저장한다. 보조기억장치로는 자기테이프·자기디스크·자기드럼 등이 있다.

(1) 자기테이프

자기테이프(magnetic tape)는 초창기에 사용된 보조 기억장치로서 얇고 좁은 플라스틱 테이프 표면에 자성체를 발라 정보를 저장할 수 있게 한 매체이다. 동그란 릴에 감겨 있으며 테이프 드라이브에 걸어서 사용한다. 기억 용량이 크고 값이 싸며, 속도도 빠르다. 그러나 순차 액세스(access) 밖에 할 수 없기 때문에 디스크와 같은 직접 액세스 기억 장치보다는 느리고, 사용하기에 불편하므로 근래에는 주로 대용량의 정보를 오랫동안 저장하는데 사용된다.

(2) 자기디스크

자기디스크(magnetic disk)도 플라스틱이나 금속의 원판 위에 자성 물질을 입히고, 여기에 자기적으로 정보를 기록하여 읽거나 쓸 수 있도록 된 기억매체이다. 1960년대로부터 사용되기 시작했으며, 자기테이프 등에 비해 직접 액세스(access)가 가능하고 속도가 빠르다는 장점이 있어 중요한 보조 기억장치로 이용되었다.

대개 대형 컴퓨터에서 사용되는 것은 여러 장의 디스크를 겹쳐 사용하는 디스크 팩 방식이고, 중소형 컴퓨터에서는 디스크가 고정된 윈스터 방식의 하드디스크와 유연한 플라스틱을 사용한 플로피 디스크가 있다.

(3) 광디스크

광디스크(optical disk)는 빛을 이용하여 정보를 기록하는 대용량의 디스크를 말한다. 보통의 자기 디스크가 자성체의 자화 방향에 의해 이진(binary) 정보를 기록하는데 비해 광디스크는 레이저 광선 등의 정밀한 빛으로 디스크 표면에 홈을 파서 이 홈의 유무로 정보를 기록한다.

광디스크는 한 장에 수백 메가바이트에서 수 기가바이트(gigabyte)의 정보를 기록할 수 있으며, 자기 디스크에 비해 안정성도 높다. 광디스크 중에서 가장 널리 사용되고 있는 것이 CD-ROM(compact disk read-only memory)이다. 한 장의 CD-ROM에는 700~800MB의 데이터를 저장할 수 있다. 이것은 플로피 디스크 저장용량의 거의 300배에 해당한다. 광디스크의 가장 큰 장점은 저렴한 비용으로 많은 양의 데이터를 저장할 수 있는 점이다.

(4) DVD

디지털 비디오 디스크(digital video disk)는 CD-ROM의 기능과 용량을 대폭 확장한 영상기록 매체이다. DVD는 지름이 12㎝로 오디오 CD나 CD-ROM과 겉모양은 같지만 용량은 4.7GB(1층 구조)에서 8.5GB(2층 구조)까지 매우 크다. 따라서 영상압축 기술을 이용하면 종래의 CD-ROM보다 수십 배나 긴 동영상을 담을 수도 있고, 스튜디오의 마스터 테이프에 버금가는 좋은 화질의 동영상을 얻을 수 있다.

(5) USB

USB(universal serial bus) 메모리는 주로 개인용 컴퓨터나 노트북에서 사용되고 있으며, 작은 크기에 비교적 대용량의 데이터를 저장할 수 있는 이동형 보조 저장장치이다.

3. 소프트웨어

소프트웨어(software)는 컴퓨터 시스템을 작동시키는 데 관련된 모든 프로그램・절차・관련 서류 등의 집합을 가리키는 용어이다. 소프트웨어는 크게 시스템 소프트웨어와 응용 소프트웨어의 두 종류로 나누어지며, 각각은 서로 다른 기능을 수행한다.

1) 시스템 소프트웨어

시스템 소프트웨어(system software)는 중앙처리장치・주기억장치・주변장치 등과 같은 컴퓨터 자원들을 관리하는 일련의 프로그램 집합이다. 시스템 소프트웨어는 컴퓨터 시스템의 다양한 구성 요소들을 조정하고 응용소프트웨어와 하드웨어 사이에서 중재 역할을 한다. 특히, 컴퓨터의 활동을 관리하고 통제하는 시스템 소프트웨어를 운영시스템(operating system)이라고 한다.

운영시스템(OS)은 하드웨어의 발전과 함께 처리 속도의 가속화・기억 용량의 증대・주변장치의 확장 등으로 향상되어 왔다. 초기의 컴퓨터는 운영시스템 없이 인간이 직접 기계를 조작하였으나, 1950년대에 들어서면서 작업과 작업간의 원활한 유통을 위해 처음으로 일괄처리방식(batch processing)의 운영시스템을 사용하였다.

1960년대에 들어서는 다중프로그래밍(multiprogramming)・시분할(time sharing)・실시간 처리(real-time processing) 등을 가능케 하는 운영시스템이 도입되었고, 1970년대에는 컴퓨터 네트워크간의 통신이나 온라인 처리들을 관리하는 운영시스템이 등장하였으며, 특히 PC용 운영시스템(DOS・Windows95 등)이 개발되었다.

운영시스템 이외에도 시스템 소프트웨어에는 프로그램 언어를 컴퓨터가 읽을 수 있는 기계어로 바꾸어 주는 컴퓨터 언어번역 프로그램(computer translation program)과 일상적인 처리업무를 수행하는 유틸리티 프로그램(utility program)이 있다.

2) 응용 소프트웨어

응용 소프트웨어(application software)는 특정 업무를 처리하기 위해 사용자나 소프트웨어 회사에 의해 개발된 컴퓨터 프로그램을 말한다. 프로그램을 사용하여 상품을 주문하고, 재고를 관리하고, 청구서를 지불한다면, 이때 사용되는 프로그램들은 모두 응용소프트웨어에 속한다.

그림 11-2 응용 소프트웨어의 유형

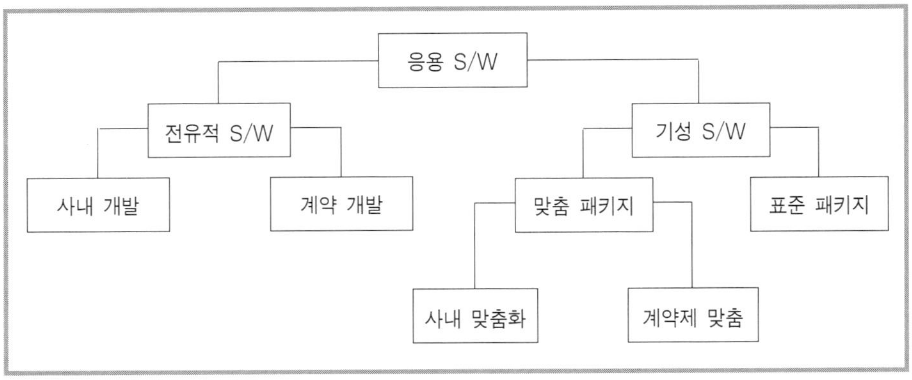

응용 소프트웨어는 기업 내부에서 직접 개발할 수도 있고, 공급업자로부터 구입한 후 약간 수정하여 사용할 수도 있다. 기업 내부에서 직접 개발한 소프트웨어를 전유 응용소프트웨어(專有, proprietary)라고 하며, 공급업자로부터 구입한 소프트웨어는 기성 소프트웨어(旣成, off-the-shelf software)라고 한다.

4. 출력 장치

데이터를 입력하여 정보처리 장치를 거치면 원하는 결과를 출력할 수 있다. 이 때 출력되는 정보는 문자 정보·음성 정보 또는 디지털 형식의 정보일 수도 있다. 출력 장치는 출력되는 정보의 내용이나 형식에 관계없이 적절한 정보를 적절한 시간에 적절한 양식으로 제공해야 하며, 다음과 같은 출력 장치들이 사용된다.

1) 디스플레이 모니터

디스플레이 모니터(display monitor)는 데이터의 처리 결과가 표시되는 출력 장치이다. 모니터는 음극선관(cathode ray tube)을 사용하기 때문에 CRT 터미널이라고도 한다. 단말기 내에서 전자총(electron gun)을 사용하여 광선을 쏘게 되는데, 이때 단말기 화면은 밝은 빛을 내는 인광성(燐光性) 물질로 코팅되어 있다.

2) 액정 디스플레이

음극선관(CRT) 모니터는 전자총을 사용하기 때문에 총과 스크린 사이가 약 30㎝ 정도 떨어져 있다. 따라서 음극선관(CRT) 모니터는 몸집이 크고 불룩하여 많은 공간을 차지할 뿐만 아니라 취급하기도 힘들다. 그러나 이러한 문제점은 평판 화면(flat screen)이라는 기술이 개발되면서 해결되었다. 평판 화면을 구현하기 위해 가장 많이 사용되는 것이 액정 디스플레이이다.

액정 디스플레이(liquid crystal display)는 액정을 이용한 화면 표시장치로서 두 개의 얇은 유리판 사이의 틈에 액체 결정을 담고 투명한 전극을 통해 전압을 가하면 결정의 분자 배열방향이 달라져서 빛의 통과율이 달라지는 성질을 이용한다. 액정 디스플레이는 응답 속도가 늦지만 전력 소모가 적고, 얇은 판 형태로 만들 수 있는 특징이 있다.

3) 프린터와 플로터

프린터(printer)는 종이 위에 물리적 형태로 출력하는 장치를 말한다. 프린터에 글자를 인쇄하는 방법에는 크게 충격식과 비충격식이 있다. 충격식 프린터(impact printer)는 타자기가 잉크 리본을 쳐서 인쇄 용지에 문자를 찍는 방식으로 소음이 심하다. 비충격식 프린터(nonimpact printer)는 기계적인 충격 대신에 열이나 레이저 광선을 이용하여 인쇄하는 방식으로 소음이 적고 인쇄 속도가 빠르다.

플로터(plotter)는 직교 좌표로 제어되는 펜을 사용하여 설계 도면이나 그래프를 그려내는 출력장치이다. 종이 또는 펜이 X-Y로 움직이고, 그림을 그리기 시작하는 좌표에 펜이 위치하면 펜이 종이 위로 내려온다. 이 프린터는 주로 도면을 그리는 설계 작업에 많이 사용된다.

2 프로그래밍 언어

프로그래밍 언어(programming language)는 컴퓨터 프로그램을 기술(記述)하기 위한 언어를 총칭하는 것이다. 프로그래밍 언어는 컴퓨터 시스템에 명령을 내려 필요한 활동을 처리하는 기능을 가지고 있다. 시스템 소프트웨어와 응용 소프트웨어는 프로그래밍 언어로 작성된다.

프로그래밍 언어는 크게 저급 언어와 고급 언어로 나눌 수 있다. 저급 언어는 컴퓨터 의존성이 강하고 컴퓨터가 이해하기 쉬운 말로서 기계어와 기호어가 있다. 고급 언어는 컴퓨터 의존성이 약하며 컴퓨터가 이해하기 힘든 말인데, 이해하기 쉬운 기계어로 변환하기 위해 컴파일러 등의 도움이 필요하다.

프로그래밍 언어의 발전 과정과 유형은 〈표 11-1〉과 같다. 50년대 중반까지 배우기 어렵고 사용하기 힘든 저급 언어를 사용하여 프로그래밍이 이루어 졌으나, 1957년 IBM에 의해 공학 문제나 수학 문제를 쉽게 처리하는 포트란(FORmula TRANslator)이 개발되고, 1959년에는 기업이나 공공기관의 자료 처리에 유용한 코볼(COmmon Business Oriented Language)이 개발되면서 수학의 수식이나 일반 영문에 가까운 표현을 사용하는 프로그래밍 언어가 등장하였다. 그 후 많은 고급 언어들이 개발되었다.

표 11-1 프로그래밍 언어의 유형과 발전 과정

세 대	언 어	개발 연도
제1세대	기 계 어	1940년대
제2세대	어셈블리 언어	1950년대
제3세대	고급언어	1960년대
제4세대	질의어·DB어	1970년대
제5세대	자연어·지능어	1980년대

여기에서는 소프트웨어 개발의 새로운 접근법으로 등장한 객체지향 프로그래밍을 중심으로 살펴보기로 한다.[2)]

객체지향 프로그래밍(object-oriented programming)은 객체라는 모듈을 단위로 하여 프

2) 객체지향(object-oriented)이란 프로그래밍 등에서 데이터의 조작을 중심으로 하는 절차 지향에 대비되는 개념으로서 조작의 대상이 되는 데이터의 기능과 의미를 중요시하는 개념이다.

로그램을 작성하는 기법으로서, 데이터와 프로시저(procedure)를 하나의 객체에 보관하여 두고 메시지를 통해 다른 객체와 접촉하는 방식이다.[3)]

객체지향 프로그래밍에서 공통된 속성을 갖는 객체는 클래스라는 단위로 종합된다. 클래스(class)는 하나 이상의 유사한 객체를 묶어 하나의 공통된 특성으로 표현한 것이다. 클래스는 상위의 클래스와 하위의 클래스로 계층화할 수 있고, 상위의 클래스는 하위의 클래스로 이어진다. 이와 같은 기능으로 인하여 여러 개의 객체로 이동하는 경우에 중복성을 줄일 수 있을 뿐만 아니라 개발 생산성을 향상시킬 수 있고, 보다 안정적인 시스템을 개발할 수 있다.

1) C++

C++는 1983년 미국 벨 연구소의 스트로우스트럽(B. Stroustrup)이 고안해 낸 프로그래밍 언어를 말한다. 이는 C 언어를 기반으로 하여 객체 지향적 프로그래밍(object-oriented programming)의 요소를 도입한 것으로, C 언어의 본래 장점인 간결함을 살리면서 고도로 추상적인 기법을 사용할 수 있게 하였다는 점이 높이 평가되고 있다.[4)]

C 언어는 다른 언어에 비하여 다양한 기능을 제공하지만, 다양한 기능과 압축된 표현을 제공함으로써 프로그램의 명확성과 가독성(readability)이 낮은 단점도 있었다. 특히, C++는 소프트웨어의 부품화 · 데이터의 추상화 · 코드 재사용 · 클래스 상속이 가능하고, 대규모 프로그램 개발에 유리한 특징이 있다.

2) 비주얼 베이직

비주얼 베이직(visual basic)은 마이크로소프트사의 윈도우용 애플리케이션 개발 언어이다. 기존의 DOS용 언어였던 베이직(BASIC)을 발전시켜 시각적 개발 도구(visual development tool)로 탄생시킨 것이다. 프로그램 개발이 윈도우 환경으로 바뀜에 따라 많이 사용되었다.

비주얼 베이직은 윈도우나 버튼을 배치하므로 GUI(graphic user interface)를 구사한 애플리케이션으로 간단하게 작성할 수 있는 것이 특징이다. 제트(jet)로 불리는 범용 데이터베이스 엔진을 갖추고, 개방형 데이터베이스를 이용해서 서버에 접근할 수 있다.

---

3) 프로시저(procedure)는 하나의 업무를 처리하기 위한 일련의 명령문 집합으로서, 프로그램을 조립할 때 하나의 처리 단위가 되는 하부프로그램이나 서브루틴(subroutine)을 말한다.

4) C언어는 1970년대 초에 AT&T 벨연구소에서 개발되어 응용 프로그램 개발에 유용하게 사용되기 시작한 언어이다. C언어는 응용프로그램을 특정 분야로 한정하지 않고 많은 작업에서 편리하고 효율적으로 사용되고 있다.

3) Visual C++

Visual C++는 마이크로소프트사에서 만든 것으로서 C 언어로 프로그래밍 할 때 필요한 도구를 가리킨다. C 언어의 기본적인 기능을 그대로 가지고 있으며, 추가로 객체지향 프로그래밍에 필요한 사항을 포함하고 있는 언어이다. 개인용 컴퓨터에서 주로 사용된다.

4) Java

자바(Java)는 미국의 선마이크로시스템사가 개발한 인터넷용 프로그래밍 언어이다. 베이직(Basic)이나 포트란(Fortran) 및 C 언어 등과는 달리 네트워크 전용으로 만들어졌기 때문에 서로 다른 기종끼리의 네트워크 환경에서도 강력한 기능을 발휘한다. 자바(Java)에서는 애플리케이션과 애플릿의 두 가지 방법으로 소프트웨어를 개발할 수 있다.

애플리케이션(application)은 도스(MS-DOS)·유닉스(UNIX)·마이크로소프트의 윈도와 같은 운영체제에서 실행하기 위해 만든 소프트웨어를 말한다. 그러나 애플릿(applet)은 운영체제 안에서 실행되는 소프트웨어가 아니라 웹 브라우저 안에서 실행되는 소프트웨어를 의미한다. 따라서 자바 애플리케이션은 웹 브라우저에서는 실행할 수 없다.

웹 브라우저에서 실행하려면 자바 애플리케이션이 아니라 자바 애플릿으로 프로그램을 만들어야 한다. 그러나 자바 애플리케이션으로 작성하면 도스(MS-DOS)·유닉스(UNIX)·마이크로소프트의 윈도와 같은 운영 체제의 화면 프롬프트에서는 자바 애플리케이션을 실행할 수 없다.

3 데이터베이스 관리시스템

1. 데이터베이스의 개념과 기능

데이터베이스(database)는 상호 연관된 데이터들을 체계적으로 정리한 집합체라고 정의할 수 있다. 데이터베이스는 처리 가능한 모든 데이터를 한 곳에 저장한 후 그 데이터를 필요로 하는 이용자들이 언제든지 찾아내어 사용할 수 있게 함으로써 업무를 효율적으로 처리해 주는 기술이다.

데이터베이스의 개념이 컴퓨터 분야에 도입된 것은 1960년대 이후부터였다. 컴퓨터 파일에 저장된 자료를 적시에 다양한 방법으로 사용자에게 제공할 필요성이 증대되었으나, 종래의 파일 방식으로는 이러한 요구를 충족시킬 수 없었다. 따라서 데이터베이스는 각각의 프로그램에 의해 독립적으로 관리되던 파일들을 통합하여 데이터를 공유함으로써 자료를 효율적으로 관리하고, 여러 업무에서 공통적으로 이용할 수 있다.

데이터베이스가 갖는 기능은 다음과 같다.

1) 자료 중복의 최소화

필요한 경우가 아니면 같은 자료는 한번만 저장되도록 함으로써 기억 장소의 낭비를 방지한다. 중복된 데이터는 가능한 배제하고 데이터베이스를 구축해야 되기 때문에 데이터베이스내의 각각의 데이터들은 상호 밀접한 관계로 연결되어 있다.

2) 자료의 일치성

이것은 자료 중복이 최소화됨으로써 생기는 효과인데, 같은 자료는 기억 장소의 위치와 관계없이 같은 값을 가지게 되므로 자료를 수정할 때 효과적이다. 데이터 상호간에 서로 연결된 것은 경로(path)라고 한다.

3) 자료의 독립성

데이터베이스는 자료를 엄정한 모델링(modeling)을 통하여 체계화한 뒤 저장하기 때문에 응용프로그램의 자료필드 등이 수정되어도 해당 자료를 수정할 필요가 없다.[5] 특히, 자료에 관한 구체적인 저장 방식 등은 데이터베이스 관리시스템이 처리하므로 응용프로그램은 자료의 물리적 저장 방식이나 구조와 관계없이 자료의 활용에만 초점을 맞추어 운영할 수 있다.

이렇게 하면, 자료와 응용프로그램이 상호 독립될 수 있다. 이와 같은 자료의 독립성으로 인해 데이터베이스 내부의 자료를 매우 효과적으로 유지하고 보수할 수 있다.

4) 자료의 공유성

데이터베이스 내의 모든 자료는 데이터베이스 관리시스템에 의하여 관리된다. 따라서 자료 접근이 허락된 모든 사용자 또는 응용프로그램은 데이터베이스 내부의 자료를 서로 공유할 수 있다. 데이터베이스의 내용이 변동하더라도 변동한 내용을 그대로 반영한 데이터를 공유할 수 있어야 한다.

5) 자료의 보안성

데이터베이스에서는 자료가 집중되고 통합되어 저장·관리가 되기 때문에 보안 문제가 중요하다. 따라서 대부분의 데이터베이스 관리시스템에는 기본적인 보안 기능이 있으며, 대부분 데이터베이스 관리자를 두고 관리를 총괄함으로써 허락되지 않는 자의 접근을 막고 있다.

그러나 데이터베이스의 가장 큰 단점은 자료 유지 및 보수에 많은 비용과 시간이 소요된다는 점과 자료가 한 곳에 모여 있기 때문에 항상 해커(hacker)의 침입이나 자료 손상의 위험이 있다는 점이다. 따라서 자료를 정기적으로 백업(back-up)하여 다른 위치에 보관함으로써 자료 손실에 대비해야 한다.

2. 데이터베이스 모델

데이터베이스 모델(database model)이란 데이터베이스를 구축하고 관리하기 위해 사용되는 논리적 모델을 말한다. 여기에는 계층형 데이터모델, 네트워크 모델, 개체-관계모델 등이 있다.

1) 계층형 모델

계층형 모델(hierarchical model)은 〈그림 11-3〉과 같이 레코드들간의 관계를 계층적 구조를 갖는 나무(tree)의 형태로 표현한 모델을 말한다. 이 구조는 부모(parents)라 불리는 상위 레코드가 자식이라고 불리는 하나 이상의 하위 레코드를 가지며, 하위 레코드는 단 하나만의 상위 레코드를 가질 수 있다. 모든 개체는 자식을 여러 개 가질 수 있으나, 부모는 한 개의 개체만

5) 모델링(modeling)이란 현실에 존재하는 상황이나 대상을 수학적 또는 도식적 모형으로 표현한 것을 말한다.

갖는다. 이 모델은 트리 구조를 갖는 업무를 표현하는데 적합하다.

최상위 레코드를 뿌리(root)라고 부르는데, 특정 레코드를 검색하고자 하는 경우에는 뿌리로부터 원하는 레코드가 발견될 때까지 계층적인 구조의 데이터 파일로 찾아가게 된다. 그리고 연관된 레코드는 각 레코드의 주소나 내장 포인트에 의해 연결될 수 있다.

그림 11-3 계층형 모델

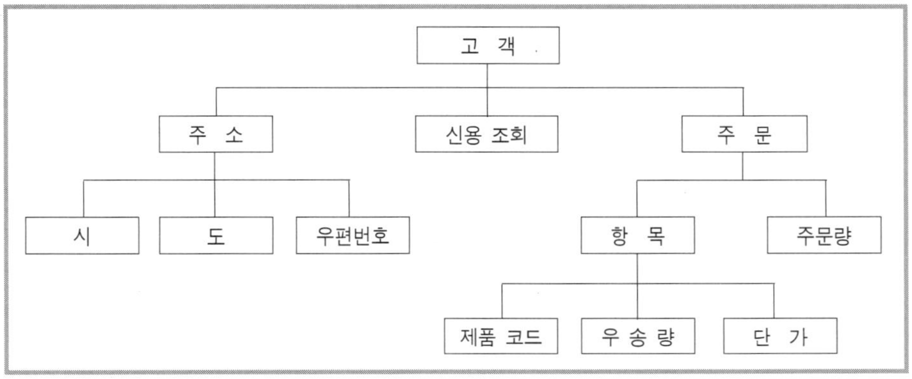

2) 네트워크 모델

네트워크 모델(network model)은 각각의 데이터가 망과 같이 서로 연결되어 있는 형태의 데이터 모형으로서, 데이터베이스를 구성하는 각 레코드를 여러 개의 다른 레코드들과 연결 지을 수 있는 것이 특징이다.

네트워크 모델이 계층형 모델과 다른 점은 부모를 여러 개 가질 수 있다는 점이다. 이 모델은 서로 연결되어 있는 업무를 표현하는데 적합하다.

그림 11-4 네트워크 모델

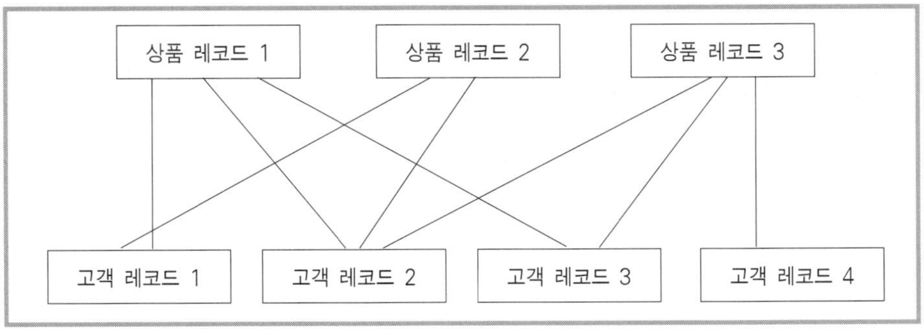

3) 개체-관계 모델

개체-관계 모델(entity-relationship model)은 데이터 베이스에서 개체와 개체간 또는 같은 개체를 구성하는 속성간의 관계를 이용하여 필요한 정보를 검색하는 방법이다. 개체(entity)는 독립적으로 존재하는 기본적인 대상이다. 판매자·고객·매출 등을 개체라고 할 수 있다.

〈그림 11-5〉에서 고객이란 개체에는 A고객·B고객 등의 하위 개체가 존재하고, A고객이라는 하위 개체에는 고객 번호·이름·주소·전화번호 등의 속성을 부여할 수 있다.

관계(relationship)는 개체들 사이에 존재하는 연관성을 말한다. 예를 들어 재고와 고객사이에는 출고라는 관계가 있을 수 있고, 고객과 고객의 비밀번호 사이에는 신용도 조회라는 관계가 있을 수 있다. 이와 같은 관계를 설정하는 이유는 데이터의 중복성을 제거하고 효율적인 데이터 관리 및 접근을 위해서이다.

그림 11-5 개체-관계모델

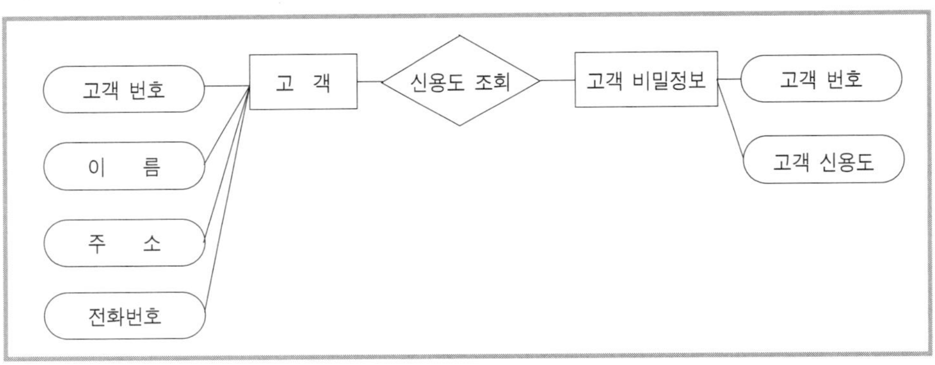

3. 데이터베이스 관리시스템

데이터베이스 관리시스템(DBMS : data base management system)은 데이터베이스로부터 정보를 추출하거나 저장·수정할 수 있도록 해주는 프로그램들의 집합체이다. 데이터베이스를 운영체제(OS)의 파일시스템을 사용해 구성할 경우에는 데이터의 종속성·일관성·무결성·중복성·보안 등을 보장해 주지 못하므로 데이터베이스 관리시스템을 사용하여 사용자와 응용프로그램간의 인터페이스를 제공한다.

그림 11-6 DBMS 개념도

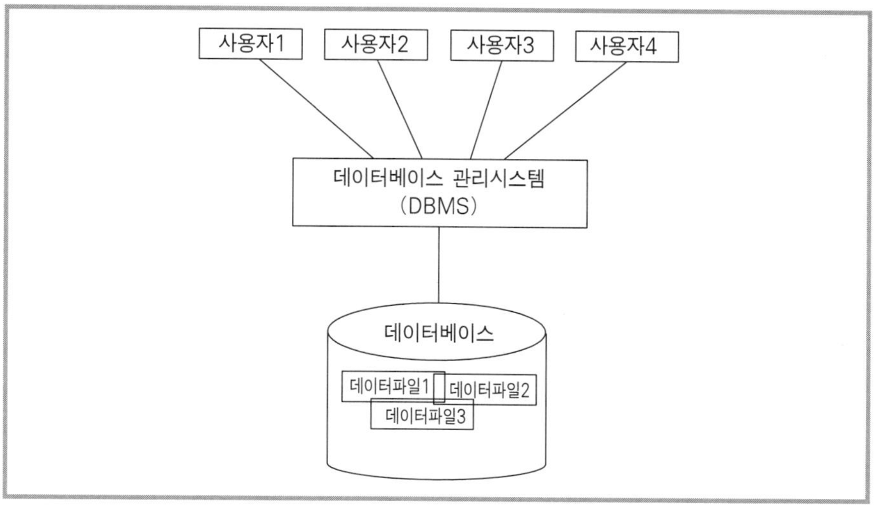

〈그림 11-6〉에서 보는바와 같이 데이터베이스 관리시스템은 사용자와 데이터베이스를 연결하며, 데이터베이스의 모든 접근을 처리하는 소프트웨어로 데이터의 물리적·논리적 독립을 보장하며, 데이터의 무결성을 유지하고, 데이터의 불일치를 제거하며, 데이터를 공유하는 역할을 한다.

1) 데이터베이스 관리시스템의 구성 요소

데이터베이스 관리시스템은 자료 정의, 자료 조작 및 자료 제어의 기능을 수행하는 3가지 언어로 구성된다.

(1) 자료 정의어

자료 정의어(DDL : data definition language)는 사용자가 요구하는 대로 데이터베이스를 정의하는 언어이다. 자료를 기억하는 파일의 구성과 파일간의 관계를 정의하고, 각 파일을 구성하고 있는 자료들의 속성을 정의한다. 그리고 정의된 자료의 내용을 자료 사전(data dictionary)에 기억하고, 실제 자료가 입력될 때 무결성을 위한 검사를 수행하는 기능을 한다.

(2) 자료 조작어

자료 조작어(DML : data manipulation language)는 사용자가 요구하는 대로 자료를 조작하는 언어를 말한다. 자료를 읽고, 쓰고, 갱신하고, 삭제하는 기능을 수행한다. 질의어(query)도 자료조작 언어에 속한다. 자료조작 언어에는 응용프로그램에서 조작대상 자료를 정의하고 자료를 접근하는 방법까지 기술하는 절차 언어와 자료에 접근하는 방법을 시스템이 결정하는 비절차 언어로 구분된다.

(3) 자료 제어어

자료 제어어(DCL : data control language)는 데이터베이스 자료를 조작하는데 필요한 보조적인 기능들을 지원하는 언어이다. 이 언어는 보조적인 기능을 수행하지만 매우 중요한 역할을 한다. 보조적 기능이 원활하지 않으면 데이터베이스 작업을 전혀 수행할 수 없기 때문이다.

2) 관계 데이터베이스 관리시스템의 종류

데이터베이스 관리시스템은 관계 데이터베이스 관리시스템과 객체지향 데이터베이스 관리시스템을 이용하는 방법으로 구분할 수 있다.

(1) 관계 데이터베이스 관리시스템

관계 데이터베이스 관리시스템(Relational DBMS)은 데이터의 논리적 구조가 관계모델에 의해 표현되는 데이터베이스 관리시스템을 말한다. 관계모델(relational model)은 〈표 11-2〉와 같이 모든 데이터를 2차원의 테이블 형태로 표시하며, 각 테이블간에는 공통의 속성을 통해 요소들의 관계가 성립된다. 따라서 데이터의 독립성이 있기 때문에 데이터의 자세한 구조 등을 고려할 필요가 없고, 구조적으로도 단순한 모델이므로 최종 사용자가 이용하기 쉬운 특징이 있다.

표 11-2 관계 데이터베이스

학 번	이 름	학 년	학 과
11111	김정아	1	컴퓨터공학과
22222	조성민	2	건설공학과
33333	석진태	1	경영학과

(2) 객체지향 데이터베이스 관리시스템

객체지향 데이터베이스 관리시스템(Object-Oriented DBMS)은 객체지향 기술에 근거한 관리시스템으로서 데이터를 그 데이터에 대한 조작 방법과 일체화시킨 객체형으로 저장하고 검색을 가능하도록 한다.

모든 데이터를 객체로 다루기 때문에 멀티미디어 데이터 같은 경우에도 효율성 있게 데이터를 관리할 수 있다. 즉, 이미지나 음성과 같은 데이터를 저장하거나 처리하는데 필요한 기능이 포함되어 있다. 그러나 객체지향 데이터베이스는 표준화가 아직 완성되지 않았고, 사용상의 문제점을 안고 있으나 앞으로는 객체지향 데이터베이스가 널리 사용될 것으로 예상하고 있다.

4 멀티미디어

1. 멀티미디어의 개념

초기의 컴퓨터에서는 문자만 처리할 수 있었으나 정보 인식 및 표현 기술이 발전함에 따라 문자 이외에도 음성·도형·영상 등으로 이루어진 다양한 매체를 처리할 수 있게 되었는데, 이를 멀티미디어라고 한다. 멀티미디어(multimedia)는 그 이름에서도 알 수 있듯이 '여러 가지(multi)'의 '미디어(media)'를 함께 사용해 정보를 표현하는 것이다. 즉, 동영상(video)·문서(text)·그림(image)·소리(sound)·애니메이션(animation)의 다섯 가지 미디어가 모인 집합체를 뜻한다. 이와 같은 멀티미디어는 다음과 같은 특성을 가지고 있다.

① 멀티미디어는 둘 이상의 미디어를 동시에 사용한다.
② 각각의 미디어는 독립된 하나의 시스템을 사용한다.
③ 사용자는 시스템과 상호 대화를 한다.
④ 시스템을 사용하여 정보를 얻을 수 있다.

멀티미디어의 발전은 정보의 디지털화가 가능했기 때문이다. 정보의 디지털화란 데이터를 개별적인 숫자로 표시하는 방식을 말하는데, 구체적으로는 0과 1의 2진수를 사용하여 데이터를 처리하는 방식을 말한다. 디지털 방식은 데이터의 변화를 연속적으로 나타내는 아날로그(analog)와 반대되는 개념이다. 예를 들면, 바늘로 연속적인 시간의 변화를 나타내는 시계를 아날로그 시계라 하고, 순간 순간의 시각을 숫자로 표시하는 시계를 디지털 시계라고 한다.

정보가 디지털화되면 계산과 검색을 효과적으로 할 수 있고, 대용량의 데이터를 유지·관리하는 것은 물론 새로운 데이터로 변환시키는 것이 가능하다. 여기에 멀티미디어 기술을 적용하면 문자열과 숫자열만을 다루는 컴퓨터에 그래픽·음성·정지 화상·동화상 등 다양한 데이터를 처리할 수 있게 된다. 그러므로 멀티미디어 기술은 짧은 시간에 많은 이용자들이 인식하기 쉬운 형태로 정보를 가공하여 전달해 주기 때문에 효율적이다. 뿐만 아니라 통신·컴퓨터·반도체 기술의 비약적 발전을 바탕으로 원거리간의 통화는 물론이고 화상 전화·원격 쇼핑 등의 멀티미디어 통신도 가능하다.

반면에 멀티미디어 매체들은 영상과 소리를 주로 취급하기 때문에 정보의 양이 방대하고 이들 자원을 처리하기가 매우 복잡하고 까다로우며, 이들을 처리하고 전송하기 위해서는 고속의 전송 선로와 다양한 대역폭을 제공하기 위한 교환 기술 그리고 영상과 음성 신호의 처리 기술이 필요하다.

2. 멀티미디어의 발전 과정

멀티미디어는 반도체 · 컴퓨터 · 신소재 등의 발전에서 출발하였다. 1960년대부터 개별 미디어간의 통합을 시작으로 하여 1980년대 이후에는 기존 미디어들의 영역이 통합되는 새로운 미디어가 등장하게 된 것이다.

세계 최초의 멀티미디어 컴퓨터는 1984년 발매된 애플컴퓨터사의 매킨토시 128K였는데, 1987년에는 하이퍼 카드(hyper card)라는 소프트웨어가 개발되어 복잡한 명령어를 사용할 필요 없이 링크(link)를 따라 목적하는 데이터에 신속히 접근할 수 있게 되었다. 그 이후 새로운 기능의 플랫폼들이 등장하면서 급속한 발전을 지속해 오고 있다.

발전 과정에 따른 미디어의 변화를 살펴보면 〈표 11-3〉과 같다.

표 11-3 멀티미디어의 발전 과정

분류 \ 세대	1세대 (1980~1991)	2세대 (1992~1994)	3세대 (1995~2000)
미 디 어	텍스트 흑백 그래픽 비트맵 이미지 애니메이션	칼라 비트맵 16비트 오디오 비디오(15 fps)	비디오(30 fps)
운영 체제	DOS	도스 윈도우 3.X	윈도우 95 윈도우 NT
전달 매체	1.5M 레이저 디스크 128M CD-ROM	650M CD-ROM	500M WORM

멀티미디어의 모든 정보는 컴퓨터 내부에 디지털 방식으로 저장되어야 그 내용을 볼 수 있다. 따라서 아날로그 정보를 디지털로 변환하는 과정에서 여러 가지 방법을 찾기 시작하였다. 압축 기법을 사용하여 보다 많은 멀티미디어 내용을 보다 작은 용량으로 표현하는 연구가 시작되었고, 각종 국제표준화 단체가 만들어지면서 규칙과 원칙이 제정되기 시작되었다.

정지 화상에 대한 압축 표준을 제시하는 단체인 JPEG(Joint Photographic Experts Group)이 결성되었고, 1988년에는 동영상 압축 표준을 규정하는 단체인 MPEG(Motion Picture Experts Group)이 결성되어 최초의 동영상 압축 표준인 MPEG 1을 1993년에 발표하였다.

이러한 압축 표준이 제시되는 동안에 CD-ROM · DVD · 디지털 카메라 · 스캐너 · 그래픽 카드 등의 하드웨어 성능도 향상되었다. 특히, 1990년대에 인터넷이 등장하면서 컴퓨터 자체의 네트워크를 형성하여 멀티미디어의 획기적인 발전이 이루어지게 되었다. 오늘날의 멀티미디어는 영상 회의・전자 출판・가상 현실・각종 오락・의료・교육・방송 등을 비롯한 사회의 모든 분야에 걸쳐 매우 다양하게 응용되기 때문에 멀티미디어의 중요성이 더욱 강조되고 있다.

3. 멀티미디어를 위한 핵심 기술

오늘날의 멀티미디어는 다음과 같은 기술을 바탕으로 발전하게 되었다.

1) 대량 정보처리 기술

문자와 음성 그리고 동영상을 동시에 표현하기 위해서는 이들을 모두 실시간(real time)으로 표현해야 한다. 이를 위해서는 데이터들간의 동기화(synchronization)가 중요한 문제이다. 여기서 동기화(同期化)란 데이터를 전송할 때 송신과 수신의 타이밍을 맞추어 전송하는 방식이다.

오늘날 PC에도 멀티미디어 환경이 구현될 수 있게 된 요인으로는 인텔사의 MMX(MultiMedia eXtention) 펜티엄 프로세서를 들 수 있다. MMX는 중앙처리장치에 멀티미디어 고속처리 기능을 내장하여 별도의 확장카드 없이도 멀티미디어 기능을 하는 기술이다. 따라서 PC에서도 멀티미디어 카드를 별도로 설치하지 않고 소프트웨어의 지원을 받아 일반 전화회선으로도 그래픽・동영상・입체 오디오 등을 사용할 수 있다.

동영상 압축기법인 MPEG의 경우에는 PC에서 비디오 처리 뿐만 아니라 고화질 시스템의 디지털화를 목표로 MPEGⅡ, MPEGⅢ와 같은 개선된 제품들이 발표되고 있다.

2) 대량 정보저장 기술

하드디스크에 문자 데이터를 기록하기 위해서는 마스터디스크에서 데이터 내용을 비트 또는 바이트 단위로 읽은 후 새로운 하드디스크에 저장해야 했다. 이 과정에는 복사에 많은 시간이 소요될 뿐만 아니라 대량 복사가 어려운 단점이 있었다. 따라서 멀티미디어 형태로 제작된 결과를 기록하고 배포하기 위해서는 새로운 매체를 필요로 하게 되었다.

멀티미디어 데이터를 저장할 때 가장 중요한 문제는 저장 장치에 정보를 최대한으로 저장시킬 수 있는 압축 기술이다. 현재 멀티미디어 데이터를 저장할 수 있는 가장 적당한 매체는 CD-ROM(compact disc read only memory)이다. CD-ROM은 650MB라는 대용량의 기록 매체이며, 복사가 쉽기 때문에 멀티미디어의 기록 매체로 적합하다. 현재 CD-ROM 방식이 전체 기록 매체의 약 90% 정도를 차지하고 있다.

CD-ROM을 발전시켜 사운드와 애니메이션이 가능한 CD-DA(compact disc - digital audio)와 CD-I(compact disc interactive)가 발표되었다. 그리고 CD-ROM의 저장 용량을

약 10배 정도 개선한 DVD(digital video disk)도 있다.

3) 대량 정보전송 기술

대용량의 멀티미디어 정보를 전송하기 위해서는 기존의 통신 방법만으로는 불가능하다. 따라서 통신 회선의 폭도 커져야 하고, 송수신 프로토콜을 단순화 시켜 데이터 전송을 실시간으로 처리할 수 있어야 한다.

멀티미디어 정보를 전송하는 통신으로는 종합정보통신망인 ISDN(integrated service digital network)과 비대칭 디지털 가입자회선인 ADSL 등이 있다. 또한 광케이블의 이용으로 전송 용량이 매우 늘어나고 있다.

4. 멀티미디어 구성 요소

멀티미디어는 문서 · 청각 매체 · 시각 매체로 구성된다.

1) 멀티미디어 문서

멀티미디어 문서는 여러 매체 조각을 시간적 · 공간적으로 배열해 놓은 것이다. 이러한 멀티미디어 문서를 제작하기 위해서는 저작 도구가 필요하다. 저작 도구는 사용자들이 어려운 프로그래밍을 사용하지 않고도 쉽게 문서를 만들 수 있는 기능을 지원해 준다.

국제표준화기구(ISO)에서는 멀티미디어 문서교환 형식의 국제표준으로 개방형 문서구조(ODA)와 SGML(standard generalized markup language) 등을 제정하였다. 개방형 문서구조(ODA)는 제한적인 기능 때문에 복잡한 문서에는 적합하지 않아 SGML이 널리 사용되고 있다. 현재 인터넷에서 웹 사이트를 구축하는데 사용하는 HTML도 SGML에 속하는 국제표준이다.

2) 청각 매체

청각 매체는 귀로 들을 수 있는 매체로서 음성(voice) · 음악(music) · 음향(sound) 등이 있다. 청각 매체에 의한 정보를 컴퓨터에 이용하기 위해서는 청각 매체를 인지하는 방법과 청각매체 자체의 물리적인 특성을 충분히 이해해야 한다. 음성의 경우 음파 또는 음소리의 형태로 표현될 수 있고, 음악의 경우 음파 또는 악보의 형태로 표현된다.

표현 방식에는 스피커를 이용한 음파정보 방식과 악보와 같은 미디(MIDI) 정보를 들 수 있다. 음파정보 방식은 스피커의 진동판을 움직여서 소리를 내고 진동판의 위치가 기록되는 것이다. 미디(MIDI : musical instrument digital interface)는 전자 악기를 제어하기 위한 통신 프로토콜로서, 이것을 사용하면 개인용 컴퓨터로 전자 악기를 제어하고 자동 연주나 음색 관리 등을 할 수 있다.

멀티미디어에서 미디(MIDI)가 중요한 이유는 미디장치의 음향을 녹음하여 컴퓨터상의 미디파일을 생성하고, 이를 멀티미디어 프리젠테이션의 한 요소로 사용할 수 있기 때문이다.

3) 시각 매체

시각 매체란 눈으로 볼 수 있는 매체로서 문자(text)·화상(picture)·영상(image)·그래픽·동영상(video)·애니메이션 등이 있다. 이들 매체는 컴퓨터 내부에서 여러 가지 형태로 존재할 수 있다. 문자는 아스키 문자열 또는 그래픽 정보로도 존재하며, 그래픽은 비트맵 정보 또는 기하학적 개체 정보로도 존재한다.

시각 매체는 정적인 매체와 동적인 매체로도 구분할 수 있다. 동적인 매체는 움직이는 그림을 일컫는 것으로서 동화상과 애니메이션을 들 수 있다. 동화상이나 애니메이션은 약간씩 다른 화상을 겹침으로서 구현된다. 즉, 정지 화상들을 1초에 50~60장 속도로 뿌려줌으로써 가능하다. 이 때 동영상을 이루는 정지 화상 하나 하나를 프레임(frame)이라 하고, 1초에 뿌려주는 프레임의 개수를 프레임률(frame rate)이라고 한다.

동영상은 비트맵 화상의 열로 표현하지만, 애니메이션은 띄엄띄엄 핵심적인 그림을 구성해 놓으면 그 사이를 재생기가 자동으로 생성하게 되어 있다.

5. 멀티미디어 프로그래밍

멀티미디어 정보의 구성은 저작 도구를 이용하여 수행할 수도 있고, 윈도우 프로그래밍 기법을 이용할 수도 있다. 멀티미디어 프로그래밍은 윈도우 프로그래밍에서 발전한 분야이다. 윈도우 프로그래밍은 GUI(graphical user interface)를 통하여 기존의 정보 디스플레이 방식을 개선시킨 것이다.[6)]

멀티미디어 프로그래밍은 숫자와 문자데이터 이외에 멀티미디어 정보의 디스플레이가 가능하도록 윈도우 프로그래밍을 확장한 것이다. 멀티미디어 프로그래밍 언어에는 Visual C++과 Java 등이 있다. 프로그래밍 언어에 대한 자세한 설명은 제11장의 프로그래밍 언어를 참고

---

6) GUI(Graphical User Interface)는 사용자가 아이콘이나 메뉴 등의 그래픽 화면을 통하여 컴퓨터와 정보를 교환할 수 있는 작업 환경을 말한다. 그래픽 사용자 인터페이스를 제공하는 대표적인 운영 체제로는 마이크로소프트사의 윈도우(Windows)가 있다.

하면 된다.

표 11-4 프로그래밍 언어의 장·단점

구 분	장 점	단 점
C/C++	•대부분의 UNIX와 NT에서 사용 가능 •다른 언어에 비해 속도가 빠름	•UNIX에서 작성된 소스를 NT에서 바로 사용할 수 없는 경우가 많음
JAVA	•대규모 사이트 개발에 많이 사용됨 •UNIX, 윈도 95/98/NT 등 모든 OS에 사용 가능	•별도의 해석기를 통해 프로그램을 실행해야 됨
Perl	•OS에 관계없이 동작	•스크립트 언어이므로 컴파일 언어에 비해 수행 속도가 늦다
ASP (Active Server Page)	•다른 스크립트 언어에 비해 수행 속도가 빠르다 •DB 연결 프로그램 작성에 용이	•OS에 특화되어 있음

5 멀티미디어 데이터베이스

1. 멀티미디어 데이터베이스의 기능

멀티미디어 데이터는 개체들의 크기가 각각 다르고 대용량의 저장 공간을 필요로 하기 때문에 기존의 정형화된 데이터를 처리하기 위해 만들어진 데이터베이스 관리시스템으로는 효율적인 관리가 어렵다.

멀티미디어 데이터베이스는 기존의 데이터베이스를 멀티미디어 데이터에 적용하는 것으로서 멀티미디어 데이터의 효율적인 저장과 관리 기능을 수행하고 다양한 검색 기능을 제공한다. 멀티미디어 데이터베이스는 전통적으로 데이터베이스가 처리해 오던 데이터베이스 뿐만 아니라 시간 종속적인 연속 매체를 관리함으로써 다음과 같은 새로운 기능을 가지고 있다.

1) 시간 동기화(temporal synchronization)

동기화(同期化, synchronization)란 데이터를 전송할 때 송수신 속도에 맞추어 요소군의 처음과 끝을 각각 송수신 상호간에 일치시키는 것을 말한다. 따라서 멀티미디어 데이터는 복수의 미디어가 통합되어 표현되므로 미디어간 동기화가 필요하다. 예를 들어 비디오와 관련된 오디오는 서로 동기화 되어야 정확한 정보의 전달이 가능하다.

2) 공간 동기화(spatial synchronization)

멀티미디어 데이터는 미디어의 특성에 따라 다른 장치를 통해 표현되기 때문에 표현 방법도 데이터와 함께 관리되어야 한다. 여러 미디어 객체들이 하나의 화면에 배치될 경우 화면내의 위치, 문서 페이지상의 위치, 다른 블록이나 프레임에 대한 상대적 위치 등을 고려해야 한다.

3) 색인 지정(indexing)

멀티미디어 데이터베이스는 사용자가 원하는 데이터를 쉽게 찾을 수 있는 방법을 제공해야 한다. 멀티미디어는 정형화된 데이터가 아니고, 비정형화된 데이터이기 때문에 검색이 매우 어려운 특징이 있다.

2. 멀티미디어 데이터의 구성

멀티미디어 데이터의 구성은 각 미디어 객체에 포함될 수 있는 데이터의 기본 단위와 적용 범위 그리고 목적에 따라 분류를 달리할 수 있다. 일반적으로는 원시 데이터 · 설명 데이터 · 등록 데이터 등으로 구성된다.

1) 원시 데이터

원시 데이터(source data)는 문자의 집합 · 이미지 픽셀의 집합 · 오디오 샘플의 순서 등 현재까지 데이터로 간주했던 그 자체를 의미한다. 즉, 컴퓨터로 처리하기 위해 준비된 원래의 데이터를 말한다. 예를 들어 상품의 총액을 계산하기 위해서는 종류별 단가를 입력해야 되는데, 이것이 원시 데이터에 해당된다.

2) 등록 데이터

등록 데이터는 원시 데이터를 화면에 출력하거나 처리하기 위해 필요한 데이터를 말한다. 이미지의 경우 화면 해상도, 픽셀당 비트수, 색 표현 방식(RGB · HSL 등), 컬러맵 등을 예로 들 수 있다. 이미지 · 오디오 · 비디오 미디어의 경우 패턴인식 기술을 이용한 내용 검색은 이 등록 데이터를 거쳐 실제 데이터로 처리된다.

3) 설명 데이터

설명 데이터는 해당 미디어의 특징 · 구조 · 제목 등을 저장한 부분으로 정보 검색에 있어 패턴인식을 우회할 수 있는 보조적 정보를 제공한다. 이미지의 경우 중요한 이미지 내용을 설명하는 문자 형태의 캡션이나 제목이 이에 해당한다.

3. 멀티미디어 데이터의 검색

문자나 숫자 데이터의 경우 내용기반 검색을 제공하는 질의 방법이 효율적이지만, 멀티미디어 데이터의 경우 스키마(schema)가 복잡하고, 내용기반 검색 능력의 부족으로 기존의 질의 방법으로는 원하는 객체를 찾기가 어렵다. 멀티미디어 데이터의 검색 방법에는 이미지 데이터 검색기법 · 음성 데이터 검색기법 · 문서 데이터 검색기법 등이 있다.

1) 이미지데이터 검색 기법

이미지(image)는 컴퓨터 모니터 화면이나 프린터에 출력되는 시각적인 정보를 말한다. 이미지데이터는 데이터베이스에 입력·저장한 후 그 특징을 이용하여 검색을 한다. 이를 위해서 이미지의 객체를 구분하고, 색·짜임새·형태·위치 등의 특성을 부여한다. 이렇게 부여된 특성을 바탕으로 사용자의 질의와 데이터를 매칭(matching)시켜 검색한다.

2) 음성데이터 검색 기법

음성데이터 검색 기법은 음성의 특징을 이용하여 멀티미디어 데이터를 검색하는 방법이다. 음성은 원래 아날로그 신호이지만 컴퓨터에서 디지털 신호로 변환시켜 처리되고 저장된다. 음성인식으로 발음을 식별하는 인공지능 교환방식이다.

3) 문서데이터 검색 기법

문서데이터(text data)는 문자 코드만으로 되어 있는 데이터를 말한다. 문서 데이터는 코드만 공통적으로 통일되어 있으면 어떤 컴퓨터에서도 읽을 수 있다. 문서의 내용을 표현하기 위해서는 색인 어휘를 사용한다.

색인 어휘는 제한된 어휘만을 사용할 수도 있고, 일반적으로 사용하는 모든 어휘가 사용될 수 있다. 제한된 어휘를 사용할 경우에는 완전한 표현과 검색이 어렵기 때문에 데이터베이스 문서에 나타나는 모든 단어를 색인 어휘로 사용한다. 그러나 데이터베이스의 모든 문서에 나타나는 단어들은 색인 어휘에서 제외한다. 또한, 문서의 내용을 표현하는 색인어는 표현의 정도에 따라서 가중치를 부여할 수 있다.

4. 멀티미디어 데이터의 압축

1) 데이터 압축의 개요

압축(compression)이란 같은 양의 정보를 더 작은 크기의 데이터로 표현하는 기술을 말한다. 반대로 복원(decompression)은 압축을 푸는 기술을 가리킨다. 멀티미디어에 사용되는 동영상 데이터 등은 크기가 매우 크기 때문에 저장 공간이나 처리 및 전송 속도에 문제가 발생할 수 있다. 이러한 경우에는 데이터를 압축함으로써 저장 공간이나 처리 속도 또는 전송 속도의 문제를 해결할 수 있다.

모든 압축의 기본 원리는 중복성(redundancy)을 제거하는 것이다. 불필요한 정보를 삭제하고 반복되는 정보를 간단히 표현함으로써 데이터의 크기를 줄이는 것이다. 예를 들면 「0」이 100개 나열된 데이터는 100개의 숫자이지만 간단하게 「0」과 「100」두 개의 숫자만으로 표현이 가능하다.

전화 음성의 경우에는 말을 하는 때와 하지 않는 때가 분리된다는 점을 이용하여 말을 안 하는 부분은 정보를 보내지 않음으로써 주고받는 정보의 양을 줄인다. 동영상의 경우에는 직전 그림과 현재 그림이 별 차이가 없다는 점을 이용한다. 동영상에서는 1초에 비슷한 그림을 60장 정도로 빠르게 바꾸어 줌으로써 주고받는 정보의 양을 줄이는 것이다.

압축에서는 인간이 감지할 수 있는 정보는 남기고, 감지할 수 없는 정보는 삭제함으로써 데이터의 양을 줄인다. 이러한 원리를 가시성 또는 가청성의 원리라고 한다. 인간은 큰 소리를 들은 후 그 다음의 소리를 잘 듣지 못한다고 한다. 이 때 안 들릴 정보는 삭제하는 것이다. 그림을 볼 때에도 명도의 변화에는 민감한 반면 색상의 변화에는 민감하지 못한 특성이 있다고 한다. 이를 이용하여 명도 정보는 상세히 하되, 색상 정보는 상대적으로 적게 함으로써 정보의 양을 줄이기도 한다.

2) 압축 기법의 유형

압축 기법은 여러 가지로 분류가 가능하다. 크게 무손실 기법과 손실 기법으로 나눌 수 있으며, 압축에 이용되는 성질에 따라 엔트로피 기법과 대상기반 기법으로도 구분한다.

(1) 무손실 기법

무손실 기법(lossless compression)은 압축한 데이터를 복원했을 때 복원한 데이터가 압축 전의 데이터와 완전히 일치하는 기법을 말한다. 복원한 비트 스트림(bit stream)이 압축전의 비트 스트림과 완전히 일치하는 것이다. 비트 스트림(bit stream)은 주어진 전송 매체를 통해 흐르는 정보 비트의 열을 말한다.

이 기법은 압축할 때 압축할 데이터에 어떠한 변경이나 수정도 가하지 않는다. 일반적으로 컴퓨터에 사용되는 자료에 대한 압축 방법이 여기에 해당된다. 그리고 이 기법은 의학용 영상 등의 압축에도 사용한다. 무손실 기법으로는 파일 압축・실행파일 압축 등이 있다.

(2) 손실 기법

손실 기법(lossy compression)은 복원한 데이터가 압축전의 데이터와 일치하지 않는 기법을 말한다. 이 기법은 음향·비디오·동영상과 같은 연속 매체를 압축하는데 적당한 방법이다. 약간의 정보 손실이 발생하더라도 압축률을 높이기 위해 멀티미디어 정보의 압축에 널리 사용된다.

그러나 손실 기법이라고 해서 사용자가 압축 전과 복원 후의 정보가 원래의 정보와 다르다고 느낄 정도의 차이를 말하는 것은 아니고, 거의 동일하다고 느낄 정도를 말한다. 손실 기법으로는 동영상 압축(MPEG: motion picture expert group)기법이 있다. PC 및 디지털 장비에서 압축 기준으로 널리 쓰이고 있으며, VCD(Video CD)나 DVD 및 MP3도 MPEG 기법을 사용하고 있다.

(3) 엔트로피 기법

엔트로피 기법은 압축시킬 대상의 특성을 고려하지 않는 압축 기법을 말한다. 이 기법은 압축할 대상이 되는 정보의 고유한 특성을 이용하지 않고, 모든 데이터를 단순히 비트 열 또는 바이트 열로 인식하는 것이다.

예를 들어 10개의 연속하는 바이트들의 값이 모두 「0」이라면 특수 문자와 「10」이라는 수를 사용하여 나타내는 방법이다. 이렇게 되면 「0」이 10번 반복되는 것은 아무런 의미를 갖지 않게 되며, 복원시에 본래의 값과 동일하게 반복되기 때문에 엔트로피 기법은 무손실 기법에 해당된다.

(4) 대상기반 기법

대상기반 기법은 압축하고자 하는 대상 정보의 특성을 이용하는 것이다. 예를 들면, 음성은 말을 하는 구간과 말을 하지 않는 구간으로 쉽게 구별할 수 있고, 말을 하는 구간이 더 중요하므로 말을 하지 않는 구간에는 정보를 보낼 필요가 없다. 이러한 원리를 이용한 동영상의 경우, 연속한 두 그림 사이에는 비슷한 점이 많으므로 그림을 몇 개의 구역으로 나눈 후 어떤 구역들이 비슷한가를 찾는 방식으로 압축을 하는 것이다.

대상기반 기법은 압축 대상이 되는 매체의 고유한 특성을 이용하기 때문에 엔트로피 기법보다 압축률이 더 높다. 엔트로피 기법과 대상기반 기법은 상호 배타적인 것이 아니고 음향·정지화상·동영상 등의 압축에 적절히 조합하여 사용할 수 있다.

5. 멀티미디어 데이터베이스의 질의 처리

멀티미디어 데이터베이스에 저장되어 있는 자료에 대한 질의처리 메커니즘은 멀티미디어 정보의 특성 때문에 기존의 방법과는 서로 다르다. 〈그림 11-7〉은 기존의 데이터베이스와 멀티미디어 데이터베이스의 질의 처리 과정을 비교한 것이다.

그림 11-7 기존 데이터베이스와 멀티미디어 데이터베이스에서의 질의 처리

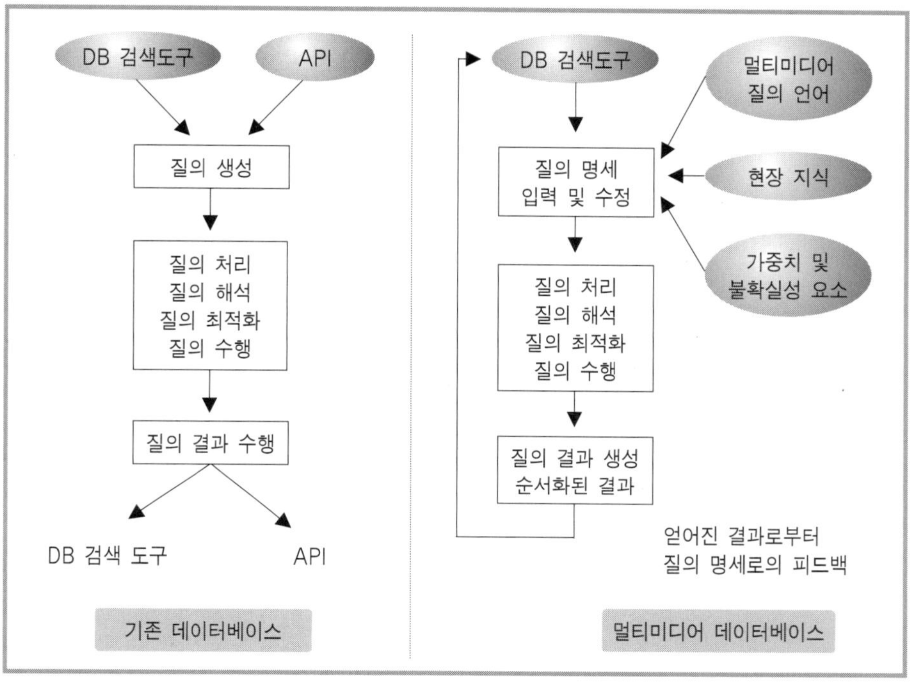

〈그림 11-7〉에서 왼쪽 그림은 기존의 데이터베이스인 경우, 데이터베이스 검색 도구에서 질의 언어나 API(application programming interface)[7]를 통해 사용자로부터 질의를 입력받음을 나타내고 있다. 입력된 질의는 해석되고, 신속한 처리를 위하여 최적화된 파스트리(parse tree)[8]를 생성해 낸다.

질의 최적기(query optimizer)는 파스트리를 생성할 경우 색인 정보를 참조하며, 관계형 데이터베이스의 경우처럼 질의가 여러 테이블에 걸쳐 있을 경우는 조인(join) 연산의 순서를 결정한다. 최적화된 질의는 수행된 후 사용자에게 결과가 전달된다.

멀티미디어 데이터베이스의 경우에 질의는 관계형 데이터베이스의 경우처럼 질의를 명시하기 어려울 때가 있다. 또한 검색된 결과가 사용자의 의도와 명확하게 일치할 가능성도 적다. 따라서

---

7) 프로그래머들이 윈도우즈 프로그램을 사용하기 위해 사용하는 일련의 함수들을 총괄적으로 API라고 한다.

8) 파스트리(parse tree)는 컴파일 과정에서 파서(parser)에 의해 생성되는 결과의 트리이다. 파서는 원시 프로그램을 토큰(token)이라고 불리는 문법 단위로 분해하고 문법이 맞는지 조사한 다음 이들을 정해진 규칙에 따라 트리 형태로 조립해 나간다.

멀티미디어 데이터베이스에서는 〈그림 11-7〉의 오른쪽 그림과 같이 반복적으로 질의를 처리하는 구조가 요구된다. 검색을 원하는 멀티미디어 요소의 명확한 기술을 위하여 질의 생성시에 사용자로부터 여러 가지 입력을 받는 과정이 추가된다.

주요 용어

데이터	비트	바이트	데이터 엔트리
바코드	키보드	마우스	스캐너
POS	ATM	터치 스크린	음성인식장치
CPU	기계주기	MIPS	칩(chip)
클럭속도	전자펄스	MHz	워드
버스	RAM	SRAM	DRAM
마이크로프로세서	캐시메모리	ROM	PROM
EPROM	자기테이프	자기디스크	광디스크
CD-ROM	DVD	CRT터미널	액정화면
시스템	소프트웨어	C++	비주얼 베이직
자바	멀티미디어	MMX	MPEG
하이퍼텍스트	네비게이션	앵커(anchor)	링크
노드(node)	브라우징(browsing)	필터링(filtering)	북마크(bookmark)
경로이력	SGML	WYSWYG	MIDI
데이터베이스	원시데이터	등록데이터	설명데이터
객체	DBMS	압축	질의

제11장 연구과제

① 컴퓨터에서 정보 처리를 하기 위해 필요한 장치들을 열거하고, 각각을 설명하라.

② 프로그래밍 언어란 무엇이며, 어떤 종류가 있는지 조사하라.

③ 멀티미디어의 개념과 특징 그리고 그 발전 과정을 설명하라.

④ 멀티미디어가 출현하게 된 핵심 기술을 설명하라.

⑤ 하이퍼텍스트의 구조를 설명하라.

⑥ 멀티미디어를 구성하는 요소에 대하여 설명하라.

⑦ CD-ROM과 DVD를 비교하라.

⑧ 네트워크의 구성 요소를 설명하라.

⑨ 기존의 데이터베이스에 비하여 멀티미디어 데이터베이스가 가지고 있는 새로운 기능에 대하여 설명하라.

⑩ 멀티미디어 데이터베이스의 관리시스템에 대하여 설명하라.

⑪ 멀티미디어 데이터를 압축하는 원리와 응용되는 기법을 설명하라.

제 12 장

보안기술

ELECTRONIC COMMERCE

학습 개요

전자상거래가 안전하게 이루어지기 위해서는 컴퓨터시스템의 안전은 물론 거래 정보들이 유출되지 않아야 한다. 그러나 인터넷은 개방형 네트워크이기 때문에 보안 문제에 매우 취약한 단점이 있다.
제12장에서는 전자상거래가 안전하게 이루어질 수 있도록 보안 체계를 구축하는 여러 가지 방법에 대해 살펴보기로 한다.

1 전자상거래와 보안

1. 보안의 개념

인터넷 상거래의 가장 큰 문제점은 해킹에 의한 정보 유출과 비인가자에 의한 부정 행위에 대한 것이다. 최근에는 해킹 기술이 고도로 발전하여 관리자들의 실수나 운영 체제(operating system)의 오류를 악용하던 과거의 초보적인 수준에서 벗어나 고난도의 해킹 방법이 등장하고 있다.

해킹이 전자상거래와 관련하여 문제가 되는 것은 운영 체제의 오류나 전자결제시스템의 오류와 상관없이 인터넷의 고유한 구조를 이용한 것이기 때문이다. 전자상거래 보안 사고의 형태는 메시지 가로채기와 같은 단순한 것에서부터 문서의 유효성 부정, 개인 정보의 불법적 수집, 바이러스 침입과 같이 정교한 수준의 형태까지 매우 다양하다. 따라서 구조적으로 이 문제를 해결하지 못한다면, 정보가 해커들에게 완전히 노출될 수밖에 없고 나아가서는 인터넷을 이용한 전자상거래를 불가능하게 만들 수 있다.

보안(security)의 일반적인 의미는 안전을 유지하는 일 또는 무엇인가를 보호하는 것을 의미한다. 컴퓨터 시스템에 대한 보안은 컴퓨터 시스템이나 데이터에 인가가 허용된 사용자에게만 접근 권한을 제공하고, 인가되지 않은 사용자에 대한 접근을 차단함으로써 컴퓨터 시스템과 데이터를 보호하는 것을 말한다.

그러나 보안이라는 것은 시스템이나 조직에 한 번 설정해 두면 끝나는 것이 아니다. 잠재적으로 존재하는 위험 요소들에 지속적으로 대비하여야 하며, 그러한 위협들이 실제로 발생하는 것을 방지할 새로운 수단을 찾아야 한다. 즉, 인터넷을 통한 내부 네트워크로의 침입을 방지하기 위해서 관리자는 사용하고 있는 시스템과 소프트웨어의 최신 개발 상황을 정확히 파악하여 언제 있을지 모르는 보안 사고에 미리 대비하여야 한다.

2. 보안 원칙

건전하고 안전한 전자상거래가 이루어지기 위해서는 다음과 같은 보안 원칙이 지켜져야 한다.

1) 기밀성

기밀성(confidentiality)은 거래 내용이 제3자에게 임의로 노출되지 않도록 하는 기능이다. 예를 들어 전자 결제를 위해서 은행 계좌번호와 그 비밀번호를 암호화하여 전달하는데, 이 때 도청자가 그 내용을 얻어내더라도 암호를 풀지 못하도록 하여 노출을 방지하는 것이다.

2) 인증

인증(authentication)은 거래 당사자가 상호간의 신원을 확인하는 것이다. 판매자의 입장에서 보면, 어떤 고객이 상품의 구입 대금을 결제하기 위하여 신용카드 번호를 입력하였을 때, 그 고객이 신용카드의 실제 소유자인지를 확인할 필요가 있는 것이다.

3) 무결성

무결성(integrity)은 정보가 전달되는 도중에 수정되거나 훼손되지 않았는지의 여부를 확인하는 것이다. 즉 거래 내용의 변조나 승인되지 않은 거래의 생성을 방지하기 위한 기능이다. 예를 들어 A가 B에게 100만원을 지불하는 내용이 C에 의해 A가 C에게 100만원을 지불하도록 변조되었는지를 확인할 필요가 있다.

4) 부인 방지

부인 방지(non-repudiation)는 파일이나 데이터를 보낸 정보 제공자가 정보 제공 사실을 부인하는 것을 방지하는 것이다. 예를 들어 A가 B에게 100만원을 지불한다고 보낸 메시지를 나중에 A가 그런 메시지를 보낸 적이 없다고 부인하는 경우에는 A의 기록을 유지하여 발신 사실을 부인하지 못하도록 해야 한다. 따라서 부인 방지는 이미 성립된 거래에 대하여 부당한 번복을 방지하기 위한 기능으로서 송신 부인방지와 수신 부인방지로 구분된다.

5) 익명성

익명성(anonymity)이란 정보 제공자의 신원을 제3자가 알 수 없는 상태를 말한다. 전자상거래에서 소비자의 개인 정보와 익명성이 보장되지 않는 결제 시스템을 사용하면, 정보가 유출되어 개인의 프라이버시가 침해될 염려가 있다.

3. 보안 기술

컴퓨터와 관련한 보안을 시스템 보안, 운영체제 보안, 데이터베이스 보안으로 구분하여 살펴보기로 한다.[1]

1) www.mk.co.kr, IT강좌, security 개론.

1) 시스템 보안

시스템 보안은 정보 시스템의 구성 요소에 따라 분류한 보안시스템 구조이며, 통신망 보안, 서버 보안, 애플리케이션 보안 등으로 나눌 수 있다.

(1) 통신망 보안

통신망 보안은 인터넷과 같은 개방형 네트워크(open network)에서 외부의 침입자나 공격자로부터 전송 자료와 내부시스템 자원을 보호하기 위한 것이다. 안전한 통신망 보안을 위해서는 다음과 같은 기능들이 제공되어야 한다.

① 신원 증명과 인증(identification and authentication)

사용자의 ID와 패스워드를 통하여 접근하고자 하는 사용자가 허용 가능한 사용자임을 확인할 수 있어야 한다.

② 접근 통제(access control)

인증되지 않은 통신망 사용자의 접근을 차단하고 인증된 사용자에 한하여 접근을 허가해야 한다.

③ 정보의 무결성(integrity)

정보가 전달되는 도중에 타인에 의해서 변조되지 않고 그대로 전송되었음을 보장할 수 있어야 한다.

④ 정보의 비밀성(confidentiality)

정보의 내용이 전달되는 도중에 외부로 유출되지 않고 그대로 전송되어야 한다.

⑤ 감사와 추적(auditing and tracing)

네트워크 사용 정보를 저장해 두었다가 나중에 감사 및 사고 발생시에 증거로 활용할 수 있어야 한다.

⑥ 보안 관리(security management)

네트워크 보안에 대한 현황 파악 및 경향 분석이 가능하도록 하며, 시스템에 대한 가동 현황을 정기적으로 관리자에게 보고하는 기능이 제공되어야 한다.

(2) 서버 보안

서버 보안이란 일반 컴퓨터가 아닌 여러 개의 컴퓨터들이 접속하여 사용하는 서버에 대한 보안을 말한다. 서버는 일반 컴퓨터와는 달리 분산 환경 하에서 여러 사용자들이 수시로 접속하여 이용하기 때문에 불법적인 침입자에 대한 감시가 더욱 필요하다. 즉, 분산된 사용자의 접근이 가능하고, 데이터도 분산되어 저장되며, 다양한 운영 체제와 여러 가지 하드웨어 플랫폼이 결합되므로 운영 체제가 자체적으로 제공해 주고 있는 보안 기능만으로는 부족하다. 따라서 각 서버 단위의 개별적이고 강력한 보안이 요구된다.

서버 보안을 유지하기 위해서는 다음과 같은 기능이 제공되어야 한다.

① 인증(authentication)

서버에 접근하는 사용자에 대한 신원 증명 및 인증을 실시해야 한다. 즉, 서버에 접근해 오는 사용자가 등록을 마쳤는지의 여부를 확인하여 "이용을 허가받은 당사자이다"라는 사실을 인증하는 것이다.

② 권한 부여(authorization)

인증된 사용자가 접근할 수 있는 영역 및 기능을 정의하고, 허가 받지 않은 영역에 대해서는 제한을 해야 한다.

③ 감사(auditing)

시스템에 저장된 정보를 바탕으로 허가 받지 않은 사용에 대한 감사를 실시해야 한다.

④ 관리(management)

서버 보안시스템은 파일 접근, 권한 분산, 감사·모니터링, 단순 접속에 대한 허가 및 차단에 대한 관리 기능을 수행해야 한다.

⑤ 모니터링(monitoring)

시스템 사용 내역에 대한 실시간 또는 주기적인 모니터링을 실시해야 한다.

(3) 애플리케이션 보안

애플리케이션 보안(application security)이란 각 컴퓨터에서 사용하는 애플리케이션 단위로 보안을 하는 것을 말한다. 애플리케이션 환경이 클라이언트/서버(client/server) 및 웹 환경으로 이동하면서 인증 및 접근 통제, 비밀성의 유지에 대한 다양한 보안이 요구되고 있다.

애플리케이션 보안의 대표적인 유형을 살펴보면 다음과 같다.

① 토큰 기반의 상호 인증

상호 인증관리 메커니즘을 실행하는 동안 한 개체가 다른 개체에게 보내는 인증 관리 메시지를 토큰(token)이라 한다. 토큰을 이용한 상호 인증은 토큰을 가지고 있는 개체만이 인증을 획득할 수 있도록 하는 방식이다.

② 원타임 패스워드(one time password)

원타임 패스워드(OTP)는 통신을 하는 상대방끼리 하나의 통신 세션에만 사용하는 일회용 패스워드를 말한다. 하나의 키를 사용한 암호문이 많을 경우 이를 분석하여 키를 계산할 가능성이 있으므로 이를 막기 위하여 사용하는 임시적인 키를 말한다.

③ 전송 데이터의 암호화

데이터를 전송할 때 데이터의 비밀성을 유지하기 위해 암호 알고리즘을 사용하여 일반적인 문장인 평문을 암호문으로 변경하여 전달하는 방법이다.

④ 전자서명(digital signature)

일반 문서에 대한 도장이나 서명과 같은 특성을 전자 문서에 전자적으로 기록하는 방법이다. 문서의 내용이나 그 요약을 서명자의 비밀키로 암호화하여 보내면, 수신자는 서명자의 공개키로 복호화하여 문서의 서명자 및 내용을 확인하는 방법이다. 이것은 전자 문서의 위조와 변조 방지 및 서명자 확인을 위해 사용된다.

⑤ 정밀한 접근 통제

정보시스템 상에서 인증 받지 못한 접근을 검출하여 막고, 인증 받은 접근만을 허락하도록 설계된 보안 보호 조치이다. 즉, 하드웨어나 소프트웨어의 특성·운영 절차·관리 절차 및 자동화된 시스템 상에서 인증 받지 못한 접근을 분리하여 이들의 접근을 막고 인증 받은 접근만 허가하도록 설계하는 방법이다. 이것은 여러 방식을 혼합해야 한다.

2) 운영체제 보안

안전한 운영체제(secure operating system)란 컴퓨터 운영체제 상에 내재된 보안상의 결함으로 인하여 발생 가능한 각종 해킹으로부터 시스템을 보호하기 위해 기존의 운영체제 내에 추가로 보안 기능을 통합시킨 운영 체제를 말한다. 안전한 운영체제 보안을 위해서는 다음과 같은 기능이 제공되어야 한다.

① 강제적·임의적 접근 통제

강제적 접근 통제는 보안의 중요성이 부여된 부분에는 보안 관리자의 권한이나 운영체제에 의해 자동으로 접근을 통제하는 방식을 말한다. 이에 반해 임의적 접근 통제란 사전에 보안 정책 등에 의해 사용자에게 합법적으로 부여된 한도 내의 재량권을 이용하여 접근을 통제하는 방식이다.

② 객체 재사용 보호

재할당된 메모리, 프로세서 레지스터 등의 저장 매체에는 과거 사용자의 데이터가 남아 있을 수 있다. 따라서 보안 운영체제는 저장 매체를 재할당할 때 모든 기억장치 공간을 지워야 한다.

③ 신원 식별 및 인증

접근 통제가 사용자의 신분 확인으로 이루어지므로 신원 식별 및 인증을 엄격하게 요구하여 보안을 유지해야 한다.

④ 안전한 경로

패스워드 설정 및 접근 허용 변경 등과 같은 보안 관련 작업을 수행할 때 사용자는 안전한 통신을 원한다. 따라서, 보안 운영체제는 안전한 경로를 반드시 제공해 주어야 한다.

⑤ 침입 탐지

운영 체제는 보안 유지를 위해 침입 탐지 기능을 자체적으로 제공하여야 한다.

3) 데이터베이스 보안

데이터베이스 보안은 데이터베이스에 저장되어 있는 데이터에 대한 허가 받지 않은 접근, 의도적인 데이터 변경과 파괴, 그리고 데이터의 일관성을 저해하는 우발적인 사고 등으로부터 데이터 혹은 데이터베이스를 보호하는 것이다.

데이터베이스 보안은 다음과 같은 기능이 요구된다.

① 감사 기능

다양한 응용 처리에서 데이터베이스에 대한 모든 접근의 감사 기록을 생성하여야 한다.

② 데이터베이스의 무결성 보장

허가되지 않은 접근, 저장된 데이터를 손상시킬 수 있는 시스템 오류, 고장 등으로부터 데이터베이스를 보호해야 한다.

③ 데이터 운영의 무결성 보장

동시에 여러 작업을 처리하더라도 데이터베이스의 데이터에 대한 논리적 일관성을 보장해야 한다. 서로 다른 거래가 같은 데이터에 동시 접근한다 해도 데이터의 일관성이 손상되지 않도록 잠김(locking) 기법 등을 이용하여 제어해야 한다.

④ 데이터의 의미적 무결성 보장

변경된 데이터에 대한 논리적 일관성을 보장해야 한다.

⑤ 부적절한 접근 통제

데이터베이스를 보호하기 위해 승인된 사용자에게만 접근 권한을 부여하고, 데이터베이스관리시스템(database management system)의 검사를 거치도록 한다.

⑥ 비밀 데이터의 관리 및 보호

데이터베이스 내부에는 외부에 공개되어서는 안될 비밀 데이터가 포함되어 있을 수 있다. 따라서 이런 데이터에 대해서는 각별한 주의를 기울여 비밀성을 유지해야 한다.

⑦ 사용자 인증

데이터베이스 보안에서는 운영체제 보안보다 더 엄격한 사용자 인증을 통해 보안을 유지해야 한다.

⑧ 제한(confinement)

시스템 프로그램들 사이에 바람직하지 못한 정보 전송을 방지하는 것이다.

⑨ 추론 방지

사용자가 통계적인 데이터 값으로부터 개별적인 데이터 항목에 대한 정보를 추론하지 못하도록 해야 한다.

4. 인터넷 보안 프로토콜

인터넷에서 보안을 유지하기 위해 여러 가지 프로토콜들이 개발되었다. 그 중에서 대표적인 프로토콜을 살펴보기로 한다.

(1) SHTTP

SHTTP(secure hypertext transfer protocol)는 1994년에 EIT(Enterprise Integration Technologies)에서 HTTP의 개선된 보안 버전으로 개발한 프로토콜이다. 즉, SHTTP는 월드와이드웹 상의 파일들이 안전하게 교환될 수 있게 해주는 HTTP의 확장판이다.

SHTTP는 OSI 7계층 중 응용계층에서의 메시지 암호화를 통해 안전성을 보장해 주며, RSA 공개키 암호 방식을 이용하여 서버와 클라이언트가 공유해야 할 정보를 암호화하여 전송하는데 이용한다. 이 프로토콜은 AOL · IBM · 넷스케이프 · Prodigy 그리고 Spyglass 등이 S-HTTP를 지원한다. 그리고 새로 나오는 브라우저들은 SSL과 S-HTTP를 모두 지원한다.

(2) SSL

SSL(secure sockets layers)은 월드 와이드 웹(WWW) 브라우저와 서버 간에 데이터를 안전하게 주고받기 위한 표준 프로토콜이다. 암호화된 편지를 봉투에 넣어 보내는 것과 같이 메시지를 암호화하여 전송하는 안전한 채널 역할을 한다. RAS 데이터 시큐리티社의 암호 기술을 이용하여 넷스케이프 커뮤니케이션社에서 개발하였고, 마이크로소프사 등 주요 웹 제품 업체가 채택하고 있다.

2 방화벽

1. 방화벽의 개념

방화벽(firewall)이란 외부로부터 내부를 보호하기 위한 네트워크 구성 요소 중의 하나로서 불법 침입으로부터 내부의 정보원은 보호하고, 외부로부터의 유해한 정보 유입을 차단하는 하드웨어와 소프트웨어를 총칭하는 것이다. 방화벽은 기업이나 조직 내부의 네트워크와 인터넷간에 전송되는 정보를 선별하여 수용·거부·수정하는 능력을 가진 보안시스템을 말한다.

방화벽은 모든 정보가 컴퓨터에 저장되고, 컴퓨터 환경도 다양하고 복잡해지면서 정보를 보호하는 일이 급선무로 떠오르자 이에 대한 대책으로 개발되었다. 따라서 전용 통신망에 불법 사용자들이 접근하여 컴퓨터 자원을 사용 또는 교란하거나 중요한 정보들을 불법으로 외부에 유출하는 행위를 방지하는 것이 목적이다.

그림 12-1 방화벽

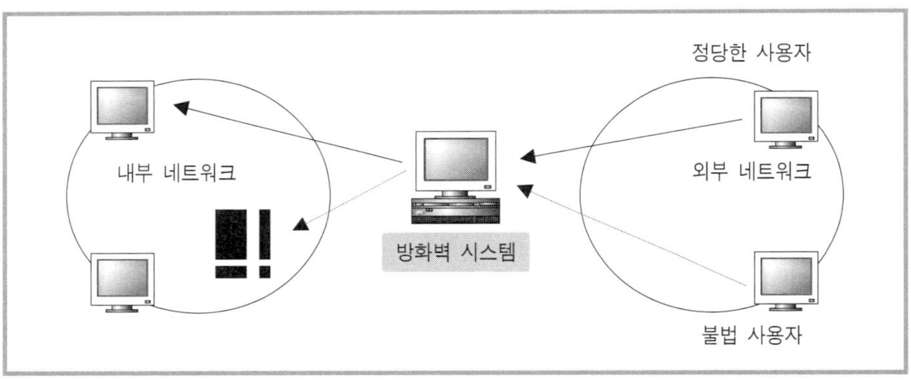

〈그림 12-1〉에서 보는바와 같이 방화벽은 허가된 사용자 이외에는 접근 자체를 차단하는 것으로서 정보 통신망의 불법 접근을 방지할 수 있는 효과적인 대책이다.

2. 방화벽의 종류

(1) 패킷필터링 방식

패킷필터링 방식(packet filtering method)은 방화벽에서 IP패킷의 헤더 정보를 토대로 중계를 제어하는 방식이다. 이 방식은 OSI 모델 중 네트워크 계층(IP 프로토콜)과 전송계층(TCP 프로토콜)에서 패킷 출발지와 목적지 IP의 주소 정보·각 서비스의 포트(port)번호·TCP Sync 비트를 이용하여 접속 제어를 한다.

이 방화벽의 장점은 방화벽 기능이 OSI 7모델의 제3계층과 제4계층에서 처리되기 때문에 다른 방식에 비해 처리 속도가 빠르며, 사용자에게 투명성을 제공하는 것이다. 또한 기존에 사용하고 있는 응용 서비스 및 새로운 서비스와 쉽게 연동할 수 있는 유연성이 있다.

그러나 TCP/IP 프로토콜은 구조적인 문제 때문에 TCP/IP 패킷의 헤더를 쉽게 조작할 수 있다. 따라서 외부 침입자가 이러한 패킷의 정보를 조작한다면 내부 시스템과 외부 시스템이 쉽게 연결되는 단점이 있다.

(2) 애플리케이션 방식

애플리케이션 게이트웨이는 OSI 7계층의 애플리케이션 계층에 방화벽 기능이 들어있다. 이 방식은 각 서비스별 프록시(proxy)를 이용하여 패킷필터링 방식처럼 IP 주소 및 TCP 포트에 네트워크 접근제어를 할 수 있으며, 추가적으로 사용자 인증 및 파일 전송시 바이러스 검색기능과 같은 기타 부가적인 서비스도 지원한다. 프록시(proxy)는 클라이언트와 서버 사이에 존재하면서 그 접속을 관리하며, 이미 접속된 연결에 대해서는 데이터 전달을 위한 전달자로서의 기능을 한다.

이 방화벽은 내부 시스템과 외부 시스템간에 방화벽의 프록시를 통해서만 연결이 허용되고 직접 연결(IP connection)은 허용되지 않기 때문에 외부에 대한 내부망의 완벽한 경계선 방어 및 내부의 IP 주소를 숨길 수 있다. 따라서 패킷 필터링 기능의 방화벽보다 보안성이 뛰어나다. 단점은 트래픽(traffic)이 OSI 7계층에서 처리되기 때문에 다른 방식과 비교해 볼 때 방화벽의 성능이 떨어지며 또한 일부 서비스에 대해서는 사용자에게 투명한 서비스를 제공하기 어렵다는 것이다.

(3) 서킷 게이트웨이

서킷 게이트웨이(circuit gateway)는 OSI 네트워크 모델의 5계층에서 7계층 사이에 존재하며, 애플리케이션 게이트웨이와는 달리 각 서비스별로 프록시가 존재하는 것이 아니고 어느 애플리케이션도 이용할 수 있는 일반적인 프록시가 존재한다. 방화벽을 통해 내부 시스템으로 접속하기 위해서는 먼저 클라이언트측에 서킷 프록시를 인식할 수 있는 수정된 클라이언트 프로그램이 필요하다. 따라서 수정된 클라이언트 프로그램이 설치되어 있는 클라이언트만 서킷(circuit) 형성이 가능하다.

이 방화벽의 장점은 내부의 IP 주소를 숨길 수 있으며, 수정된 클라이언트 프로그램이 설치된 사용자에게 투명한 서비스를 제공할 수 있다는 것이다. 단점은 방화벽에 접속하기 위해서는 서킷 게이트웨이를 인식할 수 있는 수정된 클라이언트 프로그램이 필요하다는 것이다.

(4) 하이브리드 방화벽

하이브리드(hybrid)란 서로 다른 2개의 기술이나 시스템이 결합된 것을 의미한다. 따라서 하이브리드 방화벽은 여러 유형의 방화벽들을 필요에 따라 복합적으로 구성할 수 있다. 이 방화벽은 서비스의 종류에 따라서 사용자의 편의성과 보안성 등을 고려한 방화벽 기능을 선택적으로 부여할 수 있지만 구축 및 관리하는데 어려움이 따를 수 있다.

3. 침입탐지시스템

침입탐지시스템(intrusion detection system)은 방화벽과 함께 사용되는 네트워크 보안 솔루션이며, 차세대 보안 솔루션이라고 할 수 있다. 방화벽이 일정한 자격을 갖추지 않은 사용자나 데이터 접근을 사전에 방지하는 기능을 한다면, 침입탐지시스템(IDS)은 침입 행동을 실시간으로 감지하여 제어할 수 있는 기능을 한다.

외부 침입에 의해 방화벽이 해킹되었더라도 침입 사실을 탐지해 피해를 최소화 할 수 있고, 네트워크 관리자가 없더라도 시스템 내부에서 자체적으로 대응할 수 있다. 따라서 침입방지시스템은 외부 보안보다는 내부 보안이 강조되는 데이터통신 업체나 학교 등에서 주로 사용한다.

그림 12-2 침입탐지시스템

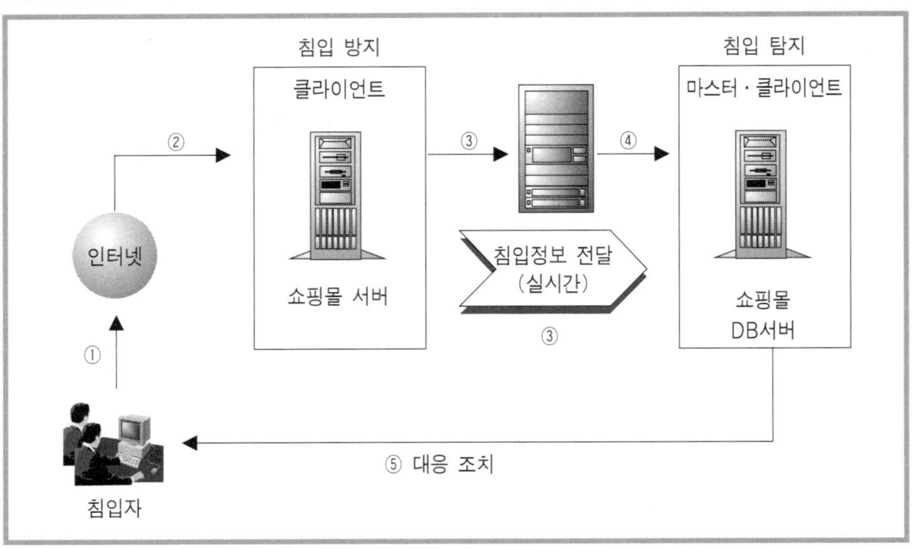

3 암호화 기술

1. 암호의 개념

암호(code, password)는 자료 변환에 기반을 둔 수학의 한 분야로서 비밀을 보호하기 위해 정해진 사람들만이 알 수 있도록 개발된 일종의 언어라고 할 수 있다. 암호는 만들어진 그 순간부터 정보를 보호하는 중요한 수단으로 사용되었다. 따라서 기밀을 유지하는 것이 가장 중요한 군대가 전쟁시에 사용하기 시작하였으며, 오늘날에는 컴퓨터 보안의 광범위한 분야에서 사용되고 있다. 특히, 인터넷 네트워크를 통해서 데이터를 주고받을 때 데이터 자체에 대한 보안을 유지하기 위해 암호를 사용하고 있다.

오늘날 정보가 자산으로 인식되고, 그 중요성이 나날이 증가함에 따라 네트워크를 통해 중요한 정보를 보관하거나 다른 사람에게 전달할 때 내용이 외부에 노출되지 않아야 한다. 이러한 필요성 때문에 많은 분야에서 암호화 기술이 사용되고 있다. 전통적인 암호는 주로 자료의 보안 유지에 초점이 맞추어졌으나, 현대의 암호는 자료의 기밀성과 무결성·전자서명·사용자 인증 등의 서비스를 제공하는데 초점이 맞추어져 있다.

그렇다면 해독이 어려운 암호 시스템은 어떤 특성을 가져야 하는가? 안전한 암호 시스템은 전달해야 할 평문(plaintext or cleartext)의 정보를 암호문 전체에 골고루 분산시켜야 한다. 이렇게 평문의 각 사용문자에 대한 정보가 암호문 전체에 분산되는 특성을 확산(diffusion)이라고 하는데, 확산의 정도가 커질수록 암호 해독자는 더 많은 양의 암호문을 필요로 하기 때문에 암호문을 해독하는데 더 많은 시간과 노력이 필요하게 된다.

다음으로 암호 해독자가 평문의 문자와 암호문의 문자 사이의 대응 관계를 알 수 없도록 해야 하는데, 이런 특성을 혼돈(confusion)이라고 한다. 혼돈과 확산의 함수 자체는 암호학적으로 약한 함수지만, 여러 회 반복 사용하면 암호학적으로 강한 함수를 구성할 수 있다. 따라서 암호화와 복호화는 쉽고 빠르면서 해독이 어려울수록 좋은 암호 시스템이라 할 수 있다.

2. 암호 알고리즘

암호화(encryption)는 중요한 정보의 보안을 유지하기 위해 그 정보를 특정한 규칙에 따라 변형하여 저장하고, 해독 방법을 모르면 그 정보의 내용을 알 수 없도록 하는 것이다. 즉, 암호화되지 않은 평문(original data)을 암호문(scrambled data)으로 변환하는 것을 말한다. 암호문을 다시 평문으로 변환하는 것은 복호화(decryption)라고 한다.

암호화는 원래의 자료(평문)와 암호화 시키는 키(key) 그리고 암호화된 암호문과 원래의 자료로 복원시키는 키로 구성된다.

〈그림 12-3〉은 암호화 되지 않은 상태의 평문을 암호문으로 만드는 암호화 과정과 역으로 암호문을 평문으로 변화시키는 복호화 과정 그리고 암호화와 복호화 과정에서 사용되는 암호화 키의 관계를 나타낸 것이다.

그림 12-3 암호화 과정

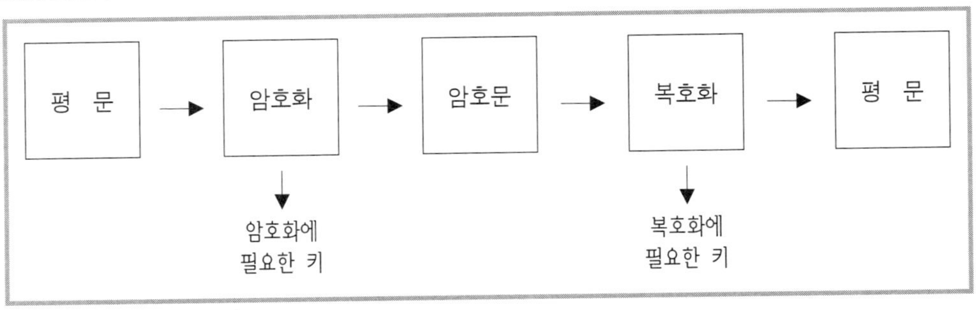

암호화 기술은 평문(original data)을 암호화하는 알고리즘을 보낼 데이터에 직접 적용하는 암호알고리즘 방식과 데이터를 주고받을 때 사용하는 하나의 규약 같은 프로토콜에 암호화 기능을 추가하는 암호프로토콜 방식으로 나눌 수 있다.

암호 알고리즘은 블록 암호와 스트림 암호를 포함하는 대칭키 알고리즘과 암호화 키와 복호화 키가 서로 다른 공개키 알고리즘으로 다시 구분할 수 있다.[2] 그리고 암호 프로토콜은 신원 증명과 인증, 전자서명이 포함되는 기본 암호 프로토콜과 요즘 새롭게 등장하고 있는 전자 화폐, 전자 결제, 전자 선거 등을 포함하는 발전된 암호 알고리즘으로 나눌 수 있다.

암호 알고리즘은 암호화와 복호화에 따른 키의 특성에 따라 대칭키 암호화와 비대칭형 암호화 그리고 공개키 암호화로 구분할 수 있다.

1) 대칭키 암호화

대칭키 암호화(symmetric encryption) 방식은 암호화할 때 사용한 키와 암호를 해석(복호

2) 블록 암호알고리즘은 고정된 크기의 입력 블록을 고정된 크기의 출력 블록으로 변경하는 암호알고리즘에 의해 암호화 및 복호화 하는 방법이다. 스트림 암호알고리즘은 이진화된(binary) 평문과 키 이진수열을 배타적 논리합(eXclusive-OR)이라는 비트 단위의 이진 연산으로 결합하여 암호문을 생성하는 방식이다. 각각의 알고리즘에 대한 자세한 설명은 너무 수학적인 내용이므로 여기서는 생략한다.

화)할 때 사용하는 키가 같은 암호화 방식을 말한다. 즉, 암호키로부터 복호키를 계산해 낼 수 있거나 반대로 복호키로부터 암호키를 계산해 낼 수 있는 암호화 알고리즘이다.

그림 12-4 대칭키 암호화 방식

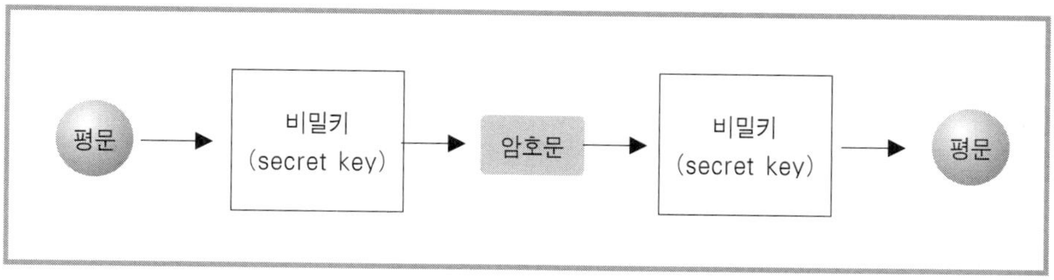

대칭키 암호화는 대칭키를 가진 사람들에 의해 비밀이 지켜질 때 효과적이다. 만일, 다른 사람이 그 키를 알게 되면 기밀성과 인증에 영향을 미친다. 즉, 비인가자가 메시지를 해독할 수도 있고, 또한 새로운 메시지를 암호화하여 보낼 수도 있다.

이 방법의 장점은 암호화와 복호화가 빠르다는 점과 다양한 암호화 기법이 개발되어 있는 점이다. 그러나 이 방법의 단점은 사용자가 복수일 때는 키를 공유하여야 한다는 점과 키 자체를 상대방에게 안전하게 보내는 것이 어렵다는 것이다.

왜냐하면, 56비트의 암호화 기술도 12초 정도면 해독할 수 있는 계산 결과가 발표되기도 하므로 대칭형 암호기술의 경우에는 최소한 100비트 이상의 키 길이를 갖는 암호 기술을 사용해야 안전하다는 결론을 얻을 수 있다.

대칭키 암호화 방식에는 미국의 암호 표준인 DES와 현재 세계적으로 인정받고 있는 IDEA · SSL에 사용되는 RC4 등과 미국의 국가보안국(national security agency)에서 개발한 스킵잭(Skipjack) 알고리즘도 여기에 포함된다.

2) 비대칭형 암호화

비대칭형 암호화(asymmetric encryption) 방식은 평문을 암호화할 때 사용하는 키와 복호화할 때 사용하는 키가 서로 다른 암호화 방법을 말한다. 이 방법은 키가 쌍으로 존재하기 때문에 한 쪽으로 암호화 하면 다른 키로만 복호화가 가능하다.

일반적으로 비대칭형 암호화 시스템을 이용할 때 두 개의 키 가운데 하나는 일반에게 공개하고, 나머지 하나는 자신이 보관한다. 이 때 일반에게 공개된 키를 공개키(public key)라 하고, 자신이 가지고 있는 키를 개인키(private key)라고 한다. 이 방법은 키의 공유 문제를 해결하기 위해서 만들어진 방법으로 Differ-Hellman Key Exchange 메커니즘과 소인수분해 방법을 이용한 RSA(Rivest, Shamir, Adleman)가 대표적이다.

3) 공개키 암호화

공개 키 암호화(public-key cryptosystem) 방식은 통신자 각자가 개인키(private key)와 공개키(public key)라고 부르는 쌍의 키를 생성하여 둘 중의 한 키로 암호화하고, 다른 키로는 복호화 하는 비대칭형 암호방식에 해당하는 암호화 방식이다.

이 방법을 사용하면, 통신자의 개인키는 본인이 안전하게 보관하고, 공개키는 공인 인증기관이 보관한다. 즉, 특정인에게 암호화된 메시지를 보낼 때에는 상대방의 공개키를 이용하여 암호화 하여 보내고, 수신인은 자신이 안전하게 보관하고 있는 개인키를 이용하여 메시지를 복호화하게 된다.

그림 12-5 공개키 암호화 방식

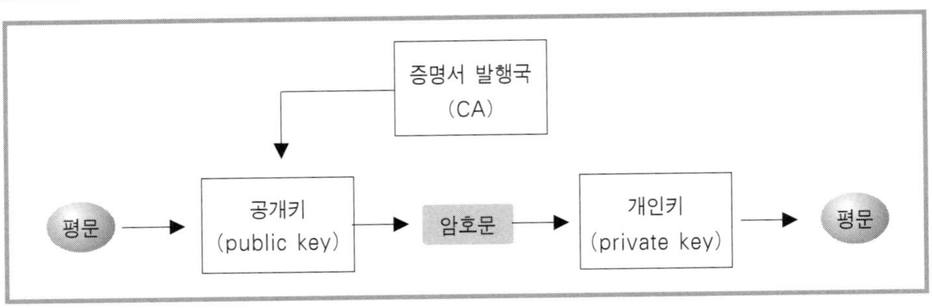

공개키 암호화 방법에서는 암호키와 복호키가 서로 다르기 때문에 암호키로부터 복호키를 계산해 낼 수가 없으며, 암호키가 공개되어도 문제가 없다. 누구나 암호키를 이용하여 어떤 내용을 암호화할 수 있지만 오직 해당 복호키를 가진 사람만이 그 암호문을 복호화할 수 있다. 그렇기 때문에 이 알고리즘에서는 암호키를 공개키라고 하며, 복호키를 개인키(private key)라고 부른다. 대칭형 방식에서 키를 비밀키(secret key)라고 부르는 것과 구별된다.

〈그림 12-5〉에서 보는바와 같이 공개키로 암호화된 평문은 오직 개인키만으로 복호화될 수 있다. 이 방법은 전자서명에 주로 사용된다. 전자서명은 어떤 사람이 그 문서를 작성했다는 것을 증빙하는 방법이다. 전자서명을 하기 위해서는 어떤 문서에 그 문서를 자신의 개인키로 암호화해서 첨부를 해야 된다. 이렇게 암호화 된 것은 공개키에 의해서 복호화 되어 원문과 비교할 수 있다. 그러므로 이 방법을 사용하면 어떤 사람이 서명했다는 것을 알 수 있다.

공개키 암호화 방식의 장점은 키를 상대방에게 보낼 때 안전하다는 점과 정보의 기밀 유지가 쉽다는 점이다. 단점으로는 암호화와 복호화 속도가 대칭키 방식에 비해 매우 느리다는 점과 많은 양의 자료를 암호화하고 복호화 하기가 불편하다는 것이다.

공개키 알고리즘에는 SSL(Secure Sockets Layer) · 타원 곡선을 이용한 ECC(Elliptic Curve Cryptography) · 루카스(Lucas) 수열을 이용한 LUC 방식 등이 있다.

대칭키 방식과 공개키 방식을 비교하면 속도와 안전성에서는 대칭키 방식이 유리하지만 대칭키 방식은 전자서명이 불가능하다는 단점을 가지고 있다. 〈표 12-6〉과 두 방식을 비교한 것이다.

표 12-1 대칭키 방식과 공개키 방식의 비교

구 분	대칭키 방식	공개키 방식
키 분배	비 밀	공 개
속 도	빠르다	느리다
전자서명	불가능	가 능
사용 방법	메시지를 암호화	키 분배, 해쉬함수를 이용한 전자서명

4 전자서명과 인증

1. 전자서명

전자상거래는 보이지 않는 네트워크를 통해 이루어지므로 상대방을 정확히 파악할 수 없다. 뿐만 아니라 네트워크 환경하에서는 불법 행위가 충분히 이루어질 수 있으므로 상대방의 신분을 확인할 수 있는 기술이 필요한데, 이 때 사용하는 메카니즘이 전자서명이다. 전자서명은 문서나 메시지를 보낸 사람의 신원이 사실임을 증명하기 위해 사용되는 서명이다. 이것은 또한 전달된 메시지나 문서의 원래 내용이 변조되지 않았다는 것을 보증하기 위해 사용될 수도 있다.

전자서명은 크게 두 가지 의미로 나눌 수 있다. 첫 번째는 넓은 의미의 전자서명(electric signature)을 말하고, 둘째는 좁은 의미의 전자서명으로 디지털서명(digital signature)을 말한다.

표 12-2 전자서명과 디지털서명의 비교

구 분	전자서명	디지털서명
방 법	전자 펜을 이용한 수기 서명	비대칭형 암호기술을 이용
서명자 인증	불만족	만 족
위조 불가	불만족	만 족
변경 불가	불만족	만 족
부인 불가	불만족	만 족

넓은 의미의 전자서명(electric signature)은 전자 펜을 이용하여 수기(手記)로 서명한 것을 사용하는 방법으로서 시각적 방법으로 서명의 진위를 확인하기 때문에 위조의 위험이 따른다. 좁은 의미의 디지털서명(digital signature)은 공개키 암호화 기술을 사용한 것으로서 사용자는 전자서명키를 사용하여 메시지를 암호화한 후 그 결과를 수신자에게 보낸다. 수신자는 송신자가 제공하는 전자서명 검증키를 사용하여 메시지를 확인한 후 메시지를 접수한다.

전자상거래를 할 때 발신자는 수신자의 공개키로 메시지를 암호화하고, 자신의 비밀키로 메시지에 전자서명을 한다. 그러면 수신자는 자신의 비밀키로 메시지를 복호화하여 발신자의 공개키로 서명된 메시지를 검증하는 것이다.

전자상거래를 할 때 발신자는 수신자의 공개키로 메시지를 암호화하고, 자신의 비밀키로 메시지에 전자서명을 한다. 그러면 수신자는 자신의 비밀키로 메시지를 복호화하여 발신자의 공개키로 서명된 메시지를 검증하는 것이다.

그리고 전자서명이 유효하기 위해서는 다음과 같은 요구 사항들이 만족되어야 한다.

① 위조 불가(unforgeable)
  합법적인 서명자만이 전자서명을 생성할 수 있어야 한다.

② 서명자 인증(user authentication)
  전자서명의 서명자를 불특정 다수가 검증할 수 있어야 한다.

③ 부인 방지(non-repudiation)
  서명자는 서명 행위 이후에 서명한 사실을 부인할 수 없어야 한다.

④ 변경 불가(unalterable)
  서명한 문서의 내용을 변경할 수 없어야 한다.

⑤ 재사용 불가(not reusable)
  전자 문서의 서명을 다른 전자문서의 서명으로 사용할 수 없어야 한다.

2. 인증 절차

전자서명을 사용하려는 당사자는 먼저 자신의 전자서명 키를 쌍으로 생성하고, 다시 공개키를 인증서 발급 요청서와 함께 인증기관에 보내면, 인증기관은 보내 온 공개키와 사용자 정보를 검토한 후 인증서를 발급해 준다. 이 때 발급된 공개키 인증서는 모든 당사자가 이용할 수 있도록 인증기관의 저장소나 디렉토리 서버에 등록된다.

전자서명된 문서를 검증하려면, 인증기관의 저장소 또는 디렉토리 서버에서 전송자의 인증서를 다운로드(download) 받아 전자서명을 검증하면 된다.

표 12-3 비밀키 · 공개키 · 인증서의 생성자와 저장

구 분	생성자	저장소
비밀키(전자서명 생성키)	당사자	사용자의 Local File
공개키(전자서명 검증키)	당사자	인증서
인증서	인증기관	사용자의 Local File 인증기관의 디렉토리 서버

1) 전자서명의 생성

전자문서를 보내는 사람은 자신의 비밀키와 보내고자 하는 전자문서를 전자서명 생성프로그램을 이용하여 생성시킨 후 전자문서와 공개키가 있는 인증서를 함께 보내야 한다. 전자서명을 생성하는 절차는 〈그림 12-6〉과 같다.

그림 12-6 전자서명 생성 과정

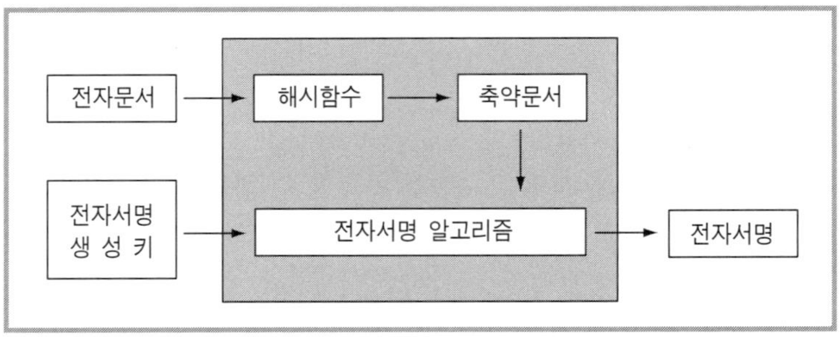

2) 전자서명의 검증

전자서명과 함께 보내온 전자문서는 공개키를 사용하여 복호화한 후 비교 검토한다. 전자문서를 전달하는 과정에서 문서가 바뀌었다면, 비교 과정에서 유효하지 않는 것으로 판정된다. 이 과정의 대부분은 전자서명 검증프로그램에서 해 주기 때문에 수신자는 송신자의 공개키만 인증기관에서 확인 받으면 된다.

그림 12-7 전자서명 검증 과정

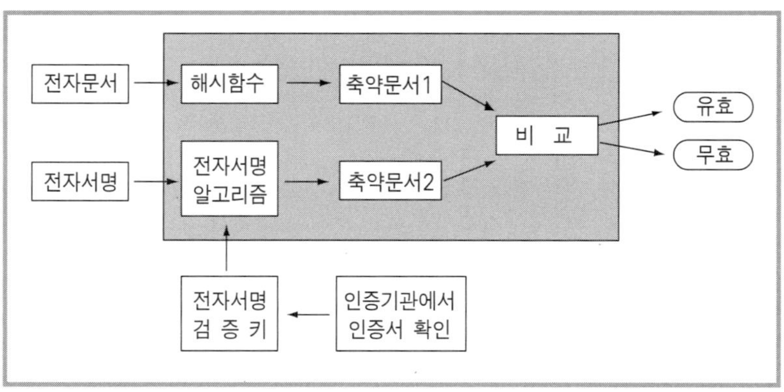

3. 인증서와 인증기관

전자서명을 사용하려는 사용자는 인증기관이 증명하는 인증서를 발급 받아야 한다. 인증서(certificate)는 인증기관이 네트워크상의 사용자가 합법적인 사용자임을 입증하기 위해 발급하는 증명서이다. 인증서에는 공개키와 공개키에 대한 인증기관의 전자서명 뿐 만 아니라 공개키의 소유자, 공개키의 알고리즘, 서명자, 서명 방식 등이 부호화 되어 있다.

그림 12-8 텍스트 형태의 인증서

§ Here is a "human readable" version of the self-signed certificate from the RSA Secure Server Cer tification Authority

```
Certificate Info :
[
Version : V3
SeriaNumber : 1
Signature Algorithm :
Algorithm : MD5/RSA
Parameter : Parameter(null)
Issuer:
국가(C)=KR ;
기관명(0)=einsmir's CA
부서(0U)=crypto center;
광역주소(S)=Seoul;
지역주소(L)=26, 3ga, Pill-dong, Chung-gu;
이름(CN)=einsmir;
전자우편주소(EmailAddress)=einsmir@cyberRSA.co.kr;
Validity: [From: 1999년06월02일20시02분],
[To: 2000년06월02일20시02분]
Subject:
국가(C)=KR;
기관명(0)=crber RSA crypto center;
부서명(0U)=crypto;
광역주소(S)=경기도 부천시;
지역주소(L)=소사구 범박동;
이름(CN)=홍창수
전자우편주소(EmailAddress)=einsmir@hotmail.com;
SubjectPublicKeyInfo: algorithm=
Algorithm: RSA
Parameter: Parameter(null),
Publickey(unparsed keybits)=
30:48:02:41:00:a0:7a:d9:65:3a:30:fd:05:81:55:a6:7a:af:9a:ff:
01:96:62:18:04:4b:20:8f:c6:ec:9e:f2:f7:da:21:0f:52:70:02:b8:
8e:b3:b3:7c:56:3e:ac:eb:6d:9c:5d:87:9c:45:5f:9f:a7:90:3c:d1:
61:ee:b1:c4:1a:a4:22:46:7d:02:03:01:00:01
Extensions:
Author ityKey I dentifier [
0xe9 0x97 0xf0 0x9f 0x95 0xa5 0xa2 0xa1 0xae 0x0c 0x1e 0x7a
0x05 0xd3 0x57 0xc8 0x34 0xdb 0x7e 0xbf
]OID: { 2 5 29 35 } non-Critical

SubjectKeyIdentifier [
1e:f2:5d:9e:aa:04:57:ce:2d:18:a7:ef:41:a3:6f:48:e8:2d:83:84

OID: { 2 5 29 14 } non-Critical

PrivateKeyUsagePeriod [ - Fri Jun 02 11:02:13 GMT 2000 ]
OID: { 2 5 29 16 } non-Critical

BasicConstraints:[ END ENTITY(not CA) ]
OID: { 2 5 29 19 } non-Critical

netscape-cert-typ [ S내 client S/MIME(client)]
OID: { 2 16 840 1 113730 1 1 } non-Critical

netscape-base-url [ https://ca.cyberRSA. co.kr/]
OID: { 2 16 840 1 113730 1 2 } non-Critical

netscape-revocation-url [ serviet/CRL?]
OID: { 2 16 840 1 113730 1 3 } non-Critical

netscape-ca-policy-url [ policy/index.html]
```

인증서에는 신원 인증서(identifying certificate)와 자격 인증서(authorizing certificate) 등이 있다. 신원 인증서는 등록자의 이름과 공개키를 통해 본인임을 확인한다. 만일, 성인에게만 판매가 가능한 상품이라면 단순 인증서만으로는 성인임을 확인할 수 없다. 자격 인증서는 등록자의 이름과 공개키 뿐만 아니라 등록자의 주소·나이·특정 단체의 회원 등에 관한 내용도 인증해 준다. 이외에도 특정 거래 사실을 입증하는 거래 인증서와 특정 시점에 전자문서를 작성했다는 것을 입증해 주는 위조 불가능한 전자타임 스탬프(digital time stamp)가 첨부된 인증서도 있다.

인증서의 실제 모습은 〈그림 12-8〉에서 보는바와 같이 일종의 비트 계열로 이루어지며, 인증서와 관련된 발급자(issuer)·사용자(subject)·유효 기간(validate)·사용자의 공개키(public key) 등에 대한 정보가 포함되어 있다.

인증서는 공인된 인증기관에서 발급하며, 인증기관은 거래 당사자임을 확인하고 인증하기 위해 인증서를 발행·갱신·폐지하는 업무를 담당한다. 즉, 인증기관은 인증서를 발급하여 특정 공개키가 누구의 것인지를 보증하는 역할을 한다.

그림 12-9 인증서 발행 절차

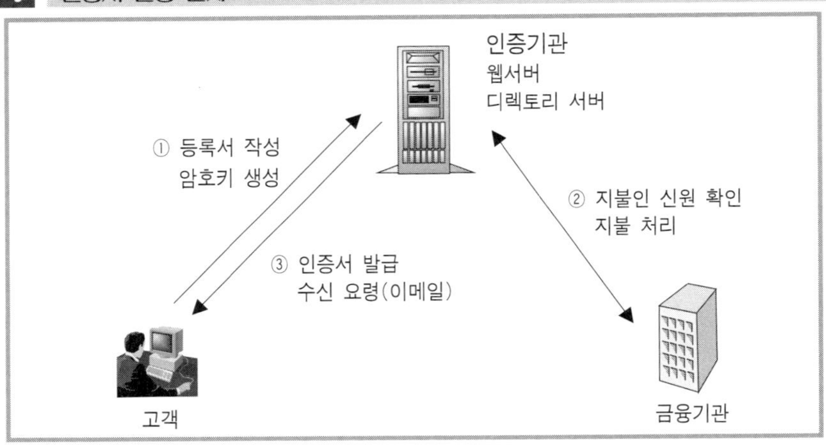

주요 용어

보안	해킹	인증	부인방지
무결성	시스템보안	통신망보안	애플리케이션보안
서버보안	토큰	운영체제	보안프로토콜
SHTTP	SSL	방화벽	프록시
암호	암호알고리즘	대칭키	공개키
암호화	복호화	전자서명	디지털서명
전자펜	인증서	인증기관	신원 인증서
자격 인증서	거래인증서	전자타임스탬프	공인인증기관

제12장 연구과제

① 전자상거래에서 보안은 왜 중요한가?

② 안전한 전자상거래가 이루어지기 위해서는 어떤 보안 원칙들이 지켜져야 하는지 설명하라.

③ 정보보안 기술의 종류를 열거하고, 각각을 설명하라.

④ 방화벽의 개념과 방화벽이 필요한 이유를 설명하라.

⑤ 방화벽의 종류를 열거하고, 각각을 설명하라.

⑥ 방화벽과 침입방지시스템은 어떤 차이점이 있는지 설명하라.

⑦ 암호화란 무엇이며, 어떤 원리를 응용하는가?

⑧ 대칭키 암호화 방식과 공개키 암호화 방식의 개념을 각각 설명하라.

⑨ 해킹의 개념을 설명하고, 그 유형을 조사해 보라

⑩ 전자서명의 개념과 필요성을 설명하라.

⑪ 전자서명과 디지털서명을 비교 설명하라.

⑫ 인터넷상에서 이루어지는 전자상거래의 인증 절차를 설명하라.

⑬ 전자서명의 생성 과정과 검증 과정을 설명하라.

⑭ 인증서란 무엇이며, 어떤 역할을 하는가?

⑮ 우리나라의 전자상거래 공인인증기관을 조사하라.

제 13 장

지원기술

ELECTRONIC COMMERCE

학습 개요

전자상거래가 성공하기 위해서는 통신기술과 정보처리기술에 못지 않게 중요한 것이 지원기술이다. 만약 지원기술이 뒷받침되지 못한다면, 비즈니스로서 성공할 수 없다. 따라서 제13장에서는 전자상거래 성공에 필수적인 전자결제시스템과 에이전트 기술에 대해서 살펴본다.

1 전자결제시스템

1. 전자결제시스템의 필요성

전자결제시스템(electronic payment system)은 인터넷 쇼핑몰에서 물품을 구입한 후 쇼핑몰 운영자에게 대금을 지불하는 시스템을 말한다. 인터넷을 이용하여 상품을 검색하고 주문을 하였더라도 대금 결제가 전자적으로 이루어지지 않는다면 완전한 전자상거래라고 볼 수 없다. 이러한 측면에서 전자결제시스템은 매우 중요하다.

전자상거래에서 주로 사용되는 결제 방법으로는 은행의 지로 방식에 의한 방법과 신용 카드에 의한 방법이 주로 사용되고 있다. 그러나 은행지로 방식은 전자상거래가 네트워크에 의한 상거래라는 점에서 매우 불충분한 방법이라고 할 수 있으며, 신용카드를 사용하는 방식은 보안성의 미비와 신용카드 본래의 기능과 맞지 않는 점이 있다.

그러므로 전자상거래가 안전하게 이루어지기 위해서는 소비자가 인터넷 쇼핑몰에서 물건을 구입한 후 온라인 대금결제 방식 등을 통해 판매자에게 대금을 지불하는 시스템이 필요하다.

그림 13-1 전자상거래와 대금 결제

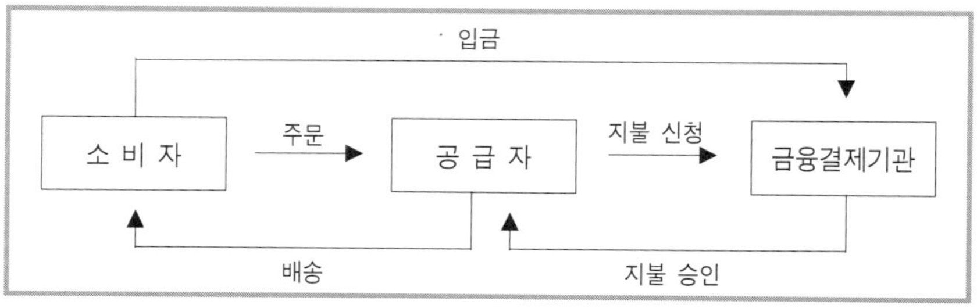

2. 전자결제시스템의 구비 조건

완전한 전자상거래가 이루어지기 위해서는 고객의 대금 지불이 안전하고 편리하게 수행되어야 한다. 이러한 요구에 의해 전자결제시스템은 다음과 같은 조건을 갖추어야 한다.

1) 편리성

신용카드가 없는 소비자는 상품 대금을 은행계좌로 송금할 수 있다. 자신의 신용카드 번호나 은행계좌 번호가 유출될 것을 염려하는 경우에도 같은 방법을 이용한다. 이런 경우에는 은행을 직접 방문해야 하는 불편함이 따른다. 그러므로 전자결제시스템은 네트워크 상에서 직접 지불할 수 있도록 해야 한다.

2) 안전성

기존의 전자상거래 대금결제 방식은 통신망이나 전화를 이용하기 때문에 완벽한 보안을 보장하지 못한다는 문제점을 가지고 있다. 따라서 거래 내용과 신용카드 정보・계좌번호・비밀번호 등의 정보가 유출될 가능성이 크다. 현재 여러 가지 보안 알고리즘이 제안되고 있으나, 실용적인 면과 보안문제 모두를 해결할 수 있는 전자상거래 표준 지불시스템으로 SET를 들 수 있다.

SET(secure electronic transaction)는 인터넷과 같은 개방된 네트워크 상에서 안전하게 결제가 이루어질 수 있도록 보장해 주는 보안 프로토콜이다. SET의 주요 내용은 거래 당사자들이 서로의 신원을 확인할 수 있도록 하는 인증에 관한 내용과 인터넷상에서 주고받는 신용카드 번호나 주문 내역 등을 안전하게 보호하기 위한 암호화 기법 그리고 인증과 암호화를 이용한 지불 절차 등에 관한 것이다.

3) 광범위성

인터넷 쇼핑몰의 대금결제 방식은 주로 신용카드나 은행 계좌를 이용하고 있다. 따라서 신용카드를 사용할 수 없는 계층이나 은행 계좌를 제대로 관리할 수 없는 청소년들은 사용에 제한을 받을 수밖에 없다. 인터넷 쇼핑몰을 이용한 전자상거래가 더욱 더 발전하기 위해서는 사용자와 사용 방법에 제한이 없는 광범위한 전자결제시스템을 제공해야 한다.

4) 익명성

전자상거래는 가상공간을 이용한 거래이기 때문에 완벽한 안전을 유지하기 힘든 구조적인 문제점이 있다. 따라서 가상 공간에서 일어나는 거래 정보가 불법적으로 유출될 염려가 있다. 전자상거래에서는 사용자의 프라이버시(privacy)를 보호하기 위하여 익명성이 보장되어야 한다.

3. 전자결제시스템의 유형

인터넷을 이용한 전자상거래에는 다양한 형태의 결제 수단이 사용되고 있다, 예를 들어 기업과 소비자간(B2C) 거래에는 〈표 13-1〉과 같은 유형의 결제 수단이 널리 사용되고 있다. 엑세스(access)형은 인터넷을 비롯한 네트워크를 통해 결제를 하는 방식이고, 가치 저장(stored value)형은 화폐 가치를 전자 신호로 저장하였다가 결제에 사용하는 방법을 말한다.

표 13-1 결제 수단의 특징

유형 구분		특 징
엑세스형	계좌이체형	PC통신·인터넷 등을 통해 구매자 구좌에서 판매자 구좌로 대금을 이체
	신용카드형	인터넷을 통해 신용카드 정보를 판매자에게 전달하여 결제(실거래에서의 신용카드 사용과 유사)
	전자수표형	수표에 관한 정보를 네트워크를 통해 송신하여 결제(기존의 수표 거래를 인터넷상에서 구현)
가치저장형 (전자화폐)	IC카드형	화폐 가치를 전자화하여 IC카드에 저장하였다가 지급 수단으로 사용
	네트워크형	화폐 가치를 전자화하여 PC 등에 저장하였다가 인터넷 등의 네트워크를 통해 지급 결제에 사용

자료 : 한국은행

전자상거래에서 주로 사용되고 있는 지불처리 시스템을 설명하면 다음과 같다.

1) 전자화폐

전자화폐를 이용한 지불 방식은 가상 공간에서만 통용되는 새로운 화폐를 발행하여 이용하는 방법으로서, 구매자는 금융기관으로부터 전자화폐를 발급 받아 이를 구입 대금으로 지급하는 방식이다. 전자화폐를 받은 판매자는 이것을 다른 거래에 사용할 수도 있고, 금융기관에 지급을 요청하면 판매자의 계좌에 입금된다.

전자화폐는 현금과 동일한 역할을 함으로써 화폐의 주요 기능인 유통성(circulativity)·범용성(universality)·결제 완료성(finality)·익명성(anonymity) 및 연속적 양도가능성(successive transferability) 등을 지니고 있다. 또한, 원격지간 송금의 불편과 보관 및 수송에 따른 비용 발생 및 도난의 위험성 등을 보완해 주는 기능까지 있다. 그러나 전자화폐는 대량으로 보유하기에는 부적합하기 때문에 비교적 소액의 상품을 구매하는데 유리하다. IC카드형 전자화폐의 사용 절차는 〈그림 13-2〉와 같다.

그림 13-2 IC형 전자화폐의 사용 절차

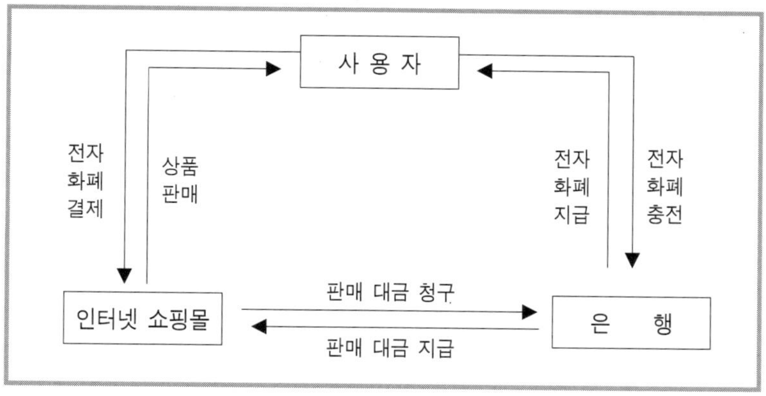

전자화폐시스템은 대금 지불시 사용자와 전자화폐 발급자가 온라인(on-line)으로 연결되어 전자 지불이 이루어지는 방식과 오프라인(off-line)으로 전자 지불이 이루어지는 방식이 있다.[28] 온라인으로 연결되어 있는 대표적인 지불시스템은 1994년 10월부터 이캐시(ecash)라는 전자화폐를 발행하고 있는 네덜란드의 디지캐시(DigiCash)社의 것이다. 이 방식에 따르면, 구매자는 이캐시(ecash) 클라이언트 소프트웨어를 이용하여 은행으로부터 일정한 금액을 인출하여 자신의 컴퓨터에 저장한 후 이용 가능한 쇼핑몰에서 상품이나 서비스를 구입하고 이캐시(ecash)로 지불한다. 판매자가 받은 이캐시(ecash)는 환금성이 있으므로 즉시 현금으로 교환할 수 있다.

표 13-2 전자화폐의 종류

형 태		종 류	개발 주체
전자현금		Ecash	네덜란드 DigiCash
		Cybercoin	CyberCash
		Netcash	미국캘리포니아대학
신용카드 기 반	기 술 력 기반업체	Green Commerce	First Virtual
		CyberCash Wallet	CyberCash
	카드회사	VISA와Mastercard	VISA Mastercard공동합의
전자수표		NetCheque	미국캘리포니아대학
		NetBill	미국카네기멜론대학
		Echeck	미국 FSTC
전자자금이체		Quick Pay	SFNB(CyberBank)

28) 전자화폐는 이용형태와 방법에 따라 네트워크형 화폐, 전자지갑형 화폐, IC카드 등으로 나누기도 한다.

오프라인 전자화폐시스템은 IC칩(integrated circuit chip)이 내장된 플라스틱 카드에 일정한 금액이 전자적 기호(signal)로 저장되어 있어 이를 상품이나 서비스를 구입할 때 사용할 경우 저장된 금액(전자적 기호)이 판매자의 단말기나 전자지갑으로 이전되는 형태의 지급결제 수단을 말한다.

전자화폐 중 IC카드를 이용한 전자지갑형으로는 몬덱스(Mondex)와 프로톤(Proton) 그리고 비자캐시(VisaCash) 등이 있다.

2) 신용카드

신용카드를 이용하는 방법은 신용카드를 결제 수단으로 사용하는 방식이다. 이 방법에는 자체 기술력을 바탕으로 새로운 신용카드를 발급하여 지불을 지원하는 방법과 기존의 비자카드나 마스터카드를 이용하여 신용카드 회사에서 직접 지불을 지원하는 방법으로 구분할 수 있다. 자체 기술력을 바탕으로 새로운 신용카드를 발급하는 방법은 매우 복잡한 절차가 필요하기 때문에 쇼핑몰 운영자가 채택하기는 현실적으로 불가능하다.

기존의 신용카드를 이용하는 방법은 중소 규모의 쇼핑몰 운영자에게 적합한 형태로서 실제로도 가장 많이 사용되며, 다음과 같은 장점이 있다.

그림 13-3 신용카드에 의한 거래 절차

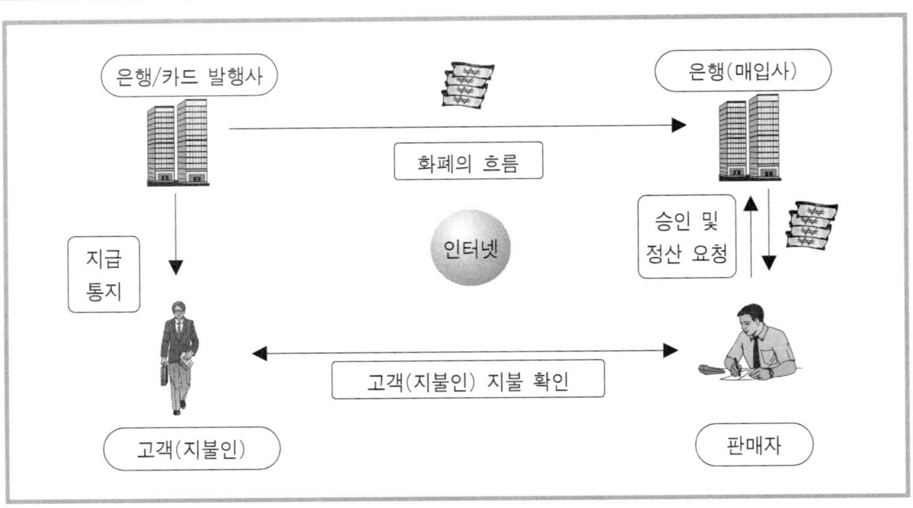

① 신용카드는 이미 전 세계적으로 많이 보급되어 있기 때문에 이를 전자상거래 결제시스템과 연결시킴으로써 쉽게 기반을 구축할 수 있다.

② 고객의 신용 확인을 제3자인 카드회사가 보증하기 때문에 판매자는 안심하고 거래를 진행

할 수 있다.

③ 기존의 신용카드는 법적・제도적 문제가 잘 구비되어 있기 때문에 전자상거래에 도입하더라도 문제가 거의 없다.

그러나 기존의 신용카드를 이용하는 방법은 다음과 같은 단점도 있다.

① 인터넷상에서 일어나는 거래는 소액에서부터 고액에 이르기까지 다양하다. 신용카드를 사용하는 경우 결제처리 비용이 발생하기 때문에 일정한 금액 이상은 사용을 제한하는 경우가 있다.

② 인터넷은 개방형 네트워크이기 때문에 완벽한 보안시스템이 구축되지 않으면 개인 정보가 유출되어 프라이버시(privacy)를 침해하거나 거래가 변조되어 피해를 끼칠 염려가 있다.

③ 청소년이나 신용카드를 발급 받지 못한 사람은 사용할 수 없다.

3) 전자수표

전자수표를 이용하는 방법은 현실 세계에서 사용되고 있는 종이로 된 수표를 인터넷상에서 이용하는 것이다. 전자수표는 금융기관에 신용 계좌를 가지고 있는 사용자로 제한되며, 발행자와 인수자의 신원에 대한 인증을 반드시 거쳐야 한다. 그러므로 여러 가지 보안기법들이 필요하고 이로 인하여 거래 비용이 많이 발생한다. 따라서 전자수표는 상당히 큰 금액의 거래나 기업간 거래의 지불 수단으로 적합하다.

미국 정부가 지원하는 FSTC(financial services technology consortium)에서 추진 중인 이체크(Echeck)도 전자수표를 이용하는 시스템이다. 이 시스템은 서버가 없이 PCMCIA 카드를 이용하여 하드웨어에 서명을 함으로써 사용자간에 전자수표 거래가 이루어진다. 서명카드를 인식하는 장치를 컴퓨터에 설치하고, 거래 은행과 연방준비은행으로부터 공개키 방식의 전자서명을 인증받아 지불이 이루어지는 방법으로서 현재의 은행간 결제 통로를 최대한 활용하는 방법이다.

4) 전자자금이체

이 방법은 기존의 은행계좌 이체방식을 발전시킨 방법으로 대금 결제에 가상은행을 이용하는 것이다. 가상은행(cyber bank)은 물리적인 본점과 지점을 운영하지 않고 웹상에서 운영되는 은행을 말한다. 가상은행을 이용하는 이유는 시간과 공간의 제약이 없는 서비스를 받을 수 있고, 정보처리 비용이 절감되기 때문이다.

그림 13-4 SFNB의 전자자금이체

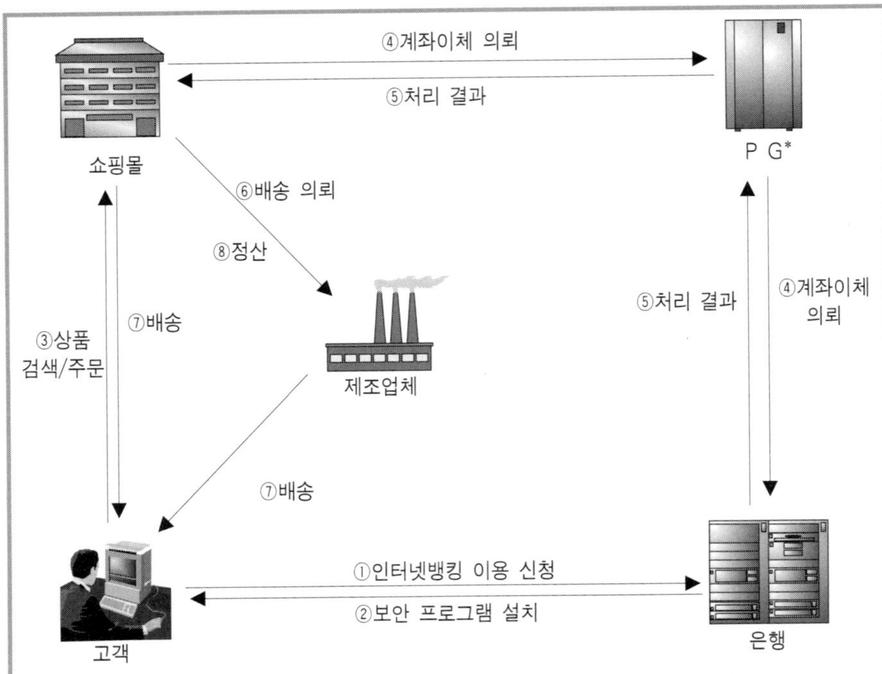

* Payment Gateway : 대금지급 가능 여부 조회 및 지급 요청 중계시스템

최초의 가상은행인 SFNB(security first network bank)에서는 전자자금이체가 〈그림 13-4〉와 같이 이루어지고 있다. 지불 대상과 금액을 입력하면 자금 이체가 즉시 일어나고, 이체 시간을 미리 설정하면 예약 이체도 가능하다.

4. 전자 지불의 장점과 단점

전자화폐를 비롯한 전자 지불은 현금이나 수표와 같은 전통적 결제 수단을 대체하는 새로운 형태의 결제 수단으로서 현금 없는 사회(cashless society)를 지향하는 첨단 결제시스템이다. 이러한 전자 지불의 장점을 소비자 측면과 판매자 측면에서 살펴보면 다음과 같다.

1) 소비자 측면

① 현금을 보유하고 있지 않아도 거래가 가능하다.

② 금융기관 방문에 따른 노력과 비용을 절감할 수 있다.

③ 원격지의 판매자와도 방문 없이 거래가 가능하다.

④ 소프트웨어 상품의 경우 대금 결제와 동시에 구입이 가능하다.
⑤ 자동 이체에 따른 수수료를 절약할 수 있다.

2) 판매자 측면

① 현금 취급 비용을 절감할 수 있다.
② 입금과 출금의 관리가 쉽다.
③ 원격지의 소비자와도 거래가 가능하다.
④ 소프트웨어 상품의 경우 수요 확대가 가능하다.
⑤ 회수불능 채권이 발생하지 않는다.

그러나 전자 지불이 성공적인 결제시스템으로 자리잡기 위해서는 다음과 같은 문제점이 개선되어야 한다.

① 전자 지불이 활성화되고 화폐로서의 보편성을 갖기 위해서는 국제 규격의 표준화가 확립되어야 한다.
② 위조나 변조 및 부정 이용을 방지하기 위한 완벽한 보안 기술을 확보해야 한다.
③ 전자화폐의 도입은 다양한 형태의 사고와 법적 분쟁을 유발할 가능성이 높다. 따라서 이에 대비한 법적·제도적 장치가 필요하다.

2 에이전트 기술

1. 에이전트의 개념과 역할

1) 에이전트의 개념

전자상거래에서 발생하는 대부분의 업무는 인간을 대신한 소프트웨어에 의하여 처리된다. 인간을 대신하여 업무를 수행하기 위해서는 인간과 같은 지능을 가진 소프트웨어가 필요하다. 관리자의 개입이 없어도 정해진 스케줄에 따라 인터넷상에서 정보를 수집하거나 몇몇 다른 서비스를 수행하는 프로그램을 에이전트(agent)라고 한다.

특히, 사용자를 대신하여 업무를 수행하는 소프트웨어를 지능형 에이전트(intelligence agent)라고 한다. 지능형 에이전트는 사람의 명령을 받아 이를 대신해 주는 소프트웨어를 말하며, 단순히 명령을 수행하는 것 뿐만 아니라 스스로 학습하고 추론할 수 있는 능력이 있다. 또 다른 에이전트와 의사소통을 통해 보다 효율적으로 업무를 처리하기도 한다.

그림 13-5 지능형 에이전트 개념도

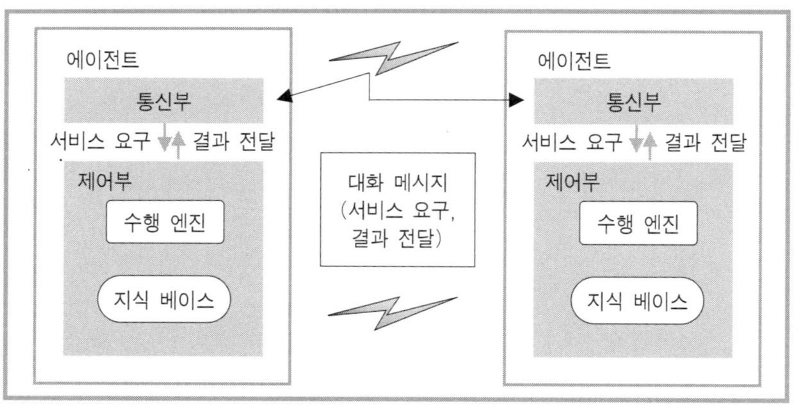

〈그림 13-5〉에서 보는바와 같이 지능형 에이전트는 엔진 · 지식베이스 · 제어부 · 인터페이스 등으로 구성된다. 엔진은 처음 만들어질 때 주어진 규칙과 경험을 통해 추론하는 기능을 갖는다. 지식베이스는 엔진을 통해 얻어진 지식을 보관하는 곳이다. 제어부는 학습된 지식베이스를 기반으로 전체 기능을 제어하는 부분이다. 그리고 인터페이스는 외부의 어떤 신호를 내부 처리용으로 적절하게 바꾸거나 내부의 지식을 외부 형태로 변환시켜 주는 역할을 한다.

2) 에이전트의 역할

에이전트 기술은 컴퓨터의 사용을 편리하게 해주는 차원을 넘어 전자상거래의 핵심 분야로 떠오르고 있다. 먼저 에이전트는 사용자가 필요로 하는 정보를 하이퍼링크로 따라가서 찾거나 웹 검색 엔진에 질의해 검색해 준다. 또한 사용자가 필요로 하는 물건을 인터넷 쇼핑몰에서 찾아 가장 경제적이고 사용자의 기호에 맞는 것을 선택할 수 있도록 해준다.

우리가 흔히 사용하는 검색 엔진은 바로 이와 같은 에이전트 기술을 활용한 것이다. 즉, 웹 검색 에이전트가 웹 브라우저를 돌아다니며 내용을 찾아와 이를 데이터베이스에 분류하는 것이다. 이것을 인터넷 쇼핑몰에 적용하면, 자신이 원하는 물건을 검색 기능을 통해 쇼핑몰별 가격과 상품을 한눈에 볼 수 있게 된다.

그러나 에이전트가 인간의 모든 행위를 대신해 주지는 않는다. 에이전트는 소프트웨어 작성자가 지정한 규칙 내에서만 움직이기 때문에 그 규칙을 벗어나는 변화에 대해서는 처리할 수 없다. 대표적인 경우가 쇼핑몰 가격검색 프로그램이다. 이 프로그램은 어떤 쇼핑몰 사이트의 어느 부문에 상품 가격이 있다는 것을 에이전트에게 가르쳐 주고, 이를 검색하도록 지정해 준다. 그러나 쇼핑몰이 개편되면 에이전트는 가격을 찾지 못한다. 가격 표시 위치가 자신이 알고 있는 곳과 틀리기 때문이다. 따라서 사람이 쇼핑몰의 변화된 가격 위치를 찾아 에이전트에게 다시 가르쳐 주어야 한다.

웹 사이트가 무수히 많다면 어떻게 될까? 사용자가 의도하지 않은 수많은 정보를 끌어올 수도 있다. 검색 사이트에서 주제어로 검색을 할 경우 엉뚱한 내용의 사이트가 찾아지는 것도 바로 이 때문이다. 에이전트간 대화를 위한 표준화가 되어 있지 않은 것도 문제점으로 지적할 수 있다.

표준 프로토콜이 없으면 에이전트간 의사소통에 한계가 있다. 따라서 의도한 작업을 제대로 수행하는 에이전트를 만들기가 쉽지 않으며, 사용자의 의도를 정확히 반영하기보다는 단순히 대행해 주는 수준에 머무르고 있다.

2. 에이전트의 유형

에이전트는 혼자서 모든 것을 처리하지는 않는다. 서로의 역할을 분담해 사용자의 요구를 수행한다. 전형적인 에이전트 프로그램은 미리 제공된 매개 변수들을 이용하여 전체 또는 일부를 검색하여 관심이 있는 정보를 모으고, 그것을 매일 또는 시간별로 제공한다.

에이전트의 유형을 분류하면, 인터페이스 에이전트 · 태스크 에이전트 · 정보 에이전트로 구분할 수 있다.

1) 인터페이스 에이전트

인터페이스 에이전트(interface agent)는 사용자와 상호 작용을 통해 사용자의 질의를 받아 분석하고 결과를 보여주는 역할을 수행한다. 좀 더 지능을 갖춘 인터페이스 에이전트는 사용자의 습성과 기호 등의 데이터를 취득해 이를 모델링(modeling)한다. 사용자의 설정에 따라 전자우편을 분류하거나 여과해 주는 작업은 인터페이스 에이전트에 속한다.

2) 태스크 에이전트

태스크 에이전트(task agent)는 주어진 정보 에이전트가 가져온 지식을 바탕으로 작업을 수행하는 에이전트다. 이와 더불어 여러 정보 에이전트가 제공해 주는 정보들을 종합하고 서로 상반된 정보를 판단하는 작업도 수행한다.

3) 정보 에이전트

정보 에이전트(information agent)는 여러 곳에 흩어져 있는 다양한 정보에 접근할 수 있는 기능을 제공한다. 정보 에이전트는 원하는 정보를 찾는 역할 뿐 아니라 정보의 변화 상황을 감시하는 모니터링도 수행한다.

3. 전자상거래에 필요한 에이전트

쇼핑몰을 통해 이루어지는 전자상거래의 단계는 6단계로 구분할 수 있으며, 다음과 같은 에이전트 시스템이 필요하다.

① 고객 욕구의 파악 : 광고 에이전트
② 상품 정보 검색(무엇을 구입할 것인가?) : 상품탐색 지원 에이전트
③ 판매자 탐색(누구로부터 구입할 것인가?) : 비교 쇼핑 에이전트
④ 거래 조건 협상(가격, 배달 조건, A/S, 지불 방법 등) : 협상 에이전트
⑤ 구매와 배달
⑥ 평가

1) 광고 에이전트

고객의 욕구를 파악하는 지원 기능 중에서 가장 대표적인 것이 광고이다. 광고 에이전트는 고객이 사용하는 것이 아니라 기업이 사용하는 것으로서, 고객의 관심을 파악하여 광고물을 고객

에 따라 다르게 제공한다.

광고 에이전트 시스템은 광고회사의 서버와 고객의 PC에 설치되는 클라이언트 에이전트로 구분된다. 클라이언트 에이전트는 고객의 기본 정보와 고객이 방문하는 각종 웹 페이지의 주소, 어떤 광고를 클릭했는지 등의 정보를 가지고 있다. 고객이 방문했던 웹 페이지가 어떤 분야의 내용인지 등을 분석하는 것은 광고회사의 서버에서 이루어진다. 이렇게 함으로써 고객의 기호에 맞는 광고를 서버로부터 받아 고객이 원하는 웹 페이지 내용에 붙여서 보여주게 된다.

2) 상품탐색 지원 에이전트

상품탐색 지원에이전트는 상품에 대한 지식과 상품 선택에 관한 지식이 많지 않은 고객을 지원하는 에이전트이다. 원하는 상품을 군집별로 검색할 수 있거나, 고객이 제품 규격을 선택하여 그 규격에 맞는 상품을 찾을 수 있는 기능을 제공한다.

3) 비교 쇼핑 에이전트

상품 탐색과 판매자 탐색은 동시에 이루어지는 경우가 많다. 그러나 상품탐색 에이전트는 고객이 원하는 상품을 탐색하는데 목적이 있고, 판매자 탐색 에이전트는 같은 상품이라 하더라도 판매자에 따른 가격 또는 서비스의 차이를 비교하는 것에 목적이 있다.

4) 협상 에이전트

상품 탐색과 판매자 탐색이 이루어지면 구매 가격이나 지불 조건 등에 대하여 소비자와 판매자간에 협상이 이루어진다. 물론 협상의 여지없이 미리 정해진 가격과 조건에 의하여 소비자는 대금을 지불하고 판매자는 상품을 전달하는 형태의 거래가 많이 있으나, 기업간의 거래나 소비자간의 거래에서는 협상이 일어날 수 있다. 이러한 경우 판매자 또는 소비자를 대신하여 협상을 하는 것이 협상 에이전트이다.

주요 용어

전자결제시스템	SET	전자화폐	신용카드
지로	전자수표	익명성	cashless society
가상은행	에이전트	인공지능	검색엔진
광고 지원 에이전트	가격비교사이트	태스크 에이전트	인터페이스 에이전트
정보 에이전트	협상 에이전트	검색로봇	비교쇼핑

제13장 연구과제

① 인터넷 쇼핑몰에서 이루어지는 대금결제 방법을 조사하라.

② 전자결제시스템이 갖추어야 할 조건을 설명하라.

③ 신용카드를 이용하여 전자상거래 대금을 결제할 경우 그 장점과 단점을 설명하라.

④ 전자화폐를 정의하고, 그 종류를 조사하라.

⑤ IC형 전자화폐의 사용 절차를 설명하라.

⑥ 전자상거래에서 신용카드를 이용할 경우 그 결제 과정을 단계별로 설명하라.

⑦ 신용카드를 이용해 물품을 구입할 때 판매자가 신용카드회사에 지급하는 수수료를 조사해 보라.

⑧ 전자수표란 무엇이며, 어떤 거래에 주로 사용되는가?

⑨ 전자자금이체란 무엇이며, 어떤 거래에 사용되는가?

⑩ 전자지불의 장점과 단점을 소비자 측면과 판매자 측면에서 각각 설명하라.

⑪ 최근에 개발된 전자결제시스템을 조사하고, 각각의 특징을 설명하라.

⑫ 전자결제시스템의 미비점을 지적하고, 그 대안을 제시해 보라.

⑬ 전자상거래에서 에이전트는 왜 필요한가?

⑭ 상품지원 에이전트를 5개만 조사하여 그 특징을 설명하라.

⑮ 가격비교 사이트를 5개 찾아 그 특징을 서로 비교하라.

제 4 부

전자상거래 법규

가상공간을 이용한 전자상거래도 현실 세계에서의 거래와 마찬가지로 다양한 법률적 문제에 부딪히게 된다. 특히, 전자상거래는 가상공간을 통해 이루어지기 때문에 전통적 상거래와는 전혀 다른 새로운 문제들이 많이 발생할 수 있다.

제Ⅳ부에서는 전자상거래 법규를 기본 법규와 관련 법규로 구분하여 전자거래기본법과 전자서명법에 대하여 먼저 살펴보고, 소비자기본법 및 약관의 규제에 관한 법률 및 전자상거래 등에서의 소비자보호에 관한 법률에 대해서도 살펴보기로 한다.

electronic commerce electronic commerce electronic commerce

제 14 장

전자상거래 기본 법규

ELECTRONIC COMMERCE

학습 개요

전자상거래가 확산됨에 따라 새로운 법률들이 제정되고 있다. 그 중 전자거래기본법과 전자서명법이 전자상거래에 적용되는 가장 기본적인 법률이다.
제14장에서는 전자거래에 관한 일반적인 사항에 대해 규율하고 있는 전자거래기본법을 먼저 살펴보고, 전자문서의 안전성과 신뢰성을 확보하는데 필수적인 전자서명법에 대해 살펴보기로 한다.

1 전자거래기본법

1. 전자거래기본법의 개요

전자상거래가 확산됨에 따라 기존의 전통적 상거래에서는 경험하지 못한 새로운 문제점들이 나타나게 되었다. 전자상거래에 기존의 거래 규범을 적용하는 한계를 극복하고자 전자거래기본법이 제정되어 시행되고 있다. 이 법은 전자 거래의 법률관계를 명확히 하고, 전자 거래의 안전성과 신뢰성을 확보하며, 전자 거래의 촉진을 위한 기반을 조성함으로써 국민경제의 발전에 이바지함을 목적으로 하고 있다. 핵심적인 내용은 다음과 같다.

① 다른 법령에 특별한 규정이 있는 경우를 제외하고는 전자문서에 대하여 서면에 의한 문서와 동일한 효력을 부여하고, 전자서명 역시 서면상의 서명 또는 기명날인으로 보도록 하였다.
② 전자거래 당사자 등이 전자거래와 관련하여 개인 정보를 수집하는 경우에는 미리 상대방에게 이를 알리도록 하고, 수집한 정보는 당초 수집한 목적 이외의 다른 용도로 사용하지 아니하도록 하였다.
③ 전자거래의 안전성과 신뢰성을 확보하기 위하여 전자거래 당사자의 신원을 확인해 주는 공인인증기관을 전자서명법의 규정에 따라 지정할 수 있도록 하였다.
④ 전자거래의 촉진에 필요한 기반조성 사업은 원칙적으로 민간주도에 의하여 추진하도록 하되, 정부는 이를 지원하기 위하여 전자거래정책협의회를 구성하고 전자거래촉진 계획을 수립・시행하도록 하였다.
⑤ 전자거래에 관한 국내외 조사 연구 등 진흥 사업을 수행하기 위하여 한국전자거래진흥원을 설립하도록 하고, 전자거래로 인한 피해를 구제하고 공정한 전자거래의 관행을 정착시키기 위하여 전자거래에 관한 분쟁의 조정에 필요한 시책을 강구토록 하였다.
⑥ 전자거래를 이용하는 소비자의 기본 권익을 보호하기 위하여 관계 법령에 따라 소비자에의 정보 제공, 소비자 피해보상 기준의 적용 등 필요한 시책을 마련하도록 하였다.

이 법은 전자거래에 관한 일반적인 사항에 대해 규율을 하지만 다른 법률에 이와 상이한 조항이 있거나 다른 법률에만 관련 조문이 있다면, 그 조문이 우선적으로 적용된다. 따라서 이 법률은 이용자와 기업, 기업과 기업, 이용자와 정부, 기업과 정부 등 전자거래에 참여하고 있는 모든 당사자에게 적용될 수 있으나 정보통신망 이용촉진에 관한 법률, 무역업무 자동화촉진에 관한 법률 등 정부기관간의 문서교환(EDI) 및 일정한 행정 목적을 지닌 전자문서 등에 대해서는 그 효력이 미치지 않는다.

2. 인터넷을 이용한 거래의 특징

인터넷이 등장하기 이전에도 전신·전화·텔렉스·팩스 등 전자적 매체들을 이용한 통신 판매 방법은 오래 전부터 있었다. 그러나 이러한 전신·전화 등의 기존 전자적 매체를 이용한 거래와 컴퓨터를 이용한 거래는 많은 면에서 차이가 있다.

1) 기능적 측면

인터넷은 기존의 전자적 매체와 그 기능면에서 차이가 있다. 인터넷은 컴퓨터라는 매우 복잡한 자동 연산장치를 이용하여 데이터를 처리하고, 고도의 정보처리 과정을 거쳐 전자적 형태의 기록(electronic records)으로 결과가 나타난다.

반면에 기존의 전자적 매체들은 단순히 인간의 의사를 전달하는 것에 불과하고, 대부분 문서로 작성되며 열람할 수 있는 형태이다.

2) 시간·공간적 측면

전화의 경우에는 상대방과 통화할 때만 연결되므로 공간적 차이는 극복할 수 있으나 시간적 차이를 극복할 수 없는 단점이 있다. 그러나 인터넷은 가상 공간을 활용하므로 언제든지 연결될 수 있기 때문에 시간적·공간적 차이를 극복할 수 있다.

3) 보안 측면

기존 전자적 매체들이 오프라인(off-line)이라는 폐쇄형 시스템에서 운용되는 반면에 인터넷은 온라인(on-line)이므로 참여가 자유롭고 활동에 아무런 제약이 없는 개방형 시스템이다. 그러므로 인터넷에는 기존 전자적 매체들에 있어서는 큰 문제가 되지 않았던 각종 보안 문제가 중요한 해결 과제로 떠오르게 되었다.

4) 법률적 측면

인터넷은 각종 정보들이 데이터베이스에 저장되어 원하는 때에 언제라도 이용할 수 있기 때문에 전자거래라는 새로운 개념이 등장하게 되었고, 그것에 관련된 각종 법률적 문제도 현실적인 것으로서 논의되기에 이르렀다.

3. 전자거래

전자거래기본법 제2조 제5호는 "전자거래라 함은 재화나 용역을 거래함에 있어서 그 전부 또는 일부가 전자문서에 의하여 처리되는 거래"라고 정의함으로써 전자거래의 개념을 전자문서의 사용과 결부시켜 규정하고 있다.

전자거래라는 용어는, 전자상거래라는 용어가 실무에서 일반화되어 사용되기 시작한 후에 생긴 것이므로 상행위(상거래)에 한정하지 않고 널리 사인(私人)간의 거래 또는 법률 관계도 포함하는 것으로 볼 수 있다. 따라서 특별히 전자상거래라고 표현해야 할 경우를 제외하고는 포괄적인 개념으로 전자거래를 이해해야 한다.

전자거래란 "계약을 비롯한 각종 법률 행위 및 그에 수반하는 부수적인 행위가 컴퓨터 등 연산작용에 의한 정보처리 장치를 통하여 인터넷상에서 이루어지는 것"이라고 정의할 수 있다.

4. 전자문서

1) 문서의 개념과 기능

문서(document)란 문자 또는 사람이 알아 볼 수 있는 특수한 부호나 기호 등에 의하여 사상 또는 개념을 표시한 것이라고 정의할 수 있다. 그러므로 문서는 종이문서에 한정된 것은 아니지만 사용의 편리함과 보관의 편리성으로 인하여 종이문서가 가장 널리 사용되어 왔으며, 다음과 같은 기능이 있다.

(1) 정보 전달의 기능

문서는 일정한 의미 내용을 포함하고, 이를 표시하여 전달하는 기능이 있다. 이러한 기능을 정보 전달의 기능이라고 한다.

(2) 증명적 기능

사람의 말(口頭)이나 기타 고정적인 형태를 갖지 아니하는 물체와는 달리 문서는 한 번 표시된 내용을 그대로 보전하는 기능이 있다.

(3) 상징적 기능

문서에 법률적으로 의미 있는 의사가 포함되어 있을 때, 그 문서는 그로 인한 법률 관계를 상징하거나 사본과는 엄격히 구분되는 의사표시 자체를 나타내는 기능이 있다.

2) 문서의 요건

문서가 문서로서의 기능을 하려면 다음과 같은 요건을 갖추어야 한다.

① 사람이 인지할 수 있는 어떠한 문자 또는 그에 갈음할 부호 등으로 표시되어야 한다.
② 일정한 사상 또는 개념을 표시하여야 한다.
③ 종이 또는 가시적인 물체의 형태를 지니고 있어야 한다.
④ 매도인·매수인 또는 기타 거래 당사자의 의사표시이어야 한다.

2) 전자문서의 정의

전자거래기본법에서 전자문서는 "정보처리시스템에 의하여 전자적 형태로 작성, 송·수신 또는 저장되는 정보"라고 정의하고 있다. 정보처리시스템은 전자 문서의 작성, 송신·수신 또는 저장을 위하여 이용되는 정보처리 능력을 가진 전자적 장치 또는 체계를 말한다. 이를 구체적으로 설명하면 다음과 같다.

(1) 정보처리시스템 능력을 가진 장치

'정보처리시스템에 의하여'라고 규정한 것은 구체적으로 연산작용에 의한 정보처리 능력을 가진 컴퓨터 장치를 말한다. 그러므로 전화, 전신, 텔렉스 등 기존의 전자적 매체를 이용하는 경우에는 전자문서에서 제외하는 것이 타당할 것이다.

(2) 전자적 형태로 작성된 정보

전자거래기본법과 전자서명법에 의하면 전자문서를 정보라고 규정하고 있는데, 구체적인 대상을 나타내는 법률적 의미의 용어로는 부족한 것으로 보이기 때문에 전자적 형태의 기록(records)으로 보는 것이 타당할 것이다.

그리고 전자문서는 전자적 형태로 작성될 것을 요구하고 있다. 전자문서를 기록이라고 정의하는 입장에서 보면, '작성 된다'는 것보다 '생성 된다(generated)'는 의미가 더 적합할 것이다.

(3) 전자적 형태로 송신·수신 또는 저장될 것

전자문서가 전자적 형태로 '송신 · 수신 또는 저장'될 수 있을 것을 요구하고 있다. 이것은 전자거래의 문서성과 관련하여 가장 핵심적인 부분에 해당한다. 전자문서가 법률적 요건을 충족하기 위해서는 정보적 기능 · 증명적 기능 · 상징적 기능을 나타낼 수 있어야 한다. 전자문서에 대한 이와 같은 정의는 문서의 기능 중 정보적 기능 · 상징적 기능을 충족할 수는 있으나 증명적 기능을 보장하는 데는 불충분하다.[1)]

전자거래기본법은 이와 관련된 부분을 제5조 전자문서의 보관이라는 항목에서 전자문서의 정의와 따로 구분하여 규정하고 있다.

이상의 설명을 종합하면 전자문서는 '컴퓨터 등 연산작용에 의한 정보처리 능력을 가진 장치에 의하여 생성되어 송 · 수신 또는 저장될 수 있고, 생성 또는 송 · 수신시의 형태로 보존되어 필요에 따라 사후에 열람 가능한 형태로 재현될 수 있는 전자적 기록'으로 정의할 수 있다.

3) 전자문서의 효력

전자문서는 서류나 종이문서와 동일한 효력을 가지는 것으로 본다. 그 이유는 전자문서가 정보적 기능 · 증명적 기능 · 상징적 기능을 포함하고 있을 뿐만 아니라 현실적으로도 필요성이 강조되고 있기 때문이다.

전자거래기본법 제4조에서는 "전자문서는 다른 법률에 특별한 규정이 있는 경우를 제외하고는 전자적 형태로 되어 있다는 이유로 문서로서의 효력이 부인되지 아니 한다"고 하여 전자문서의 효력을 적극적으로 규정하고 있다.

4) 전자문서의 증거 능력과 증거력

앞에서 설명한 전자거래기본법 제4조는 전자문서의 증거 능력에 대해서도 규정하고 있다. 전자문서가 증거로서 제출되는 경우 법원은 전자문서의 제출자로 하여금 그 전자문서가 진정으로 성립한 것인지 입증하기 위하여 상대방에게 확인시켜야 한다. 특히, 전자서명된 전자문서의 경우에는 전자서명의 서명성에 착안하여 상대방으로 하여금 그 성립의 진부를 확정하도록 하거나 기타 다른 증거에 의하여 이를 확정하는 절차를 밟는 것이 논리적이고 합리적이기도 하다.

---

1) 유엔국제거래법위원회의 전자상거래모범법 제6조 (1)항에서 "법률이 서면의 형태로 되어 있는 자료를 요구할 경우에는, 그 데이터 메시지에 포함된 정보가 차후 참조를 위하여 이용될 수 있도록 접근가능한(또는 입수가능한, accessible) 것이면 문서성을 충족한다"라고 규정함으로써 데이터 메시지의 문서성을 인정하기 위한 별도의 요건을 따로 정하고 있다. 미국의 플로리다주의 전자서명법도 전자문서를 "일체의 전자적 매체에 의하여 생성되고 저장되며 인지할 수 있는 형태로 환원될 수 있는(retrievable) 정보"라고 규정하고 있다.

참고로 대법원 송무 예규에 의하면, 문서·기록 등 자료가 보존된 컴퓨터 자기디스크 등에 대한 증거 조사를 신청하는 경우에는 자료의 전부 또는 일부를 출력한 문서를 서증(書證)으로 제출하여야 하고, 증거 조사시에 신청인은 법원에 대하여 자료를 컴퓨터 자기디스크 등에 입력한 사람, 입력한 일시, 출력한 사람, 출력한 일시, 기타 법원이 필요로 하는 사항을 명백히 하여야 하며, 컴퓨터 자기디스크 등에 보존된 문서, 기록 등 자료와 출력문서와의 동일성을 판단하기 위하여 법원은 당사자의 신청에 의하여 감정을 하거나, 입·출력을 행한 사람을 증인으로 신문할 수 있다고 하고 있다.[2]

5) 전자문서로부터 출력된 문서의 원본성 문제

(1) 전자문서의 원본성 인정 여부

문서를 제출할 때 원본을 제출해야 하는 근본적인 이유는 문서의 작성자가 그것을 작성하였음을 확인할 수 있고, 최초의 의사표시가 이루어진 당시 그대로의 정확한 내용을 담은 증거를 얻고자 하는 것이다.

전자문서는 종이문서와 달리 전자적 기록의 형태로 존재하고 있다. 그러므로 원본인 전자문서를 증거로서 제출하기 위해서는 그 전자문서가 저장된 컴퓨터의 하드디스크 등을 직접 법원에 제출하여야 한다. 왜냐하면, 만일 제출자가 원본인 전자문서를 제출의 편의를 위하여 플로피 디스켓 등에 복사하여 제출한다면 그것은 엄밀한 의미에서 원본이 아니라 복제물(duplicate)에 불과하기 때문이다.

(2) 전자문서로부터 출력된 문서의 원본성 추정 문제

전자적 기록의 형태로 된 전자문서를 원본으로 보는 경우, 그 전자문서로부터 출력된 문서를 어떻게 취급해야 하는지가 문제된다. 복사 문서의 제출은 사본을 원본으로서 제출하는 경우와 원본의 제출에 갈음하여 사본을 제출하는 경우로 나뉘게 된다.

사본의 제출이 원본의 제출과 동일한 효과를 인정받기 위해서는 상대방이 원본의 존재와 성립을 인정하고, 사본을 원본에 갈음하는 것에 대하여 이의가 없어야 하며, 만일 상대방이 이를 다투는 경우 이에 대한 입증은 역시 제출자가 하여야 한다. 전자서명 또는 전자서명법상의 디지털 서명이 되어 있는 경우에는 그 전자문서로부터 출력된 문서는 원본으로 추정된다.

---

2) 대법원 송무예규 제612호, 바람직한 재판운영 방안

6) 전자문서의 보관

문서의 보관이라 함은 처리된 문서를 보관하는 것을 의미하며, 종이문서의 경우에는 파일 캐비닛이나 서류 보관함에 분류하여 보관하면 된다. 그러나 전자문서의 경우에는 전자적 형태를 띠고 있기 때문에 문서의 보관에 특별한 주의를 기울여야 한다.

전자거래기본법 제5조에서는 다음의 요건을 갖춘 경우에는 그 전자문서의 보관으로 관계 법령이 정하는 문서의 보관에 갈음할 수 있다고 규정하고 있다.

① 전자문서의 내용을 열람할 수 있을 것
② 전자문서가 작성 및 송·수신된 때의 형태 또는 그와 같이 재현될 수 있는 형태로 보존되어 있을 것
③ 전자문서의 작성자, 수신자 및 송·수신 일시에 관한 사항이 포함되어 있는 경우에는 그 부분이 보존되어 있을 것

그러나 전자문서의 송신 또는 수신만을 위하여 필요한 부분은 보관할 문서에 포함되지 않는다고 규정하고 있다. 전자거래기본법 제31조에서는 전자문서 보관 등의 안전성 및 정확성을 확보하기 위하여 전문성이 있는 자를 공인전자문서보관소로 지정하여 이를 보관하게 할 수 있도록 규정하고 있다. 공인전자문서보관소는 타인을 위하여 전자문서를 보관 또는 증명하거나 그 밖에 전자문서와 관련된 업무를 수행하는 법인을 말한다.

전자서명법 제22조에서는 공인된 인증기관은 가입자의 인증서와 인증업무에 관한 기록을 안전하게 보관·관리하도록 규정하고 있으며, 가입자의 인증서 등을 당해 인증서의 효력이 소멸된 날부터 10년 동안 보관하여야 한다.

5. 전자적 의사표시

1) 전자적 의사표시의 개념

의사표시란 일정한 법률 효과의 발생을 원하는 내적 의사(內的意思)를 외부에 나타내어 보이는 행위이며, 법률 행위의 불가결의 요소가 되는 법률 사실 또는 법률 효과의 발생에 향하여진 사적인 의사표명을 말한다.

전자적 의사표시는 컴퓨터를 비롯한 전신·전화·텔렉스·팩스·자동예금인출기 등의 전자적 매체에 의하여 이루어지는 의사표시라고 정의할 수 있다. 이 정의를 좀 더 구체적으로 살펴보

면, 행위자가 사전에 컴퓨터 등에 프로그램과 데이터를 입력하고, 사후에 주어지는 입력 결과에 따라 일정한 조건이 충족되면, 컴퓨터 등에 의하여 자동적으로 일정한 의사가 표시되는 경우를 통칭하여 전자적 의사표시로 이해하는 견해도 있다.[3]

2) 전자적 의사표시의 구성 요건

전자적 의사표시가 법률적 구성 요건을 갖추기 위해서는 다음과 같은 조건을 갖추어야한다.

(1) 의사적 요소

① 행위 의사

행위 의사는 행위를 한다는 의식 또는 의사를 말한다. 따라서 그 의식의 내용은 묻지 아니하고, 행위 의사가 없는 경우에 의사표시는 존재하지 아니한다. 예를 들면, 의식불명 상태나 수면상태 또는 저항할 수 없는 힘에 의한 행위, 반사적 행위 등은 행위 의사가 없는 것으로서 이러한 경우에는 의사표시가 존재하지 아니한 것으로 본다.

전자적 의사표시에 있어서도 행위 의사는 의사표시의 구성 요소이고, 원칙적으로 행위 의사가 없는 경우에는 의사표시가 존재하지 아니한다고 보아야 한다.

② 효과 의사

효과 의사란 법률 효과를 원하는 또는 법률 효과의 발생에 향해진 의사를 말하며, 효과 의사의 내용은 법이 법률 효과를 줄 가치가 있다고 인정하는 사실적 효과를 말한다. 그러므로 전자적 의사표시의 경우에 있어서도 효과 의사는 의사표시의 구성 요소가 된다.

(2) 표시 행위

표시 행위란 효과 의사를 외부에 표현하는 행위로서 의사표시로서의 가치를 가진 적극적・소극적인 모든 행위를 말한다. 따라서 전자적 의사표시에 있어서는 전자우편의 발송이나 단순한 마우스의 클릭 또는 기호나 코드의 입력 그리고 파일의 다운로드(download) 등도 의사표시의 표시행위로서 인정된다.

자동화된 의사표시에 있어서도 표시행위는 자연적 의사표시와는 다른 측면이 있다. 표의자는 행위의사에서 살펴본 바와 같이 입력 행위로서 사람이 할 수 있는 모든 행위를 완료한 것으로 보

---

3) 이것을 자동화된 의사표시라고도 부른다.

아야겠지만, 개개의 입력치에 의하여 컴퓨터 등이 어떠한 구체적인 표명을 하기까지는 의사표시로서의 가치 있는 완전한 표시행위가 있었다고 보기에 미흡한 것이 사실이다.

따라서 자동화된 의사표시에 있어서는 표의자의 표시행위 이외에 컴퓨터 등에 의한 의사표시의 표명도 객관적 구성 요건으로 삼아야 할 것으로 보인다.

3) 전자문서의 효력

(1) 도달주의

원격지간의 의사표시를 하는 경우에는 원칙적으로 상대방에게 도달되었을 때 효력을 발생한다고 민법에서 규정하고 있다.(제111조 ①) 이때 도달이라 함은 상대방의 지배권내에 들어가 사회관념상 일반적으로 요지(了知)할 수 있는 상태가 생겼다고 인정되는 것을 말하며, 실제로 상대방이 그 내용을 요지하거나 의사표시가 담긴 문서를 점유할 필요는 없다고 해석하는 것이 일반적이다. 그러므로 상대방이 있는 의사표시는 상대방의 지배권내에 들어간 때에 효력이 생기며, 이를 도달주의 또는 수신주의라고도 한다.

(2) 전자거래의 성립 시기와 장소

전자적 의사표시는 자연적 의사표시와 비교하여 「입력(input) → 저장(storing) → 전송(transmission) → 교환(switching) → 재전송 → 데이터 확인」이라는 독특한 전자적 과정을 거쳐 이루어진다.

한편, 전자적 의사표시는 이용되는 각각의 전자적 매체나 그에 따른 각종 통신표준에 따라 그 전달 과정에 약간씩의 차이를 지니고 있으나, 대체로 전자적 의사표시를 요지할 수 있는 상태는 위와 같은 과정 중 재전송과 데이터 확인의 중간 무렵에 발생한다고 보여 진다.

의사표시가 당사자간에 직접 컴퓨터망으로 연결되어 이루어지는 경우에는 상대방의 컴퓨터 모뎀에 입력되는 순간에 도달했다고 보는 견해와 전자적 의사표시의 전달을 위해 전자사서함을 이용하는 경우 전자사서함에 표의자의 전자적 의사표시가 저장된 사실을 상대방 혹은 상대방 컴퓨터가 인식하고 그 전자적 의사표시를 자신의 컴퓨터로 전송하도록 명령하는 순간에 각 도달이 이루어졌다고 해석하는 견해가 있다.

전자거래기본법 제6조에서 전자문서는 수신자 또는 그 대리인이 당해 전자문서를 수신할 수 있는 정보처리시스템에 입력된 때에 송신된 것으로 본다고 규정함으로써 도달주의를 채택하고 있다. 전자문서의 특수성을 감안하여 다음과 같은 경우에는 별도의 규정을 두고 있다.

① 수신자가 전자문서를 수신할 정보처리시스템을 지정한 경우에는 지정된 정보처리시스템에 입력된 때. 다만, 전자문서가 지정된 정보처리시스템이 아닌 정보처리시스템에 입력된 경우에는 수신자가 이를 출력한 때를 말한다.
② 수신자가 전자문서를 수신할 정보처리시스템을 지정하지 아니한 경우에는 수신자가 관리하는 정보처리시스템에 입력된 때
③ 전자문서는 작성자 또는 수신자의 영업소 소재지에서 각각 송신 또는 수신된 것으로 본다. 이 경우 영업소가 2개 이상인 때에는 당해 전자문서의 주된 관리가 이루어지는 영업소 소재지에서 송신·수신된 것으로 본다.

4) 전자문서의 귀속

전자문서는 무권한자(無權限者)에 의해서도 보내질 수 있기 때문에 전자거래법에서는 다음과 같이 규정하고 있다.

(1) 작성자가 송신한 것으로 보는 경우

작성자의 대리인 또는 자동으로 전자문서를 송신・수신하도록 구성된 컴퓨터프로그램 그 밖의 전자적 수단에 의하여 송신된 전자문서에 포함된 의사표시는 작성자가 송신한 것으로 본다. 다만, 다음 각 호에 해당하는 경우에는 그러하지 아니하다.[4)]
① 수신자가 작성자로부터 전자문서가 작성자의 것이 아님을 통지받고 그에 따라 필요한 조치를 취할 상당한 시간이 있었던 경우
② 전자문서가 작성자의 것이 아님을 수신자가 알았던 경우 또는 상당한 주의를 하였거나 작성자와 합의된 절차를 따랐으면 알 수 있었을 경우

(2) 수신한 전자문서의 독립성

수신한 전자문서는 문서마다 독립된 것으로 본다. 다만, 수신자가 작성자와 합의된 확인절차를 따르거나 상당한 주의를 하였더라면 동일한 전자문서가 반복되어 송신된 것임을 알 수 있었을 경우에는 그러하지 아니하다.[5)]

---

4) 전자거래기본법 제7조
5) 전자거래기본법 제8조

(3) 수신 확인

작성자가 수신자에게 송신한 전자문서에 대하여 수신확인 통지를 요구하면서 통지 방법을 지정하지 아니한 경우에는 수신자는 작성자가 충분히 알 수 있는 방법으로 수신 사실을 통지하여야 한다.

작성자가 수신 확인을 조건으로 하여 전자문서를 송신한 경우, 작성자가 수신확인 통지를 받기 전까지는 그 전자문서는 송신되지 아니한 것으로 본다. 작성자가 수신 확인을 조건으로 명시하지 아니하고 수신확인 통지를 요구한 경우 상당한 기간(작성자가 지정한 기간 또는 작성자와 수신자간에 약정한 기간이 있는 경우에는 그 기간을 말한다) 내에 작성자가 수신확인 통지를 받지 못한 때에는 작성자는 그 전자문서의 송신을 철회할 수 있다.

6. 전자적 의사표시와 관련된 법률적 문제

1) 전자적 의사표시의 착오

전자적 의사표시는 컴퓨터 또는 네트워크라는 첨단의 전자적 매체를 이용하기 때문에 자연적 의사표시와는 달리 매우 다양한 유형의 하자가 발견될 수 있다.

(1) 입력시의 하자

일정한 의사가 형성된 후 표의자에 의하여 의사의 구체적인 내용이 입력되는 과정에서 하자가 발생하는 경우가 있다. 구체적으로 세분하면, 입력되는 자료에 하자가 있는 경우와 입력행위 자체에 하자가 있는 경우로 구분할 수 있다.

입력되는 자료에 하자가 있는 경우란, 일정한 자료를 입력한 후 사후에 별도의 입력으로 인하여 사전에 입력한 자료와 다른 경우를 말한다. 예를 들면, 입력되는 자료의 가격이나 단위표시 등에 하자가 있는 때를 말한다. 이러한 하자가 동기의 착오라는 견해와 표시상의 착오라는 견해가 대립하고 있다.

(2) 입력 행위시의 하자

송신자가 컴퓨터의 키보드 등을 이용하여 의도하는 바를 표현하고자 하는 때에 오타나 오기가 발생하는 것과 같은 경우를 말하며, 이에 대하여는 표시상의 착오라는 견해가 대부분이다. 그러나, 이와 같은 표시상의 착오라는 견해에 대하여 송신자의 입력 행위는 표시를 직접 행한 것이 아니라 단지 준비한 것이라는 점을 오해하고 있다고 비판하면서 이를 계약 체결상의 과실 책임이나 동기의 착오로 다루려는 견해가 있다.

(3) 전자적 형태로 변환시의 하자

전자적 의사표시는 소프트웨어와 하드웨어 등에 의하여 인간이 오감으로 인식할 수 없는 전자적 형태(digital form)의 전자적 기록으로 변환된다. 이때 송신자가 사용하는 소프트웨어 등 변환장치에 하자가 발생하는 경우를 전자적 형태로의 변환에 있어서의 하자라 부르기로 한다.

이에 대하여는 동기의 착오라는 견해, 내용의 착오라는 견해와 표시상의 착오라는 견해가 대립하고 있다. 동기의 착오라는 견해에 대하여는 이 부분의 하자가 현실적으로나 논리적으로 표의자의 의사형성 단계에서 발생하였다고 할 수 없고, 오히려 표의자의 입력행위 이후에 그 의사를 표시하기 위한 과정에서 일어난 것이라는 점을 간과하였다는 비판이 가능하다.

내용의 착오라는 견해에 대하여도 역시 이 부분의 하자가 예컨대 자기가 알고 있는 사람과 동명이인인 사람을 자기가 알고 있는 사람이라 믿고 그에게 전화로 사무 처리를 위임한 것과 같은 정도로 평가될 수 있는 의미의 착오가 있었다고는 볼 수 없다는 비판을 가할 수 있다. 결국 표시상의 착오로 이해하는 것이 타당하다.

(4) 전자적 전달시의 하자

전자적 형태로 변환된 의사표시는 송신자의 컴퓨터 등에서 송신자가 이용하는 서버로, 그 서버에서 네트워크에 연결된 다른 서버를 거쳐 최종적으로 상대방이 이용하는 서버에 입력되어 저장된 후 상대방의 컴퓨터 또는 터미널 단말기로 재차 전달되는 과정을 밟게 된다. 이와 같이 전자적 기록의 전달 과정에서 하자가 발생한 것을 전자적 전달에 있어서의 하자라고 한다.

전자적 의사표시의 경우에 있어서는 이를 표시상의 착오로 보는 견해와 의사표시가 도달하지 않았다고 보는 견해 또는 전달 위험의 부담문제로 보는 견해로 나뉜다. 이러한 경우는 표시상의 착오로 이해함이 타당하다고 여겨진다.

(5) 출력 장치에 의한 표시 과정의 하자

전자적 의사표시는 전자적 형태에서 모니터 혹은 프린터 등의 출력 장치에 의하여 사람이 인식할 수 있는 형태로 변환되게 된다. 이때 발생하는 하자를 출력 장치에 의한 표시 과정에 있어서의 하자라고 하며, 표시상의 착오로 다루어야 할 것이다.

2) 하자 있는 의사표시

의사표시가 완전히 유효하기 위해서는 그것이 자유로운 의사에 따라 결정된 것이어야 한다. 만일, 타인으로부터 위법한 간섭이나 방해를 받은 상태에서 자유롭지 못하게 행하여진 의사표시라면 '하자 있는 의사표시'라고 한다.

여기에는 사기에 의한 의사표시와 강박에 의한 의사표시가 있다. 사기에 의한 의사표시는 표의자가 의사표시의 상대방 또는 제3자의 기만 행위로 말미암아 착오에 빠지고, 그러한 상태에서 행한 의사표시를 말한다.

강박에 의한 의사표시는 표의자가 의사표시의 상대방 또는 제3자의 강박 행위에 의하여 공포심을 가지게 되고, 그 해악을 피하기 위하여 마음에 없이 행한 진의(眞意) 아닌 의사표시를 말한다. 하자 있는 의사표시에 관하여 민법 제110조는 이를 취소할 수 있도록 규정하고 있다.

7. 전자거래의 안전성

전자상거래는 전자문서에 의하여 이루어지기 때문에 거래의 안전을 위해 다음과 같은 규정을 두고 있다.

1) 개인 정보의 보호

전자거래는 개방형 네트워크를 통해 이루어지기 때문에 데이터의 안전과 개인의 프라이버시를 비롯한 많은 문제점을 야기할 수 있다. 그러므로 인터넷 쇼핑몰 운영자는 고객들에게 거래상 어떤 정보가 수집되고, 수집된 정보가 어떤 목적으로 사용되는가를 명확히 명시해야 할 의무가 있다. 전자거래기본법에서는 다음과 같은 의무 규정을 두고 있다.

(1) 전자거래 당사자에게 명시 의무

전자거래 사업자는 전자거래 또는 역무 제공과 관련하여 개인 정보를 수집하는 경우에는 그 목적을 본인에게 명시하도록 규정하고 있다.[6] 전자거래사업자의 범위에는 거래의 당사자는 물론이고 인증기관 및 정보통신 설비 또는 컴퓨터 등의 이용에 관한 역무를 제공하는 자를 포함한다.

6) 전자거래기본법 제12조

(2) 목적 이외의 이용금지 의무

전자거래에 의하여 수집된 정보를 본인의 동의가 있거나 다른 법률에 특별한 규정이 있는 경우를 제외하고는 수집 목적 이외의 용도로 사용하거나 제3자에게 제공하지 못하도록 규정하고 있다.[7]

(3) 개인 정보 보호 의무

전자거래의 안전성 및 신뢰성을 확보하기 위하여 전자거래 이용자의 개인 정보를 보호하기 위한 시책을 수립하여 시행하여야 한다.

2) 컴퓨터 등의 안전성

전자적 환경에서는 거래 당사자간이 거래 부인이나 비인가자에 의한 침입으로 정보의 변조·유출·도용 등이 발생하기도 한다. 그러므로 쇼핑몰 운영자는 컴퓨터 시스템을 비롯한 모든 운영시설을 안정적이고 신뢰성 있게 구축하여 정보가 변조되거나 도용되지 않도록 해야 한다.

일반적으로 컴퓨터 시스템과 네트워크의 안전을 위해서는 인증 절차·비인가자의 접근 통제·정보의 기밀성·데이터의 무결성·부인 봉쇄와 같은 다양한 안전 장치가 필요하다. 암호화나 디지털서명과 같은 기법은 정보의 안전을 충족시키는 중요한 도구들이다.

(3) 암호 제품의 사용

비인가자에 의해 정보가 공개되거나 변경 또는 파괴된다면 피해가 막대할 뿐만 아니라 전자상거래에 대한 소비자들의 신뢰가 훼손되어 전자상거래는 존립 자체가 위태롭게 될 것이다. 이러한 문제점을 보완하기 위하여 개발된 방법 중의 하나가 암호화 방법이다. 암호화는 정보의 기밀성·무결성·유용성 등을 확보하고, 정보원의 불법적인 사용을 방어하는 중요한 역할을 하고 있다.

전자거래기본법에서도 전자거래 사업자는 전자거래의 안전성 및 신뢰성을 확보하기 위하여 암호 제품을 사용할 수 있도록 규정하고 있다. 그러나 정부가 국가안전보장 등을 위하여 필요하다고 인정하는 경우에는 암호 제품의 사용을 제한할 수 있으며, 암호화된 정보의 원문 또는 암호 기술에의 접근에 필요한 조치를 할 수 있다고 규정하고 있다.

---

7) 전자거래기본법 제13조

8. 소비자 보호

전자상거래는 생산자와 소비자 사이에 존재하는 중간상의 역할이 제거되면서 소비자가 생산자와 직접 거래를 하기 때문에 소비자 보호의 필요성이 더욱 제기된다. 상품의 품질과 성능, 광고의 진실성, 반품과 사후관리(A/S) 등에 이르기까지 많은 문제점이 나타날 수 있기 때문에 전자상거래 환경하에서 소비자 문제는 매우 중요하다.

전자거래기본법에서는 소비자보호법 등 관계 법령의 규정에 따라 전자거래와 관련되는 소비자의 기본 권익을 보호하기 위하여 필요한 시책을 마련하도록 규정하고 있다.

1) 소비자에게 정보 제공

소비자의 이해와 관련되는 전자거래에 관한 주요 시책 및 주요 결정사항 등을 소비자에게 알려 주어야 한다. 그리고 전자거래 당사자 등과 사이버몰의 운영자 등은 소비자보호단체의 소비자 보호업무의 추진에 필요한 자료 제공 요구에 적극 협력하도록 규정하고 있다.

2) 소비자 피해의 구제

전자거래와 관련된 소비자의 불만 및 피해를 신속하고 공정하게 처리할 수 있도록 필요한 조치를 마련하여야 한다. 전자거래에 의한 소비자피해 보상기준은 소비자기본법에서 규정하고 있다. 그리고 전자거래 당사자 등과 사이버몰의 운영자 등은 전자거래와 관련하여 소비자가 제기하는 정당한 의견이나 불만을 반영하고, 그 피해를 보상 처리하는 적절한 조치를 취하도록 규정하고 있다.

3) 외국인 및 외국법인에 대한 적용

전자거래기본법에서는 외국인에 대해서도 상호주의에 따라 이 법의 효력을 규정하고 있다. 외국인 및 외국법인은 이 법 또는 대한민국이 가입 또는 체결한 조약에 따라 보호된다. 다만, 대한민국 국민 또는 대한민국 법인에 대하여 이 법에 준하는 보호를 하지 아니하는 국가의 외국인 또는 외국법인에 대하여는 그에 상응하게 이 법 또는 대한민국이 가입 또는 체결한 조약에 따른 보호를 제한할 수 있다.

2 전자서명법

1. 전자서명법의 개요

전자상거래의 가장 큰 특징 중 하나는 비대면(非對面)으로 거래가 이루어지기 때문에 전자문서 작성자의 신원 확인과 새로운 방식의 서명이 필요하다. 따라서 전자서명법은 전자문서의 안전성과 신뢰성을 확보하고, 그 이용을 활성화하기 위하여 전자서명에 관한 기본적인 사항을 규정하기 위하여 1999년 2월 5일 법률 제5792호로 제정되어 시행되고 있다.

전자서명법은 전자적 거래의 활성화를 위하여 전자서명 등의 법적 효력을 부여하는데 그 목적이 있으며, 그 핵심적인 내용은 다음과 같다.

① 전자서명을 비대칭 암호기술을 활용한 디지털서명(digital signature)으로 정의하고, 전자서명과 전자문서의 법적 효력을 부여하고 있다.
② 안전한 전자서명의 이용 기반을 조성할 수 있도록 공신력 있는 기관(공인인증기관)이 전자서명을 인증하도록 하기 위하여 공인인증기관의 지정 제도를 도입하고 있다.
③ 공인인증서의 신뢰성 확보를 위하여 인증서에 포함할 내용을 명확히 하고, 인증서의 발급·효력정지·폐지 절차 및 방법 등에 관한 세부적인 사항을 규정하고 있다.
④ 공인 인증업무의 적정성 및 지속성을 확보하기 위하여 필요한 규정을 두고 있다.
⑤ 전자서명 및 전자문서의 안전한 사용 그리고 분쟁 발생 시에 대비하기 위하여 안전하고 신뢰성 있는 운영과 공인인증기관의 책임과 의무를 명확히 하고 있다.
⑥ 개인정보를 보호하기 위하여 인증 업무에 필요한 개인정보의 수집 제한, 목적외 이용 및 누설 금지 등을 명시한 조항을 두고, 이를 위반한 자를 처벌하도록 하였다.

전자서명법과 전자거래기본법은 전자상거래 활성화를 위한 법 제도라는 취지는 동일하나 법의 기본 목적과 적용 영역 등은 서로 다르다. 먼저, 전자거래기본법은 전자적 거래에만 적용되는 반면, 전자서명법은 전자적 거래 이외에도 전자서명된 전자문서를 이용하는 모든 영역에 적용되므로 법적 효력에 관해서는 전자서명법이 일반법, 전자거래기본법이 특별법의 관계에 있다.

또한 전자거래기본법은 전자상거래 촉진을 위한 일반적인 사항을 규정하고 전자상거래 촉진을 위한 시책을 마련하는 등 전자상거래 촉진법적 성격을 가지고 있으나, 전자서명법은 전자서명 기술 및 공인 인증기관 지정, 관리에 관한 사항을 명확히 함으로써 전자문서의 안전성과 신뢰성을 확보하고자 제정된 법으로 볼 수 있다.

2. 용어의 정의

전자서명법에서 사용되는 용어는 다음과 같이 정의한다.

표 14-1 전자서명법에 사용되는 용어

용어	정의
전 자 문 서	정보처리시스템에 의하여 전자적 형태로 작성되어 송신 또는 수신되거나 저장된 정보를 말한다.
전 자 서 명	서명자를 확인하고 서명자가 당해 전자문서에 서명을 하였음을 나타내는데 이용하기 위하여 당해 전자문서에 첨부되거나 논리적으로 결합된 전자적 형태의 정보를 말한다.
인 증	전자서명 생성정보가 가입자에게 유일하게 속한다는 사실을 확인하고 이를 증명하는 행위를 말한다.
인 증 서	전자서명 생성정보가 가입자에게 유일하게 속한다는 사실 등을 확인하고 이를 증명하는 전자적 정보를 말한다.
공 인 인 증 서	공인인증기관이 발급하는 인증서를 말한다.
공인인증기관	공인인증 역무를 제공하기 위하여 지정된 자를 말한다.

3. 전자서명

1) 서명의 의의와 기능

서명(signature)이란 문서의 내용을 확인할 목적으로 당사자에 의하여 실시되거나 채택된 표시를 말한다. 따라서 서명은 반드시 수기(手記, handwriting)에 의하여 작성될 필요는 없으나 그 실행이 용이하고 서명자에 따라 식별이 가능하다는 장점 때문에 보통의 서명은 필기도구를 이용하여 이루어지고 있다.

우리 나라를 비롯한 동양권의 경우에는 수기에 의한 서명보다는 인장에 의한 날인이 많이 사용되고 있는데, 이렇게 인장을 날인함으로써 생성된 인영(印影) 또한 서명과 동일한 기능이 있다고 본다. 문서상에 이루어진 서명은 계약 체결 기능・동일성 기능・진정성 기능・경고적 기능 등을 가지고 있다.

① 계약 체결 기능

서명자는 서명을 함으로써, 문서의 내용에 의하여 상징되는 어떠한 법률적인 행위 또는 일정한 의사표시를 완료하였음을 말한다.

② 동일성 기능

문서상에 이루어진 서명이 서명자의 진정한 서명과 동일한 것을 말한다.

③ 진정성 기능

서명한 문서가 서명자에 의하여 진정하게 작성되었음을 나타낸다.

④ 경고적 기능

서명은 서명자로 하여금 문서의 내용을 간과하는 것을 방지하여 진지한 고려 없이 성급한 의사표시를 하게 되는 것을 막아주기도 한다.

2) 전자서명의 개념

전자서명은 수기서명(signature)의 대체물로서 펜 대신에 컴퓨터를 매개로 하여 생성되는 서명이라고 할 수 있다. 전자서명법에서는 전자서명을 서명자를 확인하고 서명자가 당해 전자문서에 서명을 하였음을 나타내는데 이용하기 위하여 당해 전자문서에 첨부되거나 논리적으로 결합된 전자적 형태의 정보라고 정의하고 있다. 기술적 측면에서 보면, 전송하고자 하는 메시지를 요약하여 작성한 후 이를 송신자의 전자서명 생성키(비밀키)를 이용하여 암호화하는 것이다.

전자서명의 의미는 크게 두 가지로 나눌 수 있다. 첫 번째는 광의의 전자서명으로서 전자적 서명을 의미하는 것이며, 두 번째는 협의의 전자서명으로서 디지털서명을 의미하는 것이다.

(1) 전자적 서명

전자적 서명(electronic signature)의 가장 일반적인 예는 전자 펜을 이용한 그래픽 기반의 서명 방식이다. 전자문서에 대하여 전자서명을 하는 경우, 송신자는 전자펜을 이용하여 전자문서의 결재란에 자신의 수기 서명과 동일한 서명을 기입한 후 수신자에게 송신한다. 수신자는 시각적으로 전자서명의 진위를 확인한 후 전자 문서의 접수 여부를 결정하게 된다.

(2) 디지털 서명

디지털서명(digital signature)은 공개키 암호기술에 기반을 두는 방식으로서 사용자는 자신만이 알고 있는 전자서명 생성키를 이용하여 수학적 방식의 연산을 통하여 자신만의 고유한 전자서명 값을 계산한 후, 그 결과를 수신자에게 송신한다. 수신자는 송신자가 제공하는 전자서명 검증키를 사용하여 전자서명 값의 진위 여부를 수학적 연산 방식으로 확인할 수 있으며, 올바른 결과 값이 나오는 경우에만 전자문서를 접수한다.

최근 선진 각국에서 시행 또는 제정 중에 있는 전자서명법은 일반적으로 디지털서명을 법적으로 인정하고 있다. 그 이유는 전자적 서명 방식이 안전성과 신뢰성 측면에서 많은 취약점을 가지고 있기 때문이다.

〈표 14-2〉는 전자적 서명과 디지털서명을 안전성과 신뢰성 측면에서 비교한 것이다.

표 14-2 전자적 서명과 디지털 서명의 비교

구 분		Electronic Signature	Digital Signature
내 용		전자펜을 이용한 수기 서명 모사 방식의 전자서명	비대칭형 암호기술을 이용한 전자서명
진정성 비 교	서명자 인증	불만족	만 족
	위조 불가	불만족	만 족
	변경 불가	불만족	만 족
	부인 불가	불만족	만 족
전체적인 안정성		안정성에 대한 객관적 증명이 어려움	안정성에 대한 정량화 접근 방식의 증명이 가능

전자거래기본법은 전자거래를 함에 있어서 전자서명에 관한 사항은 전자서명법이 정하는 바에 따르도록 규정하고 있으며[8], 전자서명법에서는 전자서명을 서명자를 확인하고 서명자가 당해 전자문서에 서명을 하였음을 나타내는데 이용하기 위하여 당해 전자문서에 첨부되거나 논리적으로 결합된 전자적 형태의 정보라고 규정하고 있다[9].

전자거래기본법은 서명 방법에 사용된 기술적 요소를 어느 하나의 것으로 특정하지 않고, 전자서명에 관한 사항은 전자서명법에 따르도록 규정함으로써 기술적 방법에 대하여 특정하지 않고 있다. 전자서명법은 전자서명을 비대칭형 암호화기법을 이용한 디지털서명만을 지칭하는 기술 특정적 방법에 의한 것임을 규정하고 있다.

3) 전자서명의 기능

전자거래는 기존의 거래 방식이 지닌 시간적·공간적 제약을 해결해줌으로써 새로운 거래형

8) 전자거래기본법 제11조
9) 전자서명법 제2조

태로 자리잡아 가고 있다. 그러나 전자적 거래는 많은 장점을 가지고 있음에도 불구하고 사용자에게 역기능을 제공할 수 있다는 문제점 때문에 보안에 대한 요구 사항이 먼저 해결되어야만 전자적 거래의 활성화를 기대할 수 있다.

(1) 인증

인증(authentication)은 크게 사용자 인증과 메시지 인증으로 구분할 수 있다. 전자적 거래에서의 사용자 인증은 원격지에서 접속한 사용자가 정당한 사용자임을 증명하는 것을 말한다. 메시지 인증은 원격지에서 전송된 메시지가 위조나 변조가 되지 않았음을 증명하는 것이다. 일반적으로 인증이라 함은 사용자 인증을 말하며, 메시지 인증은 무결성으로 대치될 수 있다.

(2) 무결성

무결성(integrity)은 메시지 인증과 같이 메시지의 변조나 수정 등을 검출할 수 있는 기능을 말한다. 이것은 일반적으로 해시 함수나 블록 암호 등을 사용함으로써 구현이 가능하다.

(3) 비밀성

비밀성(confidentiality)은 전송되는 메시지를 송신자 및 적법한 수신자를 제외한 제3자는 볼 수 없도록 하는 기능을 말한다.

(4) 부인 방지

부인 방지(non-repudiation)는 메시지를 송·수신하는 경우 해당자가 송·수신에 대한 행위를 부인할 수 없도록 하는 기능을 말한다.

전자서명은 위와 같은 보안 요구사항 중 인증·무결성·부인 방지에 대한 보안 기능을 제공해주며, 이것은 결국 비대면 방식의 전자적 거래 환경을 구축할 때 전자서명 기술이 필요하다는 것을 의미하는 것이다.

4) 전자서명의 절차

전자서명을 사용하기 위해서는 전자서명의 생성과 전자서명의 확인 과정을 거치는 것이 필요하다. 전자서명의 생성과 전자서명의 확인 절차는 다음과 같다.

① 사용자는 공개키와 비밀키 쌍을 생성하여야 한다. 키의 생성은 자신이 가입한 인증기관에서 사용하는 공개키 알고리즘 중의 하나에 따르거나 특정한 알고리즘에 따라서 직접 생성한다.

② 사용자가 보낼 전자문서의 메시지 요약(message digest)을 생성한다.

③ 메시지 요약을 송신자의 전자서명 생성키로 서명하여 전자서명을 생성한다.

④ 생성된 메시지를 전송한다.

⑤ 전자서명된 메시지를 수신자가 받으면 수신자의 컴퓨터에 송신자의 전자서명 검증키를 이용하여 메시지 요약을 복원한다.

⑥ 전자서명의 복호화를 통해 송신자의 신원을 확인한다.

⑦ 수신된 메시지의 요약을 만들어 이미 복원한 메시지 요약과 비교하여 양자가 일치하는지를 확인함으로써 메시지의 무결성을 입증한다.

그림 14-1 전자서명 진행 과정

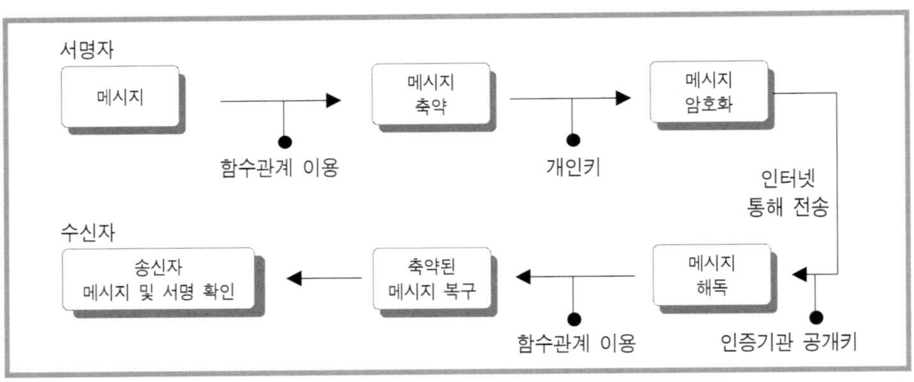

5) 전자서명의 효력

(1) 서명으로서의 효력

전자서명 알고리즘은 안전성과 신뢰성 보장을 위해 기본적인 요구 사항을 만족해야만 한다. 전자서명 알고리즘은 전자서명 검증에 사용되는 전자서명 검증키로부터 전자서명 생성에 사용되는 전자서명 생성키가 계산되는 것이 실행 불가능해야 하며, 전자서명은 메시지 내용, 서명자의 전자서명 검증키 그리고 사용자 정보에 의존되어 생성되어야만 한다.

전자서명이 유효하기 위해서는 다음의 기본적인 요구 사항들이 만족되어야 한다.

① 위조 불가(unforgeable) : 합법적인 서명자만이 전자서명을 생성할 수 있어야 한다.

② 서명자 인증(user authentication) : 전자서명의 서명자를 불특정 다수가 검증할 수 있어야 한다.

③ 부인 방지(non-repudiation) : 서명자는 서명 행위 이후에 서명한 사실을 부인할 수 없어야 한다.

④ 변경 불가(unalterable) : 서명한 문서의 내용을 변경할 수 없어야 한다.

⑤ 재사용불가(not reusable) : 전자문서의 서명을 다른 전자문서의 서명으로 사용할 수 없어야 한다.

전자서명의 효력에 관하여 전자거래기본법은 "전자문서는 다른 법률에 특별한 규정이 있는 경우를 제외하고는 전자적 형태로 되어 있다는 이유로 문서로서의 효력이 부인되지 아니하며, 법률의 규정에 의한 기록·보고·보관·비치 또는 작성 등의 행위가 전자문서로 행하여진 경우에는 당해 법률에 의한 행위가 이루어진 것으로 본다"라고 규정하고 있다.[10]

전자서명법에서는 "공인 전자서명이 있는 경우에는 당해 전자서명이 서명자의 서명, 서명 날인 또는 기명 날인이고, 당해 전자문서가 전자서명된 후 그 내용이 변경되지 아니하였다고 추정한다"[11]라고 규정함으로써 전자서명에 대하여 일반 문서의 서명 또는 기명 날인한 것과 동일한 효력을 부여하는 것으로 해석할 수 있다.

4. 공인인증기관

1) 인증기관의 개념

인증기관(certification authority)은 전자상거래를 할 때 거래 당사자임을 인정하기 위한 전자인증서(digital certificate)를 발행·갱신·폐지하는 기관을 말하며, 인증기관은 인증서를 발급해 특정 공개키와 개인키의 조합이 그 가입자의 것임을 증명해 주는 역할을 한다.

전자서명법 제4조에 의하면, 정보통신부장관은 인증 업무를 안전하고 신뢰성 있게 수행할 능력이 있다고 인정되는 국가기관이나 지방자치단체 또는 법인에 한하여 공인인증기관을 지정할 수 있도록 규정하고 있다. 즉, 전자거래의 안전성 등을 고려하여 미리 법률로 인증기관이 될 수 있는 자격, 각종 필요한 설비 등을 규정하여 놓고 이를 충족하는 경우에 일정한 심사를 거쳐 정부로부터 허가를 받아 인증 업무를 수행할 수 있도록 규정하고 있다. 이와 같이 일정한 자격 요건을 구비하여 국가로부터 허가를 받아 인증 업무를 수행하는 인증기관을 공인인증기관이라고 한다.

10) 전자거래기본법 제4조
11) 전자서명법 제3조

우리 나라의 경우에는 한국정보보호진흥원(http://www.kisa.or.kr)를 설립하여 공인인증기관을 관리하고 있다. 한국정보보호센터는 전자서명을 안전하고 신뢰성 있게 이용할 수 있는 환경을 조성하고, 공인인증기관을 효율적으로 관리하기 위하여 공인인증기관의 전자서명검증키에 대한 인증, 전자서명 인증기술의 개발 및 보급 기타 전자서명 인증과 관련된 업무를 수행하는 기관이다.

표 14-3 공인인증기관 지정 현황

기 관 명	지 정 일	설 립 목 적	기 관 성 격
(주)한국정보인증	2000년 2월	공인인증 서비스	영리기관
(주)코스콤	2000년 2월	증권 분야 전산인프라 구축	영리기관
금융결제원	2000년 4월	은행간 결제	비영리기관
한국정보사회진흥원	2001년 3월	국가 정보화 수행	공공기관
(주)한국전자인증	2001년 11월	공인인증 서비스	영리기관
(주)한국무역정보통신	2002년 3월	무역업무 자동화	영리기관

자료 : 한국정보보호진흥원, 2007

2) 인증기관의 의무

공인인증기관은 인증 업무를 개시하기 전에 다음과 같은 인증 업무 준칙을 미리 작성하여 신고하여야 한다.[12)]

① 인증 업무의 종류
② 인증 업무의 수행 방법 및 절차
③ 인증 역무의 이용 조건
④ 기타 인증 업무의 수행에 관하여 필요한 사항

(1) 인증 역무의 제공

공인인증기관은 정당한 사유 없이 인증 역무의 제공을 거부하여서는 아니 되며, 가입자 또는 인증역무 이용자를 부당하게 차별하여서도 아니된다.[13)]

12) 전자서명법 제6조
13) 전자서명법 제7조

(2) 인증기관의 업무 수행

공인인증기관은 인증 업무를 개시하기 전에 정보화촉진기본법 제14조의2의 규정에 의한 한국정보보호센터로부터 전자서명 검증키를 인증받아야 하고, 공인된 인증기관은 인증받은 전자서명 검증키에 합치하는 전자서명 생성키를 이용하여 인증 업무를 수행하여야 한다.[14)]

공인인증기관은 가입자의 신청이 있는 경우를 제외하고는 가입자의 전자서명 생성정보를 보관하여서는 안되며, 가입자의 신청에 의하여 그의 전자서명 생성정보를 보관하는 경우 당해 가입자의 동의없이 이를 이용하거나 유출하여서는 아니된다.[15)] 또한 공인인증기관은 자신이 이용하는 전자서명 생성정보를 안전하게 보관・관리하여야 하며, 당해 전자서명 생성정보가 분실・훼손 또는 도난・유출되거나 훼손될 수 있는 위험을 인지한 때에는 지체없이 그 사실을 보호진흥원에 통보하고 인증업무의 안전성과 신뢰성을 확보할 수 있는 대책을 마련하여야 한다.[16)]

공인인증기관은 가입자의 인증서와 인증 업무에 관한 기록을 안전하게 보관・관리하여야 하며, 가입자인증서 등을 당해 인증서의 효력이 소멸된 날부터 10년 동안 보관해야 한다.[17)]

(3) 개인 정보의 보호

공인인증기관은 인증 업무 수행과 관련하여 개인 정보를 보호하여야 한다. 개인 정보라 함은 생존하고 있는 개인에 관한 정보로서 성명・주민등록번호 등에 의하여 당해 개인을 알아볼 수 있는 부호・문자・음성・음향・영상 및 생체 특성 등에 관한 정보를 말한다. 다른 정보와 용이하게 결합하여 알아볼 수 있는 경우에도 개인 정보의 범위에 포함된다.

(4) 인증 업무의 양수

공인인증기관은 다른 공인 인증기관의 인증 업무를 양수하거나 다른 공인 인증기관인 법인을 합병하고자 하는 경우에는 정보통신부령이 정하는 바에 따라 정보통신부장관에게 신고하여야 한다. 인증 업무를 양수한 공인 인증기관 또는 합병한 경우의 합병 후 존속하는 법인이나 합병으로 설립된 법인은 종전의 공인인증기관의 지위를 승계한다.[18)]

---

14) 전자서명법 제8조
15) 전자서명법 제21조
16) 전자서명법 제21조
17) 전자서명법 제22조
18) 전자서명법 제 9조

(5) 인증 업무의 휴지·폐지

공인인증기관이 인증 업무의 전부 또는 일부를 휴지(休止)하고자 하는 때에는 휴지 기간을 정하여 휴지하고자 하는 날의 30일전까지 이를 가입자에게 통보하고, 정보통신부장관에게 신고하여야 한다. 이 경우 휴지 기간은 6월을 초과할 수 없다.

공인인증기관이 인증 업무를 폐지하고자 하는 때에는 폐지하고자 하는 날의 60일전까지 이를 가입자에게 통보하고 정보통신부장관에게 신고하여야 한다. 인증 업무의 휴지·폐지를 신고한 공인인증기관은 가입자의 인증서와 인증서의 효력 정지 및 폐지에 관한 기록을 다른 공인인증기관에게 인계하여야 한다. 다만, 부득이한 사유로 인하여 가입자인증서 등을 인계할 수 없는 경우에는 그 사실을 정보통신부장관에게 지체없이 신고하여야 한다. 신고를 받으면 정보통신부장관은 한국정보보호센터에 대하여 당해 공인인증기관의 가입자 인증서 등을 인수하도록 명할 수 있다.[19]

5. 인증서

1) 인증서의 개념

공개키 기반의 전자서명 기술은 자신이 공개키를 외부에 공개한 후, 이를 이용하여 자신을 상대방에게 인증시키는 기술이므로 공개키는 공개된 장소에 등록한다. 그렇기 때문에 공개키의 위조나 변조에 대한 문제점이 나타날 수 있으며, 자신이 획득하고자 하는 공개키가 누구의 것인지 확인할 방법도 있어야 한다. 이 때 사용자의 신분과 공개키 정보를 믿을 수 있는 제3자가 보장해주는 전자문서를 인증서(certificate)라고 한다.

전자거래를 할 때 공인인증서를 사용하면 신원 확인. 문서의 위조나 변조, 거래 사실의 부인 방지 등의 효과를 얻을 수 있다. 인증서에는 인증서 버전, 인증서 일련번호, 인증서의 유효 기간, 발급기관명 및 전자서명 알고리즘 정보, 가입자 이름 및 전자서명 알고리즘 정보 등이 포함되어 있다.

전자서명법 제2조에서는 인증서라 함은 전자서명 생성정보가 가입자에게 유일하게 속한다는 사실 등을 확인하고 이를 증명하는 전자적 정보라고 규정하고 있다.

2) 인증서의 종류

인증서의 종류는 다음과 같다.

---

19) 전자서명법 제10조

(1) 신원 인증서

신원 인증서(identifying certificate)란 디지털서명에 있어서의 신원 확인과 동일한 개념으로서, 어떠한 공개키와 가입자간의 귀속관계를 증명하여 주는 인증서를 말한다. 인증기관이 가입자의 신원을 확인하는 과정을 거쳐 발행된다. 일반적으로 인증서라고만 할 때에는 신원 인증서를 의미한다.

(2) 자격 인증서

자격 인증서(authorizing certificate)란 가입자에게 일정한 자격이나 권한이 있음을 증명하는 인증서를 말한다. 초기의 인증서는 가입자의 신원을 확인하는 형태였으나, 인증서 발행이 보편화되면서 단순히 가입자의 신원을 확인하는 것에 그치지 않고 어떠한 자격이나 권한이 있음을 증명하는 것을 요구하게 되었다.

(3) 거래인증서

거래인증서(transactional certificate)란 어떠한 거래 관계에 있어 일정한 사실이 발생하였음을 증명하는 인증서를 말한다. 신원 인증서나 자격 인증서가 반복적인 사용이 가능하지만 거래인증서는 어떤 사실이 발생하였거나 절차 등이 행하여졌다는 것을 증명하는 목적을 충족함으로써 그 효용을 다하기 때문에 특정한 거래를 위한 인증서라고 할 수 있다.

전자우편이 발송된 경우 인증기관이 어떤 자가 실제로 전자우편을 보냈다는 사실 자체를 증명하는 취지로 그의 디지털서명을 덧붙이는 경우를 예로 들 수 있다.

3) 인증서의 발급과 내용

공인인증기관은 인증서를 발급 받고자 신청하는 경우에는 인증서의 이용 범위 및 용도 등을 고려하여 신원을 확인한 후 인증서를 발급한다. 인증서의 이용 범위 및 용도, 이용된 기술의 안전과 신뢰성 등을 고려하여 인증서의 유효기간을 적정하게 정하여야 한다. 그리고 인증서의 이용범위 또는 용도를 제한하는 인증서를 발급할 수 있다.

공인인증기관이 발급하는 인증서에는 다음과 같은 내용이 포함되어야 한다.[20]

① 가입자의 이름

② 가입자의 전자서명 검증 정보

---

20) 전자서명법 제15조

③ 가입자와 공인인증기관이 이용하는 전자서명 방식
④ 인증서의 일련번호
⑤ 인증서의 유효기간
⑥ 공인인증기관의 명칭 등 공인인증기관임을 확인할 수 있는 정보
⑦ 인증서의 이용범위 또는 용도를 제한하는 경우 이에 관한 사항
⑧ 가입자가 제3자를 위한 대리권 등을 갖는 경우 또는 직업상 자격등의 표시를 요청한 경우 이에 관한 사
⑨ 공인된 인증서임을 나타내는 표시

4) 인증서의 효력

(1) 인증서의 효력 소멸

공인인증기관이 발급한 인증서는 다음과 같은 사유가 발생한 경우에는 그 사유가 발생한 때에 효력이 소멸된다.[21)]

① 인증서의 유효기간이 경과한 경우
② 공인인증기관의 지정이 취소된 경우
③ 인증서의 효력이 정지된 경우
④ 인증서가 폐지된 경우

인증서의 효력이 소멸된 경우에는 누구든지 그 사실을 항상 확인할 수 있도록 지체없이 필요한 조치를 취해야 한다.

(2) 인증서의 효력 정지

인증 업무의 안전성과 신뢰성 확보를 위하여 정보통신부장관은 인증 업무를 휴지 또는 폐지하였거나 인증 업무가 정지된 공인인증기관의 전자서명 생성정보가 분실·훼손 또는 도난·유출되는 등의 경우에는 해당 공인인증기관이 발급한 모든 공인인증서의 효력을 정지할 수 있다. 또한 공인인증기관은 가입자 또는 그 대리인의 신청이 있는 경우에도 공인인증서의 효력을 정지할 수 있다. 인증서의 효력을 정지한 때에는 누구든지 그 사실을 항상 확인할 수 있도록 지체 없이 필요한 조치를 취해야 한다.

그리고 공인인증기관은 가입자 또는 그 대리인의 신청이 있는 경우에는 인증서의 효력을 정지

21) 전자서명법 제16조

하거나 정지된 인증서의 효력을 회복하여야 한다. 이 경우 인증서의 효력회복 신청은 인증서의 효력이 정지된 날부터 6월 이내에 해야 한다.[22] 공인 인증기관이 인증서의 효력을 정지하거나 회복한 경우에는 인증관리 체계에 의하여 누구든지 그 사실을 항상 확인할 수 있도록 지체 없이 필요한 조치를 취해야 한다.[23]

(3) 인증서의 폐지

공인인증기관은 인증서에 관하여 다음과 같은 사유가 발생한 경우에는 당해 인증서를 폐지하여야 한다.[24]

① 가입자 또는 그 대리인이 인증서의 폐지를 신청한 경우
② 가입자가 사위 기타 부정한 방법으로 인증서를 발급 받은 사실을 인지한 경우
③ 가입자의 사망·실종 선고 또는 해산 사실을 인지한 경우
④ 가입자의 전자서명 생성정보가 분실·훼손 또는 도난·유출된 사실을 인지한 경우

공인인증기관은 위와 같은 규정에 의하여 인증서를 폐지한 경우에는 인증관리 체계에 의하여 누구든지 그 사실을 항상 확인할 수 있도록 지체 없이 필요한 조치를 취해야 한다.[25]

주요 용어

전자거래	전자문서	기록(record)
생성(generated)	연산작용	복제물
원본	사본	의사표시
행위의사	표시의사	효과의사
도달주의	비진의 표시	동기의 착오
내용의 착오	표시상의 착오	하자
인증	전자서명	디지털서명
인증기관	인증서	신원 인증서
자격 인증서	거래인증서	일시인부인증서

22) 전자서명법 제17조
23) 전자서명법 제17조
24) 전자서명법 제18조
25) 전자서명법 제18조 제2항

제14장 연구과제

① 전자거래기본법의 제정 목적과 주요 내용을 설명하라.

② 인터넷을 이용한 거래의 특징을 설명하라.

③ 전자거래를 정의하고, 기존 매체를 이용한 거래와의 차이점을 설명하라.

④ 전자문서로 분류되기 위해서는 어떤 요건을 갖추어야 하는가?

⑤ 전자적 의사표시가 법률적 구성 요건을 갖추기 위해서 필요한 조건을 설명하라.

⑥ 전자거래의 안전성을 확보하기 위한 방법을 설명하라.

⑦ 문서란 무엇이며, 어떤 요건을 갖추어야 법률적으로 유효한지 설명하라.

⑧ 전자문서의 인증은 왜 필요한가?

⑨ 전자문서의 인증 절차를 단계별로 설명하라.

⑩ 전자서명법의 제정 목적과 주요 내용을 설명하라.

⑪ 전자서명의 개념을 정의하고, 필요한 이유를 설명하라.

⑫ 전자서명 공인인증기관의 역할을 설명하라.

⑬ 우리 나라의 전자서명 공인인증기관을 조사하라.

⑭ 공인인증서란 무엇이며, 어떤 효력이 있는가?

⑮ 전자거래와 관련하여 나타날 수 있는 법률적 문제점들을 조사해 보라.

제 15 장

전자상거래 관련 법규

ELECTRONIC COMMERCE

학습 개요

전자상거래는 소비자와 생산자가 직접 거래를 하고, 가상공간에서 비대면으로 거래가 이루어지기 때문에 일종의 통신 판매의 형태이다. 이와 같이 전자상거래는 전통적 상거래와는 전혀 다른 거래 형태이기 때문에 전자거래기본법과 전자서명법 뿐만 아니라 다른 법률들에 의해서도 효력을 미친다.

제15장에서는 소비자 보호와 관련된 소비자기본법과 약관의 규제에 관한 법률 및 전자상거래 등에서의 소비자보호에 관한 법률에 대해 살펴보기로 한다.

1 소비자기본법

1. 소비자의 권리

전자상거래는 생산자와 소비자 사이에 존재하던 중간 유통업자들을 배제하고, 가상공간에서 직접 거래가 이루어지기 때문에 보다 공격적인 마케팅이 이루어진다. 거래가 이루어지는 상품과 서비스는 물리적 형태 뿐만 아니라 디지털 형태도 취급한다. 그렇기 때문에 소비자를 보호할 필요성이 제기된다.

그림 12-1 인터넷 쇼핑몰에 대한 소비자 불만

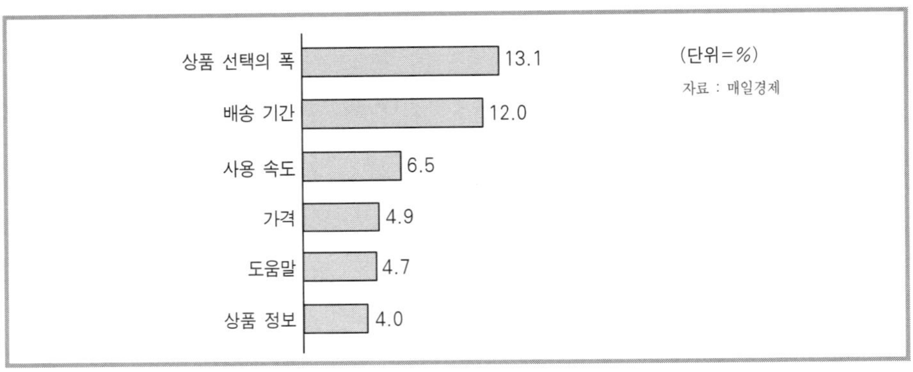

우리 나라에서는 소비자의 권익을 증진하기 위하여 소비자의 권리와 책무, 국가·지방자치단체 및 사업자의 책무, 소비자 단체의 역할 및 소비자와 사업자 사이의 관계 등을 규정하고 있다.

소비자 권리는 사회・경제적 제도 내에서 소비자가 향유할 수 있는 기본적인 권리를 말한다. 1962년 미국 케네디 대통령이 연방의회에 보낸 특별교서를 통해 안전할 권리, 알권리 등을 제시한 바 있으며, 1975년에는 경제협력개발기구(OECD)도 소비자 보호와 정보에 관한 기본 계획에서 소비자의 5대 권리를 선언하였다.

이어서 1980년에는 세계 각국의 소비자 단체들의 협의기구인 국제소비자연맹(IOCU)도 안전할 권리, 알권리, 선택할 권리, 의사를 반영할 권리, 보상받을 권리, 교육받을 권리, 쾌적한 환경을 누릴 권리 등 7대 권리를 선언하였다. 이와 같이 소비자의 권리는 세계 각국의 소비자 운동과 소비자 행정의 목표로 이용되고 있다.

우리 나라의 소비자기본법도 소비자의 7대 권리를 소비자기본법에 명문화하고 있으며, 국제

소비자연맹(IOCU)의 7대 권리 뿐만 아니라 단체를 조직 · 활동할 권리가 추가되어 있다.[1)]

1) 안전할 권리

모든 물품 및 용역으로 인한 생명과 신체 및 재산상의 위해(危害)로부터 보호받을 권리를 말한다. 소비자의 안전을 도모하기 위해서는 국가는 안전기준을 제정하고 위해 상품을 수거 · 파기할 의무가 있다.

2) 알 권리

물품 등을 선택함에 있어서 필요한 지식 및 정보를 제공받을 권리를 말한다. 이 권리는 소비자가 합리적인 소비생활을 하는데 필요한 전제조건이다. 물품 등을 구매하기 전에 각종 상품 정보나 상품 표시(labeling)등을 통해 사용 목적에 적합한지를 정확히 판단할 수 있고, 사용 과정에서는 올바른 사용 방법이나 주의 사항을 통해 소비 생활에 만족을 얻을 수 있다.

3) 선택할 권리

물품 등을 사용함에 있어서 거래 상대방 · 구입 장소 · 가격 및 거래 조건 등을 자유로이 선택할 권리를 말하며, 자유롭고 공정한 경쟁이 이루어지는 시장에서 보장될 수 있다. 특히, 우리 나라는 방문판매원들의 허위 · 기만행위 등으로부터 소비자의 선택할 권리를 보장하기 위해 1991년에 할부거래에 관한 법률과 방문판매 등에 관한 법률을 제정하였다.

4) 의견을 반영할 권리

소비자가 소비생활에 영향을 주는 국가나 지방자치단체의 정책과 사업자의 사회활동에 대하여 의견을 반영시킬 권리를 말한다. 소비자의 권익 증진을 위한 소비자정책위원회 등에 소비자 대표가 직접 참여하는 것을 비롯하여 소비자 관련기관이 사업자의 특정 행위를 조사한 결과를 토대로 정부기관 등에 정책을 건의하고, 사업자에게 시정을 촉구하는 것도 의견을 반영할 권리를 행사하는 것이다.

5) 피해를 보상받을 권리

물품 등의 사용으로 인하여 입은 피해에 대하여 신속하고 공정한 절차에 따라 적절한 보상을

1) 소비자기본법 제4조

받을 권리를 말한다. 정부가 품목별로 피해보상 기준을 마련하고 사업자로 하여금 자체 보상기구를 설치・운영토록 한 것이나, 소비자 관련기관에서 소비자 불만과 피해구제 업무를 수행하는 것 등은 소비자의 보상받을 권리를 지켜주는 것이다.

6) 교육을 받을 권리

소비자가 합리적인 소비 생활을 위하여 필요한 교육을 받을 권리를 말한다. 이 권리는 소비자들 스스로 권익을 지키는데 필요한 것이다. 일반적으로 소비자 교육은 어린이를 대상으로 하는 가정 소비자교육과 학생을 대상으로 하는 체계적인 학교 소비자교육, 그리고 성인을 대상으로 하는 소비자 관련기관의 사회교육 및 계몽 활동 등으로 구분된다.

7) 단체를 조직 · 활동할 권리

소비자 스스로의 권익을 옹호하기 위하여 단체를 조직하고, 이를 통하여 활동할 수 있는 권리를 말한다. 다른 국가나 국제기구에서 선언한 소비자 권리에서는 발견할 수 없는 내용이다.

8) 쾌적한 환경을 누릴 권리

소비자가 안전하고 쾌적한 소비생활 환경에서 물품 등을 소비할 권리를 말한다. 이 권리는 국제소비자연맹의 소비자 권리 중 쾌적한 환경을 누릴 권리를 명문화한 것이다.

① 소비자는 사업자 등과 더불어 자유시장경제를 구성하는 주체임을 인식하여 권익을 증진하기 물품 등을 올바르게 선택하고, 제4조의 규정에 따른 소비자의 기본적 권리를 정당하게 행사하여야 한다.
② 소비자는 스스로를 위하여 필요한 지식과 정보를 습득하도록 노력하여야 한다.
③ 소비자는 자주적이고 합리적인 행동과 자원 절약적이고 환경 친화적인 소비 생활을 함으로써 소비 생활의 향상과 국민경제의 발전에 적극적인 역할을 다하여야 한다.

2. 소비자의 책무

우리 나라의 소비자기본법 제5조에는 소비자의 역할을 강조하고 있다. 소비자는 권익을 증진하기 위하여 물품 등을 올바르게 선택하고, 필요한 지식과 정보를 습득하도록 노력하는 동시에 자주적이고 합리적인 행동과 자원 절약적이고 환경 친화적인 소비 생활을 하여야 한다고 규정하고 있다. 소비자의 권리만 중요한 것이 아니며, 여기에 따르는 책임도 똑같이 중요하다는 취지이다.

소비자의 책임은 1980년 아세안 소비자보호선언 이후 국제소비자연맹(IOCU)에서 채택하였는데 그 내용은 다음과 같다.

① 문제를 의식하는 책임

소비자가 소비하는 모든 재화와 용역의 유용성・가격・품질에 대하여 비판할 수 있어야 한다.

② 참여에 대한 책임

상품을 구입하면서 공정한 대우를 받고 있는지 확인하고 참여해야 한다.

③ 사회적 책임

건전한 시민정신으로 민주사회에 기여할 수 있는 사회적 책임을 깨달아야 한다.

④ 환경 보존에 대한 책임

상품의 소비와 관련하여 자연 환경을 파괴하지 않고 보호하여야 한다.

⑤ 단결에 대한 책임

소비자의 연대감과 조직화 없이는 소비자 권리를 주장할 수 없게 된다.

3. 국가 및 지방자치단체의 책무

국가 및 지방자치단체는 소비자의 기본적 권리가 실현되도록 다음과 같은 의무를 지도록 규정하고 있다.

1) 위해의 방지

국가는 사업자가 소비자에게 제공하는 물품 등으로 인한 소비자의 생명・신체 또는 재산에 대한 위해를 방지하기 위하여 다음과 같은 기준을 정하도록 규정하고 있다.[2)]

① 물품 등의 성분・함량・구조 등 안전에 관한 중요한 사항
② 물품 등을 사용할 때의 지시사항이나 경고 등 표시할 내용과 방법
③ 그 밖에 위해방지를 위하여 필요하다고 인정되는 사항

---

2) 소비자기본법 제8조

이러한 기준을 사업자가 준수하는지 여부를 정기적으로 시험 · 검사 또는 조사하여야 한다. 그리고 각종 위해정보를 수집하기 위하여 필요한 경우 행정기관 · 소비자단체 · 병원 · 학교 등을 위해정보 보고기관으로 지정 · 운영할 수 있다.

2) 계량 및 규격의 적정화

국가 및 지방자치단체는 소비자가 사업자와의 거래에 있어서 계량으로 인하여 손해를 보는 일이 없도록 하기 위하여 물품 등의 계량에 관하여 필요한 시책을 강구하여야 한다. 그리고 물품의 품질 개선 및 소비 생활의 합리화를 기하기 위하여 물품 등의 규격을 정하고 이를 보급하기 위한 시책을 강구하여야 한다.[3]

국가는 소비자가 사업자와의 거래에 있어서 표시나 포장 등으로 인하여 물품 등을 잘못 선택하거나 사용하지 아니하도록 물품 등에 대하여 다음과 같은 표시기준을 규정하고 있다.[4]

① 상품명 · 용도 · 성분 · 재질 · 성능 · 규격 · 가격 · 용량 · 허가 번호 및 용역의 내용
② 물품 등을 제조 · 수입 또는 판매하거나 제공한 사업자의 명칭 및 물품의 원산지
③ 사용 방법, 사용 · 보관할 때의 주의 사항 및 경고 사항
④ 제조년월일, 품질 보증기간 또는 식품이나 의약품 등 유통 과정에서 변질되기 쉬운 물품은 그 유효기간
⑤ 표시의 크기 · 위치 및 방법
⑥ 물품 등에 따른 불만이나 소비자 피해가 있는 경우의 처리 기구 및 처리 방법

3) 광고 기준

국가는 물품 등의 잘못된 소비 또는 과다한 소비로 인하여 발생할 수 있는 소비자의 생명·신체 또는 재산에 대한 위해를 방지하기 위하여 광고의 내용 및 방법에 관한 기준을 정하고 있다.[5]

① 용도 · 성분 · 성능 · 규격 또는 원산지 등을 광고하는 때에 허가 또는 공인된 내용만으로 광고를 제한할 필요가 있거나 특정 내용을 소비자에게 반드시 알릴 필요가 있는 경우
② 소비자가 오해할 우려가 있는 특정 용어 또는 특정 표현의 사용을 제한할 필요가 있는 경우
③ 광고의 매체 및 시간대에 대하여 제한이 필요한 경우

---

3) 소비자기본법 제9조
4) 소비자기본법 제10조
5) 소비자기본법 제11조

4) 거래의 적정화

국가는 사업자의 불공정한 거래 조건이나 거래 방법으로 인하여 소비자가 부당한 피해를 입지 아니하도록 필요한 시책을 수립·실시하여야 하며, 소비자의 합리적인 선택을 방해하고 소비자에게 손해를 끼칠 우려가 있다고 인정되는 사업자의 부당한 행위를 지정·고시할 수 있다. 또한 국가 및 지방자치단체는 약관에 따른 거래 및 방문판매·다단계판매·할부판매·통신 판매·전자거래 등 특수한 형태의 거래에 대해서는 소비자의 권익을 위하여 필요한 시책을 강구하여야 한다.[6)]

5) 소비자에의 정보 제공

국가 및 지방자치단체는 소비자의 기본적인 권리가 실현될 수 있도록 소비자 보호와 관련된 주요 시책 및 주요 결정사항을 소비자에게 제공하여야 한다. 또한 소비자가 물품 및 용역을 합리적으로 선택할 수 있도록 하기 위하여 물품 및 용역의 거래 조건이나 거래 방법과 관련되는 사업자의 정보가 소비자에게 제공될 수 있도록 필요한 시책을 강구하여야 한다.[7)]

6) 소비자의 능력 향상

국가 및 지방자치단체는 소비자의 올바른 권리행사를 이끌고, 물품등과 관련된 판단능력을 높이며, 소비자가 자신의 선택에 책임을 지는 소비 생활을 할 수 있도록 필요한 교육을 해야 한다. 또한 소비자의 능력 향상을 위한 프로그램을 개발 및 방송법에 따른 방송사업을 할 수 있다.[8)]

7) 개인 정보의 보호

국가 및 지방자치단체는 소비자가 사업자와의 거래에서 개인 정보의 분실·도난·누출·변조 또는 훼손으로 인하여 부당한 피해를 입지 아니하도록 필요한 시책을 강구하여야 하며, 소비자의 개인 정보를 보호하기 위한 기준을 정하여야 한다.[9)]

8) 소비자 분쟁의 해결

국가 및 지방자치단체는 소비자의 불만이나 피해가 신속·공정하게 처리될 수 있도록 관련기구

6) 소비자기본법 제12조
7) 소비자기본법 제13조
8) 소비자기본법 제14조
9) 소비자기본법 제15조

의 설치 등 필요한 조치를 강구해야 하며, 소비자와 사업자 사이에 발생하는 분쟁을 원활하게 해결하기 위해 해결 기준을 제정할 수 있다. 해결 기준은 분쟁 당사자 사이에 분쟁해결 방법에 관한 별도의 의사표시가 없는 경우에 한하여 분쟁 해결을 위한 합의 또는 권고의 기준이 된다.[10)]

7) 시험 · 검사 시설의 설치

국가 및 지방자치단체는 물품 등의 규격 · 품질 및 안전성 등에 관하여 시험 · 검사 또는 조사를 실시할 수 있는 기구와 시설을 갖추어야 한다. 소비자나 소비자단체는 필요하다고 인정되는 때 또는 소비자의 요청이 있는 때에는 시험 · 검사기관이나 한국소비자원에 시험 · 검사 또는 조사를 의뢰하여 시험 등을 실시할 수 있으며. 그 결과를 공표하고 소비자의 권익을 위하여 필요한 조치를 취하여야 한다.[11)]

4. 사업자의 책무

소비자기본법에서는 소비자의 기본 권리를 보호하기 위하여 사업자에게 다음과 같은 책무를 규정하고 있다.[12)]

① 사업자는 물품 등으로 인하여 소비자에게 생명·신체 또는 재산에 대한 위해가 발생하지 아니하도록 필요한 조치를 강구하여야 한다.
② 사업자는 물품 등을 공급함에 있어서 소비자의 합리적인 선택이나 이익을 침해할 우려가 있는 거래 조건이나 거래 방법을 사용하여서는 아니 된다.
③ 사업자는 소비자에게 물품 등에 대한 정보를 성실하고 정확하게 제공하여야 한다.
④ 사업자는 소비자의 개인 정보가 분실 · 도난 · 누출 · 변조 또는 훼손되지 아니하도록 그 개인 정보를 성실하게 취급하여야 한다.
⑤ 사업자는 물품 등의 하자로 인한 소비자의 불만이나 피해를 해결하거나 보상하여야 하며, 채무불이행 등으로 인한 소비자의 손해를 배상하여야 한다.

또한 사업자는 소비자 권익 증진과 관련된 업무의 추진에 필요한 자료 및 정보제공 요청에 적극 협력하여야 하며, 환경친화적인 기술의 개발과 자원의 재활용을 위하여 노력하여야 한다.[13)]

---

10) 소비자기본법 제16조
11) 소비자기본법 제17조
12) 소비자기본법 제19조
13) 소비자기본법 제18조

5. 소비자 단체

기업들의 부당한 마케팅 활동으로부터 소비자를 보호하기 위하여 소비자단체 등을 통해 적극적으로 소비자보호 활동을 하고 있다. 소비자를 보호하기 위한 활동은 1950년대 후반에 미국을 중심으로 일어났으며, 우리 나라에서는 1980년에 소비자보호법이 제정되었고, 같은 해 소비자보호원이 정부 출연에 의해 소비자보호 전담기관으로서 출발하였다.

소비자 단체는 다음과 같은 업무를 수행한다.[14)]

① 국가 및 지방자치단체의 소비자의 권익과 관련된 시책에 대한 건의
② 물품 등의 규격 · 품질 · 안전성 · 환경성에 관한 시험 · 검사 및 가격 등을 포함한 거래 조건이나 거래 방법에 관한 조사 · 분석
③ 소비자 문제에 관한 조사 · 연구
④ 소비자의 교육
⑤ 소비자의 불만 및 피해를 처리하기 위한 상담·정보 제공 및 당사자 사이의 합의의 권고

소비자 단체는 조사 · 분석 등의 결과를 공표할 수 있다. 다만, 전문적인 인력과 설비를 필요로 하는 시험 · 검사인 경우에는 대통령령이 정하는 시험 · 검사기관의 시험 · 검사를 거친 후 공표하여야 한다. 또한 소비자 단체가 사업자에게 자료 및 정보의 제공을 요청하였음에도 정당한 사유 없이 이를 거부 · 방해 · 기피하거나 거짓으로 제출한 경우에는 그 사업자 또는 사업자 단체의 이름, 거부 등의 사실과 사유를 일반 일간신문에 게재할 수 있다.

6. 한국소비자원

한국소비자원은 소비자 권익을 위한 시책을 효과적으로 추진하기 위한 전담기구로서 다음과 같은 업무를 수행한다.[15)]

① 소비자의 권익과 관련된 제도와 정책의 연구 및 건의
② 소비자의 권익 증진을 위하여 필요한 경우 물품 등의 규격 · 품질 · 안전성 · 환경성에 관한 시험 · 검사 및 가격 등을 포함한 거래 조건이나 거래 방법에 대한 조사 · 분석
③ 소비자의 권익 증진 · 안전 및 소비 생활의 향상을 위한 정보의 수집 · 제공 및 국제 협력
④ 소비자의 권익 증진 · 안전 및 능력 개발과 관련된 교육 · 홍보 및 방송사업

14) 소비자기본법 제28조
15) 소비자기본법 제35조

⑤ 소비자의 불만 처리 및 피해 구제
⑥ 소비자의 권익 증진 및 소비 생활의 합리화를 위한 종합적인 조사 · 연구
⑦ 국가 또는 지방자치단체가 소비자의 권익 증진과 관련하여 의뢰한 조사 등의 업무
⑧ 그 밖에 소비자의 권익 증진 및 안전에 관한 업무

7. 소비자 안전

소비자보호법에서는 소비자들의 안전을 위하여 어린이 · 노약자 및 장애인 등 안전취약 계층에 대하여 국가 및 지방자치단체는 우선적으로 보호 시책을 강구해야 하고, 사업자는 물품 그 취약 계층에게 위해가 발생하지 않도록 필요한 예방 조치를 취해야 한다고 규정하고 있다.[16)]

소비자들의 안전을 위한 구체적 조치들은 다음과 같다.

1) 결함 정보의 보고 의무

사업자는 소비자에게 제공한 물품 등에 소비자의 생명·신체 또는 재산에 위해를 끼치거나 끼칠 우려가 있는 제조 · 설계 또는 표시 등의 중대한 결함이 있는 사실을 알게 된 때에는 그 결함의 내용을 소관 중앙행정기관의 장에게 보고하여야 한다.

2) 물품 등의 자진 수거

사업자는 소비자에게 제공한 물품 등의 결함으로 인하여 소비자의 생명 · 신체 또는 재산에 위해를 끼치거나 끼칠 우려가 있는 경우에는 대통령령이 정하는 바에 따라 당해 물품등의 수거 · 파기 · 수리 · 교환 · 환급 또는 제조 · 수입 · 판매 · 제공의 금지 그 밖의 필요한 조치를 취하여야 한다.

3) 수거 · 파기 등의 권고

중앙행정기관의 장은 사업자가 제공한 물품 등의 결함으로 인하여 소비자의 생명 · 신체 또는 재산에 위해를 끼치거나 끼칠 우려가 있다고 인정되는 경우에는 그 사업자에 대하여 당해 물품 등의 수거 · 파기 · 수리 · 교환 · 환급 또는 제조 · 수입 · 판매 · 제공의 금지 그 밖의 필요한 조치를 권고할 수 있다.

---

16) 소비자기본법 제45조

4) 수거 · 파기 등의 명령

중앙행정기관의 장은 사업자가 제공한 물품 등의 결함으로 인하여 소비자의 생명 · 신체 또는 재산에 위해를 끼치거나 끼칠 우려가 있다고 인정되는 경우에는 대통령령이 정하는 절차에 따라 그 물품 등의 수거 · 파기 · 수리 · 교환 · 환급을 명하거나 제조 · 수입 · 판매 또는 제공의 금지를 명할 수 있다.

5) 위해 정보의 수집 및 처리

소비자 안전센터는 물품 등으로 인하여 소비자의 생명·신체 또는 재산에 위해가 발생하였거나 발생할 우려가 있는 위해 정보를 수집할 수 있다. 위해 정보의 분석 결과에 따라 필요한 경우에는 다음과 같은 조치를 취할 수 있다.

① 위해 방지 및 사고 예방을 위한 소비자 안전 경보의 발령
② 물품 등의 안전성에 관한 사실의 공표
③ 위해 물품 등을 제공하는 사업자에 대한 시정 권고
④ 국가 또는 지방자치단체에의 시정 조치 · 제도 개선 건의
⑤ 그 밖에 소비자 안전을 확보하기 위하여 필요한 조치로서 대통령령이 정하는 사항

2 약관의 규제에 관한 법률

1. 약관의 의의

약관(約款)은 다수의 상대방과 계약을 체결하기 위하여 당사자 일방이 미리 정하여 놓은 계약 조항을 말한다. 약관의 규제에 관한 법률 제2조에서는 약관의 정의를 「그 명칭이나 형태 또는 범위를 불문하고, 계약의 일방 당사자가 다수의 상대방과 계약을 체결하기 위하여 일정한 형식에 의하여 미리 마련한 계약의 내용이 되는 것」이라고 규정하고 있다.

약관은 미리 사업자 등에 의하여 계약 내용이 정해져 있고, 계약의 체결을 원하는 상대방이 약관대로의 계약 내용에 동의하든가, 이에 불만이 있으면 계약 체결을 거부하든가 양자택일을 하는데 그 특색이 있다. 약관은 어떠한 개별 계약에도 강제로 적용될 수 없으며, 기업이 약관에 의한다는 점을 밝히고 고객이 알 수 있게 약관을 명시한 경우에 한하여 법적 효력을 가진다고 보는 것이 타당하다.

우리나라에서는 약관의 규제에 관한 법률을 제정하여 사업자가 그 거래상의 지위를 남용하여 불공정한 내용의 약관을 작성·통용하는 것을 방지하고, 이를 규제함으로써 소비자를 보호하고 있다. 사업자 및 사업자 단체는 불공정한 내용의 약관이 통용되는 것을 방지하기 위하여 일정한 거래 분야에서 표준이 될 약관을 마련하여 그 내용이 이 법에 위반되는지 여부에 관하여 공정거래위원회에 심사를 청구하여 마련할 수 있다.

2. 약관의 규율

1) 약관의 명시 · 설명 의무

사업자는 계약을 체결할 때 고객에게 약관의 내용을 계약의 종류에 따라 일반적으로 예상되는 방법으로 명시하고, 고객이 요구할 때에는 당해 약관의 사본을 고객에게 교부하여 이를 알 수 있도록 하여야 한다. 또한 사업자는 약관에 정하여져 있는 중요한 내용을 고객이 이해할 수 있도록 설명하여야 한다. 만일 사업자가 이러한 규정을 위반하여 계약을 체결한 때에는 당해 약관을 계약의 내용으로 주장할 수 없다.[17]

---

17) 약관의 규제에 관한 법률 제3조

2) 약관의 해석

위와 같이 약관은 계약의 내용에 편입되기 위하여 사업자에 의하여 제안된 것이므로, 약관은 법률행위 해석의 일반 원칙에 따라 당사자의 진의를 객관적으로 판단하는 방법으로 해석하여야 한다.

이와 같은 맥락에서 약관의 규제에 관한 법률 제5조는 약관은 신의성실의 원칙에 따라 공정하게 해석되어야 하며, 고객에 따라 다르게 해석되어서는 안 되고, 약관의 뜻이 명백하지 아니한 경우에는 고객에게 유리하게 해석되어야 한다고 규정하고 있다.

3) 불공정한 약관 조항의 무효

신의성실의 원칙을 위반하여 공정성을 잃은 약관은 무효로 보아야 한다.[18] 다음과 같은 경우의 약관 조항은 공정을 잃은 것으로 추정하고 있다.[19]

① 고객에 대하여 부당하게 불리한 조항
② 고객이 계약의 거래형태 등 제반사정에 비추어 예상하기 어려운 조항
③ 계약의 목적을 달성할 수 없을 정도로 계약에 따르는 본질적 권리를 제한하는 조항

3. 불공정 약관의 무효

이외에도 약관의 규제에 관한 법률은 불공정 약관 조항으로서 다음과 같은 내용은 모두 무효로 한다.

1) 면책 조항의 금지

계약 당사자의 책임에 관하여 정하고 있는 약관의 내용 중 다음에 해당하는 내용을 정하고 있는 조항은 이를 무효로 한다.

① 사업자, 이행 보조자 또는 피용자의 고의 또는 중대한 과실로 인한 법률상의 책임을 배제하는 조항
② 상당한 이유 없이 사업자의 손해배상 범위를 제한하거나 사업자가 부담하여야 할 위험을

18) 약관의 규제에 관한 법률 제6조 제1항
19) 약관의 규제에 관한 법률 제6조 제2항

고객에게 이전시키는 조항

③ 상당한 이유 없이 사업자의 담보 책임을 배제 또는 제한하거나 그 담보 책임에 따르는 고객의 권리 행사의 요건을 가중하는 조항 또는 계약 목적물에 관하여 견본이 제시되거나 품질·성능 등에 관한 표시가 있는 경우 그 보장된 내용에 대한 책임을 배제 또는 제한하는 조항

2) 손해 배상액의 예정

고객에 대하여 부당하게 과중한 지연 손해금 등의 손해배상 의무를 부담시키는 약관 조항은 이를 무효로 한다.

3) 계약의 해제와 해지

계약의 해제권은 유효하게 성립된 계약의 효력을 일방적인 의사표시에 의하여 소급적으로 소멸할 수 있는 권리를 말하고, 해지권은 계약 당사자의 한 쪽이 계약을 해지할 수 있는 권리를 말한다. 계약의 해제와 해지에 관하여 정하고 있는 약관의 내용 중 다음에 해당되는 내용을 담고 있는 조항은 무효로 한다.

① 법률의 규정에 의한 고객의 해제권 또는 해지권을 배제하거나 그 행사를 제한하는 조항

② 업자에게 법률에서 규정하고 있지 아니하는 해제권 · 해지권을 부여하거나 법률의 규정에 의한 해제권 · 해지권의 행사요건을 완화하여 고객에 대하여 부당하게 불이익을 줄 우려가 있는 조항

③ 계약의 해제 또는 해지로 인한 고객의 원상회복 의무를 상당한 이유 없이 과중하게 부담시키거나 원상회복 청구권을 부당하게 포기하도록 하는 조항

④ 계약의 해제 · 해지로 인한 사업자의 원상회복 의무나 손해배상 의무를 부당하게 경감하는 조항

⑤ 계속적인 채권 관계의 발생을 목적으로 하는 계약에서 그 존속 기간을 부당하게 단기 또는 장기로 하거나 묵시의 기간 연장 또는 갱신이 가능하도록 정하여 고객에게 부당하게 불이익을 줄 우려가 있는 조항

4) 채무의 이행

채무의 이행에 관하여 정하고 있는 약관의 내용 중 다음에 해당되는 내용을 정하고 있는 조항은 이를 무효로 한다.

① 상당한 이유 없이 급부의 내용을 사업자가 일방적으로 결정하거나 변경할 수 있도록 권한

을 부여하는 조항

② 상당한 이유 없이 사업자가 이행하여야 할 급부를 일방적으로 중지할 수 있게 하거나 제3자로 하여금 대행할 수 있게 하는 조항

5) 고객의 권익 보호

고객의 권익에 관하여 정하고 있는 약관의 내용 중 다음에 해당되는 내용을 정하고 있는 조항은 이를 무효로 한다.

① 법률의 규정에 의한 고객의 항변권, 상계권 등의 권리를 상당한 이유 없이 배제 또는 제한하는 조항

② 고객에게 부여된 기한의 이익을 상당한 이유 없이 박탈하는 조항

③ 고객이 제3자와 계약을 체결하는 것을 부당하게 제한하는 조항

④ 사업자가 업무상 알게 된 고객의 비밀을 정당한 이유 없이 누설하는 것을 허용하는 조항

6) 의사표시의 의제

의사표시에 관하여 정하고 있는 약관의 내용 중 다음에 해당되는 내용을 정하고 있는 조항은 이를 무효로 한다.

① 일정한 작위 또는 부작위가 있을 때 고객의 의사표시가 표명되거나 표명되지 아니한 것으로 보는 조항. 다만, 고객에게 상당한 기한내에 의사표시를 하지 아니하면 의사표시가 표명되거나 표명되지 아니한 것으로 본다는 뜻을 명확하게 따로 고지하거나 부득이한 사유로 그러한 고지를 할 수 없는 경우에는 그러하지 아니하다.

② 고객의 의사표시의 형식이나 요건에 대하여 부당하게 엄격한 제한을 가하는 조항

③ 고객의 이익에 중대한 영향을 미치는 사업자의 의사표시가 상당한 이유 없이 고객에게 도달된 것으로 보는 조항

④ 고객의 이익에 중대한 영향을 미치는 사업자의 의사표시에 부당하게 장기의 기한 또는 불확정 기한을 정하는 조항

7) 대리인의 책임 가중

고객의 대리인에 의하여 계약이 체결된 경우 고객이 그 의무를 이행하지 아니하는 때에는 대리인에게 그 의무의 전부 또는 일부를 이행할 책임을 지우는 내용의 약관 조항은 이를 무효로 한다.

8) 소송 제기의 금지

고객에 대하여 부당하게 불리한 소송 제기의 금지 조항 또는 재판 관할의 합의 조항이나 상당한 이유 없이 고객에게 입증 책임을 부담시키는 약관 조항은 이를 무효로 한다.

4. 전자약관의 법적 문제

1) 전자약관의 의의 및 특징

전자약관이란 사업자에 의하여 사전에 작성된 전자적 기록(electronic record)의 형태로 된 약관이다. 보통의 약관은 종이문서 형식으로 작성되어 제시되지만, 전자약관은 전자적 기록의 출력 방식에 의하여 제시되는 특징이 있다.

전자약관은 사업자의 웹 사이트에 게시되어 고객들은 모니터를 이용하여 확인하는 것이 일반적이다. 그러나 경우에 따라서는 사업자가 고객들에게 전자우편을 통하여 전달하고, 고객은 이를 모니터나 프린터를 통하여 출력함으로써 확인할 수도 있다. 전자약관은 그 성질과 내용면에서는 일반적인 약관과 동일한 효력을 가지지만, 그 형태가 전자적 기록으로 이루어져 있기 때문에 명시와 설명 방법은 일반적인 약관과 다르게 취급해야 한다.

2) 전자약관의 명시 및 설명 방법

전자거래의 경우에는 사업자가 개설한 웹 사이트에 접속하여 사업자가 미리 마련하여 놓은 주문서 양식의 각종 기재사항에 필요한 사항을 기입하고 이를 전송함으로써 주문이 이루어진다. 이때 사업자는 자신의 웹 사이트에 미리 작성한 전자약관을 참조할 수 있도록 하이퍼텍스트 링크(link)를 마련하여 두는 것이 대부분이고, 고객은 그러한 링크를 마우스로 클릭하여 전자약관이 담긴 파일에 접속함으로써 비로소 전자약관은 고객에게 제시된다.

그러나 사업자가 주문을 위한 화면상에서 전자약관의 링크를 아주 작게 나타나게 하거나 주문을 위한 화면상에서는 그러한 링크를 마련해 두지 아니하였다면, 이런 전자약관은 고객에 대하여 정당하게 명시 또는 설명된 것이라고 볼 수 없다. 결국 약관의 규제에 관한 법률이 규정하고 있는 계약의 종류에 따라 일반적으로 예상되는 방법으로 약관을 명시할 의무와 중요한 내용에 대한 설명 의무를 위반한 것이라고 보아야 한다.

따라서 전자약관도 사업자에 의하여 일방적으로 작성되어 계약의 내용으로 편입되는 것이므로 약관의 규제에 관한 법률의 규정과 같이 사업자는 이를 계약의 종류에 따라 일반적으로 예상되는 방법으로 명시하여야 하고, 그 중요한 내용에 관하여는 고객에게 설명해 주어야 한다.

전자약관은 전자화된 기록의 형태로 존재하는 특징이 있기 때문에 다음과 같은 점을 충분히 고려해야 한다.

① 전자약관의 중요한 내용은 가급적 주문서양식 화면이나 계약체결 화면상에 함께 나타나도록 하고, 만일 전자약관의 내용을 그 화면상에 나타나게 할 수 없는 경우에는 반드시 한 번의 링크를 통하여 확인할 수 있도록 한다.

② 전자약관의 내용을 일정한 링크를 통하여 확인하도록 하는 경우에는 그 링크의 표시를 다른 내용에 비하여 큰 글꼴(font)과 강조된 글꼴을 사용하거나, 별개의 색상을 사용하는 등의 방법으로 고객이 쉽게 인식할 수 있도록 한다.

③ 전자약관의 경우에는 일반의 거래와는 달리 사업자가 고객에게 중요한 내용에 대하여 설명을 하는 것이 어렵기 때문에 전자약관의 내용은 일반적인 약관보다도 더욱 상세하고 평이하게 기술되어 있어야 할 뿐만 아니라, 전자약관 화면상에서도 중요한 내용은 다른 전자약관 조항과는 고객이 쉽게 인식할 수 있는 방법으로 구별되게 표시해야 한다.

④ 고객이 주문서 양식 화면이나 계약 체결 화면상에서 요구되는 각종 기재사항을 기입한 후 '완료' 또는 '신청'이라고 표시된 버튼을 클릭하거나 엔터키를 누름으로써 주문이 완료되거나 계약이 체결되도록 하고, 전자약관의 각종 조항도 그 계약의 내용으로서 편입된다는 사실을 분명히 밝히는 방법으로 약관에 명시해야 한다.

3 전자상거래 등에서의 소비자 보호에 관한 법률

1. 개요

종전의 「방문판매 등에 관한 법률」은 방문판매, 통신 판매, 다단계판매에 대하여 규정하고 있었는데, 이 법률이 전자상거래에는 적합하지 않은 부분이 있었기 때문에 「방문판매에 관한 법률」 중 제3장 통신 판매의 규정을 분리하여 2002년 3월 20일 법률 제6687호로 「전자상거래 등에서의 소비자 보호에 관한 법률」로 제정하였다.

이 법률은 전자상거래 및 통신 판매 등에 의한 재화 또는 용역의 공정한 거래에 관한 사항을 규정함으로써 소비자의 권익을 보호하고 시장의 신뢰도를 높이는데 그 목적이 있다. 그리고 전자상거래 또는 통신 판매에서 발생하는 소비자 보호에 관하여 이 법과 다른 법률이 서로 경합하는 경우에는 이 법을 우선 적용하되 다른 법률을 적용하는 것이 소비자에게 유리한 경우에는 그 법을 적용한다.[20]

2. 전자상거래와 통신 판매

이 법률에서 말하는 전자상거래는 「전자거래기본법」에서 규정하고 있는 전자거래를 말한다. 전자거래기본법에서 정의하고 있는 전자거래란 재화나 용역을 거래함에 있어서 그 전부 또는 일부가 전자문서에 의하여 처리되는 거래를 말한다. 통신 판매는 우편・전기통신・신문・방송・잡지 등의 방법과 사업자와 소비자가 서로 대면하지 않고 물품 등의 판매에 관한 정보를 제공하고, 소비자의 청약에 의하여 재화 또는 용역을 판매하는 형태를 말한다. 따라서 TV 홈쇼핑・카달로그 쇼핑・인터넷 쇼핑등이 통신 판매에 해당한다고 볼 수 있다. 인터넷 쇼핑의 경우는 통신 판매가 아니라는 견해도 있지만, 인터넷 역시 전기통신에 포함되므로 인터넷 쇼핑도 통신 판매에 해당한다고 보아야 한다.

1) 신고

인터넷 쇼핑몰 사업자는 전기통신사업법에 따라 부가통신사업 신고를 해야 한다. 그러나 통신 판매업을 하고자 하는 자는 「전자상거래 등에서의 소비자 보호에 관한 법률」에 따라 다음 사

20) 전자상거래 등에서의 소비자 보호에 관한 법률 제4조

항을 시·도지사에게 신고하며, 신고 내용에 변경이 있을 경우에도 변경 신고를 해야 한다. 또한 영업을 휴지하거나 폐지 및 휴업하는 경우에도 신고해야 한다.

① 상호·주소·전화번호
② 전자우편 주소·인터넷 도메인 이름·호스트 서버의 소재지
③ 그 밖에 사업자의 신원을 확인하기 위하여 대통령령으로 정하는 사항

2) 신원 및 거래 조건에 대한 정보의 제공

통신 판매업자가 재화 등을 판매할 목적으로 표시나 광고를 할 때에는 다음 사항을 표시하여야 한다.

① 상호·대표자 성명
② 주소·전화번호·전자우편 주소
③ 신고번호나 신고기간 등

통신 판매업자는 소비자가 계약을 체결하기 전에 재화 등에 대한 거래 조건을 정확하게 이해하고 실수 또는 착오 없이 거래할 수 있도록 다음 사항을 적절한 방법으로 나타내고, 계약이 체결된 경우에는 계약자에게 다음 사항이 기재된 서류를 공급할 때까지 교부해야 한다.

① 재화 등의 공급자 및 판매자에 관한 사항
② 재화 등의 명칭·종류 및 내용
③ 재화 등의 가격과 그 지급 방법 및 시기
④ 공급 방법 및 시기
⑤ 청약의 철회 및 계약의 해제의 기한·행사 방법 및 효과에 관한 사항
⑥ 재화 등의 교환·반품·보증과 그 대금 환불의 조건 및 절차
⑦ 전자 매체로 공급이 가능한 재화 등의 전송·설치 등과 관련하여 요구되는 기술적 사항
⑧ 소비자 피해 보상, 재화 등에 대한 불만 및 소비자와 사업자간 분쟁 처리에 관한 사항
⑨ 거래에 관한 약관(그 약관의 내용을 확인할 수 있는 방법을 포함한다)

통신 판매업자가 광고를 할 때에는 허위 사실을 표시하거나 실제의 것보다 현저히 우량하거나 유리한 것으로 오인시킬 수 있는 표시를 하여서는 안 된다. 또한 특정한 분야의 회원을 모집하여

그 모집된 회원들에 대하여 통신 판매를 하는 경우, 그 회원 모집에 관한 광고는 통신 판매에 관한 광고로 본다.

3) 청약의 확인

통신 판매업자는 소비자로부터 재화 등의 거래에 관한 청약을 받은 경우, 청약을 받았다는 수신 확인과 판매 가능 여부를 소비자에게 신속하게·통지하여야 한다. 또한 통신 판매업자는 계약 체결 전에 소비자가 청약의 내용을 확인하고, 정정 또는 취소할 수 있도록 적절한 절차를 갖추어야 한다.

4) 재화 등의 공급

통신 판매업자는 소비자가 청약을 한 날부터 7일 이내에 재화등의 공급에 필요한 조치를 하여야 하고, 소비자가 재화 등을 공급받기 전에 미리 대금의 전부 또는 일부를 지급하는 경우(이를 선불식 통신 판매라 한다)에는 소비자가 그 대금의 전부 또는 일부를 지급한 날부터 3영업일 이내에 재화 등의 공급을 위하여 필요한 조치를 하여야 한다. 다만, 소비자와 통신 판매업자간에 재화등의 공급 시기에 관하여 별도의 약정이 있는 경우에는 그러하지 아니하다.

통신 판매업자는 청약을 받은 재화 등을 공급하기 곤란하다는 것을 알았을 때에는 그 사유를 소비자에게 지체 없이 알려야 하고, 선불식 통신 판매의 경우에는 소비자가 그 대금의 전부 또는 일부를 지급한 날부터 3영업일 이내에 환급하거나 환급에 필요한 조치를 하여야 한다.

5) 청약의 철회

통신 판매업자와 재화 등의 구매에 관한 계약을 체결한 소비자는 다음의 기간 이내에서는 해당 계약에 대해 청약을 철회할 수 있다

① 계약 내용에 관한 서면을 교부 받은 날부터 7일이내(다만, 그 서면을 교부받은 때보다 재화 등의 공급이 늦게 이루어진 경우에는 재화 등의 공급을 받거나 공급이 개시된 날부터 7일)
② 계약 내용에 관한 서면을 교부 받지 아니한 경우
③ 재화 등의 내용이 표시·광고 내용과 다르거나 계약 내용과 다르게 이행된 경우에는 당해 재화 등을 공급받은 날부터 3월 이내, 그 사실을 안 날 또는 알 수 있었던 날부터 30일 이내

그러나 소비자는 다음에 해당하는 경우에는 청약을 철회할 수 없다.

① 소비자에게 책임 있는 사유로 재화 등이 멸실 또는 훼손된 경우. 다만, 재화 등의 내용을 확인하기 위하여 포장 등을 훼손한 경우를 제외한다.
② 소비자의 사용 또는 일부 소비에 의하여 재화 등의 가치가 현저히 감소한 경우
③ 시간의 경과에 의하여 재판매가 곤란할 정도로 재화 등의 가치가 현저히 감소한 경우
④ 복제가 가능한 재화 등의 포장을 훼손한 경우
⑤ 그 밖에 거래의 안전을 위하여 대통령령이 정하는 경우

6) 청약 철회의 효과

청약 철회 등을 서면으로 하는 경우에는 그 의사표시가 기재된 서면을 발송한 날에 그 효력이 발생한다. 소비자는 청약 철회 등을 행한 경우에 이미 공급받은 재화 등이 있다면 반환해야 한다. 통신 판매업자는 재화 등을 반환 받은 날부터 3영업일 이내에 이미 지급받은 대금을 환급해야 한다.

소비자가 신용카드로 상품의 대금 또는 용역의 대가를 이미 지급하였다면, 통신 판매업자는 지체없이 당해 신용카드업자(결제업자)에게 대금의 청구를 정지 또는 취소하도록 요청하여야 한다. 통신 판매 업자가 신용카드업자(결제업자)로부터 당해 상품 대금 또는 용역 대가를 이미 지급받은 때에는 지체없이 신용카드업자에게 반환해야 한다. 만일 통신 판매업자가 환급을 지연하면 그 지연 기간에 대한 지연배상금을 소비자에게 지급해야 한다.

소비자가 통신업자로부터 계약 내용에 대한 서면을 교부받은 7일 이내에 청약 철회를 하였을 경우에는 공급받은 재화 등의 반환에 필요한 비용을 소비자가 부담해야 한다. 이때 통신 판매업자는 청약 철회 등을 이유로 소비자에게 위약금 또는 손해 배상을 청구할 수 없다. 만일 통신 판매업자의 허위 표시나 허위 광고, 계약 내용이 다르게 이행된 경우로 청약이 철회되었다면 재화 등의 반환에 필요한 비용은 통신 판매업자가 이를 부담해야 한다.

7) 금지 행위

전자상거래를 행하는 사업자 또는 통신 판매업자는 다음과 같은 행위를 해서는 아니된다.

① 허위 또는 과장된 사실을 알리거나 기만적 방법을 사용하여 소비자를 유인 또는 거래하거나 청약 철회 등 계약의 해지를 방해하는 행위
② 청약 철회 등을 방해할 목적으로 주소·전화번호·인터넷도메인 이름 등을 변경 또는 폐지하

는 행위

③ 분쟁이나 불만 처리에 필요한 인력 또는 설비의 부족을 상당기간 방치하여 소비자에게 피해를 주는 행위

④ 소비자의 청약이 없음에도 불구하고 일방적으로 재화 등을 공급하고 그 대금을 청구하거나 재화 등의 대금만을 청구하는 행위

⑤ 소비자가 재화를 구매하거나 용역을 제공받을 의사가 없음을 밝혔음에도 불구하고 전화, 모사 전송, 컴퓨터 통신 등을 통하여 재화를 구매하거나 용역을 제공받도록 강요하는 행위

주요 용어

IOCU	소비자단체	한국소비자보호원	소비자주권
약관	면책약관	신의성실의 원칙	항변권
해제권	전자약관	통신 판매	다단계판매
청약	철회권		

제15장 연구과제

① 소비자기본법의 제정 목적과 주요 내용을 설명하라.

② 소비자기본법에서 규정하고 있는 소비자의 8대 권리를 열거하고, 각각을 설명하라.

③ 소비자기본법에서 규정하고 있는 소비자의 책무에 대해서 설명하라.

④ 소비자기본법에서 규정하고 있는 국가 및 지방자치단체의 책무에 대해서 설명하라.

⑤ 소비자기본법에서 규정하고 있는 사업자의 책무에 대해서 설명하라.

⑥ 전자약관이란 무엇이며, 어떻게 명시해야 하는가?

⑦ 약관이란 무엇이며, 어떤 요건을 갖추어야 하는가?

⑧ 전자약관이란 무엇이며, 어떤 요건을 갖추어야 하는가?

⑨ 불공정한 약관 조항에 해당하는 경우를 설명하라.

⑩ 전자약관의 명시 방법에 대해 구체적으로 설명하라.

⑪ 전자약관과 관련하여 나타날 수 있는 법률적 문제점들을 조사하라.

⑫ 통신 판매란 무엇이며, 어떤 장점이 있는가?

⑬ 통신 판매를 통해서는 주로 어떤 상품이 거래되는가?

⑭ 통신 판매에서 금지되는 행위를 설명하라.

⑮ 통신 판매와 전자상거래는 어떤 점에서 다른가?

찾 · 아 · 보 · 기

ㄱ

ㄴ

ㄷ

ㄹ

ㅁ

ㅂ

ㅅ

ㅇ

ㅈ

ㅊ

ㅋ

ㅌ

e 비즈니스개론

2009년 2월 10일 초판1쇄 발행
2012년 9월 10일 초판2쇄 발행

저 자 조 동 훈
펴낸이 임 순 재
펴낸곳 **한올출판사**
등록 제11-403호
121-849
주 소 서울시 마포구 성산동 133-3 한올빌딩 3층
전 화 (02) 376-4298 (대표)
팩 스 (02) 302-8073
홈페이지 www.hanol.co.kr
e-메 일 hanol@hanol.co.kr
정 가 **20,000원**

■ 이 책의 내용은 저작권법의 보호를 받고 있습니다.
■ 잘못 만들어진 책은 본사나 구입하신 서점에서 바꾸어 드립니다.
■ ISBN 978-89-8325-079-7